U0835549

高等教育体育专业通用教材

现代篮球运动教程

王小安　张培峰　主编

北京体育大学出版社

策划编辑：木　凡
责任编辑：李志诚
责任校对：春　芝
版式设计：李　鹤　相　林

图书在版编目（CIP）数据

现代篮球运动教程 / 王小安等主编. -- 北京：北京体育大学出版社, 2007.09（2024.6重印）
ISBN 978-7-81100-584-4

Ⅰ. ①现… Ⅱ. ①王… Ⅲ. ①篮球运动－高等学校－教材 Ⅳ. ①G841

中国版本图书馆CIP数据核字(2007)第121936号

现代篮球运动教程　　王小安　张培峰　主编

出版发行：北京体育大学出版社
地　　址：北京市海淀区农大南路1号院2号楼2层办公B-212
邮　　编：100084
网　　址：http://cbs.bsu.edu.cn
发 行 部：010-62989320
邮 购 部：北京体育大学出版社读者服务部 010-62989432
印　　刷：三河市龙大印装有限公司
开　　本：710mm × 1000mm　1/16
成品尺寸：170mm × 240mm
印　　张：24
字　　数：440千字
版　　次：2007年9月第1版
印　　次：2024年6月第13次印刷
定　　价：48.00元

序

获悉《现代篮球运动教程》即将出版，十分欣慰。篮球运动从发明至今已有百余年的历史，已由早期的游戏活动演进、发展成为一项集现代体育、科技、教育、社会于一体的竞技运动，一门多学科交叉的学科。

篮球学科的发展，离不开教材的不断更新，教材是实现课程目标和反映课程内容的载体，也是学科建设的重要环节。随着体育科学的日趋发展，现代篮球运动中的一些新观点、新理念、新技术、新战术以及教学训练的新方法，必然需要在篮球教材中得以及时反映、充实和体现，这是时代的要求，也是篮球学科建设发展的需要。正是基于此考虑，我院篮球教师与兄弟院校的同仁在总结多年教学训练工作经验的基础上，勇于探索，力求创新、实用、具有特色，编写出版了《现代篮球运动教程》一书，它是我院篮球学科建设的一个新的起点。

我相信，此书的出版不仅有助于篮球学科建设的进一步发展，而且对推动体育院校篮球教学训练水平的提高，实现我院提出的体育专业应用型人才培养的特色目标必将起到积极地促进作用。

成都体育学院院长

2007年3月5日

序

编者的话

《现代篮球运动教程》是根据全国普通高等学校体育教育专业与运动训练专业本科教学计划及培养目标和篮球课程的教学任务，针对体育院校篮球教学与训练工作的发展及需要，由成都体育学院教材委员会组织编写的。自2007年9月出版以来，一直作为成都体育学院、四川师范院大学体育学院以及其他一些体育院系本科篮球课教材和从事篮球教学与训练工作者的参考用书。

本教材的再版修订是在2007年版的基础上，根据近年来教材的使用情况，广泛征求意见，为满足教学实践的需求而修订的。本教材的修订参考了不同时期、不同版本的体育院校通用教材，汲取了当前篮球运动的新理念、新观点、新方法，重视对篮球基础理论的传授，注重篮球技能的培养和社会需求、注重教材内容的更新和教材知识结构的系统性与整体性，强调教材的时代感、科学性和实用性，在教材内容方面对部分章节进行了补充与更新，对教材的内容结构进行了调整，使教材内容的深度与广度得以体现，教材的内容结构更突出篮球术科教学的特点。

本教材由王小安、张培峰（成都体育学院）主编；练碧贞（北京体育大学）、郭永东、罗勇（成都体育学院）副主编；编写组成员有：赵映辉（（西安体育学院）、王贺立（武汉体育学院）、颜海波、王晓明（四川师范大学体育学院）、吕志刚（四川大学体育学院）、王斌（四川内江师范学院体育学院）、刘宇平、田虹、王兴宇、杨飞、罗云（成都体育学院）、张睿玺（四川交通职业技术学院）等。本次再版的修订由王小安、张培峰负责，练碧贞、郭永东、罗勇等人参与了教材的修订工作，罗云负责全书图例的绘图工作；最后由王小安执笔对本书进行修改、审编。

本教材的编写与修订，得到了北京体育大学等单位的积极支持和通力合作，特别是北京体育大学出版社为本书的出版始终给与了热情的支持，在此表示衷心的感谢。感谢对本书的修改提出宝贵意见的篮球同仁。

由于编写人员水平、时间和经验有限，本书存在的不足，恳请广大读者给予批评指正。

编者

目 录

第一章　现代篮球运动概论

内容提要：本章介绍了篮球运动的起源、演进与发展历程；阐述了现代篮球运动的规律、特点及发展趋势以及当代篮球文化的特点、作用和中国篮球运动的发展与现状。

篮球运动是一项集体性、综合性的运动。它是以篮球为工具，以竞赛为主要手段，在特定的时空范围，以其专门的规则、方法和集体攻守对抗形式进行的一项极具竞技性、观赏性和趣味性的现代体育运动项目。

篮球运动的本质是游戏。它以其独特的魅力，经过百余年的演进与发展，已从一项单一的体育游戏逐渐成为当今世界体坛中的重要竞技运动项目，得到亿万人的喜爱和参与。

现代篮球运动是以竞技篮球运动为主体，大众篮球运动和学校篮球运动为基础的多系统、多形式的体育运动项目；具有娱乐身心、强身健体的功能；篮球运动作为竞技体育项目，为追求更快、更高、更强——更团结的奥林匹克精神，倡导与培养顽强的意志、克服困难的精神、勇往直前的坚强信念，具有教育的功能；其竞赛活动的过程充分显示出人类生命的活力，表现了社会经济的发展、文明层次的提高、民族自强的精神和时代的发展和进步。

特别是20世纪90年代以来，随着社会经济发展的需求，现代篮球竞技运动已成为一种新兴的现代产业，以它自身独特的形式和功能，催化着社会经济的发展与繁荣；在文化层面上，能给人以激励和鼓舞，使人增智、受到启迪，并作为跨国度的国际交流工具，成为各国人民广泛联系的纽带。

综观现代篮球运动它不仅是一项现代竞技体育运动，并由一种社会形态（可称为体育文化或篮球文化）发展成为一门多学科交叉的多元化的现代体育科学学科课程门类和一种综合艺术，一项新兴产业和国际交流工具，是现代社会文明与进步的体现，是人类宝贵的文化财富。

第一节　篮球运动的起源与演进

一、篮球运动的起源

图1-1-1 詹姆斯·奈史密斯

篮球运动起源于美国，1891年冬季由美国马萨诸塞州斯普林菲尔德市（SPRING FIELDCITY），基督教青年会干部训练学校（今春田体育学院）的体育教师詹姆斯·奈史密斯博士（图1-1-1）根据当时的条件，综合多种游戏活动而设计发明的。

当时，美国马萨诸塞州斯普林菲尔德市的冬天十分寒冷，11月份室外运动就不得不停止，室内运动仅有体操和器械操。詹姆斯·奈史密斯先生根据学校的要求，需要设计一种冬季能在室内开展的体育活动。史密斯先生一度曾尝试把当时受学生喜欢的橄榄球、足球和曲棍球搬进室内进行，均未成功。之后，史密斯先生经过反复琢磨，得示于儿童向桃子筐内投掷石块"比准"游戏的启发，并借鉴当时的足球、冰上曲棍球和马雅人场地球等运动，反复构思设计了投篮游戏，这便是篮球运动的雏形。

史密斯先生当初构思投篮游戏的一个原则是，把投篮目标置于队员头上的水平位置而不是在地面，使投球射中目标的决定因素不是"力量"，而是"准确性"，以增加投球中篮的难度和趣味性。于是，史密斯先生利用当地条件，找来两只桃篮，分别钉在健身房内看台的栏杆上，桃篮上沿距离地面的高度10英尺（3.05米），用足球为工具，将学生分成两队进行比赛，向桃篮内投掷，投球入篮得1分（沿用当时的足球规则），按得分多少决定胜负。参加游戏比赛的每队人数不限，双方人数相等即可。最多可允许40名，最少3名。为了保证这一游戏的顺利进行，詹姆斯·奈史密斯先生一开始就制定了5条原则。

（一）使用足球式的柔软圆形球。

（二）必须用手传递、不得用脚踢、拳打和头顶，也不得抱着球跑动。

（三）避免粗野动作，不得打、拉、推对方。

（四）任何队员在任何时间都可占据场上的任何位置。

（五）投掷的目标应设置在空中，呈水平状态。

这5条原则从此成为制定篮球规则的基本准则，至今未变。随着游戏活动的开展，以后逐步将桃篮改为活底的铁质球篮，而后又在铁篮上挂上了线网。到1893年基本形成了近似现代的篮板、篮圈和篮网，并因起初使用的桃篮和球，遂取名为“篮球”。

二、篮球运动的演进

现代篮球运动从游戏型活动演进成一项多功能的竞技体育运动项目，再发展到体育科学门类学科，经过了一个漫长的实践过程，按其演进与发展历程，可划分成以下五个时期。

（一）初创传播时期　（19世纪90年代至20世纪20年代）

这一时期的篮球运动主要表现如下。

（1）初始无明确的游戏规则，无人数、场地设备限制。

（2）首先在美国各类学校中开展，在活动实践中逐渐增加了一些场地设备、人数等的规定，游戏时的动作行为也有了简单的要求等。

（3）随着美国文化、宗教的扩张，通过基督教青年会组织以及教师、留学生的交往，篮球运动逐渐在美洲、欧洲、亚洲和大洋洲以及非洲个别国家开展起来。

（二）完善推广时期　（20世纪30~40年代）

这一时期，篮球运动的发展主要表现如下。

（1）篮球运动在世界五大洲得以传播，首先得到各国青年人所喜爱，并逐步向社会推广。

（2）1932年6月在瑞士的日内瓦成立了“国际业余篮球联合会”（简称：国际篮联FIBA），为篮球运动的推广和发展起到了重要的作用。同年，国际篮联以美国大学生篮球规则为蓝本，略以修改，出版了第一本《国际篮球规则》，使国际间篮球规则得到初步统一。

（3）篮球攻守技术动作增多，战术基础配合开始出现。在1936年第11届奥运会上男子篮球被列入正式比赛项目，从此篮球运动进入了现代新起点，即现代篮球竞技运动开始形成，从而掀起篮球运动的第一次发展高潮。

（三） 普及发展时期 （20世纪50~70年代初）

这一时期的篮球运动发展，主要表现如下。

（1）篮球运动在全球近百个国家与地区得以广泛普及。各大洲国家组织了频繁的竞赛活动，1950年和1953年第一届世界男、女篮球锦标赛先后举行。涌现了大批2米以上的高大队员，高度成为决定篮球比赛胜负的重要因素

（2）20世纪40年代末50年代初，美国职业篮球联赛开始。NBA在技术和战术，以及篮球理念与经营观念等方面为现代竞技篮球运动的发展树立了楷模，领导世界篮球运动的发展潮流。

（3）竞技水平随着自身的演进实践（规则完善）和现代科学技术的渗透影响，得到很大的提高，进一步促进了技、战术的创新和发展，形成了科学的攻防体系。

（四）全面提高时期 （20世纪70~80年代）

这一时期是篮球运动全面提高的时期，其主要发展表现如下。

（1）运动员技术全面发展，队员身高、身体素质以及在比赛中空间控制能力和攻守速度明显提高，攻守对抗日趋激烈，综合移动进攻战术和攻击性、破坏性更强的集体防守战术被广泛运用。篮球运动向着高强度、高速度、高技巧、高比分的方向全面、均衡发展。

（2）国际篮联对规则作了重大修改，增加了追加罚球和3分球的规定，扩大了场地面积，调整了进攻时间，提高了攻防转换速度，对篮球技、战术新体系的构建产生了直接的影响。

（3）1976年第21届奥运会女子篮球成为正式比赛项目。篮球运动在全球普及人口增多，竞技水平提高，国际强队增多，篮球运动形成世界性的大普及和大发展，掀起了第二次发展高潮。

（五）创新发展时期 （20世纪90年代至今）

世界篮球运动进入了一个全新的发展时期，其主要表现如下。

（1）1990年国际业余篮球联合会更名为国际篮球联合会，并取消了对职业篮球运动员参加国际篮球大赛的限制，众多优秀的职业篮球运动员给国际篮坛带来了新观念、新技术、新战术。现代竞技篮球运动开始了新的里程。

（2）由美国NBA职业运动员组成的“梦之队”在1992年第25届奥运会上的绝佳表现，寓竞技化、智谋化和艺术化于一体，标志着现代篮球运动发展的新趋

势，引起了国际篮球界的关注，现代篮球运动由此向职业化、商业化和社会化迈出了新的步伐——掀起了第三次发展高潮。

（3）至2002年底已有212个国家或地区成为国际年前联合会成员，篮球运动已成为国际体育组织中单项运动人口最多、最受世界人民喜爱的体育项目。

（4）规则对比赛速度、高空拼争以及比赛时间、方式的新规定（如改上下两半时为4节、每节10分钟，实行三人裁判制，交替拥有球权等），运动训练的科学化，促进了篮球技术动作不断创新、战术精湛、力求实效、阵形多变，运动员内外攻守区域分位趋向模糊，高空争夺更趋凶悍，竞技艺术更显观赏性。

第二节　篮球运动的规律与特点

一、篮球运动的规律

（一）集体协同规律

篮球运动是一项集体性的对抗项目。集体协作规律是篮球项目的一个基本规律，主要体现在球场上一切个人行动都要基于全队整体的目的和任务中，依靠集体力量，倡导团结拼搏。现代篮球比赛要求每个运动员在比赛中做到齐心协力，密切配合。把个人的技能融会于集体，集体为个人技术的发挥创造更多、更好的机会。所以说“集”是前提，“协”是手段。篮球运动的集体协同规律，还体现在不仅要求比赛场上的5名队员需要协同配合，而且要求充分发挥教练员的指挥才能和场下替补队员的作用，将全队作为一个整体来设计战术、制定战略。充分发挥全队队员的体能、技能潜力，加强和发展集体力量，是掌握比赛主动权、争取比赛胜利的关键。

（二）攻守对抗规律

篮球运动是同场竞技直接对抗的运动。一攻一守是比赛的基本形式，攻与守是篮球运动中的基本矛盾。比赛中攻守双方自始至终在对抗中进行，这种对抗，既包括有形和无形，又表现为直接和间接，进攻与防守在对抗中得到改进，在抗衡中得以发展。攻与守，既对立又统一，既制约又联系，相辅相成，相互促进，相得益彰。

篮球比赛是以投篮得分多少决定胜负。因此，从某种意义来讲，进攻是第一位的，只有进攻才能得分，只有得分才能赢得胜利。然而，竞赛双方在同一时间段里非攻即守，交替转换，一次进攻的结束就是另一次防守的开始，周而复始。比赛中，尽管进攻占主导地位，防守相对居第二位，但若防守积极主动获球，不仅能有效地破坏对方的进攻，而且可加快由守转攻的进程，变被动为主动，获得场上的主动权。因此，只有进攻和防守两者均衡发展，才能赢得比赛的主动权。保持攻守并重，注重攻守平衡是攻守对抗的核心所在。

（三）动态变化规律

篮球运动是一项动态性的运动，攻守双方布阵互动，动中守、动中攻、动中及时转换，不间断地实施谋略，以主动的“动”迫使对手被动地“动”，不断地变化节奏和方向，力争主动，这是现代篮球运动的基本规律和特点。“变”是篮球运动的灵魂，“动”是变的基础，“动”是绝对的。场上瞬息万变的形式与运动员心理上的微妙变化，都处在不停的动态变化之中。

（四）全面统一规律

现代篮球运动的发展是篮球运动员身体素质、心理素养和技术、战术的不断提高和创新的结果，同时也是不断变化的比赛规则给予的保障和促进，特别是规则的不断修订与补充，促进了技、战术的发展与变化，而技、战术的发展与变化促使了规则进一步地修改和完善，从而推动篮球运动的全面发展。因此，规则与身体、体能、心理、技术、战术的全面统一，是现代篮球运动形成与发展的基本规律。

二、篮球运动的特点

（一）时、空对抗性

篮球比赛是在特定的场地和一定的时间内围绕空间的球和篮筐进行的，有其自身特殊的时空运动规律，并在此基础上从运动过程中显示出时空对抗特点。对抗的显著特征表现为激烈、凶悍、高速度、高强度、高空争夺。它不仅需要熟练的技能、保持充沛的体能和顽强的意志，而且还必须具有强烈的时间观念和空间意识，需要斗智，需要竞赛的双方运用各种形式、方法和手段展开立体形的攻防，去争夺时间，拼抢空间的优势，并不断地转换，从而构成了自身的运动系统工程，体现出现代篮球运动独特的时空对抗特点。因此说，现代篮球运动比赛的时空对抗是全方位的立体对抗，它是篮球运动本体最显著的重要特点。

（二）攻、守转换性

攻守快速转换是现代篮球比赛的重要特点。攻后必守，守后必攻，攻守不断转换，转换发生在一瞬之间，瞬间变化无常，是比赛始终在快节奏情况下进行，给人以悬念，这也是篮球比赛的魅力所在。

综观篮球比赛中攻守转换的现象，其实质是控制球权的转换。根据比赛规律，攻守转换可分为“被动转换”和“主动转换”两种类型。在比赛中，充分利用一切机会，创造“主动转换”的可能机会，不仅可带来进攻次数的增加，同时对鼓舞本队士气，增强斗志将起到积极的作用，对对方具有强烈的攻击性和破坏性。

（三）多元、综合性

篮球运动包含跑、跳、投等身体活动。其涵盖的科学内容体系，涉及社会学、军事学、生物学、管理学、体育学、竞技学、教育学等，因而，现代篮球运动内容结构具有多元化、综合性的特点。

篮球运动的多元化与综合性特点还体现在，比赛中技术动作复杂多样，技术运用呈组合形式，其活动结构方式多元化。由于比赛情况的复杂多变，使技术组合呈现随机性、多样性与无确定性的特征。战术方面，随着现代篮球运动的发展，比赛场上情况千变万化，稍纵即逝，固定的、单一的战术打法无法对付多变的情况，单兵与集体配合相结合的攻守战术体系，不仅体现在战术内容、方法的多元化，更强调在运动中伺机变化，机动、灵活、多变。

（四）商业、职业性

自20世纪90年代国际奥委会允许职业篮球运动员参加国际大赛以来，篮球运动和篮球竞赛在世界范围内加速了职业性和商品化的进程，特别是近年来世界各国的职业篮球运动有了新的发展。以美国职业联赛为典型代表的商业化程度，已成为美国几大产业中最有活力的新兴产业之一。

随着世界篮球运动职业化程度的逐步深入，加速了职业化篮球向商业化、产业化方向发展，全球职业化篮球已发展成为一项新的产业。职业篮球比赛以及职业篮球运动员和运动队的运动技能水平和运动成绩已成为商品。由此，国内外重大篮球竞赛组织者借助电视传播、广告、授权产品、体育器材以及发放彩票、跨国界转让队员和球队等各种形式开展赢利性经营，这种商业化的发展已成为21世纪世界篮球竞技运动发展的新趋势，反映了新世纪现代篮球运动当代化的新特点。

第三节 现代篮球运动的发展

一、世界篮球运动的格局与风格

随着经济全球化的进程，现代篮球运动在世界范围内相互交流融合中迅速普及与发展。特别是，世界各国篮球职业联赛的迅猛发展、高水平的职业运动员在世界范围的流动，促进了世界各国篮球队整体实力的长足进步，世界篮坛的格局发生了很大的变革，美国“梦之队”笑傲群雄的时代已不复存在，新的格局正在形成，各国不同风格和流派的篮球技艺推动着当代篮球运动的不断发展。

（一）世界篮球运动竞技水平的格局

纵观2010年世界男女篮锦标赛优胜名次的分布情况，当今世界篮坛，男篮比赛名次已呈升降交替，形成了新的多足鼎立的格局。

男篮：南美洲的阿根廷、巴西，欧洲的意大利、塞黑、德国、西班牙、希腊、立陶宛，北美洲的美国等篮球强国已形成第一集团；大洋洲的澳大利亚、新西兰”南美洲的波多黎各和巴拉圭，欧洲的俄罗斯等队形成了第二集团；非洲的安哥拉及亚洲的中国等队总体实力仍处于第三集团。

女篮：北美洲的美国，大洋洲的澳大利亚，欧洲的白俄罗斯，南美洲的巴西形成新的四强，处于第一集团；美洲的古巴，欧洲的捷克、西班牙、希腊和亚洲的中国等队处于第二集团；大洋洲的新西兰，亚洲的日本、韩国、中国台北和非洲的尼日利亚等队处于第三集团。

（二）世界篮球运动技战术的风格与流派

当今世界篮球正处于大动态、大融合、大交流的竞争中，各国都在努力提高自身竞技能力，探索自身的优势，寻求适合本国篮球发展的风格特点，以此适应当代篮球运动的飞速发展。在不同的文化背景和民族风格影响下，世界篮球运动呈现了不同的风格与流派，推动着世界篮球运动向着动态的、多元的、多变的方向发展。

美洲风格：以美国队、阿根廷队为代表。其黑人队员具有超强的身体素质，个人技术突出，对抗能力强，基本技术动作规范，进攻时突出个人的特点，多采用个人进攻和几个人配合相结合为主的打法；战术灵活强调移动进攻，善长快攻和紧逼，攻守均衡，防守压迫性强。每名队员在赛场上都有极其强烈的表现欲望，尽可能展示个人能力，使得比赛极具有观赏性。比赛突出了队员的个人英雄主义，间接地忽视了整体配合，团队精神。

欧洲风格：以西班牙队、希腊队为代表。欧洲队员身材高大健壮，力量和对抗性极强，队员基本功扎实，战术素养较高，主要以全队整体配合为主，并与个人特长紧密结合，讲究配合质量。阵地进攻时，内外结合多点进攻，随机应变的能力很强。欧洲篮球风格体现出队员对抗彪悍凶狠、投篮准确、球的转移速度快，讲究整体作战的鲜明特点。

最近几年，欧洲篮球运动水平提高的速度令人惊讶，立陶宛，德国，塞尔维亚、土耳其等都具有相当高的水平。

亚洲风格：以韩国队为代表。亚洲队员的身体条件不如美洲和欧洲运动员，身材较小，力量差，对抗性不如欧美运动员。亚洲篮球队员技术全面，动作快速、灵活，投篮精准，善于突破。比赛中投篮方式多变，远投三分威胁大，战术运用较刻板，防守主要依靠集体防守。亚洲以快、灵、准、狠的整体型为主体。受篮球意识和身体条件的限制，整体实力不强。

大洋洲风格：以澳大利亚队为代表。大洋洲队员身材高大、身体素质较好，作风顽强、拼劲十足，打法简捷实用。他们借鉴欧洲、美国的流派打法融于自身，风格类似于欧洲，强调整体的配合，赛场作风严谨。防守时多采用积极扩大的紧逼盯人防守，比赛中相互呼应，一旦取得球权，立即展开反击。澳大利亚队在世界强队中的地位不可小视，其成绩提高很快。

非洲风格：以安哥拉队为代表。非洲队员身体素质突出，在身体条件、体能上与欧美篮球运动员类似。由于非洲篮球运动起步较晚，训练条件有限，队员在比赛中战术意识不强，在战术执行上缺乏组织性，进攻与防守都存在一定缺陷。非洲篮球队伍的打法和风格靠近美洲风格，还不具有自己的明显特征。

二、现代篮球运动的发展趋势

进入21世纪，世界篮球运动作为一种全球性社会文化和人文景观进一步在世界范围内迅速发展，主要反映在以下几个方面。

（一）　大众篮球运动在全球普及

进入新世纪以来，篮球已在全球普及，成为名副其实的全球性社会文化和民众强身健体的手段，特别是在发展中国家、地区的社区和工矿企业，篮球运动的开展日益广泛，热爱篮球运动的各界人士进一步支持推广篮球运动。

（二）学校篮球运动的健身、教育功能显著

篮球运动的增智、健身、教育、宣传、社交功能越来越被教育部门和各类学校领导认同。学校篮球运动已成为活跃校园文化生活、增强师生体质、提高健康水平、陶冶情操、锻炼意志、修养品行、培养团队精神、增强使命感和荣誉意识的特殊教育形式。各种形式的业余篮球俱乐部已成为校园中的基本社团组织。

（三）职业篮球运动在全球扩展，商业气息加强

职业篮球比赛竞技水平的提高，产生了巨大的经济效益。职业篮球俱乐部在全球范围内广泛建立，已逐步形成一种新兴产业。随着篮球运动组织形式、竞赛规则、竞赛制度与方法的不断变革，职业篮球运动竞赛的商业化气息已越来越浓。

（四）篮球运动理论和实践进一步发展

当代篮球运动理论和实践的进一步发展体现在，现代科技对篮球运动的渗透，使篮球运动理论、技术、战术、训练手段更科学化；新的理论观点层出不穷，新的技、战术不断发展，新的竞赛制度不断完善，新的规则再充实、再发展，从而形成了从篮球理论到篮球实践内容的新结构、新体系。

（五）竞技篮球群雄相争，呈现新格局、新特点

当今竞技篮球的发展趋势表明，21世纪世界篮球竞技运动水平和实力成起伏状的新格局，推动了篮球运动在全球的进一步普及、发展及提高。比赛规则的不断修订，促进了攻守平衡发展；高度与速度进一步相互依赖与制约；技术和战术进一步技艺化、精湛化，呈现实效化、多变化、高空化、全面化和综合化的特点；空间与时间的拼争更趋凶悍激烈，对运动员的综合体能、机能、文化修养提出了更高的要求；对教练员的职业素养、知识结构和才干等综合素质方面的要求也越来越高。

虽然欧、美地区一些国家，特别是美国在一个时期内仍将处于先进水平，但各国实力已渐趋接近，亚洲、澳洲和非洲地区某些国家正向先进强国冲击。篮球运动总体朝着智博谋深、身高体壮、凶悍顽强、积极快速、机敏多变和全面准确这一总趋势与不同流派风格以及多种多样打法的方向发展。

第四节 篮球文化

篮球运动作为一种社会现象，是人类文明和社会发展到一定阶段的产物。随着社会的进步和篮球运动自身的发展，当代篮球运动已不再局限于游戏和体育的范畴，而越来越多地被赋予社会文化的内涵，已从一个普通的体育竞赛项目发展成为一种具有多元素的社会文化现象。

篮球文化是以身体运动的特殊表现形式来反映的一种社会文化。从广义上来讲，篮球文化是指人们在从事篮球运动过程中，以篮球运动为表现形式所创造的物质和精神财富的总和。篮球文化在结构上包含了物态文化层、制度文化层和精神文化层。

· **篮球文化的物态文化层**——主要指有关篮球运动的物质生产活动及其相关产品的总和，以满足人们参与篮球运动的最基本需要为目的。

· **篮球文化的制度文化层**——主要指规范篮球运动的各种规章制度，包括篮球规则、竞赛制度、组织制度、管理法规以及在这些规则、制度规范下的运动员的技术、战术行为表现。

· **篮球文化的精神文化层**——是篮球文化的核心，是在篮球运动的长期实践过程中孕育出来的价值观念、审美情趣、成就体验及篮球思维方式等，具有鲜明的地域性和民族风格，它反映了人们在这一过程的思想、情感和哲学。这也被称为狭义的篮球文化。

一、篮球文化的特点

（一）独特性

篮球运动具有独特的运动表现形式，要求参与运动的双方在有限的时间和空间内展开立体攻守对抗。这对参与者的体能、技术、心理等都具有区别于其他运动项目的独特要求。

篮球运动具有独特的文化符号。篮球运动专门的技术动作、丰富的战术形式、特有的比赛方法和严密的竞赛规则构成了篮球文化的语言系统，特有的立体攻守对抗形式则孕育了篮球文化的精髓。这种独特的文化可以被继承与发展，可以被学习与传授，可以被交流与传播。

篮球运动集技巧与体能、智慧与果敢、优雅与勇猛、身体和心理为一体，表现出独特的身体活动能力的要求。在篮球竞赛的策划、组织、宣传以及进行过程中所穿插的各种文艺活动和文化表现形式，也为观赏者提供了独特的篮球文化欣赏内涵。

（二） 地域性

不同的民族具有不同的文化传统，在各自不同传统文化的影响下，人们的思维方式、价值观念、行为习惯等都表现出本土文化的特征。不同地区传统文化的差异性也造成了地区间对篮球运动规律、本质和特征的理解的特异性，以至于形成了不同特色的篮球风格和流派。

美国民族文化表现出自信独立、强调竞争、重个人、喜表现等特征。因此，在此文化基础上逐渐形成了以技巧与体能为基础，强调对抗、重视个人能力和即兴发挥的篮球比赛风格。

欧洲文化表现出严谨、理智、注重协作的文化特征，形成的篮球比赛风格是讲究整体配合、注重在多人机动配合中发挥集体力量，但缺乏气势和活力。

我国传统文化崇尚务实笃厚、谦恭稳重、重群体轻个人，强调成员的责任感，民族文化表现出遵循传统、依赖群体等特征。在篮球风格上体现出快速、灵活、注重集体的特点，但同时也缺乏应变和创新，显得按部就班。

（三） 交融性

虽然篮球文化具有很强的地域特征，但各种地域篮球文化同时也随着世界范围内经济、文化、人才的交流而进行广泛交融，并在交融过程中实现文化互补和文化变异，从而使篮球文化在多样性和地域性的基础上还表现出了共性。各地区的篮球运动为了突破自身发展的局限，本身具有吸取其他地区优秀篮球文化元素的内需，地区间教练员、运动员的流动则直接促进了篮球文化的交融，便捷的信息途径和世界互联的电视传媒更加快了世界篮球文化的交融。从大范围看，有美洲篮球文化、欧洲篮球文化和亚洲篮球文化的交融；小范围看，有国家和国家之间、地区和地区之间的文化交融。

（四） 共享性

篮球运动是一项世界性的体育运动，奥运会、世界篮球锦标赛、美国NBA职业篮球联赛等大型赛事，都已经成为了世界共享、全球化的文化资源。美国NBA职业篮球联赛更是超越了地域的限制，它在整个经营和运作过程中体现出来的浓郁的文化内涵，被世界篮球运动爱好者认可与喜爱。

篮球文化是一种能被不同参与者共同理解和感悟的文化。从参与者个体情况在种族、肤色，语言、性别、身高、体重、技术水平、体能条件、受教育程度、受熏陶的民族传统文化以及所从事的工作等方面看，都具有各自差异；从参与的规模和层次看，有正式的和非正式的、职业性的和业余性的、国际性的和地区性、有组织的和自发的等各种不同形式和层次的篮球活动之分；从参与的主观愿望方面看，有健身、观赏、娱乐、交友、提高技术水平、获取竞赛名次等各种参与目的的区别。但这些个体之间的差异并不妨碍参与者借助篮球运动的言语符号，对篮球运动的技术、战术、规则、竞赛制度等的共同理解，对运动中体现出来的健与美、个性展现、智慧和谋略、态度与情感、拼搏与顽强、竞争与合作、赛场的环境气氛等文化内涵的共同感知。

二、篮球文化的功能

（一） 促进人的全面发展

着眼于人的全面发展和社会的和谐进步是发展现代篮球运动的根本目的，也是篮球文化的一大功能，体现了篮球文化的价值基础和动力源泉。

篮球运动要求在活动中实现“以人为本”的人文教育理念。它注重运动技能的获得，又追求参与者个性的释放和兴趣的满足；尊重个人的成就需要，又重视个体的职责，强调个人和集体之间的平衡；鼓励公平的竞争，又倡导相互的协作、相互支持；要实现人的生理功能的改善，又致力于人格素养、精神境界的提升。

篮球运动要求运动双方在身体素质、技战术水平、心理和智能多方面展开对抗和竞争，这种对抗和竞争，应当遵循公平公正的原则。同时，对抗和竞争又是建立在本方团结协作基础上的，要求每一个群体内部必须紧密团结、相互合作。

篮球文化对参与活动的个体具有社会意义的行为引导和规范作用。篮球活动过程受到竞赛规则以及相应的规章制度的约束，参与者的行为要遵循规则、体育道德、规章制度及社会规范的要求，具有敬业精神、责任感和顽强拼搏的精神。

因此，参与篮球活动过程是一种实现德育、智育、美育和身体锻炼的教育方式，是一种人的社会化形式。

（二）促进人的健康发展

篮球文化是以身体活动的特殊形式所表现的一种社会文化现象。按照现代健康理论，人的健康包含生理健康、心理健康和社会适应三个方面，篮球运动对人的健康的促进作用也同时体现在这些方面。

1．篮球运动与生理健康

经常参与篮球运动对促进人的生理健康，改善和提高人的心血管系统、呼吸系统、消化系统、神经系统等功能都具有很好的作用。

篮球运动客观上要求所参加的人在力量、速度、柔韧、耐力、灵敏等方面具有较高的能力，同时篮球运动中也包含了关于这些基本身体素质的锻炼方法，因而参与篮球运动的人会在身体活动能力、身体素质和运动能力方面有较大的提高。同时，参与篮球运动还有助于控制体重和改变体形。

2．篮球运动与心理健康

人的心理健康表现在：具有完善的人格，保持积极情绪，有较好的自控能力和观察能力，能保持正常的人际关系，具有良好的社会适应能力，自尊、自爱、自信等多方面。这些心理健康特征也是篮球运动训练和比赛对参与者的最基本要求。

篮球运动对促进人的心理健康的积极影响主要表现在：改善情绪状态，降低焦虑水平，确立良好的自我评价，增强自信心，培养坚强的意志和团结协作精神，消除心理疲劳，缓解心理应激，让运动者在参与活动过程中学会调整自己的情绪和兴奋状态在一个适宜水平。

3．篮球运动与社会适应

社会适应指一个人的心理活动和行为，能适应当时复杂的环境变化，为他人所理解，为大家所接受。参与篮球运动能增加人与人之间的接触和交往，使参与者能够尽快地适应周围的各种人和各种变化，尽快地被他人所接受、所理解。当前，篮球作为健身、娱乐、会友、提高生活质量、丰富生活内容的手段已经被越来越多的人群（包括老人、妇女和青少年）所接受，人们通过篮球运动增进了解、适应了环境和社会。

（三）满足人的休闲娱乐

娱乐性是根植于篮球运动中的一种原始特性。篮球运动最初就是作为一种游戏而存在，并由此发展起来的。随着竞技水平的提高、商业的推广和艺术的包装，篮球文化中充满的休闲、娱乐的元素，以一种特有的表现形式和作用方式，感召着大量篮球爱好者关注并参与到篮球活动和篮球竞赛中，去体验篮球运动带来的快乐。

对于相当数量的爱好者而言，他们参加篮球活动的主要目的，并不是为了提高自己的篮球技战术水平和专项能力，而是为了缓解工作、生活中的压力，宣泄自己的情绪，追求愉悦身心体验、兴趣的满足及收获运动的快乐。另外，观赏有规模的高水平篮球比赛时，除了精彩的比赛对抗外，穿插安排的娱乐活动、文艺演出、杂技表演、比赛音乐及整个赛场热烈的气氛，都能使观赏者在视觉、听觉、情感方面获得艺术的享受。

篮球爱好者从关注篮球到产生兴趣，最后到热爱篮球、参与篮球运动的首要原因也在于，他们从篮球活动中获得了快乐体验，这种快乐体验能够持续地反作用于他们本身，强化他们对篮球运动的热爱和参与需求。可见，篮球文化的文化娱乐功能对于增强篮球文化的生命力、扩大篮球人口、开拓篮球市场等方面具有相当重要的价值。

第五节 中国的篮球运动

现代篮球运动是清朝末年（1895年）由美国基督教青年会的传教士来会理（Wilard Lyon）传入我国天津基督教青年会的。1896年，天津基督教青年会举行了我国第一次篮球游戏表演赛，此后逐步由天津向全国传播、推广。一百年来，篮球运动逐渐成为我国人民群众喜闻乐见的体育运动项目。

一、现代篮球运动在中国的发展

篮球运动在我国的传播、普及、发展、提高受到不同时期政治、经济、文化、教育等各方面因素的影响和制约。为了便于了解篮球运动在我国的发展历史，通常将我国篮球运动发展分成三个时期。

（一）传播与缓慢普及时期（1895~1948年）

在这个时期内，我国篮球运动的发展呈现出三个阶段的特点，即第一个阶段为1895~1918年的初始传播阶段；第二个阶段为1919~1936年的缓慢推广阶段；第三个阶段为1937~1948年的局部普及阶段。

这一时期，我国篮球运动的开展主要表现如下。

1. 中国社会正处于半封建、半殖民地时期，篮球运动传入中国后，未能得到当局的重视和有组织的传播、普及，基本处于自流的状态。

2. 由于篮球运动特有的趣味性和健身性，深受青少年学生的喜爱，篮球运动逐渐成为20世纪初中国大、中学校的主要体育活动并逐渐由学校传入社会。

3. 在1910年旧中国举行的第一届全运会上篮球被列为男子表演项目，1914年的第2届全运会上被列为男子正式竞赛项目，1924年第3届全运会上被列为女子正式竞赛项目。男子篮球队参加了10次远东运动会篮球比赛，在1921年的第5届远东运动会上获得了一次冠军。在1936年和1948年曾派队参加了第11届和第14届奥运会篮球赛，但都未能进入决赛。这些对外交往在一定程度上对推动我国篮球运动的发展起到了作用。

4. 1936年奥运会期间，我国加入了国际篮球联合会，篮球运动再次被我国更多人关注，社会篮球竞赛也较过去活跃。

5. 进入20世纪30年代，在革命根据地由于边区政府重视开展体育活动，篮球运动得以发展。由当时的八路军120师师长贺龙和政委关向应亲自组建的“战斗篮球队”以及抗日军政大学三分校以东北干部为主组成的“东干篮球队”对根据地军民留下有深刻的影响。

（二）有限推广、停滞困惑和复苏发展时期（1949~1995年）

此时期包括三个阶段，第一个阶段为1949~1965年的普及、发展阶段；第2个阶段为1966~1978年的徘徊、困惑阶段；第三个阶段为1979~1995年的复苏、提高阶段。

这一时期，我国篮球运动的开展主要表现如下。

（1）在1949年新中国成立前夕举行的解放区运动会上，篮球运动就被列项参赛。

（2）新中国成立后，由京津两地大学生组队参加了在匈牙利举行的第10届世界大学生运动会篮球赛，获得第10名。此后，我国篮球运动进入了空前的普及、发展和提高时期。

（3）1950年12月下旬，世界强队苏联队访问了我国北京、天津、上海、南京、广州、武昌、沈阳、哈尔滨等8个城市，进行了33场比赛，对比之下充分暴露了我国篮球竞技水平的落后。为此，我国主管部门采取措施，加速组建专门队伍，积极参加国际比赛。随后各大地区都组建了篮球集训队，篮球运动跨入了新的发展时期。

（4）1955年开始举行全国篮球联赛，随后建立了相对稳定的分级竞赛制度。1956~1957年间又推行了篮球等级升降级联赛制度和教练员、裁判员等级制度。

（5）20世纪50年代中期由于当时的国际奥运会制造两个中国，导致我国退出国际篮球组织，减少了参加国际大赛的机会，但国内竞赛仍十分活跃。在1959年举办的新中国第1届全国运动会上，四川男队、北京女队获得冠军。

（6）至1966年前夕，随着篮球运动国际交往逐步增多，运动技术水平不断提高，在技术、战术上逐步形成了我国篮球运动以“快攻”“跳投”“紧逼防守”为制胜法宝的独特风格。我国篮球运动已接近世界先进水平，战胜了不少欧洲强队。后因“文革”影响而停滞，扩大了与国际强队的距离。

（7）进入20世纪70年代后，体育战线全面拨乱反正，我国篮球竞技运动确立了赶超国际水平的新目标。确立了“积极主动”“勇猛顽强”“快速灵活”“全面准确”的篮球运动训练指导思想和贯彻“三从一大”的科学训练原则。我国男、女篮球队开始重新活跃在国际上。

（8）1975年，中国篮球协会在亚洲业余篮球联合会取得了合法席位；1976年，国际业余篮球联合会通过决议，恢复中国篮球协会在该会中的合法席位，并承认中华人民共和国篮球协会是在国际篮联中代表中国的唯一合法组织。

（9）1979年，我国篮球界深化改革，严格训练，严格管理，对外加强了交流，篮球运动进入最佳发展时期，在世界级及洲际性竞赛中不断获得优异成绩。中国女队在1983年第9届世界锦标赛上和1984年第23届奥运会上均获得了第3名，在1992年第25届奥运会上获得亚军；在1993年世界大学生运动会上获冠军；在1994年第12届世界锦标赛上获亚军。男子则在蝉联亚洲榜首的基础上，在1994年第12届世界男子篮球锦标赛上第一次进入了世界前8名，我国篮球运动竞技水平向世界最高水平冲击，跨入了百年来发展的黄金时代。然而20世纪90年代中后期，由于种种原因，我国男女篮球队在国际大赛中成绩不尽如人意，呈滑坡状态。

（10）从20世纪80年代末开始，国家体委篮球管理部门陆续邀请美国、前南斯拉夫著名教练和学者来华讲学，对解放思想、更新观念，促进我国篮球技、战术的创新和发展起到了积极地推动作用。 特别是，随着我国体育战线进一步深化改革，我国篮球运动从更新观念、转变思想、大胆改革、勇于创新着手，一方面进一步抓好篮球运动的全面普及与全民健身活动的结合；另一方面针对我国男、女篮先后在竞技水平上处于滑坡状态，狠抓竞技水平的提高，并从改革管理体制和竞赛制度和依靠社会办队着手，进行了大胆的实践，如引进外资与外援、举行职业化主客场制联赛，有力地促进了我国篮球运动的发展与提高，加快了与国际篮球运动的接轨。

（三）总结经验、深化改革和创新攀登的新时期（1996至今）

这一时期，我国篮球运动的开展主要表现如下。

（1）1995年，篮球界在国家体委“坚持正确方向，抓住有利时机，继续深化改革，发展体育事业”的精神指导下，坚持“积极稳妥，健康有序”的改革方针，抓住了外商注资的机遇，与国际管理集团等外资合作，在1996年举办全国甲级队联赛的同时，举办了由前卫体协队、吉林队、北京体育师范学院（现首都体院）队、上海交大队等8个省市队、部队队、学校队参加的男子“职业”篮球联赛，当时称CNBA职业联赛。这是我国职业化联赛的开端，也是一次大胆的尝试，但不久因故暂停。

（2）中国篮协决定进一步对竞赛制度进行改革，并以全国男篮甲级联赛赛制为突破口，以产业化、职业化为导向，开始加速篮球竞赛体制改革的进程。1995~1996年赛季我国CBA男子篮球联赛揭开了中国篮球职业化改革的序幕。1997年，国家体委成立了篮球运动管理中心，在管理体制改革上迈出了重要的一步。

（3）通过15年的改革实践，我国篮球事业发生了深刻变化，带来了新的生机和活力，初步展现出广阔的发展前景。CBA联赛的进行，吸引了众多篮球爱好者和社会的关注，姚明、王治郅、巴特尔、易建联和刘玉栋、孙军等人的出色表现，扩大了社会化、人文化和科技化篮球的影响。而巨大的潜在的篮球市场也吸引了众多国内外企业，为他们提供了有利的商机，同时也推动了我国篮球运动加快职业化、产业化的新进程。我国男子篮球职业联赛“CBA”和我国男子篮球联赛“NBL”等赛事已成为国内外知名企业树立形象、体现实力、拓展市场的新舞台。在赛制改革的引导下，众多篮球俱乐部纷纷建立，一种适应篮球社会化、产业化发展需要的俱乐部管理体制已成雏形。篮球学校、训练中心，培训班等社会办篮球的形式开始出现。

二、我国篮球运动普及与提高的基础

（一）社会群众性篮球活动进一步活跃

篮球运动的诱人魅力及其运动价值，吸引了社会各界近亿人参与篮球活动，在广大厂矿、企业、部队、农村，篮球运动是人们喜闻乐见的文体健身活动，是中国篮球运动发展的社会基础。中国是篮球普及之国名不虚传，现今中国篮球人口达亿万。篮球比赛已成为中国最引人注目的竞赛项目。由于运动员来自全国各基层单位的业余体育协会，这既表明了群众性篮球运动的大普及，也反映了群众性篮球水平的不断发展与提高。

（二）学校篮球运动进一步普及

由于篮球运动寓文化、健身于一体，具有很强的教育性。从20世纪50年代初，在党和政府提出“发展体育运动，增强人民体质”和“身体好、学习好、工作好”的号召下，各级学校就将篮球作为学校体育教学的重要内容，并列入教学大纲。除在体育课安排篮球项目教学外，还组织开展各种校内外竞赛活动。近年来，由相关部门在企业资助下组织的CUBA全国大学生篮球联赛、全国“耐克杯”高中篮球联赛和全国“阿迪达思”初中篮球联赛，对活跃校园文化生活，进一步普及和开展篮球运动起到了积极地推动作用。

（三）篮球后备人才培养体系进一步完善

20世纪90年代末，中国篮球运动管理中心在成都体育学院等地建立了直属的“中国篮球学校”，并在全国相继命名了24个基层单位为“全国青少年篮球训练单位”；初步形成了以中国篮球学校和体育运动学校为龙头、以篮球基层布局单位和业余体校为重点、以篮球传统项目学校为基础的社会性篮球后备人才一条龙培养机制，辅之以大学为龙头、中学为重点、小学为基础的教育系统篮球后备人才一条龙培养机制，建立起一套适合我国实情和篮球人才培养规律特征的全国青少年篮球后备人才培养网络体系，对挖掘和调动各方面的积极性，实现人才培养的重大效益起到了积极作用，对我国篮球后备人才培养发挥了积极的作用。

（四）篮球科学研究进一步被重视

随着篮球运动的实践与总结，篮球运动的理论与应用研究日益深入，篮球运动科研领域不断扩大深化，我国已形成自己的篮球运动理论与实践体系，为推动世界篮球运动形成一门科学化、系统化的独特学科课程做出了积极贡献。

为适应攀登世界高峰的需要，一批院校篮球教学工作者与篮球竞技工作者相结合，根据我国篮球运动的现状，针对世界篮球运动的发展趋势，积极从事篮球科学研究以及篮球俱乐部组织管理、篮球竞赛制度改革、篮球产业发展战略等综合研究，取得了显著的效果。从1957年起，为了培养高级篮球教学科研人才，国家就聘请了前苏联专家任教于上海体育学院，开设了篮球专修班和各种篮球教师、教练员培训班；1978年起扩大招收篮球硕士生，并在北京体育师范学院创办了"全国篮球高级教练员岗位培训班"，造就了一批从事篮球训练和院校篮球教学与理论研究的专门队伍。据目前统计，由我国专家撰写的篮球运动书刊门类之多居世界各国之最。各种层次的篮球期刊、文章和各种版本的篮球教学用书陆续出版，相互衔接配套，形成了中国篮球学科（篮球学）独特的教学、训练、竞赛、管理的系统理论与创新的实践内容体系。目前我国篮球界以高等院校篮球专家为基础逐步建成了一支较高水平的篮球科研队伍，已成为中国篮球运动发展史的重要组成部分。

三、新世纪中国篮球运动面临的任务

我国篮球运动几十年来有了长足的进步，也有过辉煌，但自20世纪90 年代中期以来，未能在国际大赛中取得优异成绩。因此，在新时期内需要抓好以下几项主要任务。

（一）继续推进全方位的综合改革

必须建立适应社会主义市场经济需要，符合现代篮球运动发展规律的社会化、产业化管理体制，形成依托社会、自我发展、良好循环的运行机制，为我国篮球事业更快、更好地发展提供机制保障。同时加强组织建设，强化县以上基层篮球协会的作用，形成从中央到地方以会员制相联系的篮球协会组织网络，因地制宜地建立多种形式的篮球俱乐部，职业篮球与非职业篮球各成体系，互为依托，相互促进，形成管理规范、运转有序、发展稳定的篮球俱乐部组织体系。

（二）狠抓训练工作、提高科学训练水平

要全面提高篮球训练水平，努力攀登世界篮球运动技术高峰。要全力抓好各层次球队的工作，女篮要采取非常措施，力争达到并超过历史最高水平，重现辉煌；男篮应继续保持亚洲领先地位，抓住机遇在世界大赛中争取有新的突破。另外，要采取扎实的措施建立起新的、多种形式、多种渠道相结合、层层相接的训练体系，形成合理的人才梯队结构。当前更要切实重视教练员的培养与管理，迅速提高管理、训练科学化水平。同时，要十分重视提高运动队伍的思想文化素质，培养出一批德才兼备并具有世界水平的优秀运动员、教练员、裁判员队伍；要建立起后备人才培养网络，切实抓好后备队伍的衔接，并重视基础素质、基本技术的训练；要不断扩大业余训练的范围，形成覆盖全国的业余训练网络，完善

输送渠道，提高成才率。

（三）“从娃娃抓起”，严格有序地抓好学校篮球活动

世界优秀篮球运动员队伍成长的规律之一，就是要认真从娃娃抓起，重视和加强青少年篮球后备人才的培养，科学设计“学”“训”融合的构架模式，进一步扩大篮球运动普及面，继续发展篮球人口；要建立起一支篮球技术辅导队伍，增加篮球活动场地设施，针对不同阶层人群特点经常开展多种形式的篮球活动，让更多的青少年学生掌握篮球基本技能，使篮球运动成为我国参与人数最多的社会文化活动，并成为人们健身娱乐的重要运动项目。

（四）抓好职业俱乐部和职业联赛的建设

首先要明确发展中国职业篮球俱乐部的指导思想，在此基础上明晰产权，积极引导其走上符合国情的发展道路，进一步完善篮球竞赛管理制度，建立起职业篮球与非职业篮球相结合、全国性比赛与地方性比赛相结合，适应提高运动技术水平和市场开发需要的篮球竞赛体系；更重要的是要进一步改革CBA赛制，健全法规制度，提高水平，使之成为既符合国情又具有国际影响的较为规范的模拟化的职业联赛，有序地向职业联赛过渡；要增加各种形式的青年篮球比赛，大力提倡各省、地、县篮球联赛和各行业系统篮球联赛，积极支持、推动中学生和业余篮球俱乐部比赛的开展。

（五）进一步解放思想，加速发展篮球产业

在重视全面规划的同时，要有重点地采取特殊措施在一些省市培育开发篮球市场，内外结合，上下协调，采取多种形式，逐步形成较为规范的中国型的篮球产业市场，并以点带面调动社会各方面办篮球的积极性，形成多种所有制并存的合作开发机制，全面开发竞赛市场、训练（培训）市场、健身娱乐市场、标志产品市场和电视转播市场，形成规模的产业开发体系和确保稳定的资金来源，增强各省、市篮球协会、各俱乐部自我发展能力，着力培养篮球经营开发队伍。

思考题

1. 简述篮球运动的发明经过。
2. 试述世界篮球运动的发展趋势。

3. 阐述现代篮球运动的基本规律和特点。
4. 如何理解篮球文化的特点和功能?
5. 当前世界竞技篮球运动技、战术的格局与流派是什么?
6. 结合自身的认识体会，评述我国篮球运动的现状及面临的主要任务。

第二章　篮球技术

第一节 篮球技术的基本理论

内容提要： 本节阐述了篮球技术的基本概念、作用、篮球技术的演变与发展；对篮球技术的基本特征和篮球技术的运用基础和特点、促进篮球技术发展的主要因素进行了分析；介绍了篮球技术的分类与分析方法。

一、篮球技术的概念与作用

篮球技术是指在篮球比赛中，运动员为达到战胜对手的目的，合理有效地运用各种进攻与防守的专门动作方法的总称。它是在长期运动实践中积累和发展起来的动作体系。

篮球技术是篮球比赛的基本手段，也是运动员比赛行为的核心。在比赛中，队员的智慧、技能、应变能力、作风和创造力都是通过篮球技术在对抗中集中表现出来的，它是运动员竞技水平最显著的标志。

篮球技术暨是篮球战术的基础。在比赛中，运动员技术的运用和表现，实质上都是通过各种战术形式和方法得以实现的。在比赛中，战术是形式，技术是内容，任何战术意图和战术方法的实现，都需要相应而熟练准确的技术动作和应变能力作保证。

因此，篮球技术的运用，既要体现技术动作方法的合理性，又要体现解决比赛任务的实效性。在比赛中，一切技术的运用都是以技术动作的组合形式出现的，技术动作的组合是攻守对抗的基础，也是技术运用的重要保证。队员只有在掌握多种单个技术动作的基础上，形成规范的动作定型，达到快速、熟练、准确，为技术动作的组合运用打下基础，才能提高运动员技术的应变能力。

二、篮球技术的演变与发展

百年来，篮球技术经历了由少变多、由简单到复杂、由低级到高级、由低强度对抗到高强度对抗的演变与发展历程。

在篮球运动初创和传播时期，篮球技术仅有传接球、运球、投篮、争球几类动作，方法少而简单。经过近半个世纪的实践与完善，篮球技术逐步形成了进攻技术和防守技术两大类，两大类又各自有多类动作，各类动作的方法已由少变多，并建立了一个比较完整的技术动作体系。随着人们对技术的认识，由感性阶段上升到理性阶段，在分类、分析、运用上都有了一定的研究。

进入20世纪50年代，队员高度与技术得到同步发展，极大地推动了进攻技术的演进。跳投、持球突破等技术普遍运用，中锋技术迅速提高，篮下对抗更趋激烈，以攻为主甚为流行，使篮球技术发展到一个新的阶段。

之后，人们对攻守对抗的规律有了进一步的认识，从防守和身体素质方面加强，扼制重攻轻守的倾向。防守观念的更新促进了防守技术的发展，在人、球、篮之间的位置关系和防守的移动步法、抢、打、断、盖等技术的运用也都有了新的突破。

到20世纪70年代中期，世界篮球运动出现了“攻守平衡”的理论，先进的篮球理念，在世界各国篮球界引起强烈的反响，从而推动了篮球技术继续向前发展。这种攻守交替的不平衡发展，带动了攻守技术的相互促进，使篮球比赛的对抗性大大增强，篮球技术也有了长足的进步与提高，如进攻技术出现了抢前接球、强行突破、内线强攻、贴身投篮、冲抢扣篮、空中补篮等；防守技术则表现出鲜明的主动性和攻击性，如外线抢前防守、内线抢步卡位和紧逼、夹击、协防、抢、打断的广泛运用。

20世纪90年代，国际篮联允许职业球员参加世界大赛，为各国优秀运动员的交流和学习提供了一个平台，对篮球技术的进一步交流与发展，起到积极地推动作用。

综上所述，可以看出篮球技术的发展，经历了一个从低级向高级发展的过程，呈现出连续性与阶段性的特点，并始终不断地向着更高水平前进。

三、篮球技术的基本特征

（一）技术与技术动作的关系

篮球技术是以技术动作为基础，身体素质为保证，以意识为前导，以战术为形式，通过各种技术动作在比赛中来体现的，反映了运动员技术动作完成的合理性、实效性和观赏性。

就技术与技术动作的相互关系而言，技术含义相对比较广泛，而技术动作的含义则比较具体。从广义来看，技术是运动员在比赛中所完成的动作，具有运用的成分；而技术动作则是具体化的技术方法或手段，是指技术动作本身的规格、表现形式、运动节奏、身体姿势、动作轨迹、动作时间、动作速度、动作力量、速率、节奏等方面。

当涉及技术问题时往往不仅需要注意动作本身的各个因素，还要考虑技术动作的效果，而这种效果是运动员通过完成各种动作，在对抗的环境下表现出来的。所以说，动作是技术的表现形式，是技术的载体；技术是动作的内在属性、内在根据。技术必须通过动作表现出来，只有通过技术动作的表现，才能在比赛中表现出运动员的技术。

事实上，在篮球教学与训练的实践过程中，人们很难将技术动作与技术运用截然分开。因为人们一旦投入到实际的教学、训练的实践过程中，它必须符合体育运动的重要特性即身体练习。在这一学习过程中，既有教学的成分，又有训练的因素；在训练中既有运用的因素， 也有学习的因素。所以，学与练、练与学、学与用是密不可分的。

在体育运动中的技术动作是按照特定的运动顺序和动作结构，由一种形态转成另一种形态，以改变原来的位置而形成的身体活动。篮球技术动作则是指为了达到比赛中某一特定目的，而按照一定的顺序和动作结构组成的不同运动环节的身体活动。简单来讲，篮球技术动作就是单个基础动作。篮球技术动作的完成都是按照一定的顺序、方向、路线、节奏、时间、空间和用力的严格规定进行的。

篮球技术中任何技术动作都有严格的动作规范和要求。其动作方法必须适应人体解剖学和运动生物力学的基本原理，并以篮球规则为依据。正确的技术动作应是合理、完美，既协调又省力并适应对抗的需要。

（二）篮球技术动作的特征

1．动作完成的变异性

篮球技术动作具有相对稳定的动作环节，各环节之间并按一定顺序连接构成，组成技术的微观结构，如双手胸前传球是蹬地、伸臂、翻腕、手指拨球四个环节，这四个环节按特定的、不要更改的顺序构成双手胸前传球的动作结构。从动作的完成角度来讲，技术动作的结构是不能随意改变的。对动作基本环节的掌握程度和对各个环节的串联节奏决定着技术动作的完成质量与效果。

在比赛中，技术动作的运用必须随着场上的变化而变化，根据对手情况，灵活地改变固有的动作结构，即改变技术动作完成时的用力大小、方向、节奏、时间、动作幅度，确定运用技术的方式，创造性地完成各种攻守技术。它反映了运动员篮球意识与技术储备的有机结合。

2．动作组合的多变性

动作组合的多变性表现为动作组合的固定与不固定相结合。篮球技术的动作包含着固定与不固定两个方面。从单个动作结构来看，它是固定的。但从两个或两个以上单个动作的组合来看，它又是不固定的。如双手胸前传球的动作是固定的，它是运动员经过反复的练习与雕刻而形成的；而双手胸前传球后是与徒手摆脱切入组合，还是与掩护组合，要根据场上的情况而决定，体现了不固定性。篮球动作的固定性保证着动作质量，而不固定性则是动作实效性的基础。

3．动作运用的多元性

篮球运动隶属开放式技能项目。从篮球技术的外部现象来看，技术动作有位移与非位移的、支撑状态与无支撑状态的、周期性与非周期性的以及双手与单手的动作。运动成分和运动要素多种多样，表现为，在方法上有单个动作与组合动作，而组合动作又有有球的组合与无球的组合、有球与无球的混合组合，技术的完成形式多属于组合形式，动作运用具有多元化特征。

（三）篮球技术的特征

1．身体动作与控制支配球的结合

篮球技术区别于其他运动项目技术的最显著特点，就是运动者用手直接控制和支配球，并与全身协调配合组成各种专门动作，最后通过手部的动作控制、支配球的运行和争夺获球，使身体动作与控制支配球融合为一体，展现出篮球技术的魅力。

2．动态与对抗的结合

篮球竞赛本身就是一个攻守对抗的动态过程，一切篮球技术都是在动态和对抗中操作，快速、准确、实用、多变，充分表明了在争取时空主动上的合理性和创造性，两者的结合则是篮球技术的又一特征。

3．相对稳定与随机应变的结合

任何运动技术都具有相对稳定的动作环节，篮球技术也不例外，但它又是必须随着环境的变化而变化，随着对手的变化而变化，并要及时做出应答动作的开放性技能，要在攻守对抗中各种不同条件下去组合动作，随机应变创造性地完成攻守任务。

4．规范性与个体差异的结合

任何运动技术都必须符合科学的原理而具有一定的规范性，某些动作环节的规范影响着球的运行和效果，因此，必须按规律来操作。然而，队员有个体的差异性而表现出不同动作的特点和风格，这在篮球比赛中尤为突出。因此，在训练与比赛中不能强求动作外形的模式，而要讲求实效。对于比赛中，运动员技术动作的完成，应视赛场情况的变化和运动员自身应变能力而定，除强调一般技术规格外，还可表现个人的技术特点。

四、促进篮球技术发展的因素

在篮球运动发展过程中，技术的发展是最活跃、最积极和最有推动力的根本因素之一。篮球运动的每一次变革、每一次飞跃都与技术的发展密切相关，它是篮球运动发展的原动力。总结和研究篮球技术发展的因素，对促进篮球技术的创新，进一步推动篮球运动的发展具有积极的意义。

（一）运动员自身其他因素的发展

运动员身高的增长、身体素质的发展、智力与心理品质和意志品质的发展等，是促进篮球技术发展和提高的基础。良好的身体素质是技术运用的基础，身高是发展高空技巧的有利条件。身体素质与身高的结合，尤其是高大队员与速度和灵活性的统一，使比赛中攻守争夺的空间不断扩大，篮球技术运用的难度越来越大。许多高难度技术，如空中封盖、抢断、扣篮、后仰投篮等新技术的出现，都是在运动员自身竞技能力其他因素发展的基础上得以提高与创新的。

（二）竞赛规则的修改与完善

篮球竞赛规则不断修改、完善，对篮球技术的发展起着导向和促进作用，影响攻守技术之间平衡与不平衡的发展。规则的一些具体规定，在一定的时间内也直接制约或推动着篮球技术的发展速度。1936年国际上正式统一了篮球规则之后，每过四年都要修改一次，主要目的是限制不合理的技术，促进合理技术的发展。规则的演变决定了篮球技术的发展方向。

（三）篮球战术的创新与发展

篮球战术发展对技术提出了更高的要求。战术失去技术的支撑就无法落实，所以战术对技术不断提出更高的要求。篮球战术的每次创新和发展，必然引起从事篮球运动人员的积极研究与借鉴，努力改进技术及其训练方法，促进技术向更高水平发展。

（四）竞赛与交流的进一步发展

篮球比赛就是进攻与防守的激烈对抗，攻、守对立统一规律决定两者的互相依存、制约和互相促进。篮球技术实践证明，进攻技术往往起主导作用。在一定时期进攻技术发展了，一定会促进防守技术的相应提高；防守技术的提高，也必然刺激进攻技术有新的突破。

现代竞技篮球运动的职业化，进一步提高了竞赛的技巧性、对抗的激烈性，加剧了人们对技术的投入和开发，成为技术发展的重要途径。

现代篮球运动在世界范围的广泛开展和交流，不同年龄、不同性别、各种区域性、国际性的篮球竞赛频繁进行，为篮球技术的交流提供了良好机会，进一步促进了篮球技术的发展和提高。

（五）理论研究与科技运用的推动

篮球训练理论与实践的不断创新、技术研究及其训练原理的应用与开发、体育科学中的许多基础学科和边缘学科的发展，使得它们的理论与方法为研究篮球技术的理论和动作方法的更新提供了依据，起到了指导和论证的作用；使技术的发展与作风、身体、战术、心理和智力等紧密结合，从而推动了篮球技术向精尖化、高水平方向迅速发展。现代科技在篮球运动中的运用，对篮球技术的发展和提高也起到了巨大地推动作用。

五、篮球技术运用的基础与特点

篮球技术的运用是指运动员个人在比赛行动中合理使用技术动作的表现与发挥。运动员的技术运用是在动态、干扰、破坏、应变等情况下去完成动作的，它要求最大限度地去适应比赛中的变化，没有固定的动作组合程序，而是随着环境变化而变化，合理地去组合动作，完成攻守的具体任务。

（一）篮球技术运用基础

比赛实践证明，运动员的技术运用要想发挥最佳效果，主要取决于以下方面。

（1）全面、熟练掌握各种技术动作是技术运用的前提。

（2）良好的身体素质与体能是技术运用的保证。

（3）良好的心理素质是技术运用的灵魂。

以上3点缺一不可，它们相互影响、相互促进，是篮球技术运用的基础。

（二）篮球技术的运用特点

1．快速性

篮球比赛速度日趋加快，双方在攻守交错中对抗，必须果断迅速的作出决断并付诸行动，否则错过时机，场上情况又会发生变化。机不可失，决断与行动必须迅速统一，这样才能取得主动与优势。

2．组合性

篮球技术在比赛中运用时，几乎都是动作组合的运用，而不是单个动作或固定程序的运用。必须根据不同情况，采用先后组合、同步组合、无球组合、有球组合等多种形式去应对比赛中出现的各种变化，去完成攻守的具体任务。

3．多变性

篮球技术运用不仅有动作组合的多样性，还在于行动中的多变性，表现在动作操作上的主变、应变、静中变、动中变以及在方向、速度、路线、节奏、幅度等方面的变化，最后达到准确性要求。实效与多变是技术运用的核心，也是最为突出的表现。

六、篮球技术的分类与分析方法

（一）篮球技术的分类

篮球技术的分类是为了系统、科学地组织篮球技术的教学与训练，从而促进篮球技术的发展，深入研究各类技术动作的作用、结构特点及其运用，并在此基础上，探讨技术动作之间的技术与教学的关系。

篮球技术动作的分类，主要是根据技术动作的攻、守属性和技术动作在比赛中的作用以及技术动作的结构相类似特点进行的。按篮球技术动作的攻守属性，篮球技术分为进攻技术和防守技术两大类。进攻技术有移动、传接球、投篮、运球、持球突破和抢篮板球；防守技术有防守对手、移动、抢球、打球、断球和抢篮板球。各项技术又有多种技术动作方法（图2-1-1）。

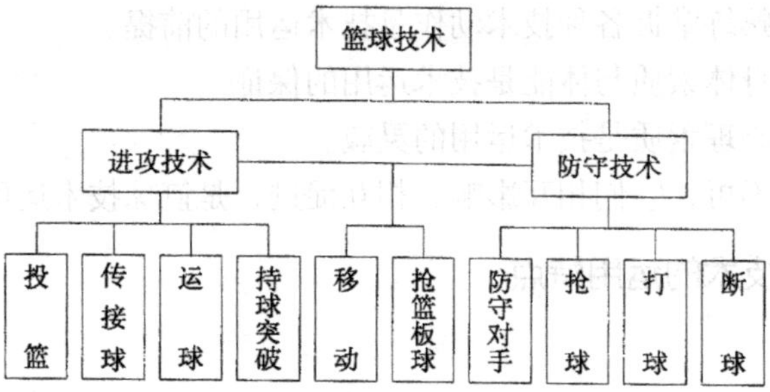

图2-1-1 篮球技术的分类

（二）篮球技术的分析方法

技术分析是技术教学与训练的一个重要前提，也是对技术诊断、评价和创新必不可少的方法之一。篮球技术分析在具体操作时，除遵循技术动作的基本原理外，还应从合理性、实效性、优化发展和个体差异等原则出发，针对运动员掌握与运用技术动作的实际进行具体的分析，以促进技术的不断提高和整体技术的发展。

篮球技术的分析方法有技术观察法、动作结构分析法（即时期分析法）、运动力学分析法、控制分析法和统计分析法等多种方法。其中，动作结构分析法是最常用的一种方法。

篮球运动是多元动作结构和多项动作组合结构的运动项目，其技术结构具有非周期性动作和周期动作的特点。在教学中，对篮球技术的分析一般多采用动作结构分析法，它是按人体完成动作的时间顺序及它们之间的关系对篮球技术进行分析。

动作结构分析法是用来描述动作方法过程和确定各时期范围的活动变化及其相互关系的特点，并在基础上探讨和制定篮球技术动作教学与训练的教法手段。在分析具体技术动作之前，要考虑该动作的目的、任务以及动作前所处的状态和在什么条件下完成等各项因素，然后按3个时期进行具体分析。

（1）准备时期——是为工作时期的动作做好准备，这个时期的分析应抓住预摆动作的预备姿势，它能为身体获得主要时期的动作创造最有利的条件（改变有关关节的肌肉工作距离、肌肉工作方式和骨杠杆比例）。

（2）工作时期——是完成主要（用力）动作过程，它是整个动作的关键部分，动作的效果也取决于它的工作。运用中要根据具体技术动作的目的来分析人体诸力相互作用的合理性。

（3）结束时期——是保证整个动作方法的效果并使人体恢复到稳定状态的过程。在完成用力过程后还应有一定的延续动作才使整个动作结束，在许多情况下为衔接下一个动作做准备。结束时期的动作正确与否在组合技术的衔接运用中尤为重要。

在运动实践中，完成每一个动作方法时，并不会出现各时期之间的中断或停顿，而是连贯、协调、快速地完成动作。由于篮球技术的运用都是根据比赛具体情况进行组合应答的，动作结构比较复杂。因此，在研究技术动作完成的方法中，明确动作的运动姿势与运动结构上的联系及相互作用是比较重要的。从运动学的结构去揭示动作的形式与特点，分析动作与人体部位（胸前、肩上、头上等）的关系以及与体轴（从正面、侧面、斜面）等的关系，从动力学结构去研究完成动作时人体的状态（原地或行进间、支撑或腾空等）以及运动中人体内力与外力的相互作用，动量、转动、制动、功能以及运动性质等方面问题，这对于运用技术动作的合理性与实效性，进一步确定动作的运动成份及运动结构的相互关系都是很必要的。

思考题

1. 简述篮球技术与篮球技术动作的关系。
2. 篮球技术分类的依据与方法是什么？
3. 简述篮球技术的基本特征。
4. 促进篮球技术发展的主要因素是什么？
5. 篮球技术分析方法有哪些？采用动作结构分析法对某一技术动作进行分析。

第二节　移动技术

内容提要：本节阐述了移动技术的概念、作用；对移动技术的动作原理和技术运用、分类方法进行了分析，介绍了移动的动作方法、移动技术的练习方法与教学中易犯的错误与纠正方法；提出了移动技术教学与训练的建议。

一、移动技术的基本理论

（一）移动技术的概念与作用

移动是队员在比赛中为了改变速度、方向、位置和高度所采用的各种脚步动作的通称。移动是篮球技术的一个重要组成部分，也是学习和运用其他各项技术的基础。

篮球比赛是在长28米、宽15米的球场上进行，在比赛中，攻守双方往往是通过徒手和持球两种状态的移动来实施各种攻守技术，以更多地把球投入对方球篮并阻止对方投中本方球篮完成攻守对抗任务，运动员绝大多数时间都处于徒手移动状态。事实上，一场篮球比赛中运动员为了寻找接球、投篮时机或是防守对手，进行抢占位置、抢、断、封盖以及篮板球的争夺等行动，都是通过队员的不断移动为基础得以完成的。在篮球运动中，各项技术动作的运用大都是以组合形式进行的，而各项技术动作的组合都必须包含移动技术动作，没有移动技术动作，组合技术动作则无法完成。所以说，移动是篮球比赛中各项技术运用的基础。

篮球攻守战术的实现，是以参加配合队员的移动为前提，通过各项技术的运用得以实施，队员移动能力的强弱，在很大程度上直接影响战术的成败。由此可见，移动技术在篮球比赛中具有十分的重要性。

（二）移动技术的分类与分析

1．移动技术的分类

移动技术的动作方法繁多，根据技术动作的相似特点和运用目的，移动技术动作的分类如图2-2-1所示。

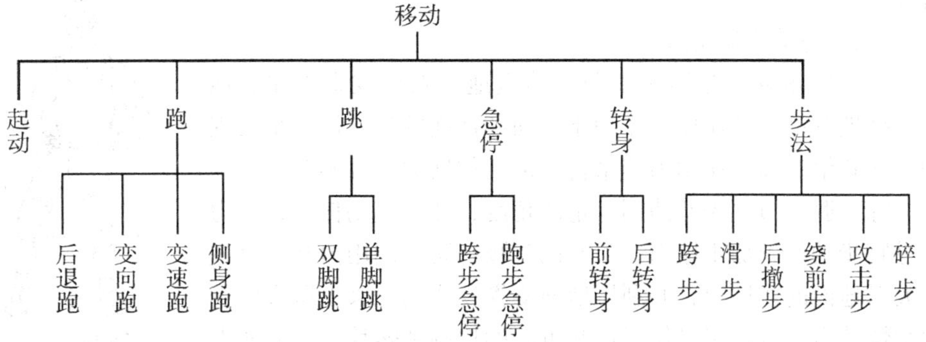

图2-2-1 移动的分类

2．移动技术的运动力学基础

篮球移动技术是在人体基本活动能力基础上发展起来的专门化的脚步动作。其技术动作是实现队员在球场上进行位置变化的唯一方法。从运动生物力学原理分析可知，人体相对于地面所做的任何位移，都取决于人体对地面的作用力以及地面对人体的反作用力。人体对地面所施加力的时间、大小、方向不同，地面给人体的反作用力的时间、大小、方向也不同，而正是不同的作用时间、大小、方向的作用力和反作用力的合力，产生了不同的移位效果。

虽然，移动技术动作方法很多，各种技术动作完成的条件和作用各有不同，在运用上又是变化多样，但其动作结构都是通过脚的蹬地，踝、膝的伸展、腰胯的转动多个不同环节，加之上肢动作的配合所构成的。良好的控制、转移身体重心，快速有力的腿部蹬跨能力和维持身体平衡的能力，是决定影响移动技术掌握与运用成效的根本因素。这两种能力发挥得如何，决定着移动技术动作稳健、快速、善变的程度。为了保证以上两种能力得以充分发挥，更好地掌握移动技术，必须掌握以下两点

（1）合理的准备姿势

队员在场上需要有一个既稳定又机动的准备姿势即保持基本站立姿势，用来保持身体平衡并具有较大的应变性，以利迅速、协调地在移动中完成各种动作。

合理的准备姿势：两脚左右（或前后）开立，距离约与肩同宽、两膝弯曲，大、小腿之间的角度大约在135度左右；脚掌着地；两臂屈肘，置于身体两侧，上体微向前倾；两眼平视。这样的姿势既能维持身体平衡，又能快速转移重心，迅速起动。队员在球场上动作速度的快慢在一定程度上取决于起动的

合理性（图2-2-2）。

（2）身体协调用力

图2-2-2

移动技术动作是通过脚前掌的蹬地、碾地或脚跟先着地后的抵地制动等动作使力作用于地面和地面的反作用力来实现的。而脚给地面的作用力和来自腿部的伸展力是分不开的，即踝、膝、髋关节预先弯曲到一定的角度，然后主动伸展，使力通过脚步动作施加于地面，与此同时腰、胯协调用力和配合或加大对地面的作用力，并利用地面支撑反作用力来克服人体重力和惯性力，以保持身体平衡和重心的控制和转移，从而使人体获得起动、起跳、旋转、制动等能力。各种脚步动作虽然主要是下肢踝、膝、髋关节肌肉合理的动作过程，但也离不开身体其他部位的协调配合，特别是腰、胯用力的配合，它对带动上体、使动作协调配合、调整或转移身体重心、保证人体诸力集中到与地面的反作用力很好地结合，起到很好的作用。同时，上肢的协同动作，能更好地保证各种脚步动作的协调性、快速性、实效性和有利于维持身体的平衡。

2．移动技术的动作分析

（1）跑

跑是篮球运动的基础，也是篮球脚步动作类的一项主要技术，它包括侧身跑、变速跑、变向跑、后退跑等。根据篮球比赛的特点，在比赛中，运动员往往是通过快速的起动发挥跑的最大速度，并需在跑的过程中随时变换速度和方向、路线（直线或曲线）或随时准备做出跳、转身、急停等各种动作。这就需要在跑动中做到既稳定而又轻快、灵活，甚至在高速跑动中也能自如地运用变向、变速、急停、转身，体现了动作转换的突然性和连贯性。

篮球场上的跑，不同于一般性的跑，它有其自身的专门特点，要求在跑动中，随着场上情况的变化，与其他动作结合成为成套的随机应变的不固定动作。而完成这种不固定动作的速度，取决于运动员的观察和预判能力以及对各种刺激信号发生反应的速度，跑的过程随即转换为某一动作的正确熟练程度以及完成动作的速率、跑和随即转换的某一动作之间的衔接速度以及给予动作突变的施力条件。为了发挥篮球场上的跑动速度以及在高速跑动中随时随地转换为某一后续动作的速度，在跑的技术运用时运动员必须做到如下。

第一，2~3步的快速起动，并获得跑的最大速度。

第二、低重心、快频率的曲腿顺势跑，以维持起动后发挥最大速度，利于平稳地、随机转换为下一后续动作的速率和效果。

因此，在跑的技术教学和训练中，除了注意跑的正确性外，要着重培养运动员的“速度灵活性”和高度的视觉反应能力。

（2）跳

跳是篮球运动中的一项基本技术。随着当代篮球运动的发展，跳的能力和跳的技术，已成为一个运动员能否掌握高、难技术的基础之一。同时，也只有出色的弹跳能力，并与其他技术的密切结合，才能掌握高水平的球技。

篮球运动中的跳动，按跳的方法可分为单脚起跳和双脚起跳；也可分为原地起跳和助跑起跳。它与一般跳的区别是：起跳时间、位置、方向不固定，即要能在徒手状态下，起跳快、跳得高，并能在持球的情况下，跳在空中保持身体平衡，完成其他技术动作。要求运动员在对抗、多变的情况下能及时地完成起跳动作，做到起跳快，跳得高；能在原地或移动中以及对抗条件下向不同方向跳，并具有连续快速跳起的能力，滞空时间长，在空中能很好地完成各种攻守技术动作。

从某种角度来讲，跳也是一项衔接手段，往往是与其他技术相结合进行的。例如，跳起投篮、抢篮板球、封盖球、抢断球等，总是与球发生联系。因此，在跳的教学与训练中，除要求队员正确掌握各种跳的方法外，应培养队员对场上情况的观察与判断，特别是观察球的位置与变化，掌握起跳时机，提高跳的技术运用效果与作用。

（3）转　身

转身是篮球运动中运用非常广泛的一项基本技术。运动员不论在持球或不持球情况下，在原地或在行进间跑动中，经常通过转身来摆脱对手，获得投篮、运球、传球和接球的机会。甚至通过转身，更好地达到掩护同伴顺利摆脱防守，或者占有内侧位置取得掩护跟进的机会。在争抢篮板球时，也经常利用转身动作摆脱冲抢或把对方挤挡在身后，占据争抢篮板球的有利位置。

转身是以人体的垂直轴为转轴的转动。人体在转动时，三个轴的转动惯量，以绕垂直轴的转动惯量为最小。所以，从力学条件来说，转身需要的外力矩并不很大。但是篮球运动中的转身需要快速、突然，强调重心平稳，同时还需要在行进间转身和空中转身，并与其他技术相结合，这就要求适度地降低身体重心，做到快而稳，以便更好地完成其他动作。

转身常常与跨步或急停动作结合运用。通过与这些动作的结合运用，有利于更好地完成转身动作并取得预期的效果。

转身，可分为前转身和后转身两种。移动脚从中枢脚前面旋转的，称之前转身；移动脚从中枢脚后面旋转的，称之后转身。在跳起转身时，没有前后转身的区别。因为跳起在空中已不存在移动脚与中枢脚，而只存在向左或向右的空中转身动作。

（4）滑　步

滑步是防守时的主要移动步法。常常用来阻截对方的移动路线，抢占和调整自己的防守位置。滑步一般可分为侧滑步、前滑步、后滑步和撤滑步四种。

防守的脚步动作在实际运用中是以滑步为主的，因为滑步易于保持身体平衡，便于向各个方向移动。其他一些步法，绝大部分属于滑步的变异性动作。所以，在防守步法教学与训练中要突出以滑步为重点，在掌握滑步的基础上，便于学习后撤步、攻击步、绕步、迫近步、渐近步等步法。任何步法的移动，都要保持屈膝、直腰含胸、降低身体重心的基本姿势，以利于移动中身体的稳定性和移动方向的易变性。同时，还要注意手臂伸张的方向和幅度，以控制较大的空间范围和维持移动中的身体平衡，发挥防守的攻击性和破坏性。

滑步是由防守的基本站立姿势开始，如向左侧滑步时，左脚向左摆动，落地的同时，右脚脚掌内侧蹬地，并跟随左脚向左侧滑动。侧滑步时要保持屈膝张臂，稳定身体重心，使身体重心在滑步过程中始终保持在两脚之间，展开控制面积。侧滑步的第一步要解决抢占位置，后续滑动要利于变换滑步动作和方向。

（三）移动的技术特征

移动技术包含了由静到动、由动到停，再由停到动，以及移动中速度、方向、路线的变化等一系列与之相适应的技术动作。它是以运动员的身体动作与位移形式即身体动作的静态和动态的变化以及动态中速度变化所表现出的节奏变化和移动中的方向、路线的不断变化所体现的时间和空间位置的变化规律。在这一变化过程中，运动员身体重心的控制与转移直接影响技术动作的正确性，在很大程度上影响身体位移速度的快慢与方向的变化，影响技术动作的完成质量与效果。身体的位移和身体重心的控制与转移的相互影响及相互联系反映了移动技术的基本特征。

因此，在移动技术的教学与训练中，必须充分认识身体重心的控制与转移是移动技术的核心所在，在运动中抓住身体重心的及时准确控制和快速转移直接关系移动技术运用的质量与效果。抓好这一关键环节，对促进移动技术的正确掌握与提高移动技术运用质量与效果具有积极的现实意义。

（四）移动技术的运用及发展

1．移动技术的运用特点

篮球场上的移动运用时主要表现有以下特点。

（1）移动距离可长可短，移动方向不固定，可随时随地向不同方向移动。

（2）移动技术往往是在动态中完成，强调屈膝、降重心，要求随时保持身体重心平稳。

（3）动作突然性强，表现为一个动作突然进行，突然停止；有时突然快起来，突然慢下来。

（4）移动的运用具有多变性，常常根据场上的情况随时变化移动方式和方法，有时是跑，有时是跳，有时是滑步，各种移动方法随时变化。

（5）移动动作的运用具有组合性，移动经常是在不同条件下多个动作组合运用，组合方法表现为同类动作的组合和不同类动作的组合，如起动－变向跑－侧身跑；快跑－接球－急停－投篮。

2．移动技术运用时应注意的问题

在篮球比赛中，运动员及时合理地运用移动技术不仅能摆脱或防住对手，而且也影响着控制支配球、投篮和争夺球等技术动作的完成。虽然，各种移动技术的动作方法不同，但是在运用时它们之间相互联系、互为影响。因此，在移动技术的运用中要注意以下几个问题。

（1）移动技术经常是由几个脚步动作组合或与其他技术动作组合加以运用，如“起动—跑”“接球急停—转身运球”“滑步—单跳—断球”“运球—跳起投篮或传球”“转身挡人—起跳空中争抢篮板球”等。因此，在掌握移动单个动作的基础上，加强组合动作的练习，解决好动作之间的衔接与结合，才能不断提高移动技术动作运用的质量。

（2）移动技术的运用，不仅要有良好的身体素质和熟练的脚步动作做基础，而且还要有良好的观察判断、反应能力和篮球意识，以及顽强拚搏精神。因此，移动技术运用应把意识、智能、心理因素三方面综合起来，才能提高移动技术动作运用的及时性、合理性和有效性。

（3）移动技术动作的运用，要求快慢结合、动静结合、真假结合，根据比赛中的实际情况，把主变与应变很好地加以结合，提高移动技术运用的主动性和灵活性。

3．当前移动技术的发展

现代篮球比赛由于运动员的运动素质不断提高，移动动作的速率、节奏、幅度、高度、平衡与滞空能力以及动作的突然性都有明显发展。特别是，随着现代篮球比赛攻守对抗的日趋激烈，贴身防守的大量实施，进攻队员的移动步法往往是较大阻力情况下完成的，要想达到及时有效，必须具有快速、灵活、多变的能力，表现在短距离内的急停、转化快、动作力量强，以利于在身体对抗中赢得行动的主动和占据有利的位置。

进攻时，小范围内的变向和变速突然性强，尤其是转身和跨步的结合速度快、力量大，抓住时机强行占据有利位置，完成攻击任务。

防守时，身体重心低，步幅宽，滑动步伐大而快，尤其是第一步跨出的步幅大而及时，步法转换迅速，富有极强的攻击性。一些新的步法，如对持球队员防守时，平步、碎步、攻击步及各种绕步的广泛运用等，使防守具有更大的攻击性和破坏性。

二、移动的动作方法及运用

移动技术动作方法很多，根据技术动作的特点，分为起动、跑动、跳动、急停、转身和步法等多项动作。按其技术动作的分类顺序叙述如下。

（一）起　动

起动是队员在球场上由静止状态转换为运动状态的一种动作，是获得位移速度的一种基本方法。

图2-2-3

【动作方法】如图2-2-3所示，队员成基本姿势站立，向前起动时上体前倾，重心前移，一只脚用力蹬地，另一只脚迅速向前跨出；向侧起动时，重心向起动方向一侧转移，上体迅速转向起动方向，异侧脚用力蹬地，同时脚尖转向起动方向，并向起动方向跨出，加速跑动。

【动作要点】移重心、猛蹬地步、快频率。

【技术运用】常用于突然摆脱对手或及时地盯防对手，占据有利的位置，争取场上主动权。

（二）跑

1．变速跑

变速跑是指队员在跑动中利用速度的变化来摆脱防守者的一种跑动方法。

【动作方法】在跑动中加速时，上体微前倾，用前脚掌短促有力蹬地、步频加快，同时用力摆臂。减速时，步幅适当增大，上体直起，用前脚掌用力抵地来减缓向前的冲力，从而降低跑速。

【动作要点】加速时，上体前倾，步频加快，蹬跨有力。减速时，上体稍直起，步幅加大，控制速度。

【技术运用】利用速度节奏的改变，突然加速或减速破坏防守者的正确位置，及时地完成切入、接球、突破和投篮等。

2．变向跑

变向跑是指队员在跑动中利用方向的改变来摆脱或超越对手的一种跑动方法。

【动作方法】变向跑时（以从右向左为例），最后一步用右脚的前脚掌内侧用力蹬地，同时脚尖内扣，上体向左前倾，同时迅速转肩、转腰，重心向左前移，左脚向左前方跨步并用力蹬地，随之加速前进。（图2-2-4）

图2-2-4

【动作要点】蹬地移重心，转肩转腰，跨步迅速。

【技术运用】常用于摆脱对手或抢占有利位置。

3．侧身跑

侧身跑是指队员在跑动中为了抢位、摆脱防守接侧向或侧后方传来的球，而采用的一种跑动的方法。

【动作方法】在跑动时，头部和上体转向侧面或有球的一侧，脚尖向着前进方向，既要保持奔跑速度，又要保持身体平衡，双手自然放在腰侧，密切注意观察场上情况。

【动作要点】上体侧转，两脚自然向前跑动，眼睛平视，两手随时准备接球。

【技术运用】常用于快攻中的快下或徒手切入时，以便及时观察来球。

（三）急　停

急停是指队员在快速移动中，突然制动速度的一种方法。它是各种移动衔接与变化的过渡动作。急停分为跨步急停和跳步急停。

1．跨步急停

【动作方法】急停时先向前跨出一大步，用脚跟先着地并迅速过渡到全脚抵住地面，重心下降，身体稍后仰；第二步落地的同时，两膝深屈并内扣，身体稍侧转，两脚尖自然转向侧前方向，前脚掌内侧用力抵住地面，两臂屈肘自然张开，腰胯用力帮助控制身体平衡。（图2-2-5）

图2-2-5

【动作要点】跨步后仰降重心，上步抵地脚用力，体内转、腰胯用力保平衡。

【技术运用】常用于快速跑动时，为摆脱或控制对手，并迅速地衔接其他技术。

2．跳步急停

【动作方法】队员在跑动中，用单脚起跳，两脚平行或前后同时落地（略宽于肩），落地时全脚掌着地，用前脚掌内侧蹬住两膝弯曲，两臂屈肘微张，上体稍后仰，以保持身体平衡。（图2-2-6）

【动作要点】轻跳双（脚）落，两脚开立，重心下降。

【技术运用】常用于中速移动时，以便及时地衔接其他技术。

图2-2-6

（四）转　身

转身是指队员以一脚做中枢脚进行旋转，另一脚蹬地向前向后跨出，改变原来身体方向的一种动作方法。转身可分为前转身和后转身。

（1）前转身——移动脚向中枢脚脚尖方向跨出改变身体方向为前转身。（图2-2-7）

（2）后转身——移动脚向中枢脚脚跟方向移动为后转身。后转身可在原地或行进间运用。行进间运用后转身，应以前脚为中枢脚，后脚蹬地做向后转身。（图2-2-8）

【动作方法】转身时，重心移向中枢脚，另一只脚前脚掌用力蹬地并迅速跨出，同时中枢脚前掌用力碾地，上体随跨步脚转动，以肩带腰向前或向后改变身体方向。转身后，重心迅速转移到两脚之间。保持身体平衡。

【动作要点】重心下降，蹬跨有力，碾（地）、转（体）结合，腰胯用力，重心不要上下起伏。

【技术运用】多与急停、跨步、持球突破结合运用，有效地摆脱防守创造传球、投篮机会。

图2-2-7

图2-2-8

（五） 跳

跳是队员在球场上争取高度及远度的一种方法。跳有双脚跳和单脚跳两种方法，即可在原地也可在行进间进行。

1．双脚跳

【动作方法】起跳时，两膝弯曲降低重心，两脚用力蹬地，同时提腰摆臂向上起跳，跳在空中时，身体自然伸展控制平衡。落地时，前脚掌先落地，屈膝缓冲重力，注意保持身体平衡，以便衔接下一个动作。

【动作要点】两膝弯曲降低重心，用力蹬地，向上摆臂充分伸展，落地屈膝保持身体平衡。

【技术运用】双脚起跳多在原地运用，也可在上步、并步、跳球或助跑情况下运用。

2．单脚跳

【动作方法】起跳时，踏跳脚脚跟先着地，迅速过渡到脚前掌用力蹬地，同时提腰摆臂，另一腿快速屈膝上提，当身体达到最高点时，摆动腿自然伸直与起跳腿合并。落地时，双脚要稍分开，注意屈膝缓冲，以便衔接其他动作。

【动作要点】踏跳脚用力蹬地，起跳腿上摆，身体充分向前上方伸展，控制身体平衡。

【技术运用】单脚跳多在助跑情况下运用；可结合其他技术运用于行进间上篮，冲抢进攻篮板球和防守时的断球。

（六）步　法

1．跨　步

跨步是一种起始步的动作方法，以便衔接下一个动作。

【动作方法】进攻队员的一脚为中枢脚，另一脚蹬地向前向后或向侧跨出，身体重心随着转移，但不改变身体方向。包括同侧步（又称顺步）和异侧步（又称交叉步）两种。

【动作要点】蹬跨用力，重心下降，身体平稳。

【技术运用】主要用于接球、持球突破等动作，常与起动、转身等动作结合运用，诱骗对方位置移动或重心偏移，从而获得超越、摆脱、抢位、传球、投篮等机会。

2．滑　步

滑步是防守移动的一种主要方法。它易于保持身体平衡，可向任何方向移动。根据滑动的方向和动作特征，滑步可分为前滑步、侧滑步和后滑步三种，其动作方法大致相同，只是在运用时滑动的方向不同而已。

【动作方法】两脚平行站立，保持防守的基本姿势。开始时，向左侧滑步时，左脚向左侧迈出的同时，右脚蹬地滑动，向左脚方向移动，两脚始终保持一定的距离，右脚着地的同时，左脚继续向左侧跨出。（图2-2-9）

向后滑步时，一只脚向后撤步着地的同时，前脚紧随着向后滑动，保持两脚前后开立。

向前滑步时，前脚向前迈出一步，脚着地的同时，后脚紧随向前滑动，保持两脚前后开立。

图2-2-9

【动作要点】保持屈膝降重心。滑动时，蹬跨、滑动协同有力，身体不要上下起伏，两脚不要交叉，重心保持在两脚之间，两臂伸开，两眼注视对手。

【技术运用】常用于阻截对方的移动路线，调整自己的防守位置。

3．后撤步

后撤步是防守时以前脚变后脚的一种步法。

【动作方法】后撤步时，用前脚掌内侧蹬地，腰部用力向后转动，同时后脚碾、蹬地面，前脚快速后撤，紧接滑步，保持防守姿势与位置。（图2-2-10）

【动作要点】前脚蹬地后撤要快，后脚碾地、扭腰、转髋要迅速，后撤角度不宜过大，身体重心保持平稳。

【技术运用】常用于当对手从自己前脚外侧持球突破或摆脱时，以抢占有利的防守位置。

图2-2-10

4．攻击步

它是防守移动时具有攻击性行动的一种步法。

【动作方法】开始时，后脚用力蹬地，前脚突然迅速向前跨出迫近对手。落地时重心偏在前脚上，前脚同侧手前伸做干扰和抢截性防守动作。

【动作要点】蹬、跨要突然，落地身体重心要平稳。

【技术运用】常用于当对手准备接球或获球的一霎那，防守队员突然前窜，进行抢球，打球或破坏对手接球或传球、投篮。

5．绕　步

绕步是防守移动的步法之一。绕步分绕前步和绕后步两种。

【动作方法】绕前步（以从右侧绕前防守时为例），右脚向右斜前方跨出半步，左脚迅速提腿紧靠右脚绕过对手，向左跨步或跃出，两臂要根据防守的需要做相应的动作。绕后步动作方法与绕前步相同，只是向后方跨步绕过。

【动作要点】跨步、绕前动作要迅速，重心转移要快而稳，两臂要协同配合。

【技术运用】常用于对内线队员的防守，以抢占有利位置，阻挠、紧盯对手，破坏中锋接球，进行抢球、断球、及防守配合。绕后步多用于恢复、调整位置时。

6．碎步（滑跳步）

碎步是防守移动步法之一。它的优点是能保持较大的防守面积和具有机动性。

【动作方法】碎步移动时，两脚平行开立，两膝保持弯屈，不停顿地以脚前掌蹬地，用短小的步幅和快速的频率向左、右、前、后移动，如同滑跳一样。向右滑时，右脚借助蹬地的力量向右滑动半步，左脚紧跟向右滑动半步，继续保持平步防守。

【动作要点】移动步幅短小、衔接轻快，屈膝、蹬移，重心平稳。

【技术运用】常运用在平步防守时，横移抢位堵截对手；有时在运球进攻中，也利用碎步做假动作来分散防守队员的注意力，达到突破对手的目的。

三、移动技术的教学与训练

（一）教学建议

（1）移动技术教学顺序是：基本站立姿势、起动、跑、滑步、急停、转身、跳、攻守步法。

（2）移动教学，一般可先在原地练习，让学生体会动作难点和控制重心方法，然后进行完整技术动作的练习，再在快速中练习各种脚步变化。

（3）移动的教学和训练，一般可在课的开始阶段比较集中地进行。在练习中，要强调移动在篮球运动中的重要地位及对提高其他各项技术的重要作用，使学生自觉地学习和练习。

（二）教法提示

（1）移动教学应组织专门性的练习，从单个动作到组合动作，逐渐增加动作的数量、练习的强度，并逐渐变换练习条件，提高运用能力。

（2）在教学中，多运用视觉信号，培养学生扩大视野，随时观察场上情况变化的习惯和能力。

（3）抓住移动技术动作的运用特点与体能训练紧密结合，以提高移动在比赛中运用的实效性与对抗性.

（4）移动与其他各项技术掌握和运用都有十分密切的关系。因此，在练习中应重视和加强移动与其他技术的结合训练。

（5）移动技术的教学与训练，应把提高脚步动作的突然性、快速性、灵活性作为重点，在各种移动练习中，都有要强调站立姿势的正确、重心的稳定和转移以及脚底与地面的接触变化。

（6）在篮球技术考核中，应把移动技术列为考查、考试内容之一。

（三）练习步骤与方法

1. 移动技术的动作练习

【要求】动作规范，动作速度由慢到快，逐渐过渡到正常状态。

（1）起动与跑动练习

① 成基本站立姿势（正面、背向、侧向），听或看信号做起动跑的练习。

② 在各种情况和状态下（蹲着、坐地，原地各种跑动中，原地向侧跳起时，滑步中，急停以后），听或看信号向不同方向做起动跑的练习。

③ 自己或同伴抛球，球离手后起动快跑接球，球不落地，把球接住。

④ 原地运球，听或看信号做起动快速运球的练习。

⑤ 利用篮球场的圈、线做侧身跑和对角折线跑。

⑥ 全场侧身跑：学生从端线外起动，沿边线侧身快跑至对面篮下。

⑦ 变向跑练习，学生3~4人一组，成一横排，从端线外起向前跑动，看教师信号后向左或右变方向跑。

（2）急停练习

① 保持基本站立姿势，慢跑两三步接着做跨步急停和跳步急停。

② 以稍快节奏跑三五步接做跨步急停和跳步急停。

③ 快跑中听或看信号做跨步急停。

（3）转身练习

① 原地成基本站立姿势，分别以左右脚为轴，做前后转身的练习。

② 慢跑中急停，做前、后转身起动快跑。

③ 原地持球，分别以左、右脚为轴，做前、后转身练习

（4）跳的练习

① 原地听信号向上或跨步向前、侧、后上方做双脚起跳练习。

② 助跑两三步后，做单脚或双脚起跳。

③ 结合跨步、转身、急停等动作练习起跳动作。

④ 助跑单脚起跳做手摸篮板、篮圈的练习。

⑤ 单、双脚起跳后做接球、传球或断球等动作练习。

（5）防守步法练习

① 听和看手势做向左、向右、向前、向后滑步。

② 向前滑步变后撤步接侧滑步。

③ 向前或向后滑步，接攻击步变后撤步接侧滑步。

④ 按规定路线或按标志物做“之”字形、三角形、小“8”字形滑 步和“T”字形碎步练习。

2．移动技术的组合练习

【要求】动作规范，掌握身体重心的变化，急停要稳，转身要快，起动迅速，跑动要协调快速，动作之间衔接连贯、协调。

（1）全场起动快跑－急停－转身动作的组合练习

【方法】按图2-2-11所示路线，学生依次做快跑－急停－后退跑－向前起动快跑，反复进行，直到对面端线。

（2）半场快跑折返－侧身跑

【方法】2人一组。练习时，学生视信号同时起动，快跑到中线后，立即转身拉边侧身快跑切入篮下，回到排尾。下一组继续进行。（图2-2-12）

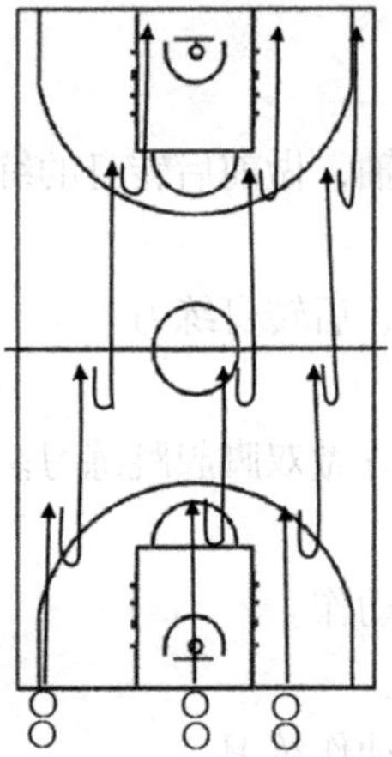

图2-2-11

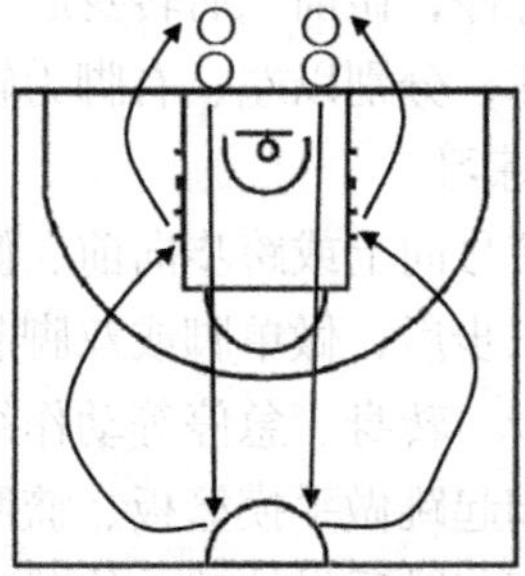

图2-2-12

(3)全场不同脚步动作组合的练习

【方法】如图2-2-13和图2-2-14所示，依次按图示路线进行各种移动步法练习。

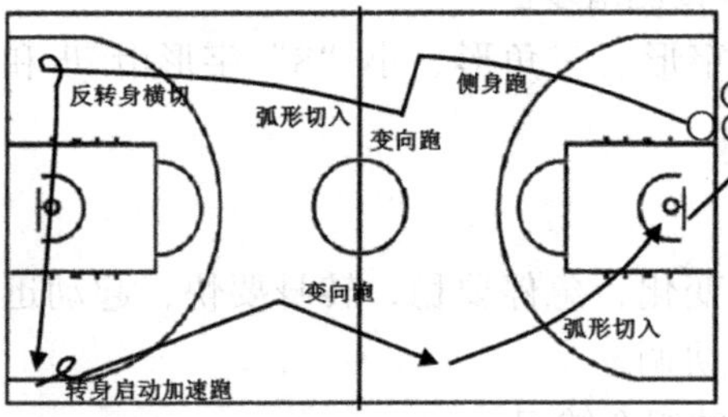

图2-2-13

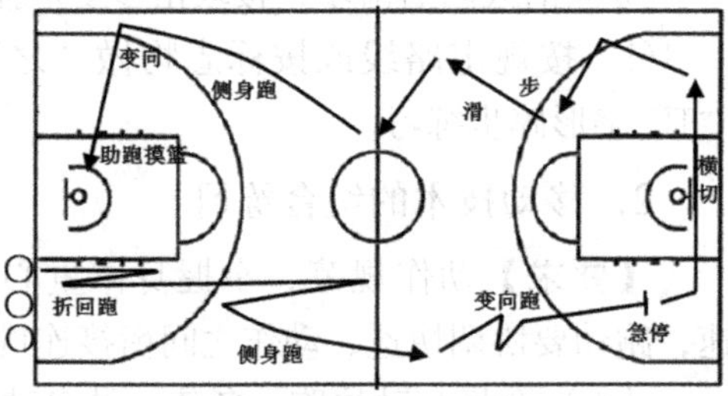

图2-2-14

3．攻守转换脚步移动的综合性练习

【要求】动作规范，掌握动作之间的节奏，变向、切入、摆脱要加速，保持身体平稳，两眼注视场上。

(1)全场反跑折返侧身跑练习

【方法】队员从端线起动向前快跑5～6米，接着反跑－折返－拉边侧身向前快跑，直到对面篮下。各组依次进行。(图2-2-15)

(2)半场结合全场的转身侧身跑练习

【方法】开始时④⑤分别从两侧快跑到中圈，踩线后迅速后转身变向拉边侧身快跑到篮下，然后转身向对面冲刺，过中线后，两人迅速变向侧身跑切入对面篮下，交换位置回到排尾。下一组依次进行。(图2-2-16)

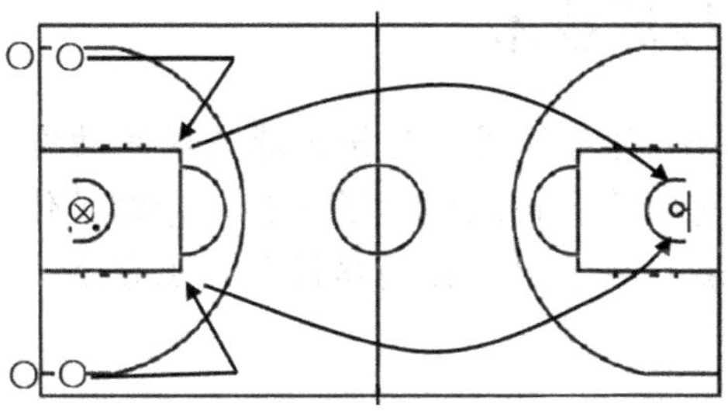

图2-2-15

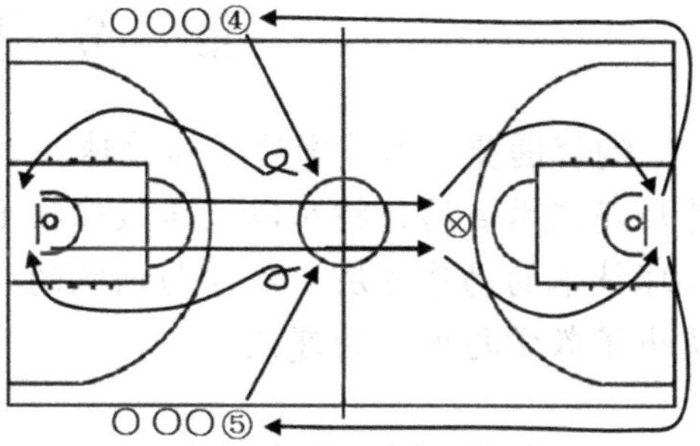

图2-2-16

（四）教学中易犯的错误与纠正方法

1. 易犯的错误

（1）起动前身体重心偏高，两膝弯曲不够，不便于迅速蹬地。

（2）侧身跑时上体转体不够，动作不协调，转身时腰胯用力不够。

（3）急停时，身体松散造成停不稳，重心前移，没有制动和身体自然调整重心的动作。

（4）转身时，中枢脚未用前脚掌做轴旋转，身体上下起伏，重心不稳。

（5）滑步时，两脚并步，身体重心上下起伏。

2. 纠正方法

（1）加强髋关节的灵活性练习。

（2）加强腿部肌肉力量练习。在一定的高度下做移动练习，强迫屈膝降低重心。

（3）教师用正确的示范动作引导学生练习，在练习中经常用语言提醒。

（4）为了使学生规范地掌握动作，在教学方法上可以对技术动作进行分解练习，练习中由慢至快，由易到难。

思考题：

1. 试述移动的概念及其作用。
2. 移动技术包括哪些内容?
3. 详述急停与前后转身的动作方法。
4. 试述影响控制身体平衡与重心转移的因素。
6. 试述初学变向跑时常犯的典型错误。
7. 试述进攻中运用脚步动作的目的。
8. 简述移动教学与训练中应注意的问题。

第三节 传接球技术

内容提要：本节阐述了传接球技术的概念与作用；对传接球技术的动作原理与技术运用、特征以及传接球技术的发展和特点进行了分析，介绍了传接球技术的动作方法、教学与训练的方法和教学中易犯的错误与纠正方法，提出了教学与训练的建议。

一、传接球技术的基本理论

（一）传接球技术的概念与作用

传接球是由传球与接球两种不同的技术动作所构成的一类控制与支配球技术，是进攻队员之间相互连接的主要手段，也是比赛中运用最多的一项技术。

传球是篮球比赛中进攻队员通过抛、掷、递等动作使球在同伴之间有目的地传递和转移的方法；传球是继续进攻的重要手段，也是助攻的主要标志。

接球是进攻队员运用双手或单手获得球的一种方法，也是抢篮板球和断球技术的基础。在比赛中，熟练、稳定的接球和及时、准确的传球不仅能为同伴获得良好的进攻机会创造有利的条件，而且也是全队战术组织的纽带和桥梁。

在进攻中，无球队员在场上的不停奔跑和移动，其目的都是为了摆脱对手，创造一个有利机会接球进行攻击。持球队员在对抗中，除自身尽可能地创造直接投篮或突破得分的机会外，一个重要的职责就是及时、准确地将球输送给获得良好进攻机会的同伴。现代篮球运动比赛往往都是在高强度、高速度的激烈对抗下进行，临场情况千变万化，队员之间精心组织的各种配合而出现传接球的有利机会，往往是瞬息之间，如果稍有迟缓，就将贻误战机，丧失主动，各种配合也随之前功尽弃。只有熟练、全面地掌握传、接球技术，才能增强进攻的威慑力与连续性。

事实证明，在比赛中进攻队员之间传、接球技术发挥得好坏，不仅直接影响全队战术的质量和进攻的成效，而且将直接关系球权的变换，失去进攻的主动权。所以说，当前各级球队都十分重视传、接球技术的教学训练，把比赛中对传、接球技术的评定作为衡量本队比赛状况或实力的一项重要指标。

（二）传接球技术的分类与分析

1．传球与接球的相互关系

传、接球从其动作方法和动作结构来看，传球与接球是两种截然不同的技术动作。但由于其动作的目的和作用的相互联系，无论在教学训练或比赛运用中，传球与接球都是密不可分的。因此，我们通常把传球与接球作为一类技术加以研究。

传接球技术与其他技术的最大区别在于，传球与接球要达到应用的效果，起到进攻的攻击作用，不是一个队员所能完成的行动，它是由两个队员共同努力完成的一项技术。在应用中，传与接是相互相存的。从某种角度来讲，没有传球的发生就没有接球的存在。传球要达到目的，发挥作用，还有赖于同伴接球技术的发挥，接球能力太差，再好的妙传也让人叹息，特别是在困难条件下、抗防守干扰的接球能力，是反映传与接之间协作、配合的具体表现。从这个角度出发，我们可以说，传、接球技术是一项具有配合性质的组合行动。在这一组合行动中，传与接的相互联系表现为，一个队员传球动作的完成，就是另一个队员接球动作的开始。而接球动作的结束，也意味着下一个传球动作的准备。

2．传接球技术的分类

为了使学生全面了解和掌握传、接球技术，必须首先了解传、接球技术动作的分类。根据篮球运动的基本特征和技术动作的运用目的，传接球技术动作的分类，分别如图2-3-1、图2-3-2所示。

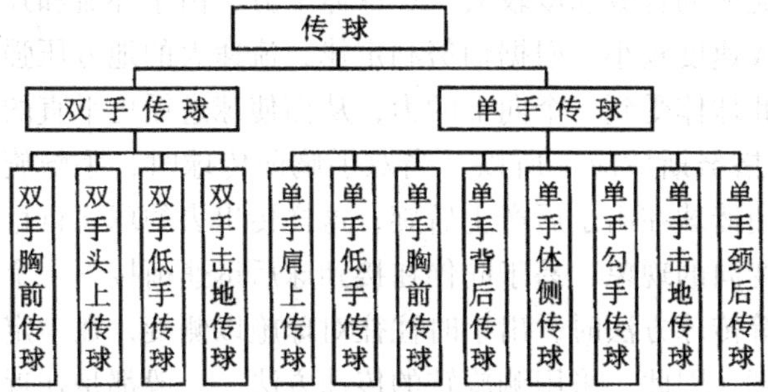

图2-3-1 传球分类

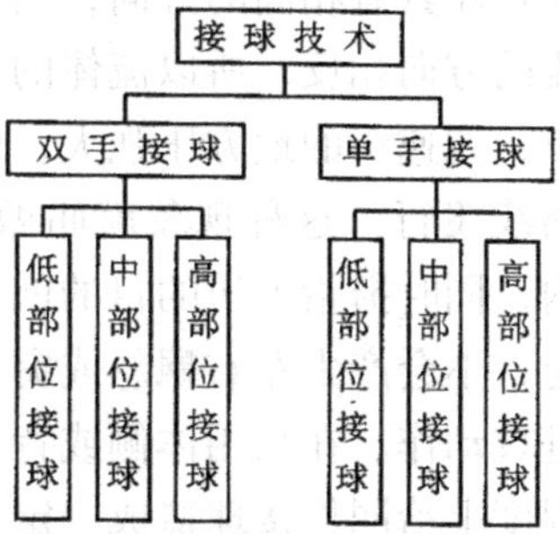

图2-3-2 接球分类

3．传接球技术的动作分析

(1) 传球的运动力学原理

从力学角度来讲，传球是使球从一点到另一点的位移过程。这一过程中传球时的用力决定了球的飞行和球的旋转，对传球落点的准确性具有直接的影响。

①传球时的用力

根据力学的原理，传球中球所获得的动量，即球的加速度运动，取决于作用力的大小和力的作用时间的长短。即$F\Delta t = MVx - MVx0$，其中，F表示手对球作用力的大小；Δt表示作用力的作用时间；M表示篮球的质量；Vx表示球离开手瞬间的速度；Vx0则表示球的初速度，即为0米/秒。从中我们可以看出，球出手后的速度大小和飞行距离的远近，取决持球手对球作用力的大小F和持球手对球作用力时间Δt的长短。因此，在近距离传球时，仅需强调作用力，使用伸肘、屈腕、抖腕和弹指、拨指等那些能够最快速发力的肌群配合用力即可；而远距离传球时，为了加快球的飞行，增加球飞行距离，则需加大蹬地、伸臂和腰腹的全身协调用力，以加大作用力，延长力的作用时间，达到传球的效果，如单手肩上传球。

②球出手后的旋转

传球时，由于手对球的用力过程，不可避免地对球施加一定的旋转力，使传出的球在空中飞行时产生旋转，以克服空气阻力，提高传球的准确性。球在空中的旋转方向，是由于出球时手对球施力部位所决定的。出球时，手施力球的部位不同，球出手后的旋转方向也不同。就大多数传出的球而言，当球在空中飞行时，球应向后旋转，它能减慢球在地心引力影响下的下落。从流体力学的伯努利定律，当物体处在流体中时，流体流动速度大的地方压强小，流动速度小的地方压强大。所以，当篮球沿逆时针方向旋转（后旋）向前运动时，在球体上方环流和片流具有相同的方向，因而流体的合成速度较大；在球体下方，由于环流和片流的方向相反，所以流体的合成速度较小。根据伯努利定律，流速大的地方压强小，流速小的地方压强大，因此球体受到一个向上的力，从而使球遵循更平直的路线飞行。这种现象就叫做马格努斯效应。所以，当双手胸前传球时，手腕旋内，同时拇指下压的目的就是使篮球在出手后产生后旋，这样传出去的球飞行稳定，不会产生左右飘忽或突然变向的现象，易于同伴在接到球后迅速衔接下一个进攻动作。在采用体侧或背后等传球方法时，出手时往往对球施以侧旋，在一定程度上给同伴接球造成一定难度。因此，采用侧旋转的传球方法，一般都是在近距离传球时应用。

(2）接球的运动力学原理

从力学角度来看，接球动作的用力过程，也可以说是一个缓冲来球的过程，即终止球在空中运行的方法。不论是双手接球还是单手接球，必须沿着球飞行的相反方向对球施加相应的阻力，致使来球的速度减弱为零。为了达到这个目的，运动员在接球时，必须在沿球飞行的相反方向上对球施力。在施力的过程中，运动员的手会受到一定的压强，而所受压强的大小，在很大程度上，决定着是否能够将球接住。接球时，手的各个部位所受到的压强，取决于作用在手上的力的大小及其分布面积。因此，为了避免手受到较大的压强，产生不利的后果，运动员在接球时，应尽量减小手所承受的力，并尽量增大该力的分布面积。因此，无论是双手接球还是单手接球，要求手指要自然张开，保持适度的放松状态，这不仅使接球时手所受到的力分散到一个较大的面上，而且在接触球的瞬间，可以取得缓冲力的效果，从而使作用于掌根以上任何部位的压强，都可以保持在一般能够承受的限度内。

根据运动力学的基本原理，当物体做减速运动时，$F\Delta t=mV_0-mV_1$，其中，F表示手对球作用力的大小；Δt表示作用力的作用时间；m表示篮球的质量；V_0表示球飞行的速度；V_1则表示球的最后速度，即为0米／秒。从中可以看出，当球保持一定的飞行速度V_0时，手对球作用时间Δt越长，则球对手的冲击力也就是手对球的作用力F才越小。因此，在接球时，如果要想减小球作用于手上的力，则应增大力的作用时间，即增加工作距离。

在大多数情况下，接球时必须向来球的方向上伸出手臂（双臂或单臂），以缩短来球的飞行时间，增加力的作用时间，以便双手或单手在身体前的一段距离处与球相遇。当球一接触到手时，首先通过手腕的由上而下的转动（双手接球）或手腕的侧下屈（单手接球）的主动握球或勾搭球的动作，以分散来球方向上的力。同时，屈曲两臂或一臂，以便增加球减速的距离，也便于接球后转入传、投、突等后续动作的有效完成。

(3) 传接球技术的动作结构

①传球技术的动作结构

传球的目的是实现球从自己手中到预定同伴手中的位移运动。无论采取哪一种传球方式，从一个传球过程来看，都是由传球的持球动作、传球手法、球的飞行和球的落点四个环节所组成。其中，传球手法是关键，它决定球的飞行路线、速度和球的落点。

a. 持球动作

持球动作是传球的基础，正确的持球动作有利于快速、灵活、及时地完成传球动作。传球的持球动作可分为双手和单手两种，传球时无论采用哪种方法，都要求做到：保持一个正确的持球动作，既有利于对球的控制和护球，又便于传球时的用力；能够充分发挥手腕、手指的灵活性；便于动作的及时转换；有利于提高传球的速度和保证传球动作的完成质量。

· 双手持球动作：双手传球的方法很多，不同的传球方法，源于持球的部位不同，但持球方法都有其共同点。一般来讲，持球时两手五指自然分开，两拇指相对成“八字”形，其余手指自然向前，双手用指根以上的部位握住球的两侧后下方，掌心空出（图2-3-3）。但由于传球的方法不同，持球的部位略有不同。双手胸前传球，两臂屈肘自然下垂，将球置于胸腹之间；双手头上传球时，双手持球于头上或额前，手腕略前屈；双手低手传球时，两臂弯曲，自然下垂，掌心略向前，手腕稍后倾，将球置于体前或体侧。

· 单手持球动作：单手传球一般情况下都是由双手持球开始的，通过手臂的挥摆、环绕等方法过渡到传球手，通过传球手的用力将球传出。一般情况下，单手持球时手指自然分开，用手掌外沿和指根以上的部位接触球，掌心空出，置于球的后下方，另一手五指自然分开手心空出，用手掌外沿和指根以上的部位护在球的侧面。

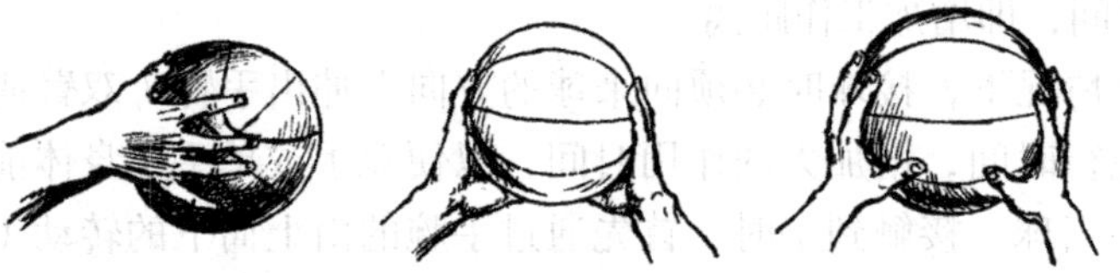

图2-3-3 双手持球动作

b. 传球手法

传球手法是指传球时的用力方法。合理、协调的用力是保证传球效果和提高传球技术的关键。

任何传球动作，都是通过下肢的蹬地或跨步、腰腹的综合用力及上下肢的协调配合而产生的合力，最后通过手臂手腕和手指拨球的力量将球传出。其中，传球手法是关键，特别是传球时的用力方法，决定球的飞行，直接关系球的落点的准确性。

传球时的用力，主要是运用手臂的屈伸、挥摆、环绕和手腕的翻转、抖动和前屈，并配以全身的协调用力来完成的，如双手胸前传球时，两脚蹬地发力，身体重心前移，两手持球由下向上翻转，同时两臂迅速前伸，两手腕随之由内向外伸拨，用食指、中指和大拇指用力拨球，将球传出，球出手后，两手心向下，略

向外翻。（图2-3-4）

图2-3-4

从运动生物学的理论分析，传球的基本动作是一个上肢各关节由屈曲到伸直的肌肉关节运动。而上肢各关节的速度合成，短距离传球是以桡腕关节和掌指关节的速度为主；长距离传球时，肘关节和肩关节的运动速度起着十分重要的作用，如长距离的双手胸前传球，则要求肩、肘关节的屈曲幅度要大，充分伸展，以增加力的作用时间，如单手肩上传球，有时还要加上转体和跨步动作的速度合成。

从其运动力学的角度来看，传球时球获得的动量，取决于运动员施于球体作用力的大小和作用时间的长短。力的作用时间越长，冲量越大，同时球所获得的动量也越大，即球飞行速度就越快，传球距离就越远。

从其运动生物学的规律来讲，传球时准备动作的幅度越大，上肢各关节屈曲得越充分，参与运动的肌群预先拉长也越充分，从而对它们在完成功能性动作时增大收缩幅度和进行爆发式工作就更有利。不难看出，就这一方面而言，运动力学与运动生物学的规律是一致的。

但是，在实际运用中，从篮球运动攻守对抗的基本特点来看，传球时的准备性动作越大，或过于明显，或准备动作的时间过长，往往容易暴露传球的意图，势必会给防守者以充分的时间来采取应对措施，影响传球的效果。其结果是与传球的目的相违，造成传球失误，对进攻不利。传球是进攻的重要方法之一，它的目的和一切出发点，必须是有利于本队的战术组织和队员其他技术的发挥，即有利于本队进攻的主动性和攻击性，而使对方处于不利。因此，从这一观点出发，传球的准备动作和用力方法，必须根据攻守对抗的实际要求，在不违背力学和生物学规律的基础上，合理地运用技术动作，使运动力学和运动生物学规律服从于篮球比赛攻守对抗的需要。

要使传球技术动作适应现代篮球比赛高强度、快节奏、攻守对抗激烈的特点，很重要的一点是，传球动作应做到准备时间要短、动作幅度要小、出手速度要快。出球前，不得暴露传球的意图。为此，传球时，应主要运用手指、手腕的力量，尽量减少身体动作和大臂动作，如双手传球时，应主要运用手腕的抖动，手指的弹拨用力，采用挤压式将球传出；单手传球时，主要是用手腕的快速前屈发力将球传出。

事实上，随着现代篮球运动的发展，以适应篮球技术的运用需要，传球动作的运用必须向动作幅度小和动作速度快的方向发展，这就要求运动员在传球时充分利用手腕、手指的力量，发挥肌肉的爆发力。

c. 球的飞行路线

球的飞行是指传球过程中球在空中的位移状况。

由于传球时手指、手腕用力的大小、快慢以及作用于球的部位不同，所传出球的飞行路线有直线、弧线、折线。由于攻守队员站的位置、距离和移动的速度及意图等情况不同，所以选择的传球路线和球飞行的速度也有所不同。总之，要随机应变，准确地掌握传球时机，及时运用不同的传球方法，合理地选择球的飞行路线，使同伴顺利地接球进行攻击。

d. 球的落点

球的落点是指传出的球与接球同伴相遇的方位和地点，简单地讲是指传出的球所应到达的某一点。这就要求根据同伴与其对手所处的位置与移动的方向和速度以及同伴及其对手的意图等不同情况来考虑传球力量的大小、距离的远近、速度的快慢、弧线的高低，正确地控制传球的方向和落点，使传出的球能与同伴恰好相遇，并且便于同伴接球后顺利地衔接下一个进攻动作。

传球的落点一般应在接球者自己的腰部与肩部之间的范围内，以便接球者能顺利地接好球。通常传球时，应使球的出手角度约高于水平方向，以克服飞行过程中重力对球的影响。尽管从理论上来讲，沿着与地面平行直线方向传球是最直接、最有效的传球路线，但在应用中实际上是办不到的，尤其是在较长距离传球时，必须要使传球的出手角度略高于水平方向。

虽然，在应用中传球的目标是变化的，但是，传球的落点还是有一定规律可循。传向原地接球同伴的球，应传到同伴腰部与肩部之间的范围内，远离防守者的一侧；传向行进间接球同伴的球，一般来讲，当防守者在接球队员身后时，应根据同伴的移动速度，传出的球应有一定的提前量，即使球的落点应在同伴的前方一至二步适当地位置，做到以球领人、人球相遇。

②接球技术的动作结构

接球是一项控制球技术，也是一项过渡性技术。在比赛中任何其他有球技术的应用都是从接球开始的，接球的目的是获得球，也可以说，是为了其它持球技术的运用。所以说，接球是其他持球技术运用的基础。接球动作可分为双手接球和单手接球两种。双手接球是最基本的接球方法，易学、牢稳、易于转换是其最大的特点；单手接球范围较大，能接不同方向和不同部位的来球，有利于接球队员快速地转入下一个动作的攻击。但是，单手接球没有双手接球牢稳。

在比赛中，无论是接同伴直接传来的球，还是自身抢获从篮板或篮圈上反弹的球，或是抢断对方手中或空中的球，其获球时的技术动作原理都有其共性可循。从其动作结构来讲，都是由接球手形和接球手法所组成。接球手法是接球技术动作的主要环节。

a. 接球手形：其双手接球的手形是：两眼注视来球，两臂迎球伸出，双手手指自然分开，拇指相对成八字型，其他手指向前上方伸出，两手成一个半园形。（图2-3-5）

图2-3-5

单手接球的手形是：两眼注视来球，一手伸向来球方向，五指自然分开，掌心正对传来的球，腕、指放松。

b. 接球手法：即接球时的用力方法。在双手接胸部以上和头部之间高度的球时，两臂主动伸出迎球，手触球后，向下转腕并屈肘向下引球至胸前部位。接腰部以下的球时，手指向下，掌心向下，手触球后，屈肘向上引球至胸前位置。接地滚球时，手指向下，掌心向前。双手接反弹球时，要根据来球的旋转性能和强弱程度考虑，手臂向前下方伸出迎球。单手接球时，应伸臂迎球，身体迎着来球方向略微前倾，以便身体的重力有效地对抗由于球的作用力而产生的转动效应。在单手触球后，迅速顺势屈腕、屈肘引球，另一手迅速扶球，保持身体的平衡。（图2-3-6）

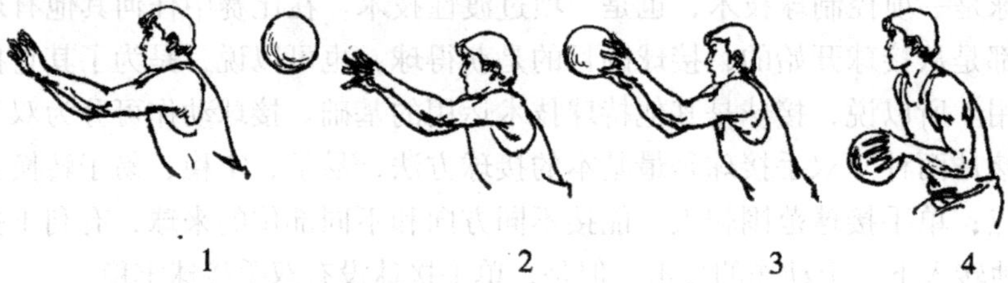

图2-3-6

在伸臂迎球时，肘部要保持一定的屈曲，当球接触到接球手时，由于球的惯性作用力使肘部进一步屈曲，从而缓和球对手的冲力。如果来球的力量较大，则可在屈腕、屈肘后引球的同时，伴以身体向接球手一侧的稍后转动。也可以采用在伸臂迎球的同时，接球手的异侧脚向前跨出一小步，以有利于接球手触球后的顺势向后转动。在单手接体侧或体侧偏后方向来球时，接球手向来球方向伸臂迎球，当手接触球的瞬间，则利用手腕的侧屈，同时大臂肩内收、屈肘的动作顺势将球勾搭至胸前部位，另一手迅速护球。

行进间的单、双手接球，其动作方法与固定位置的接球方法相同。但是，要注意上、下肢的协调配合以及接球动作与后续动作的连接。

接球的目的是为了获得球，在对抗中，"快、稳、牢"地接好球，是对接球队员的基本要求。因此，不论是双手接球还是单手接球，接球时眼睛要注视球，肩、臂都要放松，手臂要迎球伸出，手指自然分开。当手指触球时，屈肘，臂后引，以此增加作用力时间，从而缓冲来球的力量。如果来球力量较大、速度较快，则要加大迎球幅度，以便有更长距离来缓冲。接球后，成基本持球姿势，保持身体平衡，以便衔接下一个攻击动作。

（三）传接球技术的基本特征

1．动作的瞬间性

众所周知，在对抗中传球准备动作越长，动作完成花费时间越多，传球意图暴露的可能性就越大。因此，我们强调传球要快速、突然，隐蔽，反映在动作的完成上必然表现出瞬间性的特点。可以说，传球技术动作的瞬间性特征是比赛对抗的需要，也是完成动作效果的必然反映。事实上，在应用中传球时机的出现往往是一瞬间，比赛中攻守对抗愈加激烈，进攻时无球队员摆脱后，获得的接球时机愈短暂，它促使传球队员在秒秒必争的战机面前，必须迅速地把握机会，及时做出反应，快速、准确地传球。此时，任何反应的迟缓，动作的拖延都会造成战机的延误，以至出现失误。

动作的瞬间性表现在接球方面，同样接球也是要求在一霎那之间完成，接球动作的完成，就是下一个动作的开始。接球从某种角度来讲是一项过渡性的技术动作，接球的目的是为了获得球。而获球后能否迅速地转换成下一个动作，才具有实际意义，才符合对抗的要求。“快、稳、牢”地接好球，是对接球的基本要求，只有当接球后能迅速地与其他技术相结合，才使接球具备攻击性和威慑力。因此，转换是否快速，首先要求接球动作完成要快。

2．目标的多变性

传球的目标是同伴。在比赛中，同伴的位置总是在不断变换的。同伴位置的变换，必然造成传球距离、路线的变化。其变化的直接原因是，防守的干扰和战术行动的需要，从而增加了传球的难度，影响传球的准确性。因此，我们要求传球队员在传球时，不仅要根据对手的位置，正确地选择传球通道与传球方法，而且，必须根据同伴的运动状况（原地或移动中），及时地把握传球时机，迅速预测传球落点，合理地调整出球力量，使球在目标不断地变换中，及时地抓住战机，快速、准确地输送到同伴手中。

3．路线的不确定性

路线的不确定性是指传球路线的变化。传球路线一般有，直线、折线和弧线三种，传球通道也有上、中、下之分。在应用中，究竟选择哪种传球路线与传球通道，不可能预先确定。既使从一般现象来讲，有一定规律可循，但事实上，比赛中由于防守的变化和同伴的位置与移动速度的不确定，传球路线总是在变换的。例如，当出现长传快攻的机会时，我们要求尽可能运用直线传球，快速将球传给快下的同伴，做到以球领人，人球相遇。然而，比赛中一旦出现长传快攻机会，能否运用直线传球，还需根据在传球通道上是否有防守干扰的情况来决定。例如，在阵地进攻时同伴在内线已抢占有利位置，把对手挡在身后，外线持球队员可采用折线反弹传球，也可运用体侧单手直线传球，此时传向内线的球，究竟采用哪种方法为妥，还需根据防守对手的情况来作出合理的选择。路线的不确定性主要还是源于防守的干扰造成的。因为，在对抗中传球通道的选择，传球路线的确定，不仅要避开传球队员自身防守者的干扰，还需考虑防守接球者的防守对手的破坏。一般来讲，在比赛中一次传球需防止至少两名防守者可能的干扰。因此，要提高传球抗干扰能力，必须熟练掌握多种传球方法，在提高传球技术动作的熟练程度训练的同时，加强视野的观察与判断能力的培养，做到动作隐蔽、及时，才能在激烈的对抗中，对瞬息变化的传球战机，做出快速的反应，合理地选择传球路线。

4．技术运用的配合性

传接球技术与其他技术相比较，具有明显的配合性特征。一次绝妙的传球，要达到传球的效果，起到传球的攻击性，必须有赖于同伴接球的默契配合；再好的接球机会，没有同伴的及时、准确的传球，对对方也毫无威胁。其配合表现为，相互行动的一致性和意识的默契。

（四）传接球技术的运用及发展

1．传接球技术运用的要求

要使传接球技术的运用符合比赛的需要，不仅要熟练掌握多种传接球的动作方法，而且，还应做到以下要求。

（1）传球技术运用的基本要求

① 传球时应根据同伴的距离、位置和移动的速度，决定传球出手用力的大小。

② 传球队员要根据同伴和防守队员所处的位置，选择合理的传球方式，把球传到同伴远离防守一侧的位置上，使其既可避免对手的抢断，又便于接球后，顺利地完成下一个进攻动作。

③ 传球时要扩大视野，全面观察场上情况，在后场由守转攻时，一般应先向前场传球，首先争取快攻的机会。在阵地进攻时，应先传给近篮的同伴，首先争取内线进攻的机会。

④ 传球队员要观察清楚、准确判断、及时捕捉传球时机。当同伴摆脱了防守抢占有利进攻位置的瞬间，要及时、准确地把球传给同伴，做到人到球到。

⑤ 传球时要加强隐蔽性。传球的动作幅度不要太大，要做到声东击西，真假结合，达到调动对方、指挥同伴的目的。

⑥ 传球时要有两手准备，应在接球的一刹那确定两个以上的传球目标，以便扩大攻击面。在第一个目标不能传球时，及时传给第二个同伴。

（2）接球技术运用的基本要求

① 接球时，要观察球场上情况，判断传球时机，摆脱对手，积极移动上步接球。

② 摆脱防守接球时，要利用身体、上肢和脚步移动抢占有利位置，挡住对手可能断球的路线，保证接球的安全。

③ 接球时，要与下一个动作紧密衔接。接球的同时，应是下一个动作的准备，以便接球后能及时而快速地转入投篮、突破或传球等动作，保证技术运用的效果和配合的速度，创造更多的进攻机会。

2．当前传接球技术的发展

随着现代篮球运动的发展，运动员不仅身材高大，并具有良好的身体素质和体能，而且运动员的篮球意识和技、战术运用能力已有了很大提高，技艺娴熟、移动能力强、控制范围大。在普遍重视防守的基础上，加强了对持球队员防守的攻击性与破坏性，使传接球技术运用的对抗性更强。比赛中，持球队员无论在前场或后场、在外围或内线，都处于被防守者的严密封扰下，给传接球技术的运用与发挥造成极大的困难，因而对传接球技术的应用提出了更高的要求，也促成了传接球技术向更高水平发展。

纵观当今篮球比赛，传接球技术在快速、隐蔽、准确等方面已有了重大进展，背后传球、胯下传球、运球中推拨传球、空中变换动作后的传球、抢篮板球后的空中一传以及各种假动作后的传球技术的发展，和进攻队员在困难条件下接不同方向、不同部位的来球能力的提高，特别是一些球星的助攻妙传，不仅在比赛中发挥了重要的攻击作用，而且具有很高的观赏性，给现代篮球运动注入了新的活力。这一切都反映了传接球技术的发展特点。因此，传接球技术的训练与运用都应从快速、多变、对抗性方面去考虑，加强观察、判断能力和合作意识的培养，提高动作运用的合理性、及时性和准确性，不断提高传接球技术的应变能力

二、传接球的动作方法及运用

（一）传　球

1．双手胸前传球

这是一种最基础的、运用最广泛的传球方法。

【动作方法】双手持球于胸腹之间，两肘自然弯曲于体侧，身体成基本姿势站立，眼睛注视传球目标。传球时，后脚蹬地，身体重心前移的同时，两臂迅速向传球方向伸出，同时两腕随之内旋，拇指用力下压，食、中指用力拔球并将球传出。球出手后，两手略向外翻，身体迅速调整成基本站立姿势。传球距离越

近，大臂的用力越少，前臂前伸的幅度越小；远距离的传球，则需要加大蹬地、伸臂和腰腹的全身协调用力。（图2-3-7）

双手胸前传球可在原地和跑动中进行。跑动中一般左（右）脚上前接球后，右（左）脚抬起，在落地前出球（图2-3-8）。手上的动作过程是：双手接球后迅速收臂后引，接着迅速伸前臂、翻腕出球。

【动作要点】小臂快速前伸同时略内旋，翻转手腕，两食指相对。

【技术运用】这种传球稳定快速有力，可在不同方向，不同距离中使用，而且便于和各种假动作以及投篮、突破等攻击动作结合运用。

图2-3-7

图2-3-8

2. 双手头上传球

这种传球持球点高，便于与投篮结合，但与突破、运球及其他隐蔽传球结合时，却增加了动作幅度。

【动作方法】双手持球于头上，两肘弯曲，持球手法与双手胸前传球相同。近距离传球时，前臂内旋、手腕前屈，拇指、食指和中指用力拨球。将球传出。传球距离较远时，脚蹬地，腰腹用力，前臂迅速前摆，手腕前屈，手指用力拨球。将球传出。

跳起双手头上传球时，双手持球于头上，跳到最高点时，腰腹用力，两臂迅速前摆，手腕前屈，手指用力拨球，将球传出。

【动作要点】前臂手腕迅速向前“鞭打”出球

【技术运用】多用于中、远距离，如抢篮板球后的传球、外围队员的转移球以及向内线队员高吊球时使用。

3．双手低手传球

这是一种近距离的递交传球方法。

【动作方法】双手持球于腹前或腹侧，两脚左右或前后开立。屈膝时，前臂外旋，手腕前屈，小指、无名指和中指用力拨球，将球传出。

跑动中双手低手传球时，如是左脚上步出球，则将球持于腰部右侧。上步的同时，用前臂前伸、翻腕和手指拨球的协调而柔和的力量，将球传出。

【动作要点】前臂前摆和腕指翻拨球，动作要柔和一致。

【技术运用】用于内线队员进行策应或外围队员交叉跑动，以及有球队员给无球队员掩护后的传球时等。此传球方式也可采用单手进行。

4．单手肩上传球

【动作方法】以右手传球为例，双手持球于胸前，两脚平行开立。传球时，左脚向传球的方向迈出半步，同时将球引到右肩上方，肘关节外展，上臂与地面近似平行，手腕后仰，右手托球，左肩对着传球方向，重心落在右脚上，右脚蹬地、转体，前臂迅速向前挥臂，手腕前屈，通过食指、中指拨球，将球传出。球出手后，随着身体重心前移，右脚向前迈出半步，保持基本站立姿势。（图2–3–9）

【动作要点】肘关节外展，迅速向前挥臂，手腕前屈，拨指出球。

【技术运用】这种传球力量大，飞行速度快，常用于中、远距离的传球，如发动长传快攻时。

图2–3–9

5．单手胸前传球

【动作方法】以右手传球为例，持球方法与双手胸前传球相同。传球时，上体稍右转，左手离开球，右手持球的侧后下方，伸臂、屈腕、拨指，最后通过手指拨动将球传出。（图2–3–10）

【动作要点】伸臂、屈腕、拨指。

【技术运用】它是一种近距离的传球方法，具有快速、隐蔽、灵活的特点，易于和其他技术相结合。

图2-3-10

6. 单手体侧传球

【动作方法】以右手传球为例，两脚开立，两腿微屈，双手持球于胸前。传球时，右手持球后引，经体侧向前作弧线摆动，手腕前屈，用食指、中指的力量拨球将球传出。（图2-3-11）

【动作要点】当球引至体侧时，前臂摆动要快，幅度要小，腕指急促用力抖动将球传出。

【技术运用】这是一种隐蔽的传球方法，常用于外围队员传球给内线队员时。

图2-3-11

7. 勾手传球

【动作方法】以右手传球为例，双手持球，左肩对着传球方向。传球时，左脚向前跨出并转体，右手持球，手臂沿体侧由下而上作弧线摆动，同时右膝抬起。当球摆至头的右侧上方时，手腕前屈，食指、中指用力拨球将球传出。（图2-3-12）

行进间勾手传球和跳起勾手传球的手法与原地相同。其与原地勾手传球的区别是在右脚向前跨步时接球，上左脚起跳，右腿屈膝向上抬起，跳到最高点时出手。

【动作要点】跨步、转体、摆臂、起跳要迅速连贯。当球摆至头上时，扣腕拨指将球传出。

【技术运用】这种传球出手点高，常在后场获得篮板球后转入进攻时或在前场内线持球被对方防守时做回传球使用。

图2-3-12

8．反弹传球

【动作方法】以双手传球为例，传球时，双手持球于胸前，两脚开立，传球时，眼睛注视着传球目标，前臂迅速向传球方向伸直，手腕翻转，拇指用力下压，食、中指用力拔球并将球传出，双手向前下方伸出，使球通过击地反弹到同伴的手中。

【动作要点】伸臂迅速，腕指下压，出球要快、击地点要适当。

【技术运用】这是一种隐蔽传球方法，可用于双（单）手胸前、单手体侧等传球动作中。

（二）接　球

接球有双手和单手接球两种，接球的目的就是为了获得球。因此，要求接稳、护好球是接球技术运用的基本要求。其动作要点是主动上步，伸臂迎球，触球后引（如单手接球，另一手迅速护球），双手握球于胸腹之间。

1．双手接球

（1）双手接胸部高度的球

【动作方法】如图2-3-13所示，接球时，两眼注视来球，两臂伸出迎球，手指自然分开，两拇指成八字形，手指向前上方，两手成一个半圆形。当手指触球后，两臂随球顺势后引缓冲来球的力量，两手握球与胸腹之间，保持身体的平衡，做好传球、投篮或突破的准备。

【动作要点】伸手迎球，触球后引，紧握护球。

图2-3-13

图2-3-14

（2）双手接头部高度的球

动作方法和双手接胸部高度的球相同，只是迎球时臂向前上方伸出。

（3）双手接低于腰部的球

【动作方法】接球时，两腿微屈，一脚向来球方向迈出，上体前倾，眼睛注视来球，双手向前下方伸出迎球，五指自然分开，两小指成八字形，手心向着来球方向。当手指触球后，两臂随球顺势后引，两手握球与胸腹之间，保持身体站立姿势，以便转换或衔接其他进攻动作。

【动作要点】上步及时，重心下降，两手向来球方向伸出。

（4）双手接反弹球

【动作方法】如图2-3-14所示，接球时，迎球跨步，上体前倾，眼睛注视来球，双手向前下方伸出，五指自然分开。当手指触球后，两手握球顺势将球移至胸腹间，保持身体站立姿势，以便转换或衔接其他进攻动作。

【动作要点】手心向着来球方向，触球紧握顺势回收球。

2．单手接球

单手接球控制的范围大，能接不同方向的来球，它有利于队员快速、灵活地发挥技术。但是，单手接球不如双手接球牢稳，因此在一般情况下，应尽量运用双手接球。

【动作方法】如图2-3-15所示，以右手为例接球，右脚向来球方向迈出，两眼注视来球，接球时，手掌呈勺形，手指自然分开，迎着来球的方向伸去。当手触球时，手臂顺势将球向后下引，左手立即握住球。双手将球持于胸腹之间，保持基本持球姿势。

【动作要点】触球顺势后引，另一手迅速护、控球。

图2-3-15

三、传接球技术教学与训练

（一）教法建议

（1）传接球的教学应从持球动作开始，先学习接球，再教传球，应把传球和接球的教学结合起来，先解决基本的、运用最广泛的传接球动作，先双手胸前传接球，再学习其他传、接球动作方法。

（2）传接球的教学与训练步骤应从原地开始，掌握动作方法、明确动作要点，在此基础上，进行移动传接球的教学，重点解决和传接球与步法的协调配合。随后组织行进间传接球的练习，再进行与其他技术相结合的训练，最后在有防守情况下训练，以提高在实战中应用的能力。

（3）在传接球教学中，应以双手胸前传球、单手肩上传球和双手接胸前高度的球为重点，严格动作规范，在掌握动作要领的基础上再进行其他传接球技术动作的教学。

（二）教学与训练提示

（1）在教学过程中要狠抓传球手法，使传球动作规范，为掌握复杂的传球技术和隐蔽多变及时准确的传球打好基础。

（2）在传球的教学中，要重视接球的教学与训练，形成正确的接球手法，养成接球结束就是传球或其他进攻动作的开始的习惯。

（3）传接球练习的同时要注意视野训练，加强传球的隐蔽性。

（三）练习步骤与方法

1．原地传接球练习

【要求】持球方法正确，随时保持“三威胁”的基本姿势；传球时用力协调、连贯、到位；传球动作由慢到快。

（1）原地两人传接球练习

【方法】2人一球面对站立，相距3~7米，做各种传、接球练习。此练习可以要求队员传球速度由慢到快，距离由近到远，传球要有直线、弧线和折线的变化。可以练习单手、双手的各种不同的方式传、接球。

（2）原地五人“双三角”传接球练习

【方法】如图2-3-16所示，④⑤各持一球，④先传给⑥，⑥接球后迅速传给⑧，⑧再传给④。当⑥刚把球传给⑧时，⑤立即传给⑥，⑥传给⑦，⑦再传给⑤。如此反复练习，练习一定时间或数次后，队员间交换位置练习。

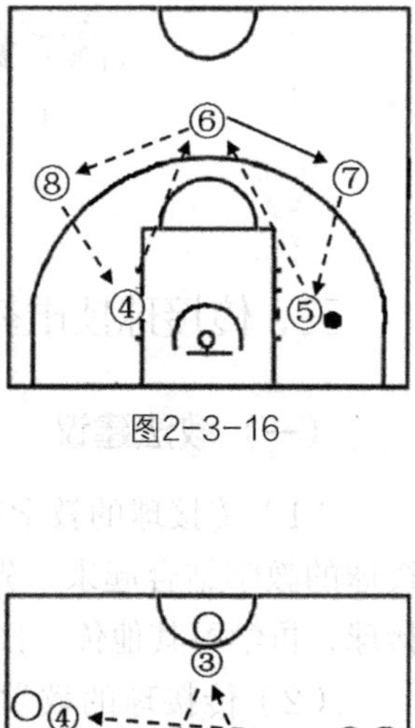

图2-3-16

（3）原地五角传接球练习

【方法】如图2-3-17所示，学生（队员）站成五角形，按①→②→④→⑤→③→⑥传球顺序进行传接球的练习，传球后迅速跑向接球队员的排尾。反复进行。开始时，可以用一个球，熟练后用两个球组织练习。

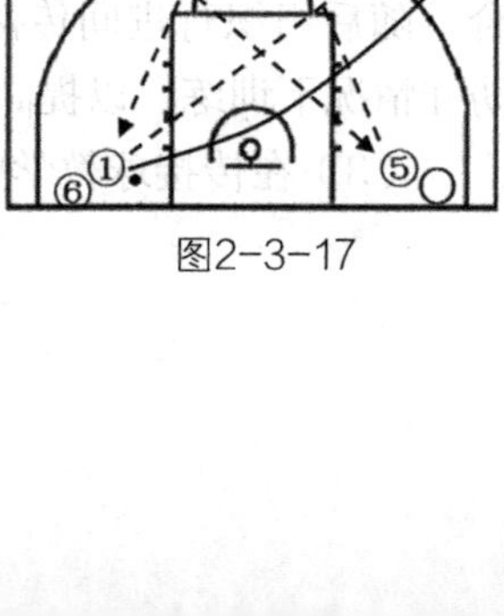

图2-3-17

（4）原地上步接球练习

【方法】如图2-3-18所示，学生（队员）依次上步接⊗的传球，再回传球给⊗，然后转身到排尾。

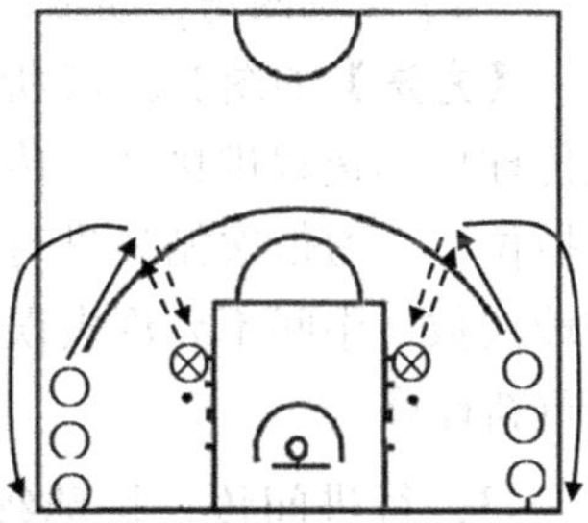

图2-3-18

2．移动传接球练习

【要求】传球应有一定的提前量；接球时用余光观察来球，上步接球，接球后迅速调整身体重心，有利于衔接下一动作。

（1）移动中接前、后、左、右球的练习

【方法】如图2-3-19所示，2人一组相距4～6米，⑤传球给④，④根据⑤传出的球向前后、左、右移动接球，并回传给⑤，练习一定的次数后交换进行。

（2）三角移动传、接球练习

【方法】如图 2-3-20所示，练习者按逆时针的方向，④传⑤，⑤传给⑦，传球后须跑向另一组队尾。依此循环重复，练习一段时间后变顺时针进行。

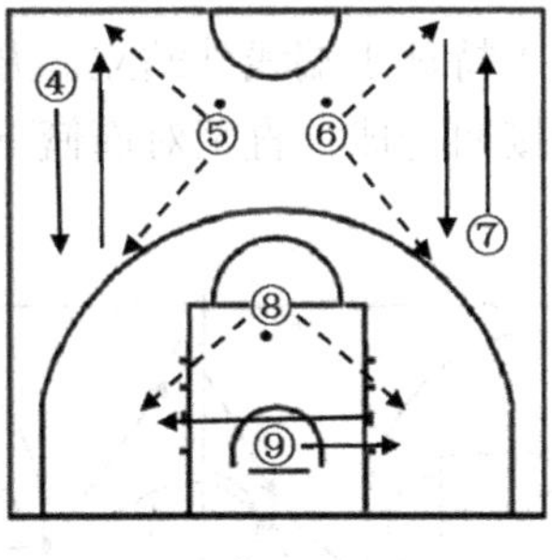

图2-3-19

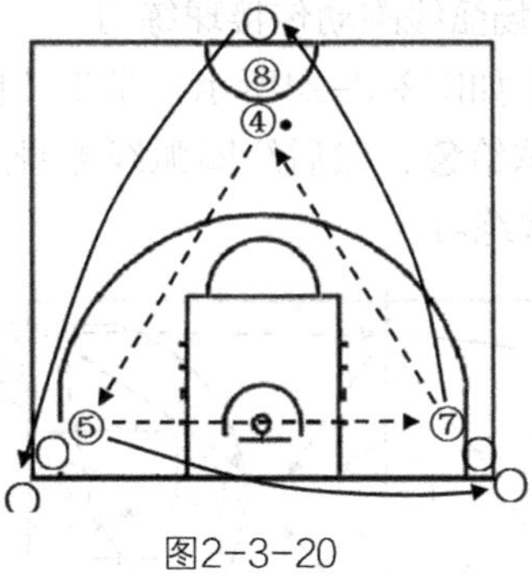

图2-3-20

（3）迎面移动传、接球练习

【方法】如图2-3-21所示，两组相距5~8米，队员按图示跑动接球－传球，然后迅速跑向对面排尾。如此反复进行

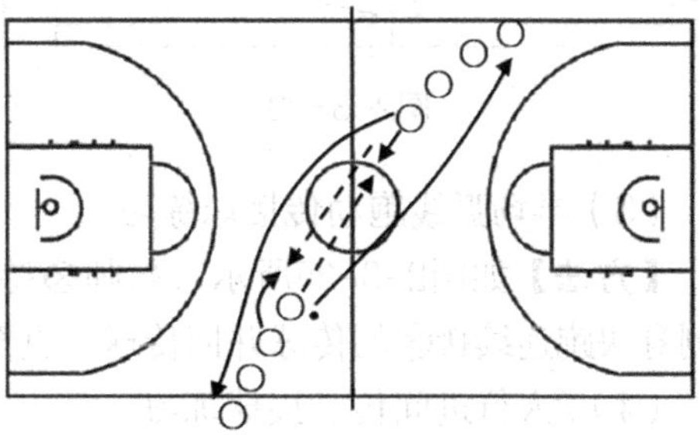

图2-3-21

（4）半场四角移动传、接球练习

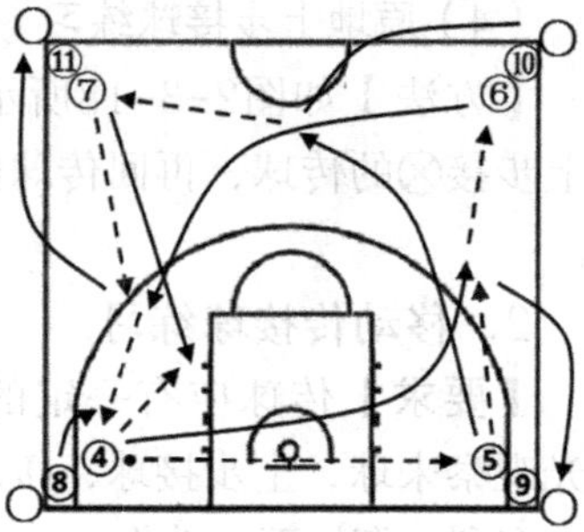

图2-3-22

【方法】如图2-2-22所示，学生（队员）原地传球后迅速跟进接球－传球，传球后按图示路线换位。练习依次循环进行。可规定传球时间或传球次数，中间不允许失误：如有失误，传球次数重新计算。

3．行进间传．接球练习

【要求】侧身跑动协调、自然，重心平稳，不减速；传球后加速要明显，传球要有提前量，球出手要快速、准确，逐步做到人球相遇。

（1）全场边线侧身跑动传、接球练习

【方法】如图2-3-23所示，学生分成两组，④持球，⑦⑧为固定传球者。④传球后沿边线侧身快跑，接⑦的球，再传给⑧，接⑧的回传球再传给另一侧场角的⑤。⑤依次从另一侧继续进行。

（2）全场弧线跑动传接球练习

【方法】如图2-3-24所示，学生（队员）持球于端线外站立。开始时，学生（队员）传球给⊗，然后绕圈弧线侧身跑动接回传球，直至对面篮下。下一学生（队员）依次练习。

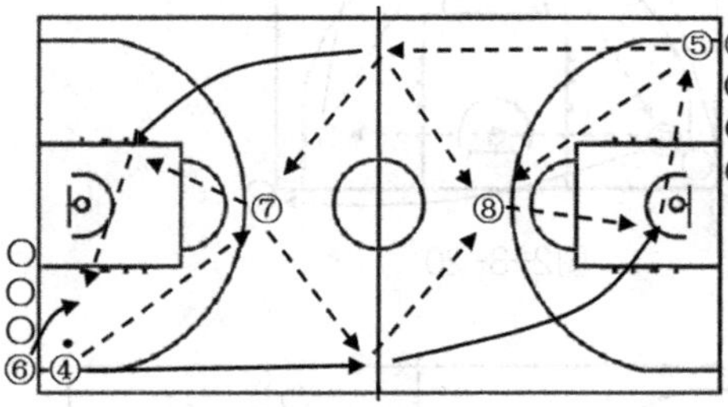

图2-3-23

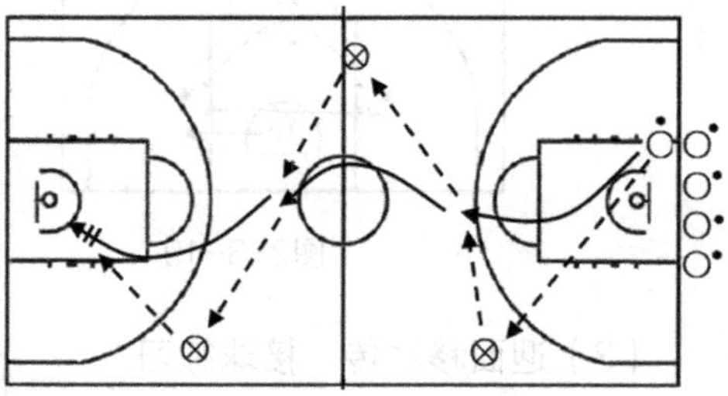

图2-3-24

（3）半场弧线跑动传接球练习

【方法】如图2-3-25所示，教师⊗持球在篮下，④从右侧端线处起动沿三分线侧身快跑连续接⊗的传球并回传球，直至左侧端线处，然后回到排尾。

（4）2人行进间传、接球练习

【方法】如图2-3-26所示，学生（队员）两人一球，按图示路线做斜线传球推进，不上篮。

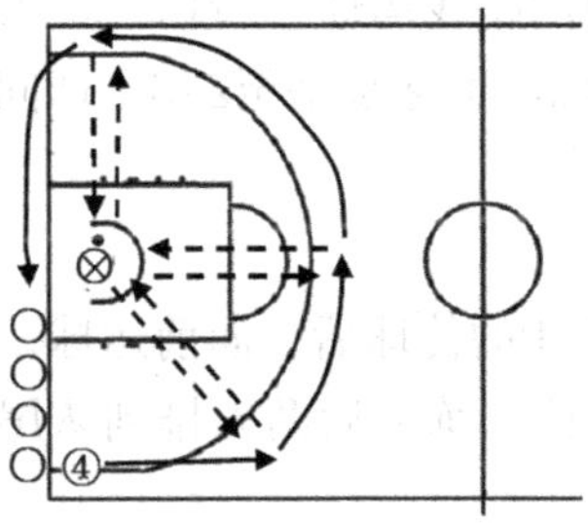

图2-3-25

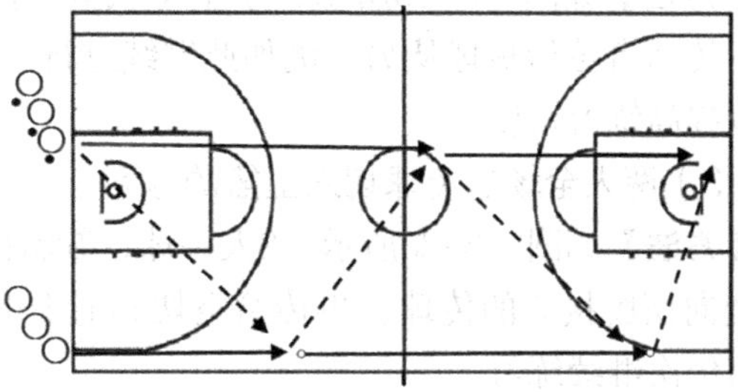

图2-3-26

（5）全场3人行进间传接球练习

【方法】如图2-3-27所示。开始时，④传球给⑤，⑥沿边线快下；⑤接球回传给④，④再传给⑥，⑥接球后上篮，④⑤冲抢篮板球。如此反复进行。

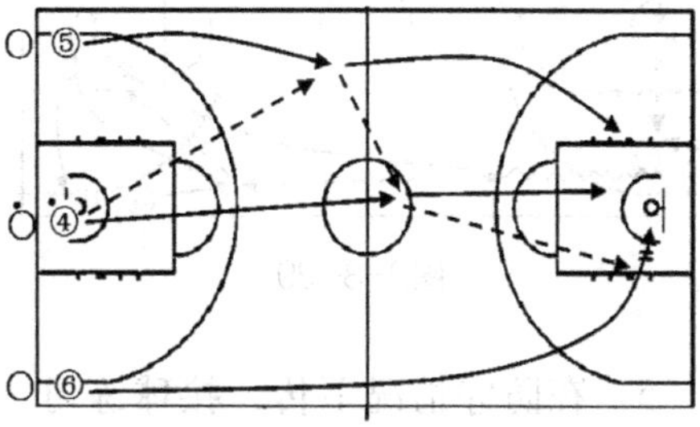

图2-3-27

4．传球与其他技术的组合练习

【要求】动作衔接要连贯、快速；主动上步接球，传球要迅速、准确，切入要加速。

（1）全场斜插交叉跟进传、接球练习

【方法】如图2-3-28所示，开始时，①持球传球给②，①斜插接②的回传球，②传球后交叉跟进接①的传球，①传球后快下接②的传球上篮，②抢篮板球，2人以同样形式从另一侧继续进行。

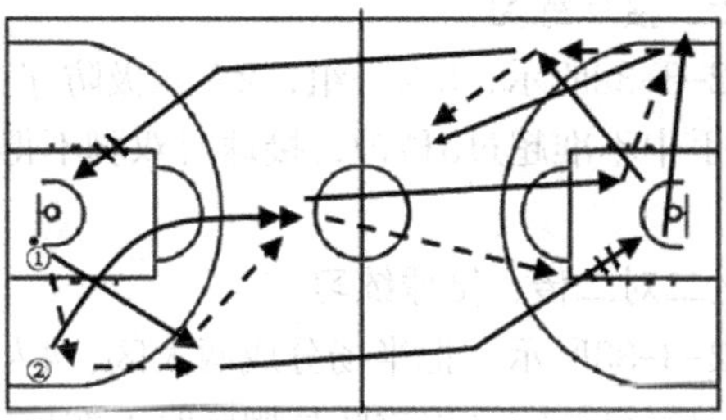

图2-3-28

（2）全场连续运、传切上篮练习

【方法】如图2-3-29所示，学生（队员）按图示路线运球－传球－切入接球上篮，传球者抢篮板球从另一侧如此继续进行。此练习可逐步增至2~3个球同时进行，以提高练习密度。

（3）两人全场运传球切入上篮的练习

【方法】如图2-3-30所示，2人一球，⑤斜插接④的传球后，向前运球，④快下做变向摆脱接⑤的传球，再传给空切到篮下的上篮。练习后两人排到队尾，其他各组依次继续练习。

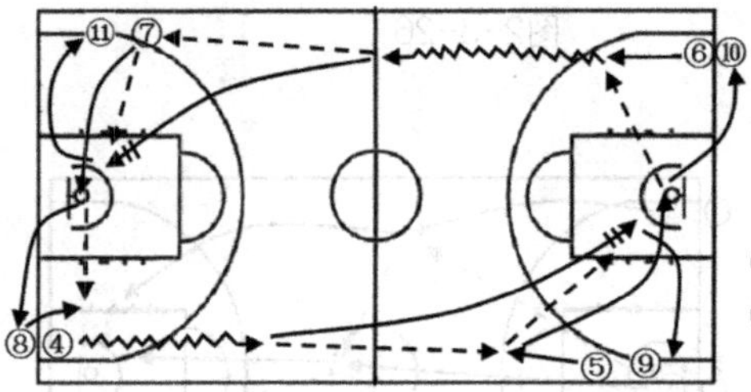

图2-3-29

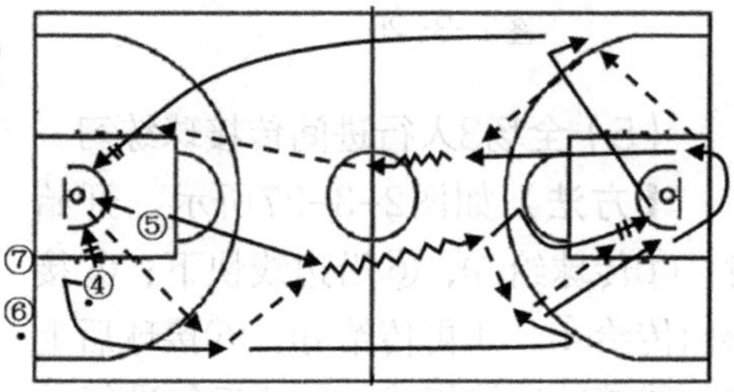

图2-3-30

5．在防守情况下传．接球练习

【要求】传球要力求快速、隐蔽，不准高吊传球；防守者积极移动，合理选位，伺机抢断。

（1）两传一抢练习

【方法】如图2-3-31所示，3人一组，⑨运用各种方式在原地相互传接球，❹在中间防守，如❹抢断球后，即交换继续练习。练习时可规定，接球时不得双脚移动；持球不得超过5秒钟。其他各组练习相同。

（2）二防三传、接球练习

【方法】如图2-3-32所示，5人一组，2人积极防守，3人站成三角形做各种快速传、接球。球在手中不准超过3秒钟，接球时双脚不得移动，防守抢断球后即交换练习。

（2）半场分区二对二传、接球练习

【方法】如图2-3-33所示，把半场分成两大区，4人一组，二对二进行摆脱接球、传球练习。练习时可规定，进攻队员摆脱时不准越区，持球不准超过2秒钟，防守队员积极防守，抢断5次交换。

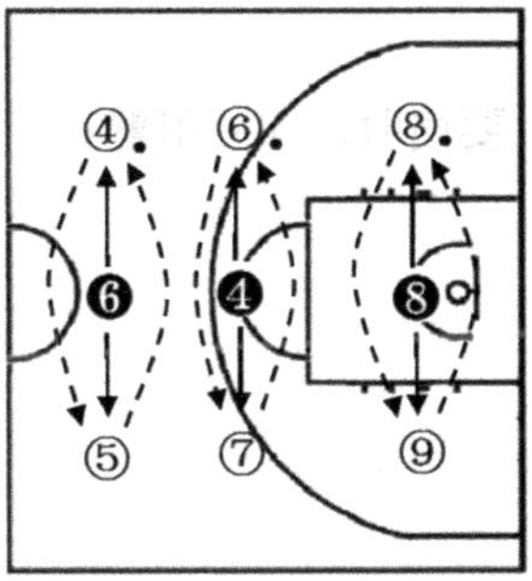

图2-3-31

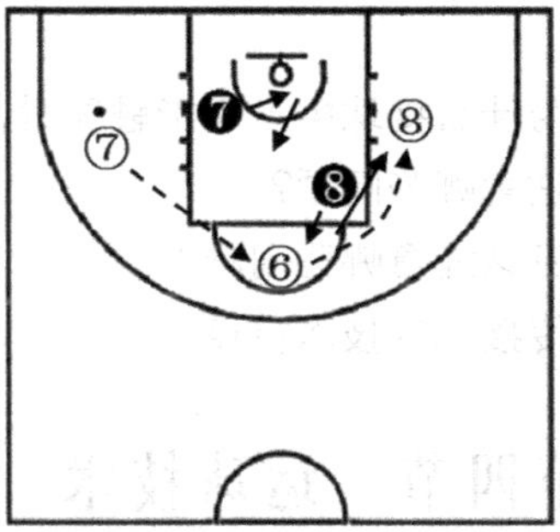

图2-3-32

图2-3-33

（四）教学中易犯的错误与纠正方法

1．易犯的错误

（1）双手胸前传球时，全手掌触球，或过小，持球动作不正确。

（2）双手胸前传球时两肘外展过大，传球后两手上下交叉。手心没有空出，两拇指距离过大两臂用力不一，形成挤球出手。

（3）单手肩上传球时，没有摆臂、拨指、抖腕动作。

（4）双手胸前接球时，两手指朝前，两手没有形成半圆；伸臂迎球时，臂、腕、指紧张，引球动作不及时。

（5）接地滚球时伸腿跨步不及时，重心过高。

2．纠正方法

（1）2人一组，面对站立，一人握球，一人做双手胸前传球时的正确模仿练习。

（2）2人一组，一人对墙传球，另一人纠正动作。

（3）重复讲解双手接球的动作要点。

（4）多做自抛自接球练习，养成张手、伸臂、迎球和及时屈肘引臂的习惯。

思考题

1. 简述双手胸前传球的动作方法。
2. 一个传球过程由哪几个环节组成？关键是什么？
3. 简述传球在比赛中的要求。

4. 试述接球的动作要求。
5. 从力学的角度解释，为什么接球中当手指触球时，要屈肘，向后引臂?
6. 在比赛中，接球应该注意哪些问题?
7. 传接球的教学与训练应该注意哪些问题?
8. 试述现代篮球运动中传接球的技术特点。

第四节　运球技术

内容提要：本节阐述了运球技术的概念与作用；对运球技术的动作原理与技术运用、特征以及传运球技术的发展和特点进行了分析；介绍了运球的动作方法、易犯错的误与纠正方法、教学与训练的基本方法；提出了教学与训练的建议。

一、运球技术的基本理论

（一）运球的概念与作用

运球是持球队员用单手连续按拍从地面反弹起来的球以达到进攻目的而采用的一项技术动作。在比赛中合理地运用运球技术能有效地发挥持球队员的个人攻击性，也是组织全队战术配合的一项重要技术手段和方法。

运球是篮球基本技术之一，它是进攻队员在比赛中持球移动的主要手段。队员运球技术掌握的熟练程度，反映了队员控制球能力的强弱。因此，重视与加强运球训练，对提高队员球感，熟悉球性都具有积极的作用，并有助于其他有球技术的掌握和提高。

在比赛中，利用运球突破对手，已成为个人进攻的一个重要手段。在全场范围内运用运球突破，具有活动空间大的优势。即使在短距离内不能超越对手，但可以迫使对手背向或侧向移动，而自己处于面向球篮移动的有利条件，易于获得向前推进的速度优势，在这种情况下利用变向运球或运球急停急起往往能达到摆脱对手的目的。在半场区域里，选择合适的时机，利用突然起动、变向、变速等方法和传球、投篮等技术相结合，可发挥运球的攻击性，取得良好的进攻效果。

在比赛中适时、合理地运用运球，可达到摆脱防守或调整位置或组织战术配合的作用，有时也可利用运球来吸引对方，以寻找或创造更有利的投篮机会或传球助攻的作用。从这一意义而言，运球技术的重要性绝不亚于传球、突破和投篮等其他进攻技术。

（二）　运球技术的分类与分析

1．运球技术的分类

运球技术动作按其动作位置可分为原地运球和行进间运球两大类。运球技术的分类如图2-4-1所示。

- 运球技术
  - 原地
    - 高运球
    - 低运球
  - 行进间
    - 运球急停急起
    - 变向换手运球
    - 运球转身
    - 背后运球

图2-4-1 运球分类

2．运球技术的动作分析

（1）运球技术的运动力学原理

从运动力学角度来说，运球技术是一种比较复杂的技术动作。首先，手作用于球，体现了牛顿第二定律——加速度定律。手触球的部位不同，作用力F大小和时间t的长短，造成球与地面的撞击角度a和速度v不同，$Ft=mv$；其次球再与地面的相互作用是利用物理学中的牛顿第三定律即作用力与反作用力的关系来实现的，这样具有不同初速度v、入射角度a（与地面撞击的角度）的球就会有不同的反弹方向和速度。$F_{作用力}=F_{反作用力}$，$V_{入射}=V_{反射}$（图2-4-2）。运球时五指自然尽量分开的目的就是为了增加手触球的面积，以控制球的方向。掌握这些力学基础知识就能很好地运用其原理来实现不同的运球技术。例如，为了让球反弹得高一点，距离身体近一点，应拍击球的上部，使手作用于球的时间t短一点。在相同的作用力F下，时间t越短，球具有的初速度V就越大；为了快速把球推进前场，迅速超越对手，则应拍击球的后部，手作用于球的时间t应长一点，使得球与地面的入射角α小一点，那么球就会反弹远一点。

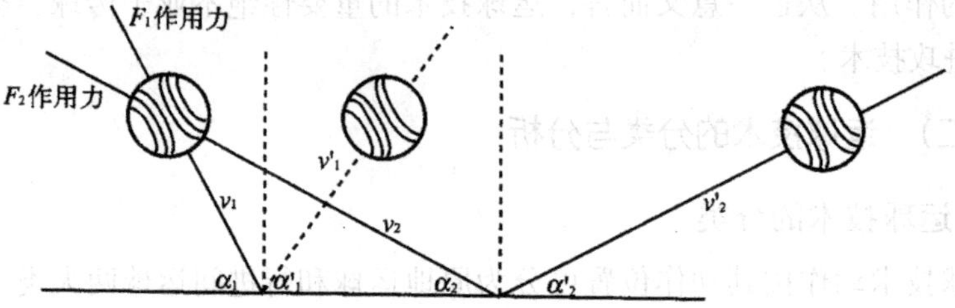

图2-4-2 球不同角度着地时反弹状况

（2）运球技术的动作结构

运球的技术动作很多，但无论何种运球技术动作方法，从动作结构而言，一般包括身体姿势、手部动作、球的落点和手脚协调配合四个环节。运球技术的关键是手对球的控制与支配能力，脚步移动的熟练程度及手脚、身体三者的协调配合。

① 身体姿势

运球时保持正确的身体姿势，以便更好地控制球和保护球，有利于更好地观察场上情况，充分发挥运球的作用。

原地运球时，应两脚前后开立，两膝微屈（低运球时稍深屈），身体重心放在两脚之间稍向前，侧身上体前倾，肩向前，抬头目平视；非运球手臂屈肘平抬，配合上体的侧身和前倾动作，用以保护球。

行进间运球时，脚步移动的幅度和下肢各关节的弯屈度，随运球的速度和运球的方式的不同有所变化。无论采用哪种方式运球，非运球手手臂屈肘前后摆动时，前摆要有较为明显的前举动作，以配合身体保护球。

② 手部动作

手部动作是运球技术的重要环节，手部动作的正确与否直接影响手对球的控制和运球的效果。手部动作包括球接触手的部位、运球动作、按拍球的部位和力量的运用。

运球时，五指微屈自然分开，用手指和指根部位以及手掌的外缘接触球（手心空出），手随球上下迎球，手腕、手指放松。在规则允许的范围内，尽量延长手迎球缓冲的时间与按压球的过程，加长手接触球的时间，以利于更好地控制球和观察场上情况，及时改变动作（图2-4-3）。反之，手与球的接触时间越短，越不易感觉到球在速率和运行路线上的偏差，纠正的难度就越大，从而难以控制好球。

由于运球的方法不同，运球动作也有所不同。运球时的力量主要是通过运球动作，即运球手对球按拍过程的施力来完成的，表现为用力和缓冲两个阶段。运球时，运球手通过伸肘、屈腕和指端的发力，向地面按拍球。当球从地面弹起时，运球手则随着球反弹上升时，屈肘，使腕指有一个随球上升的“顺随”的动作，以缓冲球向上的反弹速度，使球的上升速度在所需要的运球高度上，降低为零。

图2-4-3 运球时的手部动作

运球时按拍球的部位，是根据运球的方向和速度来决定的，因为按拍球的部位不同，球的入射角和球触地后的反弹角也不同；同时按拍球的力量的不同，球从地面反弹的高度和速度也不同，从而直接影响运球的运动方向和移动速度。一般来讲，原地运球按拍球的上方；向前运球则应按拍球的后上方；变向运球时，按拍球的侧上方。

③ 球的落点

正确地控制和掌握球的落点是衡量运动员运球技术好坏的重要标志之一，也是关系到运球效果的重要因素之一。球的落点掌握不好，既影响对球的控制，又影响运球的速度。

运球时，运球的速度、方向和攻守情况的不同，球的落点也不同。首先，在远离防守或对方消极防守情况下，运球向前推进时，球的落点在运球手同侧脚前外侧约20厘米处，速度越快，落点越靠前，离身体越远，反之越近。其次，在防守情况下，应用远离对手一侧的手运球，球的落点应在体侧或侧后方，以便保护球。其三，变向运球时（体前变向、背后变向、转身变向等）其落点一般应位于异侧体侧或侧前方。胯下运球的落点位于胯下两脚中间的地面上。

④ 手脚协调配合

运球时既要使移动速度和运球速度协调一致，又要保持合埋的运动节奏，必须控制身体重心的变化，提高手对球的控制能力；控制和掌握球的反弹角度、高度、速度，保持球与手脚的协调配合，才能做到运球时得心应手、运用自如。

在移动速度不变的情况下，能否保持脚步移动与手部动作协调一致，在速度上同步进行，关键在于按拍球的部位、球落点的选择和力量大小的运用。脚步移动越快，按拍球的部位越是靠后下方，落点就越远，反弹起来的力量也越大。反之，部位越靠上，落点就越近，力量越小。同时，运球时手脚要保持一定的比例关系和节奏，一般直线运球，运球一次，跑2或3步。

（三） 运球技术的基本特征

运球技术的基本特征主要表现如下。

（1）动作的连续性——运球是通过手对球的连续按拍，以达到手对球的控制。动作的连续性强调手触球时的感觉，它直接影响手对球的施力和按拍球部位的调整。即“手感”在运球过程具有十分重要的作用，它反映了队员控制球能力的强弱，体现了篮球技术的基本特征。因此，在教学训练中应重视和加强对“手感”的培养，抓好手部动作的训练。

（2）人球同步位移——篮球比赛中，持球队员要做到人、球同步位移，主要是依靠运球来实现的，但必须遵守篮球规则的限制。人球同步位移不仅对实现个人进攻具有积极的作用，而且也是打破防守部署、完成进攻战术意图的重要手段和方法之一。人、球同步位移的成效取决于队员持球移动时手对球的控制和手脚与身体的协调性配合。

（四）运球技术的运用及发展

1．运球技术的运用时机

在比赛中，适时、合理地运用运球能创造有利的进攻机会，如盲目运球，则会贻误战机。比赛中，当出现下列情况时可运用运球。

（1）当对方防守出现漏洞，运用运球摆脱后可以投篮时。

（2）同伴被对方暂时防住，不能立即传球，利用运球调整位置或通过运球寻找传球时机。

（3）在组织和发动快攻过程中，因一传被对方封堵，可运用运球快速突破对手，然后迅速传球给接应队员或快下队员；推进中，如快下队员被对方严密防守时，可运用运球推进或运球投篮。

（4）由于本队战术组织的需要时或以运球吸引对手，为同伴创造有利的进攻机会。

（5）在组织阵地进攻中，当对方扩大防区时，可运用运球压缩防区；当对方采用紧逼防守时，可运用运球突破，打乱对方的防守部署。

2．运球技术运用的基本要求

（1）进攻队员要熟悉本队的战术，了解战术中的每一个进攻机会，以便适时掌握运球的时机。

（2）运球时应随时保持正确的身体姿势，用远离对手一侧的手运球，善于利用手臂和身体动作保护球。

（3）运球时要抬头，扩大视野，全面观察场上情况，准确地判断、及时地捕捉传球和投篮机会。

（4）要善于运用假动作迷惑对手，灵活地运用各种运球动作，借以摆脱防守的阻扰；并把运球与传球、投篮和突破动作结合起来，最大效率地发挥运球的作用。

3．当前运球技术的发展

在现代篮球比赛中，运球技术的运用特点表现为：重心低，护球意识强，手臂伸展幅度大，手控球时间长，变化快，机动性强，更具有实效性、多变性和攻击性。

由于比赛中攻击性防守技术的发展，对运球技术的运用提出了越来越高的要求，传球技术也有了很大的发展。近年来，运球技术不仅"方式"增多，运球技术的动作力度、动作幅度也得到发展；运球技术的熟练不仅仅表现为球附着于手上的时间增长，有利于对球的控制，而且运球时手部动作、上体、腿部动作与球已融为一体，对球的保护和运球动作自身的攻击性也越来越强。随着现代篮球运动的发展，促使运球技术向着突然、快速、灵活多变及综合运用的方向发展，已成为现代篮球比赛中攻守对抗的重要内容。

二、运球技术的方法及运用

（一）　高运球

【动作方法】如图2-4-4所示，原地运球时，两腿微屈，上体稍前倾，手按拍球的上方；行进间运球时，手按拍球的后上方，跑动时手用力向前下方推按球，球的落点在身体侧前方，使球反弹的高度在胸腹之间，手脚协调配合，使球有节奏地向前运行。

【动作要点】目光平视，手脚协调一致，手按拍球的部位正确。

【技术运用】高运球在比赛中运用十分广泛，常用于快攻推进、位置转移，或与行进间上篮相结合；运球时身体重心较高，但速度快，便于观察场上情况，是一种实用性较强的运球技术方法。

图2-4-4

（二） 低运球

【动作方法】如图2-4-5所示，运球时两腿深屈，重心下降，上体前倾，用上体和腿保护球；同时用手短促地按拍球，球的反弹高度在膝关节以下，以便更好地控制球和摆脱防守。

【动作要点】降低重心，上体前倾，手按拍球要短促有力。

【技术运用】它是一种最基本的运球方法，当受到对方紧逼时，常采用低运球借以摆脱防守或保护球。

图2-4-5

（三）体前变向换手运球

【动作方法】以从对手右侧突破为例，运球队员先右手向对手左侧运球，当对手向左侧移动时，然后向对手右侧变向；变向时右手按拍球的右侧上方，把球从自己的右侧按拍到左侧前方，同时，右脚向左前方跨出，上体左转，用肩挡住对手保护球，然后换手，左手运球，加速前进。（图2-4-6）

【动作要点】重心下降，转体探肩，蹬跨有力，换手迅速，变向加速。

【技术运用】这是一种最常用的，利用运球方向的变化突破对手的运球方法。常用于当对手堵截运球前进的路线时，突然向左或右侧改变运球方向，借以摆脱防守。

图2-4-6

（四）运球急停急起

【动作方法】如图2-4-7所示，以右手运球为例，运球急停时，利用跨步急停停步，同时右手按拍球 的前上方，然后原地快速按拍球；急起时，身体重心迅速前移，后脚用力蹬地，同时右手按拍球的后上方，加速运球前进。

图2-4-7

【动作要点】重心转移要快，按拍球部位变换要正确、迅速，急停要稳，急起要突然。

【技术运用】这是一种把运球与急停急起相结合而成的组合技术动作。常用于对方紧逼防守时，在运球中利用速度变化，来摆脱防守而采用的实用性较强的运球方法。

（五）背后运球

【动作方法】如图2-4-8所示，以右手运球向左变向为例，变向时，左脚在前，用右手将球拉到身后，迅速按拍球的右侧后方，将球从身后拍至左脚的侧前方，并立即换左手运球，右脚迅速向前跨出，同时向左侧身用肩保护球，加速前进。

图2-4-8

【动作要点】向后拉球和向侧前方按拍球直臂用力；拉、拍、换手运球动作连贯、协调。

【技术运用】常用于当对方紧逼防守时，运球队员距离对方较近无法采用体前变向运球，为摆脱防守，突然改变前进方向摆脱对手。其优点是，运球时面对防守者，便于观察情况和保护球。

（六）转身运球

【动作方法】如图2-4-9所示，以右手运球为例，当对方靠近并堵截运球者右侧时，此时以左脚为中枢脚做后转身，右手按拍球的前上方，随着后转身动作，将球从右侧拉向身体的左后侧方。然后，换左手运球，加速前进。

【动作要点】转身时重心下降，快速平稳，拉球动作与转身动作协调一致。

【技术运用】它是利用运球与转身结合而成的一种组合技术。常用于当对方逼近，并堵截运球者一侧时，运球队员利用转身变换运球路线，以便摆脱防守，达到突破对方的目的。其优点是：便于保护球和抢占前进路线。

图2-4-9

（七） 胯下运球

【动作方法】如图2-4-10所示，以右手运球为例，变向时，左脚向前跨出，右手按拍球的右侧上方，使球从两腿之间穿过，右脚迅速向左侧前方迈出。换左手运球，继续前进。

图2-4-10

【动作要点】重心下降，换手运球要快，手脚协调配合。

【技术运用】这种运球常用于对方迎面堵截并试图抢球时，利用胯下变向运球摆脱防守。其优点是：动作变换快，突然性强。

三、运球技术教学与训练

（一）教法建议

（1）开始运球教学时，应先教原地运球，再教行进间高、低运球，然后再教体前变向换手运球、运球急停急起、背后运球、转身运球、胯下运球等。

（2）在教学的初学阶段，应让学生在掌握正确的运球手法和基本姿势的基础上，再学习不同的运球技术，掌握运球手法和如何保持身体协调及控制重心的变化，最后让学生反复练习各种运球技术。

（3）在初步掌握运球的基本动作后，应注意培养队员（学生）屈膝、抬头、扩大视野和观察情况的良好习惯。

（二）教学与训练提示

（1）在教学训练中要狠抓运球的关键，并结合各种熟悉球性的辅助性练习，练好手上功夫和脚步移动的快速和灵活性，特别要注意弱手的运球练习。

（2）在掌握运球技术动作的基础上，应与传球、投篮、突破等技术结合练习。

（3）为提高运用运球的应变能力，在有防守的练习中，应从消极防守到积极防守，逐渐增加练习难度。

（4）训练中，要注意培养队员（学生）运球的战术意识，掌握运球的时机，学会根据全队战术的需要，合理运用。

（三）练习步骤与方法

1．原地运球练习

【要求】保持正确的身体姿势，抬头平视，手法正确，左、右交替练习；运球的动作幅度和节奏要有变化。

【方法】每人持一球，原地根据教练员（教师）的信号按以下方法做各种运球练习

（1）原地左、右手轮换做高（低）运球。

（2）体前左、右手交替横运球。

（3）体侧做前（推）后（拉）运球。

（4）原地做三角形和正方形运球，体会运球时按、拍、推、拉、拨球等动作。

（5）原地左、右手背后换手运球。

（6）原地胯下运球。

（7）原地前、后转身运球。

（8）原地身前、身后胯下8字运球。

2．行进间运球练习

【要求】抬头，目视前方，速度由慢到快，控制球的落点、高度、速度，手脚配合一致；各种运球动作衔接、变化快。

（1）向不同方向的移动运球练习

【方法】运球中听或看教师的信号做向左、右、前、后移动或变换高度、方向的运球。

（2）行进间直线运球练习

【方法】每人持一球，做全场或半场直线高（低）运球；直线高、低交替运球。

（3）运球折返跑练习

【方法】队员用右手快速运球到指定点，然后转身往回换另一手运球，最后返回起点。（图2-4-11）

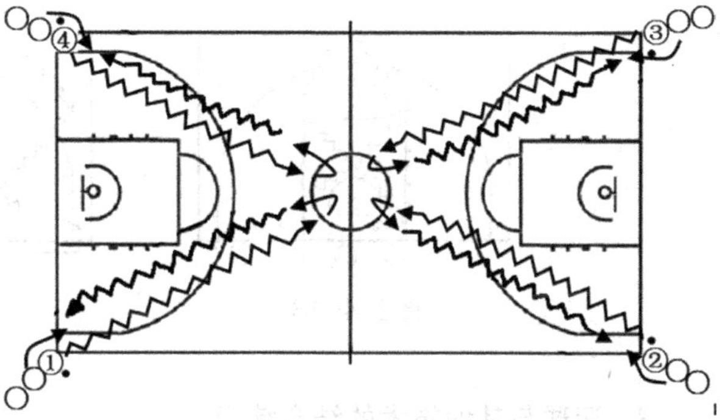

图2-4-11

（4）运球急停急起练习

【方法】学生（队员）运球起动，听或看信号运球急停原地运球，再听或看信号又起动，向前快速运球。如此反复数次。（图2-4-12）

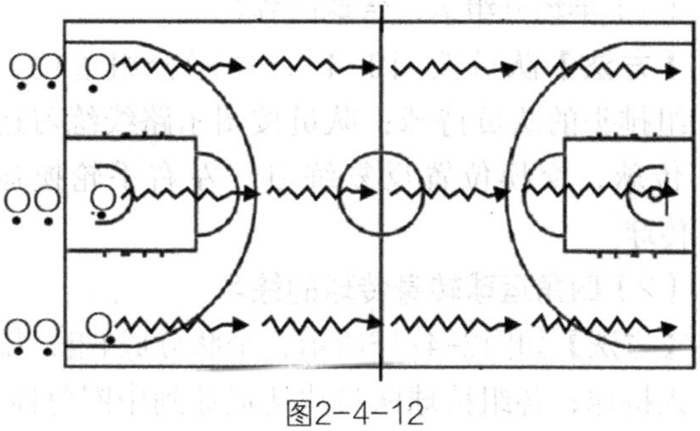
图2-4-12

（5）全场“8”弧线运球练习

【方法】队员依次运球绕圆圈做弧线运球。要求沿圆圈运球时，身体重心内倾，克服惯性力，手按拍球的侧后上

方。两手交替运球。（图2-4-13）

（6）行进间变向运球练习

【方法】队员依次按图2-4-14所示路线运球做后转身运球或背后运球或体前换手变向运球一次，直至对面篮下。

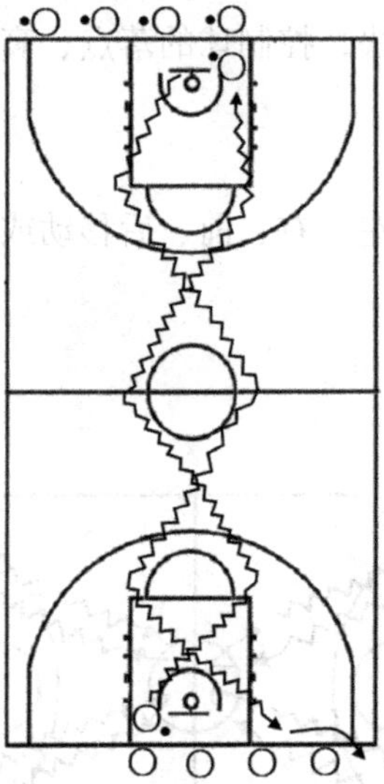

图2-4-13

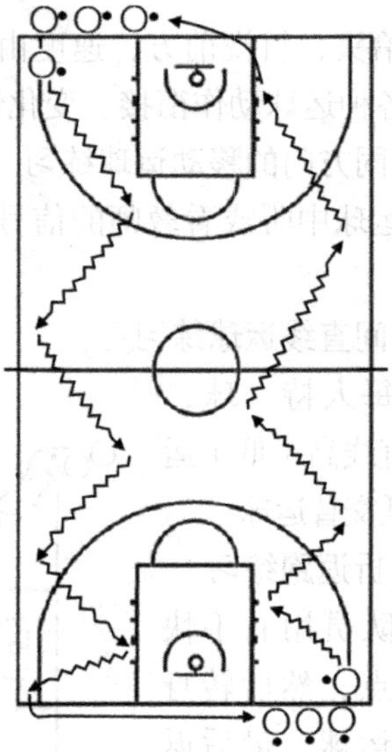

图2-4-14

3、运球与其他技术的结合练习

【要求】动作衔接连贯、协调、快速，运球时随时观察场上情况。

（1）半场分组运、传球的练习

【方法】队员按图2-4-15所示分组落位，①③组排头的队员持球；队员按图示路线练习运球－传球，交换位置反复练习。左右手轮换运球－传球。

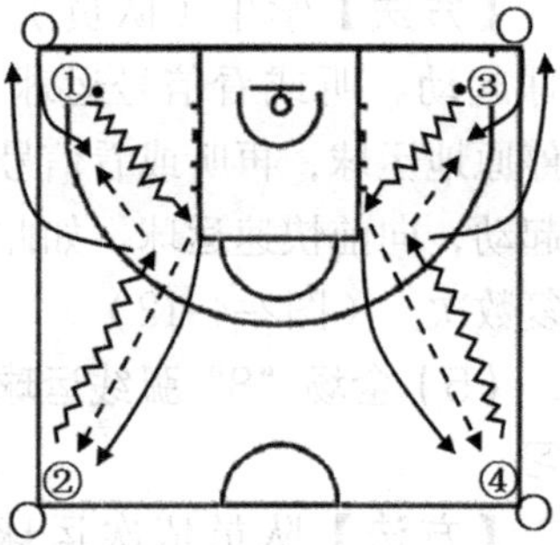

图2-4-15

（2）四角运球转身传球的练习

【方法】如图2-4-16所示，全队分成4组，排头一人持球；各组持球队员快速运球到中圈急停，转身传球给同组的排头队员，然后快跑返回组尾。下一队员如此继续练习。

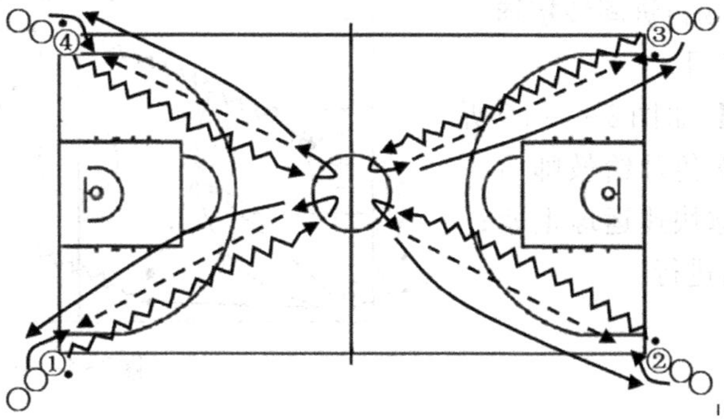

图2-4-16

（3）全场行进间接球－运球上篮的练习

【方法】如图2-4-17所示，2人一球，队员变向插上接球变向运球，视同伴进入前场，迅速传球，同伴接球后快速运球上篮。各组依次练习。

（4）两人行进间运、传球上篮的练习

【方法】如图2-4-18所示，2人一组一球.开始时，④运球上篮，⑤跟进抢篮板球传给拉边接应的④，然后迅速插上接回传球快速一球推进，接着传球给从后面交叉切入的④，④接球上篮，⑤抢篮板球，2人交换位置回到排尾。下一组如此继续练习。

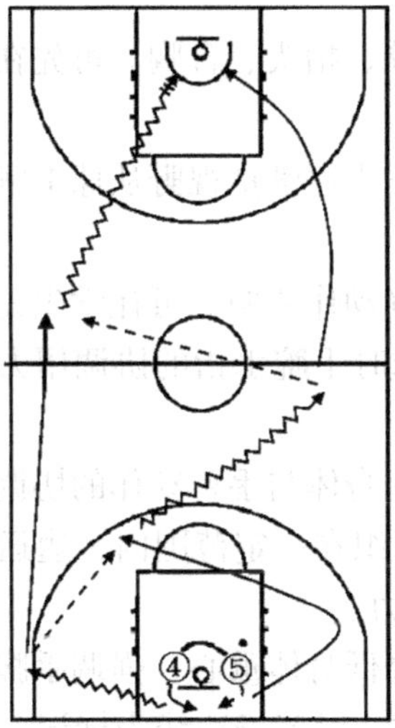

图2-4-17

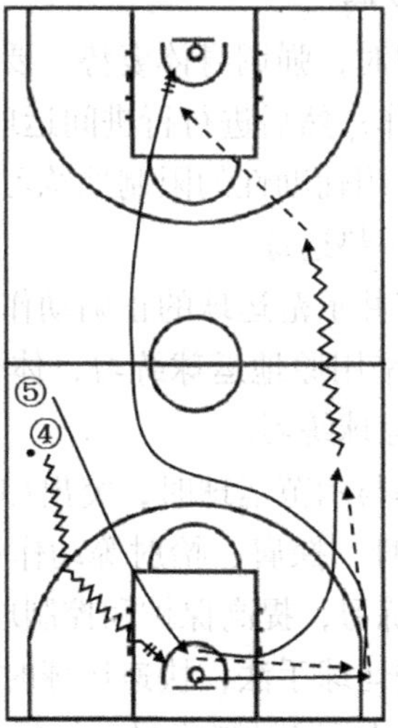

图2-4-18

（5）全场行进间传接球－运球上篮的练习

【方法】如图2-4-19所示，队员依次传球给教师后，快跑接回传球快速运球上篮；左右两侧同时进行。

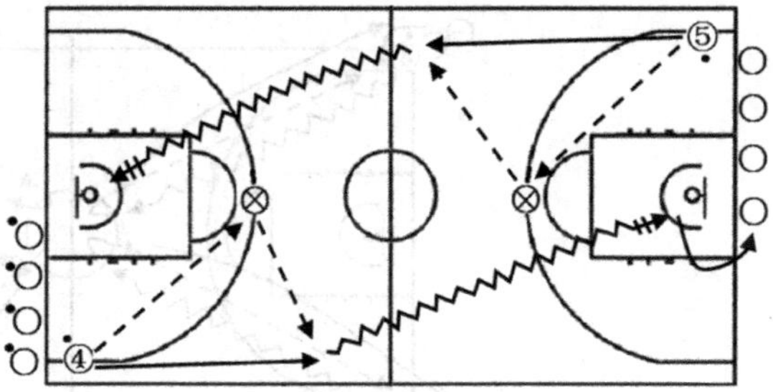

图2-4-19

（三）教学中易犯的错误与纠正方法

1. 易犯的错误

（1）运球时身体姿势不正确，不屈膝降低重心而只是弯腰。

（2）运球时低头看球，不注意观察场上情况。

（3）运球时手形不正确，掌心触球，手指、手腕动作僵硬，不放松。

（4）运球时不会用身体动作保护球，而造成失误。

（5）行进间运球，球弹起过高；球的落点在脚前，既影响运球速度，又易造成脚踢球。

（6）变向运球时，动作过大，形成明显的翻腕动作，造成运球违例。

2. 纠正方法

（1）练习时，强调身体姿势，要求屈膝、抬头、含胸。可先在原地运球反复练习，体会动作；然后进行行进间运球练习。

（2）可采用辅助性的限制性练习，使学生逐渐把视野从球上解放出来，如要求学生看教师手势运球。

（3）讲解并示范运球的正确动作，明确动作要领。可让学生先做徒手的运球模仿练习，再采用原地运球练习，体会运球时手腕手指的协调用力与放松；然后进行行进间的运球练习。

（4）讲解与示范运球时，突出如何运用身体与手臂动作的协调配合保护球的方法，强调侧身、探肩、抬肘等动作；可组织在一定范围内，边运球并设法打掉别人的运球等练习，提高保护和控制球的能力。

（5）改进运球手法，快速运球时要求降低身体重心，强调手腕仰起，按拍球的后上方；采用标记限制练习，如每人一球，以球场边线为标记，练习时，学生在场内距边线一脚处，从球场一端向前运球，要求球落在边线上。

（6）讲解、示范动作方法；可先降低动作难度，在原地或慢速中练习，体会动作，然后在正常速度下进行练习，再逐渐加快完成动作的速度；强调重心平稳，手上动作与身体姿势协调配合。

思考题

1. 简述运球技术的作用与运用特点。
2. 试述运球技术的动作结构。
3. 简述运球技术的教学步骤。
4. 举例说明运球教学中易犯错误与纠正方法。
5. 简析运球后转身的动作要点、疑犯错误与纠正方法。

第五节　投篮技术

内容提要：本节阐述了投篮技术的概念与作用；对投篮技术的动作原理与技术运用、特征以及传运球技术的发展和特点进行了分析；介绍了投篮技术的动作方法和教学中易犯错误与纠正方法、教学与训练的基本方法，提出了教学与训练的建议

一、投篮技术的基本理论

（一）投篮的概念与作用

投篮是进攻队员将球投入对方球篮而采用的各种专门动作方法的总称。投篮是篮球比赛中得分的唯一手段，是一切技术、战术运用的最终目的，也是所有攻守矛盾的焦点，是整个篮球技术体系的核心。在比赛中，进攻队运用各种技术、战术都是围绕创造机会进行投篮得分；而防守队的积极防御也是为了阻扰和破坏进攻队的投篮。因此，正确掌握并熟练地运用投篮技术，不断提高投篮命中率，对于学习篮球运动技能具有十分重要的作用。

（二） 投篮技术的分类与分析

1. 投篮技术的分类

投篮的动作方法很多，按照投篮时持球方法的不同，一般可分为：双手投篮和单手投篮两大类。这两种投篮均可在原地或移动中进行。（图2-5-1）

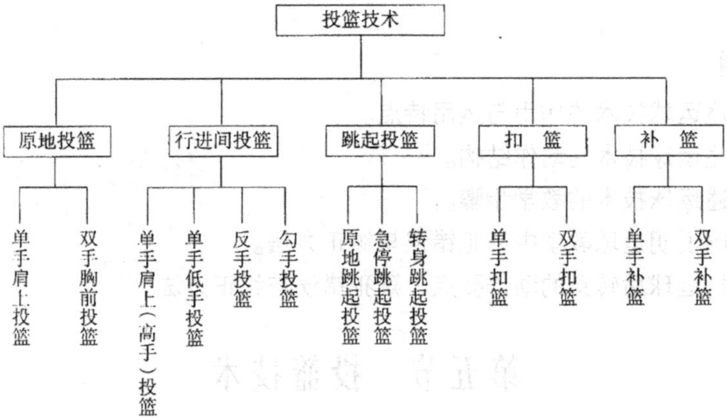

图2-5-1 投篮技术的分类

2. 投篮技术的动作分析

（1）投篮技术的运动力学原理

投篮是将球投向固定位置的目标，即篮筐。由于篮筐距离地面具有一定的高度，决定了投篮的动作特征，即投篮的球总是呈一定的抛物线入篮。因此，了解和掌握正确的瞄篮方法和球在空中的抛物线的力学原理，对掌握投篮技术，提高投篮的命中率具有十分现实意义。

① 瞄篮点与入射角

瞄准点是投篮时眼睛注视篮圈或篮板的某一点。它是为了精确地目测投篮的方向、距离，从而决定投篮出手的用力大小、速度的快慢、球飞行弧线的高低，它是提高投篮命中率的重要环节。尽管投篮的方法有很多，但根据投篮时球入篮的方式，投篮有直接命中和碰板命中两种。

a. 直接投篮的瞄准点：是篮圈离投篮队员最近的一点，通常是指篮圈前沿的正中点。这种瞄准点有实体目标。在球场的任何地方投空心球都适用。

在投空心篮时，应考虑球的飞行弧度，即投射角（出手角）和入射角的问题以及球在旋转中偶尔发生的与篮筐碰撞的问题。

从理论上来讲，投篮时的投射角越大，球的飞行弧度就越高，入射角就越大，入射截面就越大，所允许的误差范围就越大，投篮的命中率就越高（图2-5-2、图2-5-3）。但如果为了追求更大的入射角而增大投篮的抛物线弧度，则必然要增大出手速度和投射角，这将会影响动作的准确性。这是因为，球的飞行弧度越高，球在空中受空气阻力的影响就越大，同时，投篮手对球的控制难度也就越大。因此，在运用中，投篮的弧度应以中等弧度或稍高一些为宜（图2-5-4）。投篮抛物线掌握与投篮时的出手角度和出手力量有关。在实际运用中还应根据不同的距离、队员的身高、跳起投篮时的高度、不同的投篮方式及对手的干扰情况等采用适宜的抛物线，它是提高投篮命中率的重要环节。

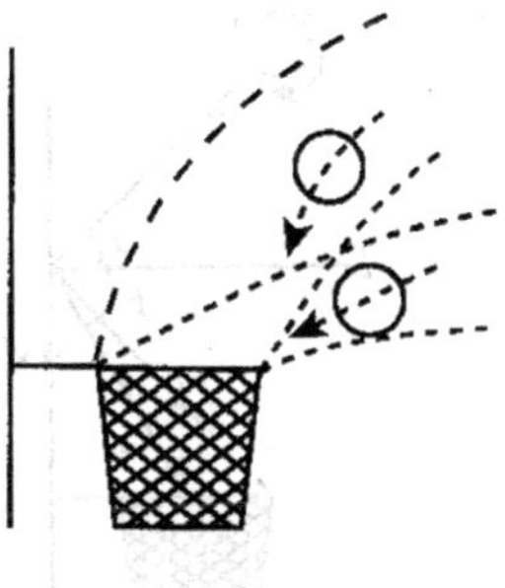

图2-5-2 入射截面

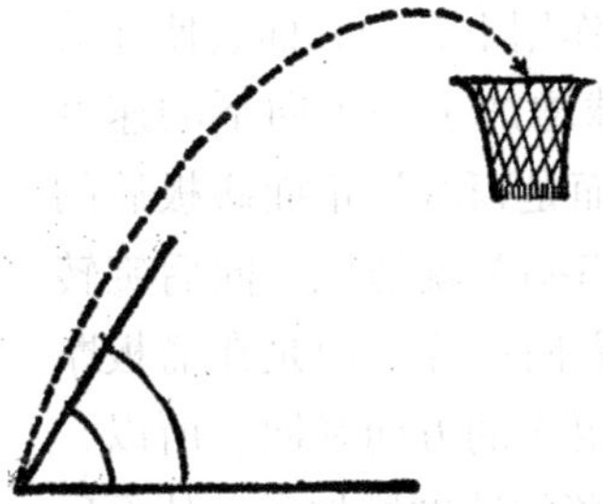

图2-5-3 投射角与入射角

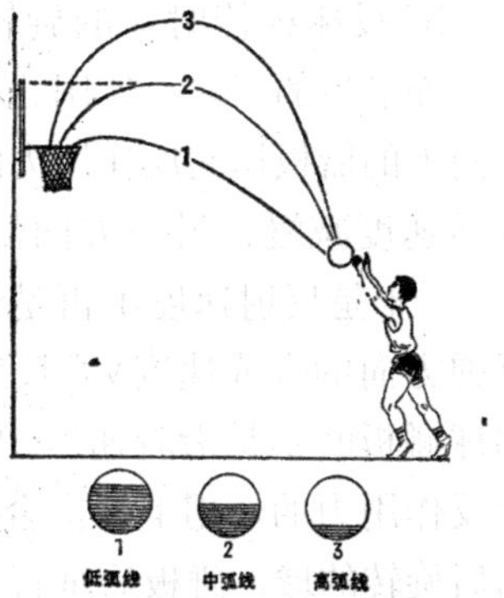

图2-5-4 投篮的抛物线

b. 碰板投篮的瞄准点：是以篮板的某一点作为瞄准点，即投篮时将球投向篮板入篮的一点。碰板投篮适用于与篮板成15~45度角的地方，以接近30度角的位置最适宜。碰板投篮时，视投篮的位置、距离、角度、出手的力量、球飞行的弧线不同而各有差异。在通常的情况下，投篮的碰板角度等于球的反射角。若碰板角度小、距离远，则瞄准点离篮圈的距离高而远，投篮所需要用的力量相对较大；如果碰板角度大、距离近，则碰板点离篮圈就较低而近，投篮所需要的力量相对较小。例如，中远距离投篮的碰板点，往往是从球飞行弧线的最高点下落时与瞄准点的碰板点相碰。而近距离（特别是在篮下）碰板投篮时，碰板点往往是在球未达到飞行弧线最高点之前，即与瞄准点相触而碰板入篮。

从上述分析，不难看出，碰板点的选择正确与否，与投篮的位置、投篮力量、球的飞行弧度以及球的旋转等因素有关。

② 球的旋转与命中率

球的旋转亦是影响投篮准确性的因素之一。投篮时，球的旋转是依靠手腕前屈，手指拨球动作所产生的力作用于球体，使球产生一种有规律性的旋转。由于投篮的动作方法与用力的方向不同，球的旋转也就不同。一般中、远距离高手投篮时，大都是使球围绕横轴向后旋转。向后旋转的球不但有助于保持飞行的稳定性，而且有助于提高飞行弧度。另外，向后旋转的球碰到篮圈时，球的反弹方向是向下的，比不带旋转的球容易落入篮圈内。

a. 投空心篮时球的旋转作用：投空心篮时，球的旋转作用是球偶尔碰到篮筐的内侧时，在篮筐给球的摩擦反作用力的作用下，球的反弹方向是向下，容易进入篮筐，比不旋转的球易于命中。

b. 投碰板篮时球的旋转作用：正面碰板投篮球的旋转力是向上作用于篮板的，而篮板的切向反作用力则向下反作用于球。这样球在向下的篮板切向反作用力的作用下，一方面会使球的旋转速度减慢，另一方面使球增加了一个向下的速度V’，于是反射速度不再是v 而是v和v’正面碰板后的反弹方向的合成速度V（图2-5-5）就是说，向后旋转的球碰板时不是沿着速度v的方向反弹，而是在篮板摩擦反作用力的作用下，向合速度V的方向弹回。所以，向后旋转的球，碰板后垂直下落的速度增加了，从而反射角也增大了，我们可以利用旋转球的这一作用提高投篮命中率。同时可以看出，球向后旋转的正面碰板投篮，碰板点即使稍高一些，也不容易碰到篮筐前缘，比不带旋转的球正面碰板投篮较为容易命中。

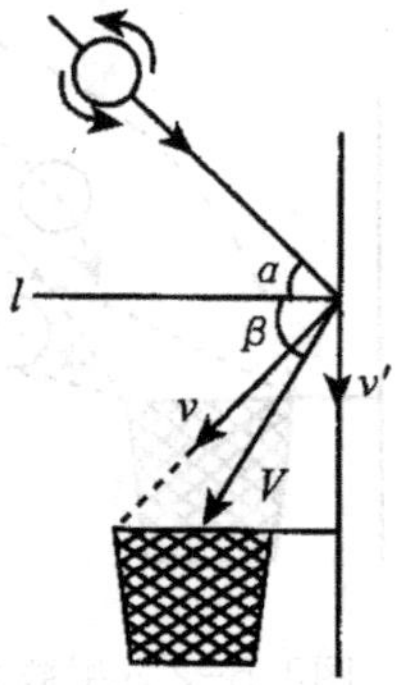

图2-5-5

侧面碰板投篮以行进间单手低手投篮为最多。球出手后，由于腕部的转动和手指的拨球动作，球围绕矢状轴向球篮一侧旋转。碰板之后，球的反射角将明显大于入射角且球的旋转速度越快，反射角明显增大。因此，球的旋转速度越快，碰板点也应越远离球篮。

（2）投篮技术的动作结构

掌握正确的投篮技术动作是提高投篮命中率的重要基础。投篮技术的动作方法很多，但按其动作特征其动作结构可分为持球动作、出手动作和结束动作3个阶段。

① 持球动作

为了更好地发挥手指端对球的感应能力，保持投篮前持球的稳定性，以利于控制球出手的力量和方向，无论是单手还是双手投篮，持球时五指都应自然分开，增大接触球的面积，手指指端要贴在球上，手心空出。

a. 单手持球动作：由双手持球开始，右手投篮时，将球引至右肩前上方位置，目视球篮，左手扶在球的侧下方，右手五指自然分开，手腕后屈，右手置于球的后部稍下部位，以手指最前面的关节和大拇指的压力将球控制住，大臂与肩关节基本成水平，小臂与大臂的夹角约成90度角，肘关节内收，与上肢各关节保持在同一矢状面上，以保证运动速度的合成和投篮方向的一致性。

b. 双手持球动作：两手五指自然分开，握球的两侧稍后部位，两拇指呈八字形，掌心空出，手腕放松，两肘自然下垂，肩关节放松。

② 出手动作

出手动作主要指投篮时的用力动作，即出手动作。投篮时的出手动作，是投篮技术的关键。因为投篮的方向、力量的控制，球的弧度及旋转等影响投篮命中率的诸因素最终都要通过出手动作体现出来。正确的投篮出手动作是，下肢蹬地，腰腹伸展，提肘伸臂，最后通过手腕的前屈和手指拨球的动作将球从指端柔和地将球投出。它包括身体的稳定性、上下肢的协调用力、投篮手的伸臂、手腕手指的用力等多个环节。

a. 身体稳定性与投篮用力

投篮动作是一个属于有支撑的动作范畴。投篮时利用伸膝蹬地动作，使地面对身体产生一个相应的支撑反作用力，通过躯干的屈伸，投篮臂的伸直等一系列动作，使力传递于腕、指，最后作用于球体，球体就获得了飞行的动力。力的大小和方向，直接影响球的出手速度与角度。因此，投篮时身体的稳定性，不仅为了使身体处于有利于发力的平衡状态，同时也为了保证投篮用力和用力方向的正确。

为此，投篮时的站立姿势，要使身体重心的投影点从髋关节的横轴后面和踝关节的横轴前面通过，继而使身体重心的投影点几乎靠近支撑面的正中间通过。这样，不仅取得了身体的平衡、减少肌肉力量负荷，也有利于向前上方用力。

b. 用力的协调性与动作的连贯性

投篮时用力的协调性，主要体现在人体上、下部位各个环节用力和环节运动的协调配合程度以及完成投篮动作时各环节上的原动肌与对抗肌的紧张和放松的协调配合上。投篮时，人体上、下部分各环节用力和运动的协调，也就保持了投篮动作的连贯性，充分利用了惯性，动作轻松而省力。这种上、下肢用力的协调配合，对于调节球的出手力量，控制球的飞行方向十分有利。

c. 提肘与伸臂动作

在投篮用力时，投篮臂肘部的运动方向，直接影响投篮动作的协调性和连贯性。肘部在投篮用力时的运动方向，是影响腕、指动作的关键环节。投篮时，投篮臂要充分伸直。这样，不仅发挥了伸臂的力量，有利于把全身汇合起来的力，最后充分集中于腕、指。同时，由于投篮臂的充分伸直，球在手中得到在投篮臂关节屈伸幅度之内最长时间的控制，使球在离手前处于有控制的用力过程长，有利于提高球的出手初速度和把握球的飞行方向，并能在手臂伸出后的最高点出手。

根据力学原理，投篮时伸直投篮臂，可增大对球用力的工作距离，使球获得足够的功能即必须的出手速度。同时，在投篮用力过程中，要求快速伸直投篮臂，一方面是利用工作距离的最大值；另一方面，则是根据不同的投篮距离，给予适度的用力来缩短工作时间，达到快速出手的目的；同时，还应与下肢和躯干的伸展运动密切配合，从而有利于投篮臂的快速伸展。

d. 手腕、手指的用力

在投篮用力过程中，要使投出去，并不十分困难，但是要投中篮筐这个固定的目标，必须合理地运用力量和控制用力的方向，而这种力量运用的合理性，很大程度上是由腕、指的最后用力来加以实现的。投篮时，腕、指动作是整个投篮动作中控制和支配球的最后一环。通过腕、指动作，最后完成调节球的出手速度（即出球力量）和出手方向

任何方式的投篮，最后都要通过腕、指的用力来完成。腕、指用力的大小以及用力的方向，不仅在于腕指环节运动和环节用力的本身，而且取决于全身各环节运动的紧密配合，尤其是肩、肘环节运动和环节用力，对于腕、指的用力和用力方向起着决定性的作用。腕、指动作是整个投篮动作的关键，因为腕、指动作对于合理地支配使用腕指的力量、控制用力的方向，球出手后在空中需要的运行轨道，以及球的旋转方向和大小等，起着十分重要的调节作用。

③ 结束动作

投篮时，正确的结束动作在一定程度上直接影响投篮的效果。因此，要求投篮出手后，全身要随球跟送，手臂自然伸直，而不要在球出手后，马上缩回，以免影响球的飞行和投篮的准确性。如果投篮出手时，做屈指抓球动作，就会影响手腕的前屈幅度和前屈速度，这是因为屈指肌张力在充分屈指后，已大部分消失，而不能充分收缩，产生了屈腕原动肌功能性“主动不足”现象的结果。这样，不仅影响手腕前屈力量的发挥，而且由于屈指抓球动作，会使作用于球体的力点改变，从而导致不能使作用力线远离球体重心向切线方向过渡，影响了球离

手后的旋转和飞行弧线。

投篮的核心是“准”。比赛中影响投篮准确性的因素是多方面的，诸如队员的思想作风；全面地、熟练地掌握投篮技术的程度；投篮时机的选择；身体训练程度；对手的防守能力和队员的心理素质；明确投篮距离与命中率的关系对提高投篮的准确性都具有十分重要的作用。

（三）投篮的技术特征

篮球运动是在有限的空间进行的一项比“准”的运动。由于投篮目标的“高、小”与球体较大的特点，同时比赛中投篮距离和时机的不确定，投篮时往往受到防守的竭力干扰和破坏。因此，要使球准确地入篮是一项高度精确的技能。尽管，投篮的技术方法很多，但各种不同的投篮技术都是以运动员的运动中枢对参与这一技术过程各运动器官的协调，并通过手对球实施精确的控制，使球在这种控制之下经过空中的飞行而进入篮筐。因此，投篮对运动员在技术运用过程中肌肉的感知能力以及运动中枢对于参与技术动作的所有运动器官精确控制的能力都有着极高的要求。所以说，投篮技术是以对球控制的精准为基本特征的一项进攻技术。

从力学的角度去认识投篮技术，除了扣篮是比赛中唯一一种运动员持球跳起后，将球举过篮筐水平面，自上而下垂直地将球投入篮筐的一项投篮技术外，其他的各项投篮技术均属于一种“斜抛体运动”，即投篮的球总是呈一定的抛物线入筐是投篮技术的又一特征。因此，正确地运用力学的斜抛物线原理，对于掌握投篮技术方法、提高投篮命中率具有积极的现实意义。

（四）投篮技术的运用及发展

1．投篮技术的运用时机

在激烈对抗的比赛中，合理地运用投篮技术，并保持较高的命中率，除了之外正确的投篮技术外，还必须有坚定的信心和稳定的情绪，要善于创造和把握好投篮机会。

比赛中投篮的时机通常如下。

（1）持球队员借助各种技术或假动作摆脱对手主动创造投篮机会。

（2）在自己投篮比较有把握的位置上得球时，应果断地投篮。

（3）防守者距离自己较远或没有防投篮的准备时，可以投篮。

（4）当同伴占有抢篮板球的有利位置，或有其准备时，可以大胆投篮。

（5）经过配合出现了预期的投篮机会时，应及时地投篮。

（6）在特定的战略和战术要求下，应强行投篮。

2．当前投篮技术的发展

随着现代篮球运动的发展，运动员形态、机能素质的提高，投篮技术也不断发展，呈现出一些新的趋势和特点，概括为：投篮方式增多、投篮的难度加大、投篮技术复杂多变、远距离投篮的准确性提高。其技术动作向着快、高、变的方向发展，即快：主要表现为，投篮前摆脱防守快，运用变幻莫测的脚步动作，抓住对手的瞬间失误，利用时间和空间的短暂空隙，争取投篮机会，尽可能地缩短投篮前的准备时间，提高投篮速率；高：跳得高、出手点高，而且尽可能地提高在空中的空时间，以保证空中动作的完成，如换手投篮、后仰投篮和扣篮等高难动作；变：熟练地掌握多种投篮方法和方式，并善于在对抗中灵活应变运用。

二、投篮的动作方法及运用

（一）原地投篮

1．原地单手肩上投篮

【动作方法】以右手投篮为例，两脚前后开立，右脚在前，左脚稍后，两膝微屈，落在前脚掌上；右手持球于同侧头或肩的前上方，左手扶在球的左侧，右大臂与肩关节平行，大、小臂约成90度，肘关节内收，目视瞄篮点。投篮时，下肢蹬地发力，腰腹伸展，右臂向前上方伸出，手腕前屈，食、中指用力拨球，通过指端将球投出。球出手时，身体随投篮方向伸展，手臂随之自然跟出，脚跟提起。（图2-5-6）

图2-5-6

【动作要点】上下肢协调用力，充分伸臂，手腕前屈，手指柔和用力，食、中指控制方向。

【技术运用】原地单手肩上投篮是其他各种投篮方法的基础。具有出手点高、便于与其他技术动作结合、能在不同位置和距离应用的特点。

2．原地双手胸前投篮

【动作方法】双手持球于胸前，肘关节自然下垂，两脚左右或前后开立，两膝微屈，重心落在两脚之间，目视瞄篮点。投篮时，两脚蹬地，腰腹伸展，两臂向前上方伸直，前臂内旋，两手腕同时向内翻转（内旋），拇指下压，食、中指用力拨球，使球通过指端投出。球出手时，身体随投篮方向自然伸展，脚跟提起。

【动作要点】屈肘下垂；投篮时两臂用力均衡，前臂内旋，手指拨球用力与下肢动作协调一致。

【技术运用】出手力量大，稳定性好，能充分发挥全身的力量，便于与传球、突破相结合。在比赛中多被女运动员运用于远距离投篮。缺点是出手点较低，易被防守干扰。

（二）行进间投篮

行进间投篮是在跑动中接球或运球接近球篮时采用的投篮方法。多用于快攻或切入篮下后。

行进间投篮动作方法较多，出手动作和手法各有不同，脚步动作的共同特点都是跨第一步的同时接球，跨第二步跳起跳在空中完成投篮动作。一般要求：右手投篮，先跨右脚接球，接着迈左脚起跳。实际运用时，可根据临场不同情况选择不同的投篮方式。

1．行进间单手高手投篮

【动作方法】如图2-5-7所示，以右手投篮为例，跑动中右脚跨出一大步时接球，左脚跨出一

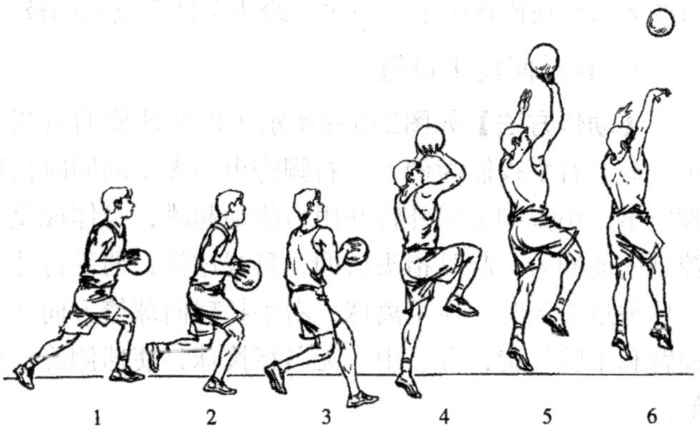

图2-5-7

小步并用力蹬地起跳，右腿屈膝上抬。同时，举球至右肩上，腾空后当身体接近最高点时，右臂向前上方伸出，手腕前翻，食、中拨球，通过指端将球投出。

【动作要点】起跳充分，伸臂、举球、翻腕、拨指动作连贯协调，用力适度。

【技术运用】它是比赛中快速移动至篮下近距离时所采用的一种投篮方法。

2．行进间单手低手投篮

【动作方法】以右手投篮为例，右脚向前跨一大步同时接球，左脚接着跨步并用力向前上方起跳，右腿抬起，同时双手向前上方举球，右手掌心向上托球下部。投篮时，借助身体上升的惯性，手臂向前上方伸展，接着手腕上挑，使球由食、中指指端柔和地投出。（图2-5-8）

【动作要点】充分向前上方起跳，投篮出手前保持单手托球的稳定性，用指、腕上挑动作柔和地使球前旋投出。

图2-5-8

【技术运用】常用于在快速跑动中超越对手后切入篮下时。其特点是出球稳定性好、出手速度快、伸展距离远。多用于快攻和强行突破时。目前有些运动员在比赛中采用一步（跨步）低手投篮的技术。

3．行进间反手投篮

【动作方法】如图2-5-9所示（以从球篮的右侧沿端线越过篮下右手投篮为例），右脚跨出一大步的同时接球，左脚跨出一小步脚尖稍外转并用力蹬地起跳，身体成反弓形，控制向前冲力。起跳抬头后仰，目视球篮，两手持球上举，当球举过头部时，左手离球，右手托球向球篮方向伸展，右前臂和手腕外旋，食、中、无名指拨球，使球侧旋，碰板入篮。

图2-5-9

【动作要点】起跳迅速，脚尖和上体要稍向内转，目视篮圈，外旋小臂、手腕，使球侧旋碰板入篮。

【技术运用】它是用于多在沿球场端线运球超越篮下时，具有出手快，动作突然性强的特点。

4．行进间勾手投篮

【动作方法】以从球篮右侧右手投篮为例，右脚跨出一大步的同时接球，左脚向球篮方向跨出一小步，使身体侧对球篮，左脚蹬地起跳，右腿屈膝上抬，球由胸前经体侧，右手向右肩上方画弧线举球，当球举至头的侧上方接近最高点时，屈腕；食、中指拨球，通过指端将球投出。（图2-5-10）

图2-5-10

【动作要点】左脚落地用脚跟，过渡到前脚掌，脚尖向外旋，上体连转带挤，把防守队员压在侧后方，侧对篮，目视篮圈，划弧举球，腕指拨球出手。

【技术运用】多用于中锋在篮下附近侧向球篮进攻时，具有使球远离对手、出手点高、不易受干扰的优点。

（三）　跳起投篮（跳投）

1．原地跳起单手肩上（头上）投篮

【动作方法】以右手投篮为例，双手持球于胸前，两脚前后或左右开立，两膝微屈，重心落在两脚之间。起跳时两脚（或一脚向前迈半步）用力蹬地向上跳起，双手举球至肩上（头上），右手托球，左手扶球的左侧方。当身体接近最高点时，左手离球，右臂向前上方伸直，手腕前屈，食、中指拨球，通过指端将球投出。落地时屈膝缓冲，保持身体平衡。（图2-5-11）

图2-5-11

【动作要点】蹬地要充分，起跳、举球要同步，空中保持身体平衡。

【技术运用】它具有突然性强、出手点高和不易防守的特点；是现代篮球比赛中普遍运用的主要投篮方式，和传球、突破及其他假动作结合起来运用，威力更大；可以在原地或行进间急停，面向或背向球篮时完成跳起投篮。

2．急停跳起投篮

急停跳起投篮是进攻队员在行进间运用突然急停摆脱防守进行跳起投篮。它有接球急停跳起投篮和运球急停跳起投篮两种基本方法。

（1）接球急停跳起投篮

【动作方法】在快速移动中接球同时跨步或跳步急停，急停的同时两脚迅速快速有力蹬地起跳，两手持球迅速上举.当身体接近最高点时，前臂向前上方伸直，手腕前屈，食、中指拨球，通过指端将球投出。（图2-5-12）

【动作要点】接球降低重心，起跳突然有力，动作协调、连贯。

【技术运用】常用于无球队员突然摆脱对手，接球攻击时。

图2-5-12

（2）运球急停跳起投篮

【动作方法】在快速运球中，用跨步或跳步急停，同时两脚突然快速有力蹬地起跳，两手持球迅速上举。当身体接近最高点时，前臂向前上方伸直，手腕前屈，食、中指拨球，通过指端将球投出。（图2-5-13）

【动作要点】急停重心要平稳，蹬地、起跳、举球要协调一致。

【技术运用】常与持球突破或运球突破结合运用。

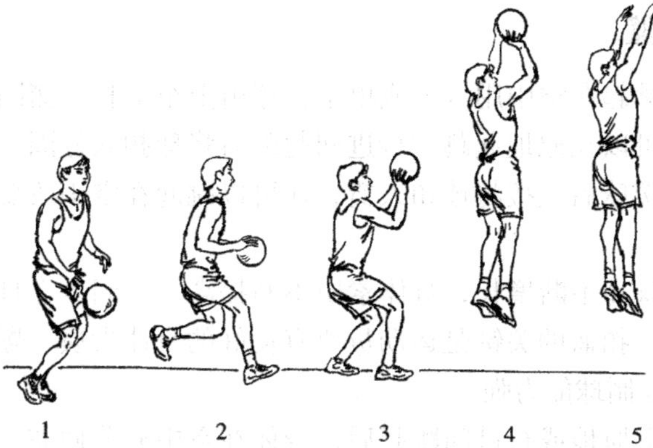

图2-5-13

（四）补　篮

补篮是指队员在球未投中从篮圈或篮板反弹出来时，迅速判断球的反弹方向，及时起跳在空中直接托球或点拨球入篮的投篮方法。

补篮可以用双手，也可以用单手。原地跳起补篮一般是双脚起跳较好，行进中最好用单脚起跳。补篮时托球入篮比较稳，但出手点低；而点拨球出手快且高，但相对准确性较差。

1．双手补篮

【动作方法】当球从篮圈或篮板反弹时，要准确地判断球的反弹方向，迅速起跳，身体向上伸展，两手臂向球的方向伸出，当身体跳至最高点两手接触球的一刹那，用手指、手腕的力量将球托入篮圈，或用双手点拨球入篮。

【动作要点】跳起要充分，空中保持身体平衡，手指、手腕用力将球托入篮圈。

【技术运用】常用于队员在篮下拼抢前场篮板球时，利用靠近篮圈的有利时机，在空中及时托（拨）球入篮。

2．单手补篮

【动作方法】当球从篮圈或篮板反弹时，准确判断球的反弹方向，迅速起跳，身体向上伸展，手臂向球的方向伸出。当身体跳至最高点手臂接触球的一刹那，在空中用单手托球入篮或用指尖将球点拨入篮。

【动作要点】充分上跳，伸臂要迅速，腕指用力托球入篮。

【技术运用】运用时机同上。

（五）扣　篮

扣篮是队员跳起在空中用双手或单手将球由上至下扣入篮圈的一种难度较大的投篮方法。它可以在原地起跳和行进间起跳后将球扣入篮圈，也可以跳起在空中抢到篮板球或接球后直接将球扣人篮，还可以跳起在空中改变身体位置后反身扣篮。

随着运动员身高不断增长，身体素质不断提高，空间争夺日趋激烈，扣篮技术运用越来越多。扣篮的关键是运动员要有良好的身体素质，爆发力要好，跳得高，手指、手腕控制球能力强。

【动作方法】原地或行进间跳起后，身体在空中充分伸展，双手或单手尽量将球高举超过篮圈，用屈腕动作把球自上而下扣入篮圈。

【动作要点】起跳要迅速、有力，充分向上举球，自上而下有力屈腕。

【技术运用】常用于进攻队员持球靠近篮下时，利用突然起跳，直接将球灌入篮筐。这种投篮方法具有命中率高、不易防守的优点。

三、投篮技术的教学与训练

（一）教学建议

（1）投篮技术教学顺序应为：先学习原地投篮，然后学习行进间上篮，再学习原地跳起投篮和急停跳起投篮等动作。

（2）投篮技术教学与训练应重视建立正确的概念和形成正确的动力定型。从开始练习，教师就要严格要求，及时纠正错误动作，在掌握正确动作的基础上逐渐加大练习的难度。

（3）教行进间上篮时，应先教高手上篮，再教低手上篮，然后再教勾手上篮和反手上篮；要由易到难进行练习，教法上应多样化，可从模仿动作练习过渡到持球练习。

（4）跳投技术教学，应先学习原地跳投，然后再教移动接球急停跳投，最后教运球急停跳投。

（二）教学与训练提示

（1）投篮的教学与训练应抓住投篮手法这一关键环节，并与传接球、运球、突破和抢篮板球等技术有机地结合进行，培养队员的应变能力。

（2）在投篮技术的教学与训练过程，应重视投篮的心理训练，提高队员的心理素质水平，使队员能在一定的心理压力下提高投篮命中率。

（3）在正确掌握投篮技术后，应加强在对抗条件下及战术配合中的投篮练习，以提高队员投篮技术的运用能力。

（二）　投篮技术练习方法

1．原地投篮练习

【要求】全身协调用力、投篮动作规范；跳投时，起跳、举球动作要同步，协调一致。

（1）对墙投篮练习

【方法】学生（队员）持球距墙3~4米，面对墙做原地或跳起投篮动作练习。体会投篮手法和用力顺序。

（2）近距离投篮练习

【方法】学生（队员）每人一球，在罚球线前一步的地点依次投篮，投篮后抢篮板球回到排尾。

（3）2人面对面投篮动作练习

【方法】队员分成2组，相对而站。练习时，依次将球投到对方头上方。

（4）不同距离与角度的投篮练习

【方法】学生（队员）依次持球在半场0度角、45度角、60度角（由近至远）做原地投篮或跳投（空心、碰板）练习。重点体会不同距离与角度时的用力与瞄篮方法。

（5）半场移动接球投篮的练习

【方法】如图2-5-14所示，①传球给④，移动接④的传球后迅速做原地投篮或原地跳投；2人抢篮板球交换位置。

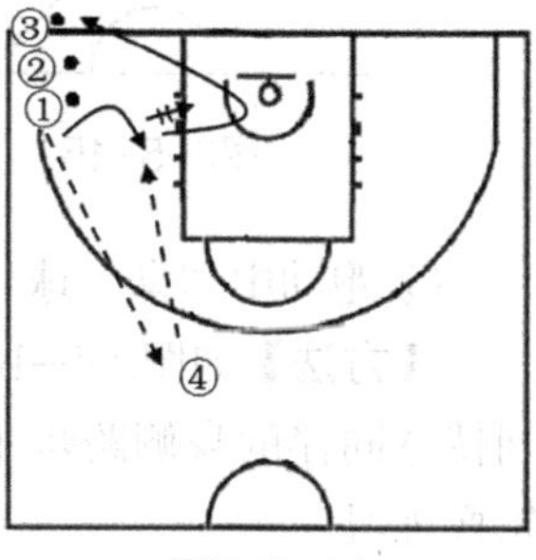

图2-5-14

（6）定位定量投篮练习。

【方法】2人一球，一人传球，投篮者在规定的位置完成数次投篮或投中数次后两人交换。

（7）罚球练习

【方法】一人一球在罚球线上依次进行罚球投篮动作练习。

（8）3分球投篮练习

【方法】一人一球，自投自抢，在3分线外进行3分球投篮（原地或跳起）练习。

2．行进间上篮的练习

【要求】掌握好起跳点，跨步、起跳、举球动作要协调、连贯。

（1）行进间投篮的基础练习

① 小碎步走，徒手体会跨步接球、起跳举球动作。

② 慢跑中练习跨步，起跳动作。

③ 自己抛接球，练习跨步接球后起跳举球。

④ 原地跨步“拿”球上篮练习。

【方法】如图2-5-15所示，一人一球，⊗侧对球篮单手将球托出，练习者左脚在前右脚在后（右手投篮时），右脚向前跨一步拿⊗手中的球，左脚上步跳起，做单手高手或单手低手，或双手低手上篮动作出手。

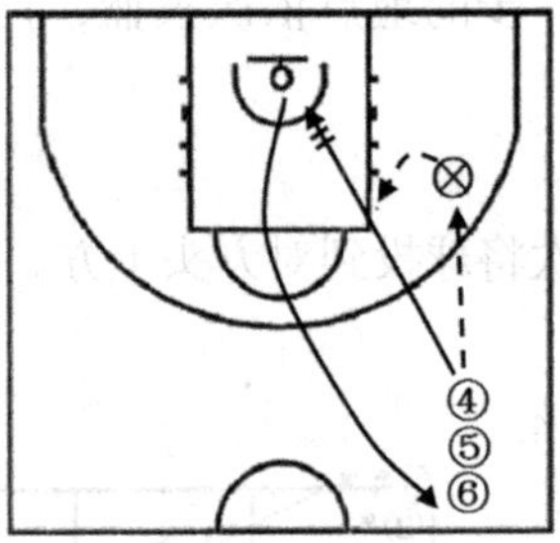

图2-5-15

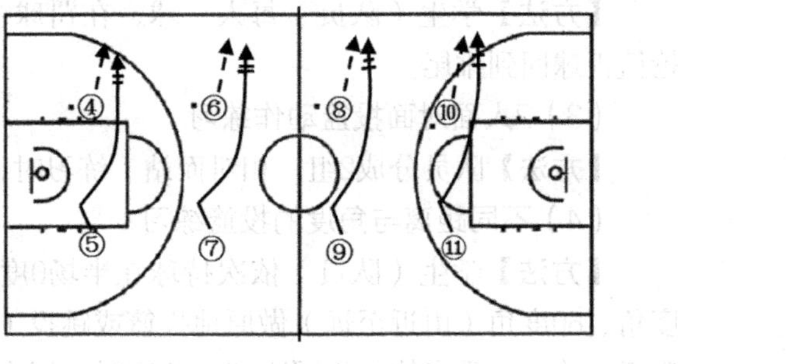

图2-5-16

⑤ 跑动中“拿”球’接球上篮的模仿动作练习。

【方法】如图2-5-16所示，2人一球，2人相距5~8米。开始时，无球队员快跑到持球同伴的身侧跨步主动“拿”球，上步起跳做低手或高手上篮的动作。两人轮换练习。

⑥ 半场传接球上篮的练习。

【方法】如图2-5-17所示，学生（队员）传球给⊗后弧线侧身跑动，接⊗的回传球上篮。

⑦ 半场换位传接球上篮的练习。

【方法】如图2-5-18所示，除一人外，其他学生（队员）每人一球。开始时，⑤传球给⑥后，侧身向篮下快跑接⑥的回传球上篮，自己抢篮板球到队尾，⑥传球后到⑤的位置，继续如此练习。

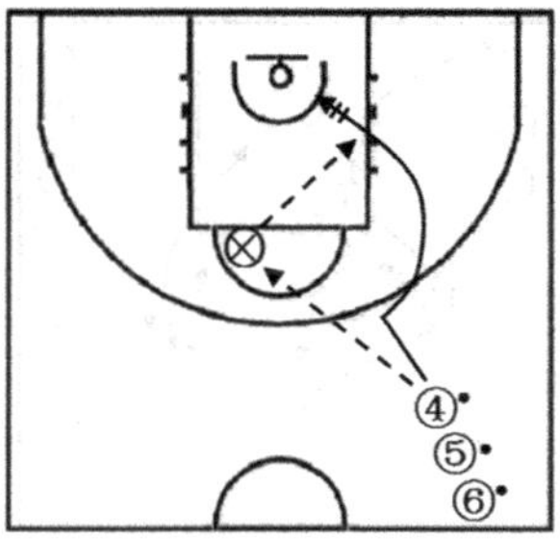

图2-5-17

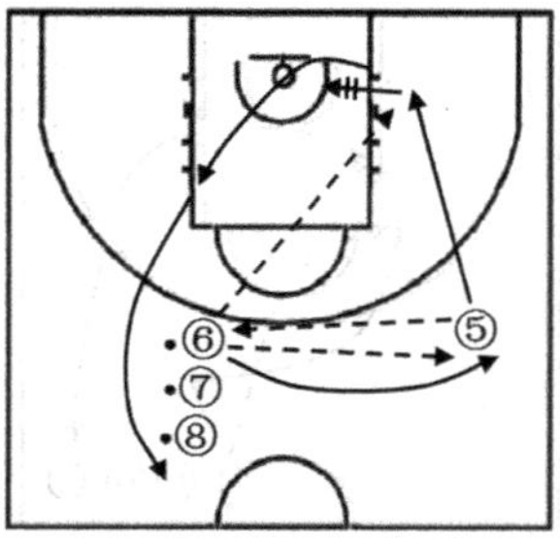

图2-5-18

3．投篮与其他技术的结合练习

【要求】运、传球动作连贯，衔接快；上篮动作协调、手法正确。

① 半场运球上篮练习

【方法】学生（队员）每人一球，从半场中场角开始，依次运球上篮。反复进行。

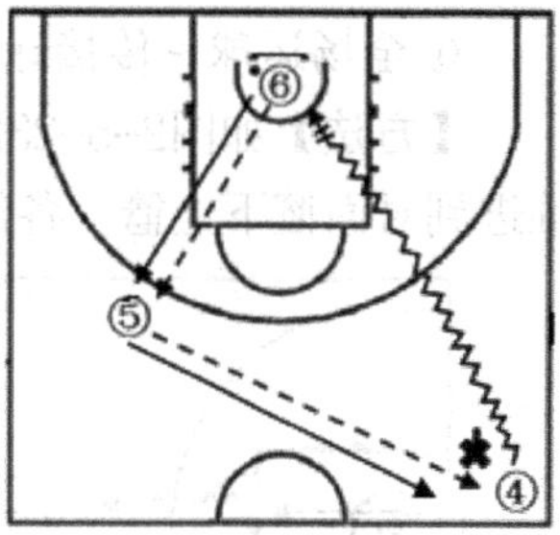

图2-5-19

② 3人连续运球上篮的练习

【方法】如图2-5-19所示，3人一球。3人轮换运球上篮，传球后跑到同伴位置，如此3人连续上篮投中20~30次一组，完成4~6组。

③个人连续多种方式的投篮练习

【方法】如图2-5-20所示，开始时，队员在三分线外持球突破上篮，自抢篮板球迅速跑到三分线外做投篮。投球中篮后，立即持球到罚球线上做罚球，投中后，下一个队员如此继续进行。

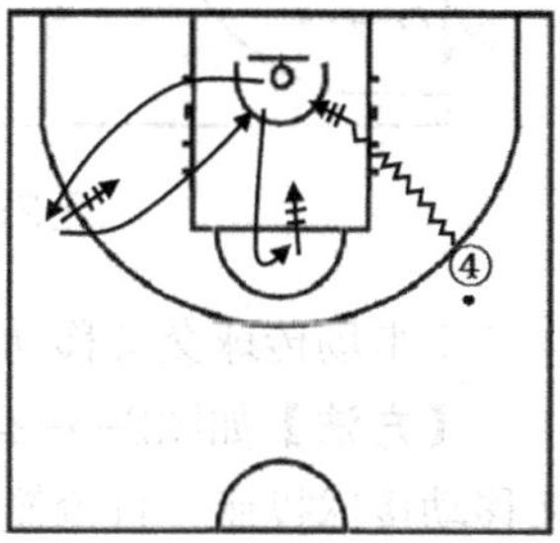

图2-5-20

④ 变向跑接球急停投篮练习

【方法】如图2-5-21所示，④把球传给⊗变方向跑至⊗前接⊗的回传球投篮，自抢篮板球返回队尾。依次继续练习。

⑤ 外线移动接球投三分篮练习

【方法】如图2-5-22所示，⑤⑥各持一球，开始时，④负责抢篮板球；左右两侧队员轮流在三分线外接⊗的传球投篮，投篮后即冲抢篮板球并替换④，④传球给⊗后即被替换到队尾。依次继续练习。

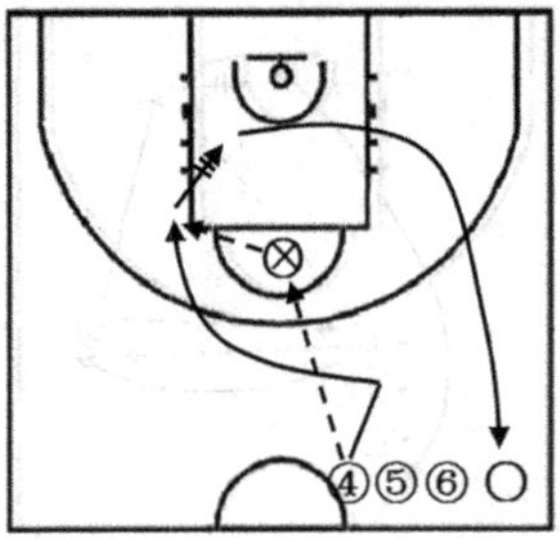

图2-5-21

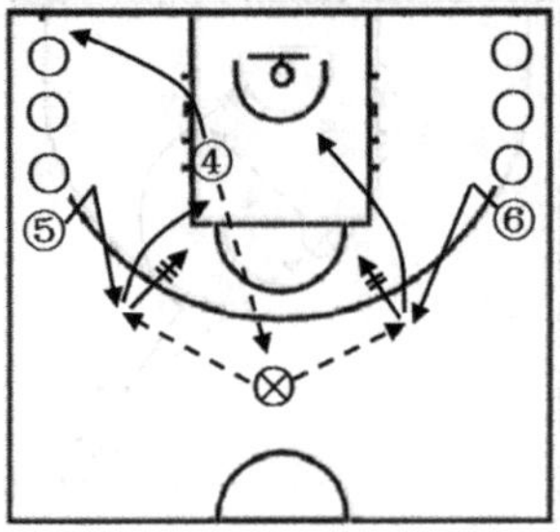

图2-5-22

⑥ 全场运球－传接球上篮的练习

【方法】如图2-5-23所示，2人一组一球，两人按图示路线行进间一球－传球推进到对面篮下上篮。各组依次练习。

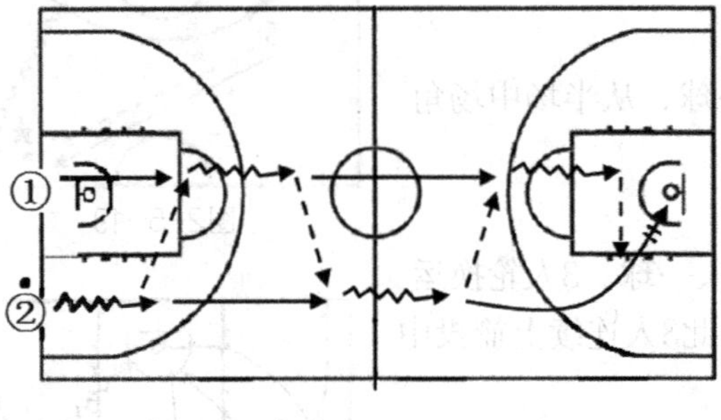

图2-5-23

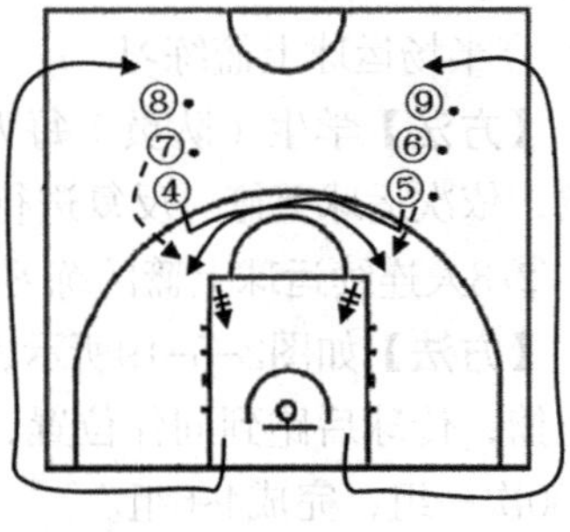

图2-5-24

⑦半场传球交叉移动接球急停投篮的练习

【方法】如图2-5-24所示，除④以外，每人一球；学生（队员）依次变向交叉移动接球投篮，自抢篮板球到另一组排尾。反复进行。

4．对抗条件下的投篮练习

【要求】判断好投篮时机，接球和投篮动作衔接要快，投篮手法要正确；防守队员由消极干扰逐渐过渡到积极封盖。

【方法一】3人进攻，2人防守。开始时，进攻队员在外线相互传球，寻找投篮机会。防守队员积极移动，当进攻队员投篮时，快速上前干扰封盖。练习数次后攻守交换。

【方法二】在半场进行二对二或三对三攻守练习，进攻队员运用传切、掩护、突分和策应等配合创造投篮机会，组织投篮。可规定的投篮次数或得分，完成规定任务再换下一组。

（三）教学中易犯的错误与纠正方法

1．易犯的错误

（1）持球手法不正确，五指没有自然分开，用手心托球。

（2）单手肩上投篮时肘关节外展，致使上肢各关节运动方向不一致。

（3）投篮时抬肘伸臂不充分，导致手臂前推，造成投出的球弧度较低。

（4）急停时身体重心不稳，造成投篮时上下肢配合不协调，导致动作衔接不连贯。

2．纠正方法

（1）重复讲解、示范投篮动作方法，强调正确的持球手法和要点，使学生掌握投篮动作的基本结构，明确动作概念。

（2）借助外部条件限制、信号刺激等手段，改进投篮动作。例如，练习时，要求学生投篮时持球两肘自然下垂，身体稍侧对篮筐，教师可站在学生持球臂一侧，以帮助纠正肘关节的位置；也可靠墙站立，做投篮的模仿动作，以限制肘关节外展。当学生投篮时，用信号刺激提示，如用“抬肘、伸臂、压腕”等词语纠正错误动作；如学生练习行进间上篮时，用“跨步、二步小、提膝、出手”等语言信号提示学生跨步接球、起跳、出手时机等。

（3）多做徒手练习，使学生体会协调用力的掌握动作节奏。

思考题：

1. 简述原地单手肩上投篮的动作方法及要领。

2. 简述影响投篮命中率的因素。
3. 如何正确选择投篮的瞄准点？
4. 如何选择正确的投篮飞行弧线？
5. 为什么说投篮时球在身体重心上升并接近最高点时出手为宜？
6. 初学原地单手肩上投篮技术时常犯的主要错误有哪些？
7. 投篮技术在教学和训练中应该注意哪些问题？
8. 试述现代篮球运动中投篮技术的特点及发展趋势。

第六节 持球突破技术

内容提要：本节阐述了持球突破的概念与作用；对持球突破的动作结构与动作特征进行了分析；介绍了持球突破的技术方法及运用、持球突破的练习步骤与方法；提出了持球突破的教学建议、教学中易犯的错误与纠正方法。

一、持球突破技术的基本理论

（一）持球突破的概念与作用

持球突破是篮球比赛中进攻队员运用个人脚步动作与运球技术相结合而构成的一项组合技术动作。在比赛中，合理地运用持球突破具有很强的攻击性和杀伤力。突破，突即谓超越、摆脱，破意味着改变，即改变原有的位置与攻守态势。其实质是插入、切进。

在比赛中，快速、锐利的突破往往能插入对方的腹地，有效地击破对方的防守阵形，在篮下造成投篮得分机会。在运用时，持球突破与分（传）球相结合还能起到打乱对方的防守部署，破坏对方的防守组织，为同伴创造良好的投篮时机。

随着现代篮球运动的发展，个人进攻已成为当今篮球比赛中阵地进攻的一项主要打法，它是以个人攻击实力做基础，这种实力从技术角度来讲，无疑快速、锐利的持球突破技术占有十分重要的地位。所以说，持球突破是一名优秀篮球运动员必须掌握的个人技术，也是克敌制胜的重要法宝。我国运动员早在20世纪50年代就把它作为小个队员“以己之长，攻彼之短”，快速、多变，勇、巧取胜的主要技术手段和个人技术特长。以至在随后的相继涌现出一批突破技术见长，运用得心应手的优秀选手。他（她）们在紧张激烈的比赛中，常常不失时机地妙用持球突破技术，冲锋陷阵，勇中取胜。如今，在美国NBA的赛场更是常见球星们在紧逼堵卡中运用持球突破长驱直入，犹入无人之境，其精彩程度更是堪称叫绝，不仅为球队赢得比赛的胜利，也为球迷带去了运动美的享受。

（二）持球突破的分类与分析

1．持球突破的技术分类

持球突破，一般可分为在原地持球突破和移动中接球急停后的持球突破两种。而根据持球队员与防守者当时所处的攻防位置和突破时的脚步动作，又可分为交叉步持球突破和同侧步持球（也称顺步）突破以及背对或侧对防守的前转身、后转身持球突破。

2．持球突破的技术分析

（1）持球突破的运动力学原理

持球突破技术方法很多，但就技术动作的基本结构有其共同点，也有其差异。但是无论采用何种方法突破，其技术动作都要求做到：起动突然、蹬跨有力、侧身探肩、加速超越。突破前必须保持良好的准备姿势。

突破的准备姿势是为突破前使身体处于良好的平衡状态，随时保持突破、投篮、传球的三重威胁而采取的一种预备动作。无论是原地持球突破或移动中接球急停后的持球突破，突破前身体重心应保持适度的下降，迅速做好“三威胁”的准备姿势。这不仅是对持球突破技术的基本要求，也是完成突破技术的必要保证，同时也有利于突破与其他技术的结合。

突破的准备姿势不仅关系突破与传球、投篮等技术之间的转换，在很大程度上直接影响到突破时起动速度的快慢。突破时的起动速度，是由蹬跨步的速率和二次加速所构成的。突破的准备姿势要求，两脚屈膝开立，重心下降，两手持球于腰腹之间，远离防守一侧。此时，两脚弯曲所形成的膝角大小，不仅影响蹬跨（或蹬转）的速度，而且对二次加速有着直接的影响。因此，为利于突破起动速度的发挥，两膝的弯曲一般控制在半蹲位所形成膝角大小的上限角范围。同时，身体重心的投影点尽可能地靠近突破方向一侧支撑面的边沿，以有利于快速地发挥突破时的起动速度。但身体姿势的保持，使身体重心靠近突破方向支撑面一侧的边沿，并非是通过改变身体重心垂线的行进路线所取得的，往往是由突破前身体重心的高低所决定的。突破前身体重心的高低，与突破方向身体稳度的大小、突破起动速度的快慢，都有着密切的关系。身体重心越高，向突破方向的移动越容易；身体重心越低，身体重心垂线在同一行径路线上，向突破方向的移动就越困难。如图2-6-1所示，OA与O'A为身体重心所处不同高度时垂线线段的长度。OA>O'A，为突破方向的稳度角a<a'。因此，身体重心处于O点高度的位置，要比身体重心处于O＇点高度的位置时，向突破方向的身体稳度小，突破的起动速度快。固然，身体重心越高，向突破方向的移动越容易，但身体重心过高，必然会在一定程度上造成二次加速时的后蹬角大，影响二次加速时的水平速度，也不利于起动时的蹬、跨用力。

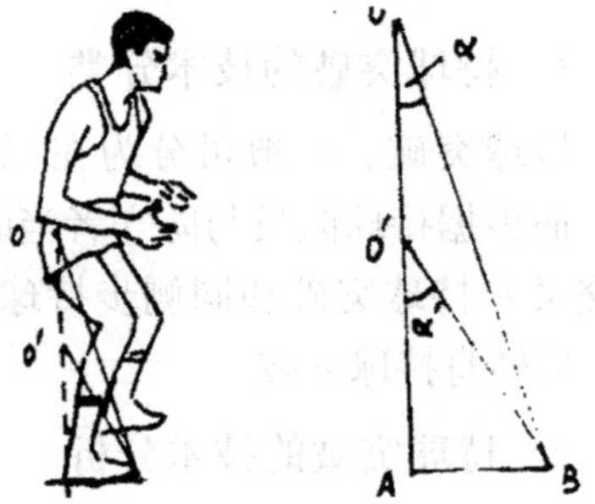

图2-6-1

因此，持球突破时既要考虑突破的起动速度，又要兼顾到“三威胁”的准备姿势。必须使身体重心处于一个适当的高度，使身体重心的垂线靠近支撑面的中间，以获得持球突破时，或随着场上情况的变化，在同一姿势下随机转换为其他技术所需要的身体稳度和具有最佳的施力条件。

（2）持球突破的动作结构

持球突破技术的动作结构是由蹬跨、侧身探肩、推放球和加速等4个部分所构成：

① 蹬跨动作

它是突破时决定起动速度快慢的关键，也是决定突破能否成功的重要环节。其动作原理是，蹬地脚用力蹬地利用地面的反作用力，使身体重心迅速地向突破方向移动，以获得最快的初速度；同时，跨步脚积极地向防守者的身侧（突破方向一侧）跨出，同时带动身体的移动迅速贴近防守者的身侧，抢占突破路线。跨步的步幅大小，以有利于轴心脚用力蹬地、加速超过防守为前提。蹬跨在这一过程中起着发动、定向（决定突破方向）的关键作用。

② 侧身探肩

当跨步动作向突破方向跨出的同时，以腰髋带动上体迅速向突破方向转动，以缩小身体横向移动的面积，加快身体向前移动的速度；同时以向突破方向切入的异侧肩迅速向防守者的身侧（突破方向一侧）前探出，同侧手臂迅速向前伸出。其作用是，一随时做好保护球的准备，二协助肩背顶住防守者的移动，达到身体超越对手的作用。

因此，突破时，一定要善于运用侧身探肩动作，利用身体保护球，同时也有利于贴近对方起到加速超越对手的作用。

③ 推放球

突破技术中一个重要环节。推放球动作的好坏，直接影响突破速度和球权的控制。突破前，双手持球于腰胯部位。在跨步动作进行的同时，脚着地的一霎那，迅速在远离防守者一侧向前下方推放球（中轴脚离地前球必须离手），根据人移动的速度，控制好球的落点、球反弹的高度与角度和力量，使人、球速度保持一致。

④ 加速超越

在完成侧身探肩动作的同时，两脚用力加大后蹬力量，以身体获得后续的加速度，同时加快向前运球的速度，它是决定突破成功与否的关键。

蹬跨（或蹬转）动作、侧身探肩、推放球3个环节，几乎是在同一个节拍中完成，并在此基础上紧接中轴脚的蹬地，完成二次加速。因此，蹬跨动作、侧身探肩和推放球动作，应该为紧接后面的二次加速动作创造良好的施力条件和后蹬加速的角度，以达到超越对手，突破的目的。

（三）　持球突破的技术特征

不同的突破方法有其各自的动作特征，特别是在运用中，即使是同一类突破技术，在全场范围内运用或在半场范围内运用时，也各有差异。但其共同特征是：利用速度超越对手，即是利用脚步移动或假动作诱使对手失掉正常的防守位置，或暂时失去身体平衡的一瞬间而获得突破切入的机会，加速超越对手以达到摆脱对手，创造投篮得分的良机。

（四）　持球突破的运用及发展

1．持球突破的运用范围

持球突破多运用于半场范围内。运用时，常与假动作或投篮、传球等技术相结合，主动创造或随机利用防守者出现的漏洞而展开攻击。持球突破可运用于半场人盯人防守；也可用于进攻区域联防。当前，把持球突破与传球（分球）相结合已成为进攻区域联防的重要手段之一。从现代篮球比赛的发展趋势来看，特别是后卫和前锋队员应把持球突破作为一项技术特长来练，以适应比赛的发展需要。

2．持球突破运用时应重视的问题

（1）掌握多种突破技术方法

突破方法的种类较多，持球突破只是整个突破技术系统中相对独立的一类技

术。随着现代篮球比赛防守技术的发展，凶猛、强悍地贴身个人防守和积极主动的集体协防、补防，已为突破技术的有效发挥设置了重重障碍。单一的突破方法已很难在比赛中展示效果、有所作为。进攻队员必须掌握多种突破方法，如无球突破（即空切）、运球突破与持球突破，以形成完整的突破技术系列。要根据临场的变化，把不同的突破技术，适时地加以转化，与传球、投篮技术结合运用，才能有效地发挥持球突破的攻击性和杀伤力，取得应有的成效。

（2）掌握突破技术的变化与结合

突破技术的变化，主要体现在多种突破方法的转换和突破与其他技术的结合上。在比赛中，突破技术的攻击性和杀伤力就在于突破技术与其他技术的有效结合，它不仅能最大限度地发挥突破技术在进攻中的作用，也充分展示了突破技术运用的灵活性和多变性。

（3）要有勇猛顽强的拼搏精神

当今运动员身体训练水平的提高和身体素质的明显增强，突破技术的运用在与其他技术的结合同时，更强调勇猛顽强的拼搏精神。

（4）正确选择突破路线，合理运用突破方法

突破路线的选择首先源于对场上情况的观察和判断。观察对方的防守区域与防守阵势、观察对手的防守位置与防守步法。例如，当对手用前后步法防守时，可从对方前脚方向一侧突破；持球突破前，应尽量缩短与防守者之间的距离。方法有，一是利用假动作诱使对方逼上防守；二是在移动接球时，通过急停停步的一瞬间主动靠近防守者，以便起动后即刻超越对手。突破前，可利用防守者的重心移动，或接球急停动作接近防守者的一侧，形成错位，占据有利位置，而后再突破。

3．持球突破的发展及特点

当前随着现代篮球比赛的发展，突破技术运用也有了很大的发展，其技术特点表现为，突破冲击力大、强行突破运用较多。由于现代篮球防守技术日趋增强，防守时堵截移动到位，迫使突破队员往往必须充分利用身体挤靠对方，抓住时机，突然加速，突破防守。

另一个特点是，突破动作变化快，强调突破与其他技术相结合。如果突破时遇防守堵截突破路线，则迅速运用转身，改变突破方向或用身体贴靠对方强行攻击或及时分（传）球给其他同伴投篮。进攻手段多样，变化快使对手防不胜防，体现了突破的攻击性，提高了突破的成功率。

第三个特点是，随着现代篮球比赛发展的需要，在世界强队中高大队员也普遍掌握了突破技术，从而丰富了高大队员的进攻手段，扩大了进攻区域，增强了个人进攻能力。

二、持球突破的动作方法及运用

持球突破的方法很多，主要有交叉步持球突破和同侧步持球突破两种，其他持球突破的方法都是在此基础上结合移动接球急停或转身动作进行的。

（一） 交叉步持球突破

交叉步持球突破易于保护球，也可减少走步违例，故初学者运用较多。

【动作方法】以向右侧突破为例，突破前，面向对手两脚左右开立，稍大于肩，两膝微屈，重心在两脚之间，持球于胸腹前。突破时，左脚前脚掌内侧用力蹬地，同时上身稍右转，左肩向右前下方压，重心向右前方移动。接着左脚向右前方跨出，紧贴防守方，将球引至右侧并用用右手运球，推向移动的前方。球击地后，右脚中枢脚迅速用力地加速运球突破，超越对手。（图2-6-2）

【动作要点】交叉跨步要快，步幅要适中，重心前移，转体探肩护球动作要连贯。

【技术运用】当持球队员距离对手较近时，或利用假动作诱使对手防守位置发生变化时可采用此方法突破对手。

图2-6-2

（二）同侧步持球突破（顺步突破）

【动作方法】以向右侧突破为例，突破前，面向对手两脚左右开立稍大于肩，两膝微屈，重心在两脚之间，持球于胸腹腔。突破时，右脚向右前方跨出一大步，同时转体探肩，重心前移，右手将球引至右侧向前方快速的推放球，中枢脚左脚迅速用力的蹬地向突破方向跨出，加速运球超越对手。（图2-6-3）

【动作要点】跨步、下球要同步，动作要迅速、连贯。

【技术运用】常与急停、跨步动作结合运用，利用对手麻痹之时，突然起动，突破对手。

图2-6-3

三、持球突破技术的教学与训练

（一）教法建议

（1）持球突破的教学，首先要讲清楚其动作结构特点与在竞赛中的作用，强调各技术环节间的相互联系及竞赛规则对持球移动的限制。

（2）在教学时，应先教交叉步突破，再教同侧步突破，然后再结合移动中接球急停和假动作练习持球突破，最后再结合前转身和后转身练习持球突破。

（3）在教学中，应把交叉步和同侧步突破作为教学重点。教会学生能用任何一脚做中枢脚，并能合理运用。

（二）教学与训练提示

（1）在掌握突破技术动作的基础上，应把持球突破技术与其他技术进行组合训练，提高突破与投篮和突破与传球技术的结合运用能力。

（2）加强突破意识的培养，掌握好持球突破的时机。

（3）要注意培养学生具有勇猛、顽强的战斗作风、敢打敢拼的精神。

（4）教学训练中注意技术动作规范，发现学生在学习中的错误动作，要及时给予纠正。

（三）练习步骤与方法

1、持球突破的步法练习

【要求】动作要正确、连贯、协调；突破时明确中枢脚。

（1）原地徒手做持球突破的各种脚步动作的练习。可在教师的口令下集体练习。

（2）每人一球，做交叉步、同侧步突破的脚步动作练习。

2．无防守情况下的突破动作练习

【要求】结合假动作，蹬跨有力、转体探肩要快、推放球要及时、加速，动作衔接连贯协调。

（1）行进间向前，侧方抛球，然后跳步接球急停，接球后做交叉步或同侧步突破练习。

（2）每人一球，在3分线外依次做原地交叉步和同侧步持球突破后运球上篮的练习。

（3）原地持球转身后与交叉步和顺步突破结合运用练习。一般情况下，前转身多与交叉步结合，后转身多与顺步结合。

（4）熟练掌握突破技术后，结合突破前运用假动作的练习，提高运用动作的变化能力和动作的转换速度。

3．有防守的情况下持球突破练习

【要求】突破时与假动作结合进行，假动作要逼真，动作衔接要有节奏；合理运用突破方法。

（1）原地持球突破练习

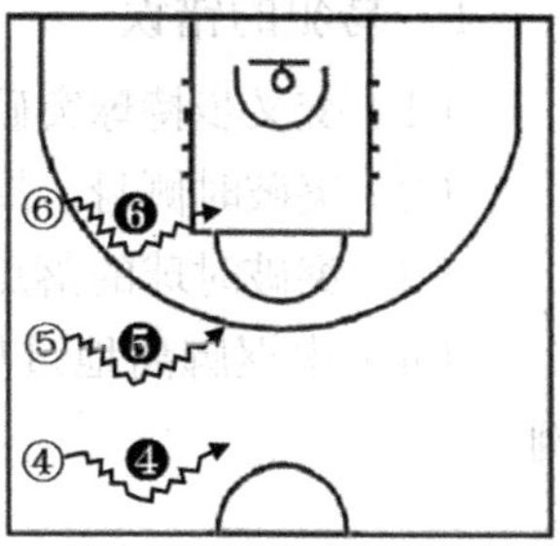

图2-6-4

【方法】如图2-6-4所示，2人一组，一攻一防，④持球突破❹后，两人均做后转身，④继续做突破❹的练习。完成规定的次数后，攻防相互交换练习。⑤

和⑥组按④组的方法进行。

（2）接球原地持球突破的练习

【方法】如图2-6-5所示，队员在教师身前接球做交叉步或同侧步持球突破上篮。上篮后，自己抢篮板球然后返回排尾。

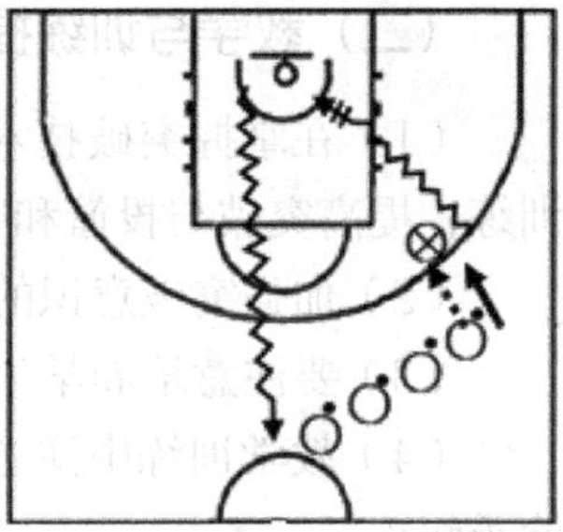

图2-6-5

（3）半场摆脱接球持球突破的练习

【方法】如图2-6-6所示，队员下压摆脱接同伴的球，接球后交叉步或同侧步持球突破上篮。上篮后传球队员抢篮板球两人交换位置，下一组继续练习。练习数次后，设一人做防守，在对抗下练习持球突破。

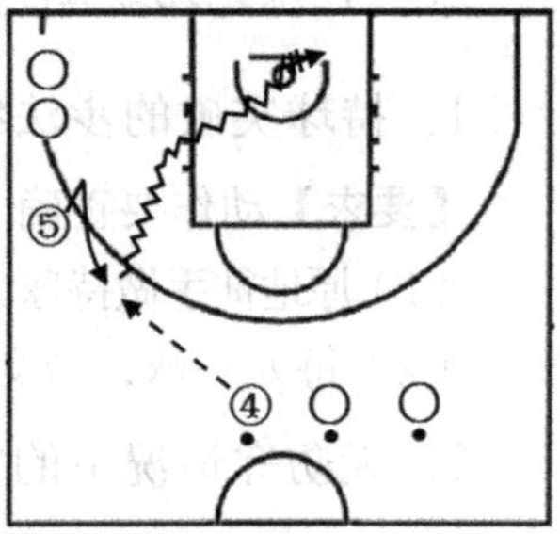

图2-6-6

4. 在积极防守对抗中提高突破能力

【要求】防守者积极上前防守；进攻者要根据防守的情况，合理运用突破方法，并把突破与分球，突破与急停跳投结合起来。

（1）一对一的持球突破练习

【方法】2人一组，两人在半场内一攻一守；进攻者除运用各种假动作外，要把持球突破与中投结合练习。

（2）半场三对三对抗条件下的持球突破练习

【方法】队员3人一组，半场攻守三对三，在规定时间里，看哪组持球突破得分多。练习时，规定防守队员只能运用人盯人防守，并且不许交换防守。对进攻队员即规定不许掩护，只能运用持球突破和突分，以及运用积极摆脱防守后接球突破投篮进攻。

（三）教学中易犯的错误与纠正方法

1. 易犯的错误

（1）交叉步持球突破时，由于跨步脚尖方向不对，造成转体过大。

（2）突破时侧身、探肩不够，身体重心高，后蹬无力，加速不快。

（3）突破时球的落点靠后，没有放在脚的侧前方。

（4）中枢脚离地过早或中枢脚未以前脚掌作轴，推放球过晚，造成走步违例。

2. 纠正方法

（1）反复示范正确动作，讲清动作关键，明确中枢脚概念，剖析造成错误动作的原因，建立正确动作的表象。

（2）多做徒手模仿练习，体会动作要领；再在慢速中做持球突破练习，逐步提高突破速度。

（3）借助障碍架（或由他人用两手平举站立代替）进行练习，并提示转体探肩和降低重心，强调二次加速和蹬地力量。

思考题：

1. 简述持球突破技术的作用及运用特点。
2. 试述持球突破技术的动作结构。
3. 试述交叉步持球突破的动作方法。
4. 试述同侧步持球突破的动作方法。

第七节　防守对手

内容提要：本节阐述了防守对手的概念与作用；对防守对手的技术结构与动作特征进行了分析；介绍了防守对手的技术方法及运用、防守对手的练习步骤与方法；提出了防守对手的教学建议以及教学中易犯错误与纠正方法。

一、防守对手概述

（一）防守对手的概念与作用

防守对手是指防守队员为阻扰和破坏对手进攻，运用脚步移动和手臂动作，积极抢占有利位置，以达到争夺控制球权为目的所采用的各种专门动作方法的总称。它包括，对无球队员防守和对有球队员防守。防守对手是篮球比赛中防守的基本形式，是一项综合性的个人防守技术，其技术内容既包含专门的身体动作，同时又含有基本的战术意识。

攻守交替是篮球比赛的显著特点，能攻善守是衡量一个强队实力的重要标志。比赛中，进攻固然重要，然而防守也必不可少。“不输球，靠防守”已成为现代篮球的基本理念。防守是篮球比赛的一个重要组成部分，是构成全队战术体系的基本要素。一个队的防守能力和防守质量的高低，是通过队员的个人防守技术来体现的，从而以不同的组织形式构成的整体防守体系。全队战术行动最终都是由具体的各个队员去实施、去完成的。因此，队员的个人防守能力与特点直接影响全队战术的组织与变化，关系比赛的胜负。

在比赛中，防守无球队员的主要任务是，不让对手接到球，或是不让其在有威胁的区域、位置顺利地接球，并竭力干扰和破坏对方的行动，及时协防与补位，伺机抢、打、断球。防守有球队员的主要任务是，最大限度地阻扰和破坏对方的传球、运球和投篮，减少对方进攻的直接威胁或延缓对方的进攻时间，破坏对方的进攻意图和行动，造成对方的失误，发展防守的攻击性和主动性。

（二） 防守对手的技术分析

防守对手是一项综合性的技术，它是由防守的基本动作、位置的选择和防守行动等所组成。

1. 防守的基本动作

防守的基本动作是防守对手的基础，其内容包括：防守姿势、移动步法和手部动作。

（1）防守姿势

防守姿势是指防守时的身体姿势（图2-7-1）。正确的防守姿势对扩大防守面积和及时向不同方向移动具有十分重要的作用。正确的防守姿势应该是，两脚开立略比肩宽，屈膝降低身体重心，重心落在两脚之间，上体含胸直腰，两臂屈肘自然抬起。一般来讲，防守姿势的正确与否，应符合下列两个条件：

图2-7-1

① 有助于移动时的用力，即脚下的发力，便于及时向各个方向移动，以保证防守的机动性。

② 有助于保持一定大小的支撑面，维持身体平衡的稳定性，以便能及时地打破自己的平衡状态，又能迅速地恢复自己的平衡状态，即易于快速向某个方向起动，又能随时改变移动的步法、方向和

速率。

（2）移动步法

防守时的移动步法是实现防守目的，完成防守任务的基础。防守的移动步法很多，其中滑步是防守步法的基础，也是防守中运用最多的一项技术。撤滑步防守是最具代表性的一项破坏性较强的防守移动步法，当对方企图从防守者前方或某一方向突破时，防守者可利用撤滑步控制对方，抢占有利位置，破坏其突破路线。撤滑步的关键是：撤步的步幅和步速，撤步的方向和后续滑步的步频，以及身体重心的控制。撤步的步幅要大，步速要快，以达到领先抢占位置，控制并破坏对方突破路线的目的。为了加大撤步的步幅，撤步动作应以髋关节为转动点，使骨盆绕一侧髋关节的垂直轴做侧向转动，增大第一步的步幅，同时撤步腿的大腿在充分外展的基础上伴以适度旋外，以增大撤步的步幅。撤步的方向要根据对手的情况而定，一般控制在与突破路线成45度角的方向，角度过大，容易造成阻挡犯规，角度过小，控制不住对手，使撤滑步变成了后撤步。后续滑步的步频要快，后续步要快速蹬地，并伴有一定程度的碾转，在撤步脚着地瞬间，要快速跟随，向移动方向滑动，并保持防守的基本姿势，以保证后续防守移动的机动性和灵活性。

（3）手部动作

手部动作是指，防守时防守队员运用手的扬、伸、挥、摆等动作对进攻队员接球动作的干扰和破坏，以及运用挑、拍、击、封、盖等手段对持球队员实施抢、打、断球等动作。在对抗中防守队员合理地运用手部动作，其作用有三，一有利于扩大防守的面积并有助于在对抗中抢占防守位置；其二有利于及时干扰和破坏对方的接球或传球与投篮，限制和阻止对方的运球，及时有效地实施抢、打、断球；其三有利于在快速移动中维持身体平衡。在现代篮球防守中，积极、合理的手部动作已成为攻击性防守的一个重要的组成部分。

2．位置的选择

位置的选择包括：防守位置、距离和站位等。

（1）防守位置

比赛中，有利的防守位置是依据防守时人、球、篮、区的方位关系而定，抢占有利的防守位置是防守对手的关键。防守位置选择的正确与否是防守成功的关键所在。防守者必须随时根据对手、球、篮圈等的位置，并在此基础上积极移动和调整防守的选位，抢占最有利的位置。

一般来讲，防守有球队员时，防守队员应站在对手与球篮之间，使对手、自己和球篮基本保持在一条直线上。

防守无球队员时，为阻止对方接球，防守队员应站在对手与持球队员之间的传球路线稍后一步，接近对手的位置，形成“错位防守”，即防守队员与球和所防对手三者成钝角三角形，这个三角形是随对手的移动和球的位置变换而不断变化的，防守队员也要随其变化不断地调整自己的防守位置，站在这个三角形的钝角处，使防守对手和球始终处于自己的视野之内，保持“球、我、他”三角防守位置（图2-7-2），突出“堵位”意识，限制对手向有威胁的区域随意移动，阻止其在有威胁的区域内得球。

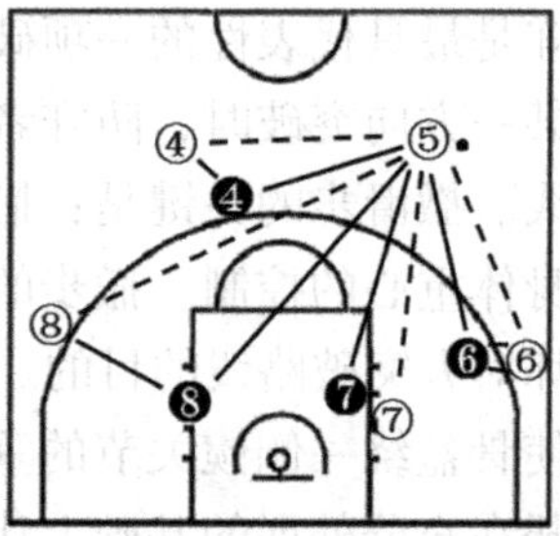
图2-7-2

（2）防守距离

防守时与对手保持合理的防守距离，有利于及时地控制和干扰对方的企图和行动。防守距离的选择主要取决于对手是否持球和与球篮的远近而定，当持球队员距离球篮较近时，防守队员与持球对手的距离应近些（约一臂距离），反之，则远些，在特殊情况下，可根据对手的特点和本队的战术需要作适当地调整。防守无球队员时，对有球一侧的防守，距离可近些；对无球一侧的防守，距离可适当远些，对篮下队员的防守，则要尽量靠近对手，以体现“以人为主、球、篮、区兼顾”的防守原则。

（3）防守站位

防守时，正确的站位方法有利于扩大防守的视野观察，做到控制对手，及时协防与补位，把单一的个人防守连成一个整体，充分发挥集体的防守威力。

① 防守无球队员的站位

强侧防守：当防守队员处于强侧，防守距离球较近的对手时，一般采用面对对手侧向球的斜前站位姿势。靠近球侧的脚在前，屈膝，重心在两脚之间，以便于随时起动，堵截对手摆脱移动的接球路线；同侧手臂向前伸出，拇指向下，掌心向球，封锁、干扰对手接球。必要时，在弱 侧防守时也可采用这种防守站位。（图2-7-3）

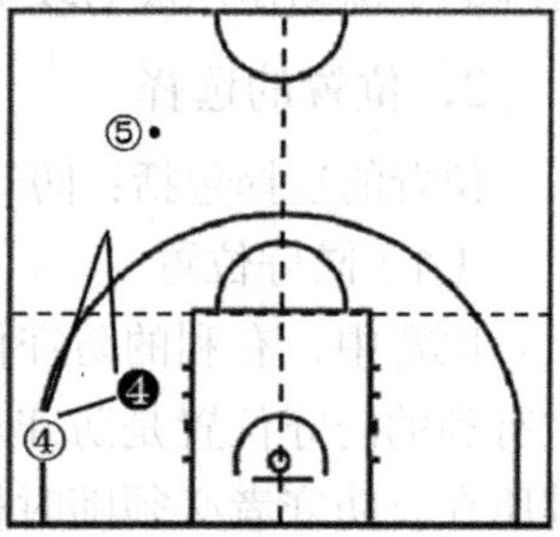
图2-7-3

弱侧防守：当防守距离球较远的对手时，为了便于人球兼顾和协防，经常采用面向球、侧向对手的站位姿势，两脚开立，两腿微屈，两臂伸于体侧，掌心向球，密切观察球和人的动向。如图2-7-4所示，当球在罚球线延长线以上时，防弱侧的前锋❼和后卫❽的位置；当球在罚球线延长线以下时，防守队员❼的位置应回缩到篮下，❽回缩到罚球线附近的位置。（图2-7-5）

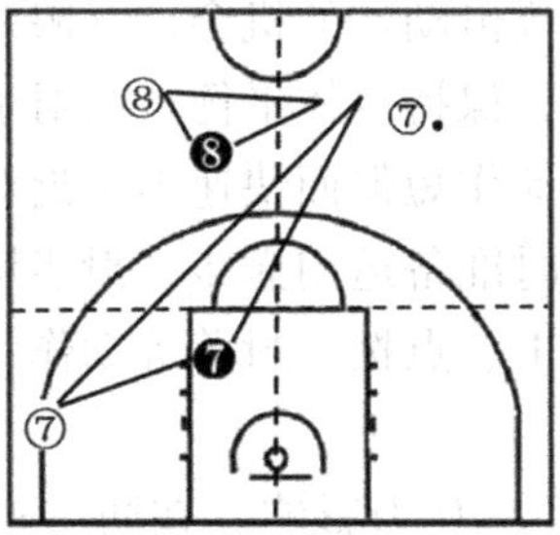
图2-7-4

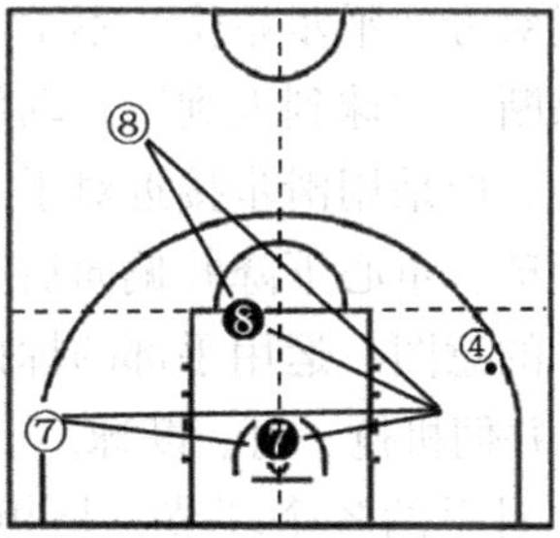
图2-7-5

② 防守有球队员的站位

平步站位：两脚平行站立，屈膝，两手臂侧伸不停挥摆。这种方法防守面积大，攻击性强，便于向左右移动，常用于贴身防守运球和突破。也可用于在对方运球停止时，封堵传球，以及进行夹击防守配合时。（图2-7-6）

图2-7-6

斜步防守：两脚前后站立，前脚同侧手臂向前上方伸出，另一手臂侧伸。这种防守站位便于前后移动，对防投篮比较有利。（图2-7-7）

3．防守行动

防守行动是防守对手的重要环节，主要指防守过程中，根据不同情况所采取的具体方法及原则。

防守无球队员时，防守队员要根据球和人的移动和变化，合理地运用上步、撤步、滑步、交叉步、碎步和快跑等各种防守步法，配合身体动作抢占有利的防守位置，堵截其移动摆脱路线。在与对手发生对抗时，

图2-7-7

重心下降，双脚用力、两手屈肘外展，扩大站位面积，上体保持适度的紧张度，在发生身体接触的瞬间提前发力，主动对抗。合理地使用手臂的伸、挥、挡、截等动作扩大防守空间，干扰对方的视线，并辅佐保持对抗中的身体平衡，快速移动，争取防守的主动权。

防守持球队员时，在对手接球的一瞬间尚未进入攻击状态时，运用碎步或攻击步突然逼近对方，平步站位，不给其实施攻击动作的机会，并限制其行动。要求做到行动果断、“球到人到”、动作有力，保持身体平衡。当对手接球处于即刻攻击状态时，应采用滑步接近对手，要求动作短促而快速地接近对手，用前脚同侧手臂干扰球，重心下降并偏向后脚，随时准备运用撤步、滑步堵截对手的突破；根据对手的意图，运用手部的挥摆、拍击、点拨、封盖等动作，破坏对手的投篮和传球，并伺机抢、打、断球。

上述防守对手的各个环节，是相互联系、互为影响。在防守过程中要做到有效地控制和破坏对手的进攻行动，抢占有利的防守位置是关键。而要做到这一点，必须保持正确的防守姿势和合理的站位，具备快速灵活的移动步法，保持宽阔的视野，善于观察对手的行动意图，随时依据对手和球的动向及时调整自己的防守位置、距离和角度，充分利用“堵、抢、打、断、封、盖”等具有攻击性的防守技能，时刻给对手施加压力，争取主动，达到破坏进攻行动，争得控制球权的目的。

（三）防守对手的基本特征

防守对手是由多个环节构成的一项组合技术，其基本特征表现如下。

低姿移动——低姿是指防守时的身体姿势。防守过程中始终保持低重心的身体移动，有利于迅速地抢占防守位置、路线，扩大防守面积，适应对抗中防守时的动作变化，保持身体平衡。低姿移动体现了防守技术动作的基本特点，也是为了达到控制与防住对手而必须的技术要求。

应答反应——防守对手的行动从客观上来讲，是以对方的行动而做出的被动反应。随着现代篮球运动的发展，防守对手不再仅仅局限于根据进攻队员的攻击动作做出被动防守，而是更强调有意识地预测，积极限制进攻队员的攻击行动，强调防守的主动性、攻击性、破坏性和整体性，将防守对手由被动转变为主动，从而发挥现代篮球防守的积极作用。因此，加强防守的预测能力，对提高防守时应答反应速率具有十分重要的意义。

（四）防守对手的技术发展与特点

随着现代篮球运动的不断发展，防守技术也有了新的发展，主要体现在防守作风、防守策略和防守方法有所突破。

（1）提倡勇猛强悍、敢于拼搏的防守作风。现代篮球比赛对抗激烈，在很大程度上是比赛双方作风、心理的抗衡。比赛场上，针锋相对、每秒必争、每球必抢，更需要坚定的信念、顽强的意志和良好、稳定的心理素质。勇猛强悍、敢于拼搏的防守作风，在一定程度上提高了比赛的强度，加剧了比赛双方的激烈争夺。“凶猛、强悍”是现代篮球防守的一大特征，它体现的更是一种精神和作风。

（2）在防守策略上表现为：在“以球为主与以人为主相结合的人、球、篮、区四位一体”的防守原则下，注重其对手意图的防守，强调对对手进攻意图的预测，体现了防守的主动性与针对性。

（3）在防守方法上表现为，防守落位更具有攻击性，主动运用攻击步、抢前步，抢占有利位置，利用身体的主动用力干扰和破坏对手行动，在身体接触的对抗中争取优势和主动，以达到获球的目的。从整体来看，防守技术的运用已由简单的动作结合发展到有意识、有目的的连贯、协调的多样组合化。

（4）个人防守技术更具有攻击性和破坏性。防守时重心低，防守面积增大，能充分利用自己的身体体重进行身体对抗和防守。防守脚步动作运用更加灵活多变，防守意识增强。其主要特点是：

① 防守移动速度快。强调脚、腿、上体及手等部位协调用力，抢球、打球、断球技术运用娴熟，加强了突然出击的抢、打、断球技术的威胁性和攻击性。

② 防守的主动性、攻击性更强。强调对防守对手的行动预测，先发制人、主动抢位，时刻给对方压力，迫使对方失误，化被动为主动。

③ 敢于身体接触。防守中，内线抢步卡位，外线抢前防守，篮下顶抗贴抢，近身防守，这些技术动作的运用无不伴随身体的抗衡；合理地运用身体力量，时时压迫对手。

（五）防守对手的基本要求

1．防无球队员的基本要求

（1）积极发挥防守的攻击性和破坏性。防守中，要作风顽强、精神高度集中，在规则允许的情况下尽可能地使动作凶、猛、有力。

（2）随时依据对手和球的动向，抢占“人球兼顾”的有利位置，要做到“内紧外松，近球紧、远球松，松紧结合”

（3）防止对手的摆脱空切，不让对手在有效的攻击区和切向篮下接球。阻截对手的移动接球路线，尽可能破坏对手接球后的身体平衡，迫使对手即使接到球，也难以衔接下一个进攻动作。

（4）要及时果断地进行协防配合，协助同伴防守对方威胁最大或持球进攻的队员；要有随时准备补防、夹击和换防的意识和能力。

2．防有球队员的基本要求

（1）要积极地运用脚步动作及时抢占对手与球篮之间的有利位置。

（2）要主动观察对手的进攻意图，合理地运用防投、运、突和传等技术方法，不要轻易被对方的假动作所迷惑。

（3）要及时掌握对手的进攻技术特点，善于利用对手的弱点，采取有针对性的防守策略和行动。

（4）当对手运球停止时，要立即上前封堵，破坏对手的传球或投篮，伺机抢、打、断球。

二、防守对手的运用方法及要求

（一）防守有球队员

1．防运球

【运用方法】在一般情况下，为了不让对手运球超越自己，防守队员应与对手保持一臂左右的距离，两臂侧伸，两腿弯曲，在积极移动中保持正确的防守姿势，准确判断，随时准备抢、打球。如果要使防守具有攻击性，也可以采用贴近对手的平步防守，以扩大阻击面，增加对手做动作的难度。

防守时要根据对手的特点和本队的策略，需要采用不同的防守方法和策略，可采用放其一侧，即堵中放边的策略，诱使对方向边线运球，然后迫使其停止造成夹击防守。

【要求】选位要正确，重心要下降，移动要迅速，堵位要果断，防守行动要合理。

2．防突破

防突破的位置与距离选择应视持球者离球篮的远近和对手的特点而定。

【运用方法】以对手左脚为中枢脚，用交叉步从防守者的右侧突破为例，当对手持球准备突破时，防守者可稍偏于对手的左侧站立，以右脚在前，斜步（或平步）防守堵其左脚侧，与前脚同侧的手臂前伸指向球的部位，并伺机以小臂和手的短促动作挑打球，另一手侧伸防对手突破；当对手突破时，要及时用撤步、交叉步或滑步堵截对手的移动路线。

【要求】防对手持球突破，要根据对手习惯、技术特点（中枢脚、突破方向、假动作等）来采取相应对策。

3．防投篮

【运用方法】当对手持球在可能投篮的位置时，防守者要站在对手与球篮之间，采用斜步防守，同对手保持一臂的距离，前脚同侧的手臂向斜上方伸出，另一臂侧伸，以便向侧移动，阻止对手突破。对手在篮下得球后，一般要贴近对方，微屈膝，两臂微伸于肩上，准备跳起封盖。要避免过早举起双臂，以防对方转身投篮或突破。

当对手举球准备投篮时，防守人应随之靠近并将前伸的手臂扬起，手掌对准球；当对手投篮刚出手，防守者要及时起跳，伸直手臂用手腕封球，干扰其投篮弧度，并争取"盖帽"。

【要求】保持正确的防守位置与距离，及时判断对手意图，手臂充分上扬，封堵出球点。

4．防传球

【运用方法】当对手善于传球助攻时，防守队员要积极阻挠其传球，并根据持球队员的视线、持球部位，分析判断其传球方向和出球点。当持球队员准备传球时，防守队员可上前贴近对手，挥动手臂封堵其传球，最好将球打掉或干扰其传球的路线、速度和落点，延缓传球时机或迫使其向攻击威胁弱的位置传球。

【要求】随时观察对手的传球意图，充分利用手臂动作，破坏脚步移动干扰其传球路线、速度和落点。

5．抢　球

抢球是一项具有攻击性的防守技术动作，是直接从进攻队员手中夺取球的方法。它多在当进攻队员停止运球、接球或抢到篮板球落地时，防守者离持球者较近，趁对方思想松懈或保护球不当时出其不意地运用。抢球的手法一般是一手在上，一手在下直握，抢球动作方法主要有以下两种。

（1）拉　抢

【运用方法】防守队员看准对手的持球空隙部位，两手迅速抓住球后突然猛

拉，将球抢夺过来。（图2-7-8）

【要求】判断好时机，接近对手要迅速，抢球动作要快、狠、有力。

（2）转 抢

【运用方法】当防守队员手指接触球或控制住球的同时，迅速利用手臂后拉和两手转动的力量抢夺球。抢球时，为了加大夺球的力量，可利用身体扭转动作，同时手臂迅速向腰腹回收，将球从对方手中抢过来。如果抢球不成功时，应力争与对手造成“争球”。

图2-7-8

【要求】扭转动作要迅速果断。手臂动作幅度不要过大，身体用力不要过猛，要控制身体平衡，以免犯规。

6．打 球

打球是指击落对方手中球的方法。包括打原地持球队员的球、打运球队员手中的球和打行进间投篮队员手中的球 3 种情况。打球时多用手指、手掌击球，用手指、小臂与手腕的短促快速动作弹击，不可挥大臂上步抢打。

（1）打原地持球队员手中的球

【运用方法】有由上向下和由下向上两种打球方法。打球时一般采用与球运动的逆向迎击，这样可借助反向合力增大击球力量，易于将球击落。当对手持球由胸以上部位向下移位时，宜采用由下往上的方法打球；当对手持球部位较低由下向上举球时，可采用由上向下的方法打球。（图2-7-9）

【要求】判断要准确，手臂出击动作要快速、敏捷。

图2-7-9

（2）打运球队员手中的球

【运用方法】以右手运球为例，当运球队员向前推进时，防守者应在左脚向左滑步抢位堵截的同时，当球从地面弹起的瞬间，突然用左手，以短促有力的动作从侧面将球打出，并及时上前抢球。（图2-7-10）

【要求】抢位要迅速，打球动作幅度要小，动作速率要快。

图2-7-10

（3）打行进间投篮队员手中的球

【运用方法】进攻队员运球上篮时，防守者侧身跟随运球队员移动，当对方起步上篮跨出第二步，把球由体侧移到腰腹部位的瞬间，防守者迅速移动到他的左侧稍前方，用（右）左手由上往下的斜击方法将球打落。为了避免犯规，打球的手臂要迅速从对手身旁撤离。（图2-7-11）

【要求】跟随移动快，看准时机与打球位置，出手果断、迅速。

图2-7-11

7. 盖　帽

当投篮队员的球刚离手的一刹那或球飞向篮圈而未下落时，防守队员立即跳起将球打落，称为“盖帽”。“盖帽”前，要根据进攻队员的投篮动作及其身高和弹跳等特点，迅速接近他，选择好恰当的位置，准确地判断他球出手时间，及时起跳将球打落。

【运用方法】当对手跳起投篮时，防守队员立即跟随起跳，此时身体充分伸展，手臂高举，当对方举球到最高点或球出手的一刹那，迅速用手腕动作向侧或向前将球拍出或打掉。（图2-7-12）

【要求】判断要准确，起跳要及时，打球动作要小而突然，前臂不要下压，要尽量避免接触对方的身体，以免犯规。

图2-7-12

（二）防守无球队员

1. 防摆脱

【运用方法】在人盯人的情况下，防守队员要根据对手和球所处的位置，抢占有利的防守位置，随时观察球的动向和对手的行动，不断调整自己的防守位置和距离，防止对手摆脱，进入有威胁的区域或接球进攻。

【要求】脚步移动要积极，保持合理的防守姿势，始终注意球的转移和预测对手的意图。

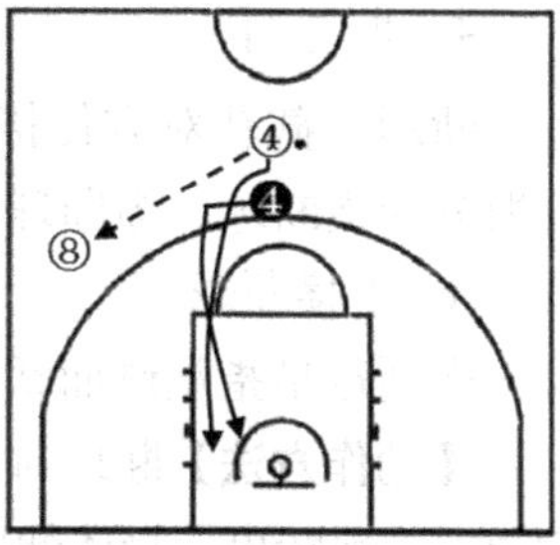

图2-7-13

2．防纵切

【运用方法】如图2-7-13所示，④传球给⑧，❹及时偏向球侧错位防守，当④向篮下纵切要球时，❹应抢前移动，合理运用身体堵截纵切路线，同时伸出左臂封锁接球，迫使对手向远离方向移动。

再如图2-7-14所示，④持球，❽贴近⑧并错位防守，当⑧向上摆脱做要球假动作纵切（亦称反跑）时，❽迅速下滑，面向贴近对手⑧，同时转头伸左臂封锁接球。此时，也可以撤步后转身，面向持球队员，伸右臂封锁接球，利用左手或身体接触对手，跟随他移动。

【要求】及时错位防守，积极抢前移动，扬手封锁接球。

3．防横切

【运用方法】如图2-7-15所示，④持球，⑥横切要球时，❻上左脚，合理运用身体堵截，同时伸右臂封锁接球，不让其从自己身前横切要球。这时如果⑥变向沿底线横切时，❻应面向球，贴近对手，迅速撤右脚，滑步，同时转头，伸左臂封锁接球，不让其在限制区内接球，迫使其向场角移动，有时亦可撤左脚。

又如图2-7-16所示，当⑥直接从底线横切时，❻开始面向球滑步移动，卡堵对手，以身体某部位接触对手，跟随其移动，同时伸左臂封锁接球。待对手移过纵轴线进入强侧时，❻迅速上右脚前转身贴近对手，伸右臂封锁接球，将对手逼向场角。

【要求】堵卡对手从身前移动，及时变换脚步动作，切断对方与球的直接通道，封锁接球路线。

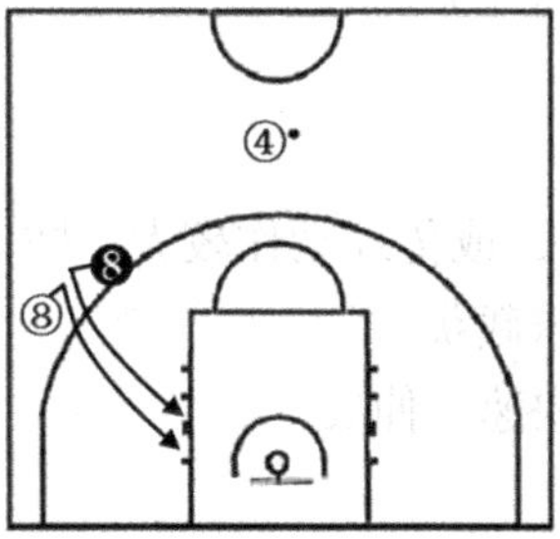

图2-7-14

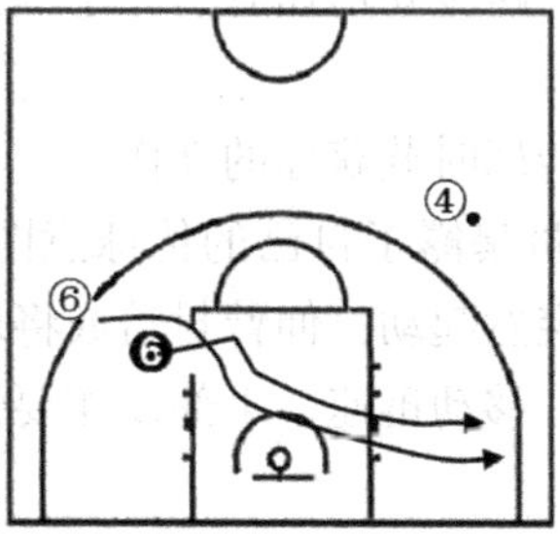

图2-7-15

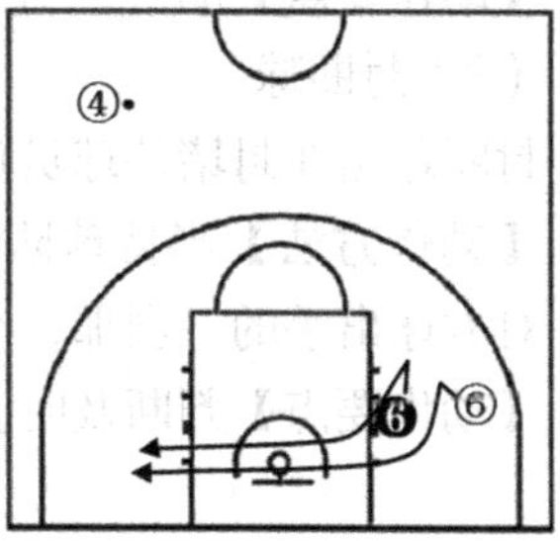

图2-7-16

4. 断　球

断球是截获对方传接球的方法。根据持球方向和防守队员断球前处的位置，一般分为横断球、纵断球和封断球3种。

（1）横断球

横断球是指从侧面跃出截获进攻队的传球。

【动作方法】断球时，重心迅速向断球方向移动，以短而快的助跑，单脚或双脚用力蹬地跃出，身体伸展，两臂前伸，用双手或单手将球截获。（图2-7-17）

【动作要点】蹬地有力、跃动迅猛、两臂快伸。

图2-7-17

（2）纵断球

纵断球是从接球队员身后或侧后跃出截获球的动作。

【动作方法】当防守队员从接球队员的右侧向前断球时，右脚先向右侧前方跨出半步，然后侧身跨左脚绕到接球队员的前方，左脚或双脚用力蹬地向前跃出，身体伸展，两臂前伸，将球截获

【动作要点】侧身绕前，跨步要迅速有力，手部前伸突然。

（3）封断球

封断球是在封堵持球员传球时截获球的动作。

【动作方法】当持球队员暴露了自己的传球意图，或传球动作较大，防守者可在对方球出手的一刹那，突然起动，伸臂封盖或将球截获。

【动作要点】判断及时，移动迅速，手部动作要快速、伸展。

三、防守对手的教学与训练

（一） 教学训练的建议与提示

（1）在防守训练中，首先要树立“积极防御”的指导思想，培养积极主动的防守意识和不怕苦、不怕累、勇猛顽强、勇于拼搏的防守作风。

（2）教学训练顺序，先教单个技术，再教组合技术；先在消极对抗情况下练习，后在积极对抗的情况下练习。在基本掌握防守对手的方法基础上，再教抢、打、断球技。防守技术要结合防守战术配合进行训练。

（3）要特别重视加强从防无球到防有球；从防有球到防无球；从防强侧到防弱侧，从防弱侧到防强侧的转化训练。

（二） 练习步骤与方法

1．选择防守位置的练习

【要求】根据球的情况随时调整防守位置，始终做到人球兼顾，保持正确防守姿势。

（1）移动选位练习

【方法】如图2-7-18所示，进攻队员接球后做瞄篮和持球跨步突破的假动作，而后再传球给⊗。防守者针对对手有球和无球情况，及时移动选位，做出相应的防守动作。连续数次后攻守交换练习。

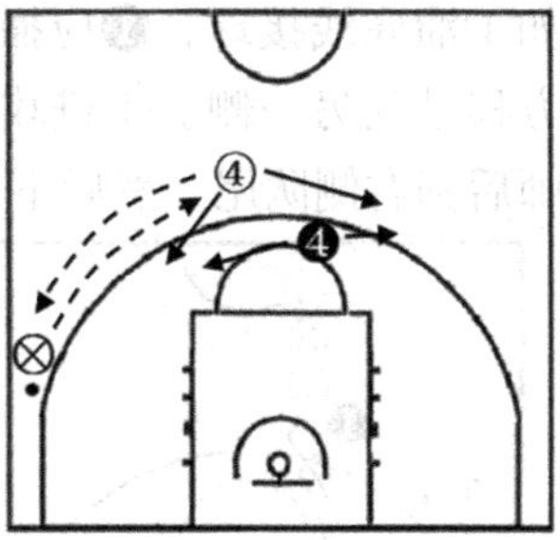

图2-7-18

（2）强侧、弱侧防守练习

【方法】如图2-7-19所示，进攻队员在外围传球，可做摆脱接球动作，但不能穿插、掩护。防守队员根据球的位置做相应选位，积极防守摆脱接球。反复练习数次后，攻守交换。

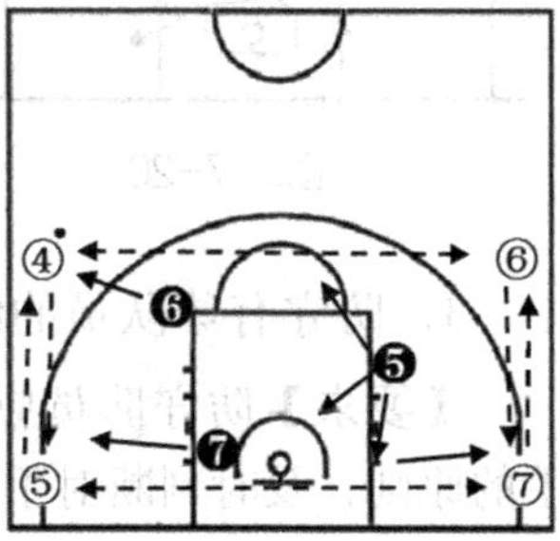

图2-7-19

（3）一对一脚步移动练习

【方法】队员分成2人一组，一攻一防，相距2~3米，进攻队员抛接球，防守队员迅速逼近对手，进攻者向左右运球突破，防守者做横滑步堵截；防守队员可以练习逐步接近对手，进攻队员开始做投篮动作，然后再突破，防守者做撤步、滑步堵截练习。

2．防守无球队员的练习

【要求】防守者随球转移及时到位，及时抢占有利防守位置堵截对手接球路线；防对手横切时堵截接球路线，对手溜底线时要撤步后转身面向球跟防。

（1）防纵切练习

【方法】如图2-7-20所示，教师持球，❶防守①并向球侧调整防守位置；当①向球一侧纵切时，❶迅速抢先移动至对手与球之间，堵截①的接球路线，阻止对手接球。当2人移动到篮下另一侧后，交换位置回到排尾。下一组如此继续练习。

（2）防摆脱接球和反跑练习

【方法】如图2-7-21所示，④持球，⑧摆脱接球结合纵切，❽防守时，面对对手，侧对球，右手伸向传球路线封锁接球，防守⑧摆脱接球同时控制其纵切（反跑）。依次进行。

（3）防横切练习

【方法】如图2-7-22所示，教师持球，❶防守①。当教师传球给⑤时，❶及时调整防守位置；当①下压横切要球时，❶抢先堵截其接球路线，阻止其接球；如①溜底线接球，❶应撤左脚面向球，侧向贴近对手，防止❷传球给①，直到对方移动到另一侧。①进攻之后去担任防守，❶替换❷负责传球，❷将球回传给教师后到右侧队尾。然后下一组继续练习。

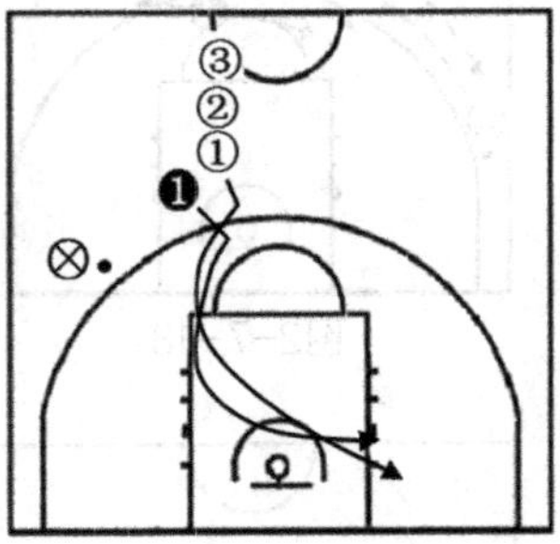

图2-7-20

图2-7-21

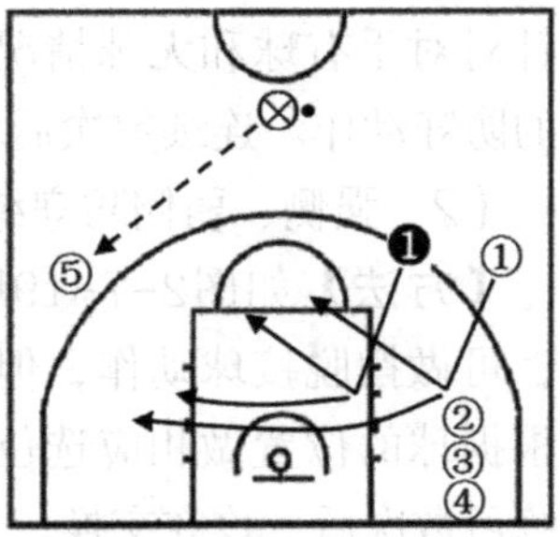

图2-7-22

3．防守有球队员的练习

【要求】防守队员应始终与进攻队员保持一臂内距离，遵循堵中路、堵强手的原则，及时判断对手的进攻意图，破坏对手的习惯动作，制约对手的特长发挥。

（1）半场一对一攻防练习

【方法】2人一组，一人持球进攻，一人防守。进攻者可做投篮、运球和突破动作，防守者练习防投、运、突的上步、撤步、滑步及伸臂干扰封盖等动作。攻、防逐步增加对抗强度。抢篮板球后攻守交换。

（2）全场一对一攻防练习

【方法】进攻者运球突破，防守者运用各种步法积极移动，保持有利防守位置并伺机抢、打球。一旦防守者被突破超越时，迅速运用撤步、交叉步追防，力争尽快重新占据合理防守位置。

（3）防中投练习

【方法】2人一组用一球。进攻者离篮6米站位，防守者将球传给进攻者后，立即进行防守。进攻者可做投突结合动作，或原地跳起投篮，或向左右拍一次球急停跳投；防守者练习防中投动作。练习一定次数后，攻守互换。要求、防守者保持正确位置，判断对手投篮出手的时机，迅速做出打盖反应行动。

4．抢球、打球、断球练习

【要求】进行抢、打球时，要保持正确防守位置，控制身体平衡，抢、打球动作要果断，主要以小臂、手掌、手指短促动作突然抢、打球。

断球时判断要准确，动作要及时。

（1）原地抢球、打球练习

【方法】将学生分为2人一组。持球队员在原地做投切结合的脚步动作，防守者体会抢球、打球动作要领。练习数次后，互换攻守。

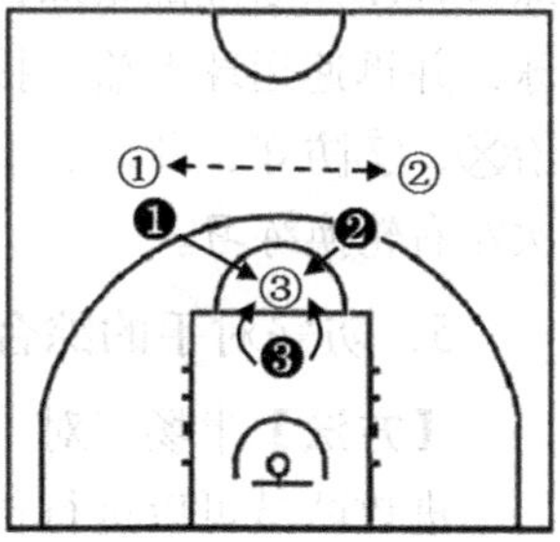

图2-7-23

（2）围抢、打中锋队员手中球的练习

【方法】3人一组，两组进行三攻三守练习。①与②相互传球，随时准备将球传给中锋③，③接球后做转身跨步动作；防守队员❶❷❸在③接球时，迅速夹击围守中锋，并伺机抢、打球。连续练习数次后，转换位置，互换攻守。（图2-7-23）

（3）打运球起步上篮的球练习

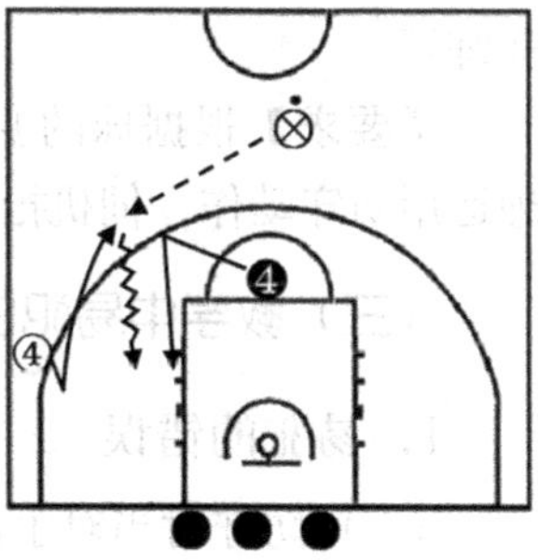

图2-7-24

【方法】如图2-7-24所示，④运球上篮❹防守，当④起步刚要起跳上篮时，❹用右手将球打落。攻守交换位置，依次轮流练习。要求进攻队员只准沿边线运球；防守者跟随移动要快，打球时看准时机，手部动作要果断、迅速。

（4）体会断球动作练习

【方法】2人传球，另两人在侧面或后面练习断会横断球和纵断球的步法和手臂动作。攻守交换练习。开始练习时，传球距离远些，速度慢些，防守者距进攻些，然后逐步加大难度。

（5）防守移动断球一对一的练习

【方法】2人一组，如图2-7-25所示，开始时，⊗持球，❹防守④；❹侧前抢位防守，④摆脱接球未成溜底，❹撤步跟防④，当④在准备左侧接⊗的球，❹快速移动断球反击，④则转为防守。下一组继续练习。

图2-7-25

（6）断球反击的练习

【方法】如图2-7-26所示，开始时，④将球交给⊗，⊗相互间传球，④防守，当⊗传球过程④判断准确来球，果断出击断球，并迅速运球上篮。接着⑦将球交给⊗，⑦防守，断球、上篮；如此依次左右轮换练习。

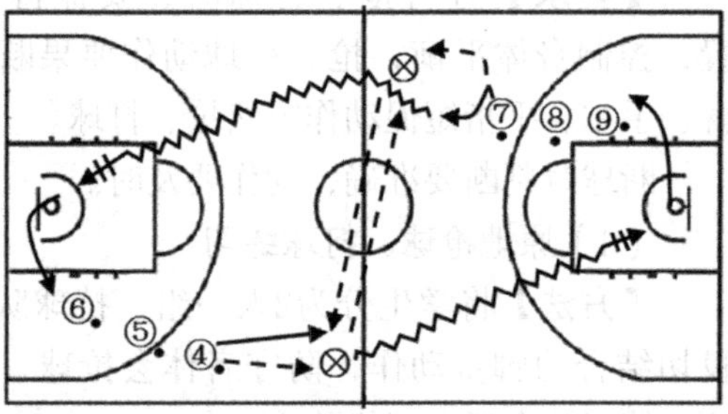

图2-7-26

5．防守对手的综合练习

【方法】半场三对三综合防守练习，进攻队员可以进行传、切、投、突等动作，防守队员根据对手从有球转入无球、无球到有球、强侧到弱侧、弱侧转入强侧的不同情况变化进行积极防守练习。

【要求】根据球的变化，及时调整防守位置，始终保持正确的防守姿势，合理运用防守动作，伺机抢、打、断球。

（三）教学中易犯的错误与纠正方法

1．易犯的错误

（1）防守时当对手由无球到有球时，选位不合理、距离不恰当，或因脚步移动慢，防守不能及时到位，或上步前冲过猛，或对持球者不敢逼近。

（2）对手投篮时不举手干扰封盖或封盖时挥臂幅度过大，造成犯规。

（3）防突破时，身体重心不稳，手脚配合不协调，易受对手假动作迷惑。当对手突破时，脚步移动慢，轻易放弃防守或造成犯规。

（4）防运球时脚步移动慢，不敢贴近对手，用手臂拦截而脚步不移动。

（5）抢、打球前，时机判断不好，或过早暴露行动意图，盲目掏打球，失去良好的行动机会。

（6）抢、打球时，起动慢，移动的步频不快，整个动作缺乏突然性，以致抢、打球的实效性差。

（7）手臂动作幅度过大，身体用力过猛，身体平衡控制不好，造成犯规。

2．纠正方法

（1）强调防守的基本方法和要求。可采用二攻二守、三攻三守的练习，要求进攻者在固定位置传接球，强调防守者随球转移及时移位，做到球到手、人到位，球传出立即后撤，人球兼顾，提高脚步移动速度和控制重心的能力，增强防守有球与无球的转换意识。

（2）强调对方举球投篮时必须扬手干扰，不让对手轻松投篮出手。盖帽时要手臂伸展向上起跳封球，提高起跳、封盖的判断能力及保持身体平衡的能力。

（3）简化练习难度，要求进攻者协助防守者练习，并检验防守者的动作和反应。进攻由慢到快，由单一到组合，逐步增加练习难度；要求防守积极，快速移动，当对手突破时一定要防守到底。

（4）提高脚步移动速度和灵活性。强调防运球的正确姿势，要抢先移动用身体躯干堵截运球。开始练习防运球时，可只要求积极移动跟防，不准用手打球，待脚步移动熟练后再提出打球的要求。

（5）掌握正确、合理的抢、打球的手部动作。可采用一些辅助练习，提高手臂伸、拉，手腕和手指的拍击、点拨、扭转等动作的力量和突然性。

思考题：

1. 防守有球队员的基本要求是什么？
2. 防守运球突破时有哪些要求？
3. 防守无球队员如何进行选位？

4. 怎样防守无球队员的横切和纵切？

5. 抢、打、断球易犯错误主要有哪些？

第八节 抢篮板球技术

内容提要：本节阐述了抢篮板球技术的概念与作用；对抢篮板球的技术结构与动作特征进行了分析；介绍了抢篮板球的技术方法及运用、抢篮板球的练习步骤与方法；提出了抢篮板球的教学建议以及教学中易犯错误与纠正方法。

一、抢篮板球技术的基本理论

（一）抢篮板球的概念与作用

比赛中双方队员争抢投篮未中从篮板或篮圈反弹出的球称为抢篮板球。进攻队争抢本队投篮未中的球称为抢篮板球，防守队争抢对方未投中的球称为抢防守篮板球。

随着现代篮球运动的发展，运动员身高和身体素质的不断提高，抢篮板球技术也发展很快。比赛中频繁的身体接触、激烈对抗，在争抢篮板球方面表现的尤为突出。当前拼抢篮板球的特点是意识强、拼抢积极、动作凶猛、起跳早、控制范围大、争抢人数多，并把抢篮板球纳入攻守战术组成部分，作为一个队争取比赛主动和胜利的重要因素。

篮板球的争夺是获得控制球权的重要来源之一，是攻守转化的关键。如果进攻时抢篮板球占优势，不仅可以增加进攻次数和篮下直接得分的机会，而且容易造成防守犯规，给其强有力的杀伤；还可以增强投篮队员的信心、鼓舞全队士气，同时减少对方发动快攻的机会。防守时抢篮板球占优势，不仅能转守为攻，为发动快攻创造有利条件，而且能加重进攻队员投篮的心理压力。因此，一个球队抢篮板球技术的好坏，对掌握比赛的主动与被动、胜利与失败起着重要的作用。

（二）抢篮板球技术的分类与分析

1. 抢篮板球技术的分类

抢篮板球技术主要分为抢进攻篮板球和抢防守篮板球。

2．抢篮板球的技术结构

抢篮板球技术是一项较复杂的技术，虽然抢攻、防篮板球具体方法上有所不同，但在抢篮板球技术动作上有其共同点，都是由抢占位置、起跳动作、抢球动作和获球后的动作等4个环节所组成。

（1）抢占位置

抢占有利位置是抢篮板球技术的关键，它对能否抢到篮板球起极其重要作用。无论进攻队员还是防守队员，都应设法抢占对手与球篮之间的有利位置，力争把对方挡在身后。抢占位置时，应根据对手和投篮队员所处的位置正确判断篮板球的反弹方向、距离，运用快速的脚步动作配合身体动作抢占有利位置。

（2）起跳动作

抢占到有利位置时，身体应保持正确的起跳准备姿势。起跳前，两腿微屈、重心降低、上体稍前倾、两臂屈肘举于体侧、重心置于两脚之间、观察和判断好球的反弹方向，及时起跳。起跳时，两脚用力蹬地，几乎同时两臂上摆、手臂向上伸、腰腹协调用力、充分伸展身体，并控制身体平衡。

抢篮板球以双脚起跳为主，要求能在各种情况下双脚起跳，同时要结合各种步法起跳。防守队员一般多采用转身跨步和上步起跳方法，进攻队员则多采用交叉步摆脱上步双脚起跳的方法。此外，还应掌握向侧上方、后上方和连续起跳的动作。

在准确判断球的反弹方向和落点的基础上，掌握好起跳时间，爆发力强，速度快，能抢先达到最高点，早于对手触及球。

（3）抢球动作

根据攻、防队员的位置及球的方向，抢球动作可分为：双手、单手抢篮板球和点拨球3种。

① 双手抢篮板球：起跳到空中时，身体充分伸展。两臂用力伸向球的方向。指端触球刹那，双手用力握球，腰腹用力，迅速屈臂将球拉置于胸腹部位，同时双肘外展，保护球。高大队员抢到篮板球后，为了防止对手围守，可以双手将球举在头上，双手抢篮板球的优点是握球牢，有利于保持身体平衡，便于衔接其它进攻动作。缺点是，不如单手抢球制高点高和控制空间范围大。

② 单手抢篮板球：身体在空中要充分伸展，达到最高点时，用近球侧手臂尽力向球伸展，指端触球迅速屈指、屈腕，屈肘收臂，将球下拉，另一只手要尽早扶握，护球于胸腹部位。一般在处于对手背后或侧面的不利位置时，可采用这种方法。其优点是，触球点高，控制空间范围大。缺点是，不如双手握球牢稳。

③ 点拨球：点拨球的技术要领和单手抢篮板球相似，是用指端点拨球的侧方、侧下方或下方，而不是直接抢球。点拨球一般有两种：一是点拨给同伴；二是先点拨到有利自己再起跳抢球的位置。点拨球多在遇到对方身材比较高大或处在不利位置时采用。其优点是，触球点高，可以直接补篮和缩短传球时间，便于发动快攻第一传。

（4）获球后的动作

空中抢获球落地时，两脚开立，两膝稍屈，保持身体平衡。如对手在身体后面，则应把球置于胸腹之前，两肘自然外展护球；如遇对方防守时，则应把球放在对方防守的远侧，运用肩背或转身保护球，防止对方将球打落或抢走。高大队员得球时，可将球置于头上，以便于保护球和迅速衔接其他进攻动作。

当进攻队抢到篮板球后，首先补篮或继续投篮，如果没有投篮机会，应迅速将球传给同伴，重新组织进攻。防守队员抢到篮板球时，最好能在空中将球传给同伴，创造快攻有利条件。如果在空中不能传球，落地后应迅速传出或运球突破后及时传给同伴。

（三）抢篮板球的技术特征

抢篮板球技术其实质是一项获球技术，也可以说是接球技术的延伸，表现为接（获）空中的球，具有典型的时空技术特征；是由多个动作组合而成的一项综合性篮球技术方法。主要表现如下。

（1）动作的时空性。“时”，乏指时间。对球的落点、时间的判断；起跳时机的掌握。“空”，意指空间。地面位置的抢占、空间位置争夺与空中抢球动作。

（2）动作的主动性。抢篮板球技术从运用实质来讲，就是为了获得球，与接球有其相同点。但接球是以同伴的传球为前提，接球与否首先是建立在同伴传球的基础上；而抢篮板球则在很大程度上是建立在队员自身主动性的基础上，一旦投篮的球未中从篮圈上弹出，机会对双方是公平的。从某种意义来讲，谁主动，谁获球。

（四）抢篮球球技术的运用及发展

1．抢篮板球技术的运用

身材高大、弹跳能力好是抢篮板球的有利因素，但并不是唯一因素。在频繁身体接触、激烈对抗条件下，运动员的旺盛斗志、积极拼抢意识、反应、灵敏和拼抢技巧等都是抢篮板球的重要因素。

（1）抢进攻篮板球

在比赛中抢进攻篮板球是一项复杂的组合技术，关键在于冲抢，运用时要注意以下几个环节。

第一，要观察判断。观察对手防守动向，判断球反弹的方向、速度和落点，重点是对球的判断、篮板球反弹的多向性。

第二， 要迂回起动。根据对球的反弹判断和对手防守的态势，进攻队员要及时采取迂回的快速起动，争取在位置上取得相对的或更好的优势。

第三，要抢位冲抢。强行抢位和直接冲抢是进攻篮板球的重要环节，既是迂回起动的继续，也是争取做好快速、及时起跳的准备。

第四，要抢球猛狠。充分伸展身体及手臂，尽可能在更高的空中位置上获球。即便在不能直接获得球，也要极力用挑、拨、捅等办法将球从对方手中打出。落地时注意屈膝缓冲和积极拼抢落地球。

（2）抢防守篮板球

抢防守篮板球是防守中极其重要的环节，是夺回控球权的重要途径。抢防守篮板球关键是挡人与争抢有力，运用时应做好以下几点：

第一，观察。抢防守篮板球前，防守者应与对手保持适当距离，以利人球兼顾。在球出手的刹那，应首先盯住自己的对手，判断其行动，以便采取相应的行动。

第二，预堵。对手投篮出手后，防守队员都应采用平步（或侧步）面向的防守步法，同时屈膝，并张开双臂，堵截对手向篮下冲抢。也可主动上步贴近对手，使其无法起动或延误其起动冲抢时间。

第三，转身。这是第二次堵截。当判定对手确系向某一方向移动起步冲抢时，防守者应同时以距离对手移动方向最近的一脚为轴做后转身，转身角度的大小应以使自己背部接触对手身体产生阻挡效果为宜。

第四， 挡靠。防守者在转身面向球篮落位以后，身体重心应稍向后靠，同时用背部迎接对手，以便在完成转身、挡靠等动作时，既收到实效又恰到好处。

第五，起跳与抢球。根据球的反弹方向和落点，防守队员要迅速调整位置，及时原地上步、跨步或撤步双脚起跳的方法，充分伸展身体，尽量接近球的落点，同时注意在剧烈对抗中保持身体的平衡。起跳前要合理运用身体动作挤、靠对手，并高举、张扬手臂迫使对手难以与己方争夺高度和空间。落地时屈膝缓冲，积极观察全场情况。力争快速准确将球传给接应队员发动快攻。

2．抢篮板球技术的发展

在现代篮球比资中，由于运动员运动素质的提高，拼抢人数增多，对抗性增强，抢篮板球时的身体接触增多，技术动作力量更强，制高点上升，滞空能力增强，抢篮板球技术与其他技术的结合，从而使高空争夺更为激烈，二次进攻和反击速度也大大加快。因此，抢篮扳球的训练，必须在提高运动素质的基础上，加强个人拼抢意识与能力的训练、地面争夺与空间争夺结合的训练、扩大控制范围以及摆脱能力的训练。有组织的集体抢篮板球是篮板球技术的发展方向。

二、抢篮板球技术的方法及运用

（一） 抢进攻篮板球

抢进攻篮板球时，一般进攻队员是站在防守者的外侧，本身是处在不利于直接抢篮板球的位置。因此，当本方队员投篮时，既要及时判断球的反弹方向，又要运用快速的移动步法，配合身体动作，摆脱对手，冲抢篮板球或补篮。

【动作方法】 如图2-8-1所示，当同伴或自己投篮时，处在近篮区的进攻队员首先应判断球的反弹方向，然后先向相反方向的侧前方跨步，做身体虚晃的假动作，诱开身前的防守队员，利用绕跨步挤到对手的前面或侧前面，抢占有利位置，借助跨步或助跑起跳，至最高点补篮或抢篮板球。落地时两臂弯曲，重心放在两脚之间，两肘外展将球置于胸腹之间。高大队员可将球置于头上，以便衔接其他进攻技术动作。

当外线进攻队员冲抢而被防守队员阻截，可运用虚晃假动作或快速变向跑摆脱防守队员的阻截，冲向球的落点进行补篮或抢球。抢获球后，可根据防守情况再进行投篮、传球或运球。

【动作要点】 准确判断及时向相反方向侧跨步，抢占有利位置，起跳迅速，跳至最高点补篮或抢篮板球，进攻队员抢篮板球要强调一个“冲”字。

【技术运用】 进攻队员抢篮板球要准确判断时间，绕步冲阻，及时起跳，补篮或组织第二次进攻。

在进攻中，应有组织、有计划地部署拼抢篮板球，这样更有利于靠集体合作的力量共同抢篮板球。

考虑到攻守平衡，一般所采用的方法是：主要由靠近篮下的3名队员争抢进攻篮板球。当同伴投篮时，积极抢占限制区两侧和罚球线前的区域，形成三角形抢篮板球阵势。

图2-8-1

抢进攻篮板球应使队员养成左投右抢、右投左抢、外投里抢、里投外抢（外线队员向篮下冲抢）和自己跟进冲抢的习惯。

（二） 抢防守篮板球

防守队员应首先明确拼抢防守篮扳球的意识，充分利用自身靠近篮圈及内侧的有利条件，养成“先挡人再抢球”的习惯。一旦抢到篮板球，要迅速反击。

【动作方法】如图2-8-2所示，当对手投篮时，篮下防守队员要根据对手的行动和当时与进攻队员所处的位置、距离的远近，运用上步、撤步和转身抢占有利位置，把对手挡在身后。挡人抢位时，保持正确的站位姿势，即两膝弯曲，上体稍前倾，重心放在两脚之间，两臂外展抢占空间面积，保持最有力的起跳姿势；起跳时，前脚掌用力蹬地，提腰向上摆臂，同时手向球的方向伸展。抢到球后，力争在空中传球或将球点拨给同伴发动快攻。如果在空中没有传球，落地时应保持身体平衡，侧对前场，将球置于胸腹之间或头上，以便运用传、运、突等技术。

图2-8-2

【动作要点】判断球的方向和落点，及时抢占有利位置，合理运用移动和转身功作挡住对手向篮下冲跑的路线。

【技术运用】抢球时要准确判断球的反弹方向和落点，抢得球后及时、迅速完成第一传。

在比赛中，有组织、有计划地部署抢防守篮板球，能更有利地发挥集体合作的力量。其方法如下。

（1）区域抢位挡人法：这种方法是部署3名防守队员抢占限制区域两侧和罚球线前3个区域，形成三角形抢篮板球的有利位置。

（2）人盯人抢位挡人法：防守一方无需像进攻方一样考虑攻守平衡，5名防守队员尽可能“彻底”挡住各自的对手，切断所有对手向篮下冲抢篮板球的路线，然后抢篮板球。

（3）向固定接应点点拨球：利用向固定接应点点拨给接应队员的方法争抢篮板球。在提高制高点的同时，还可以充分发挥篮板球的攻击力，提高发动快攻的速度和突然性。

在比赛中，抢篮板球不仅是个人的技术动作，而且是攻防战术的重要组成部分。因此，不但要发挥个人抢篮板球的能力，而且要发挥集体的力量，有组织、有配合地拼抢篮板球。

三、抢篮板球技术的教学与训练

（一）教法建议

（1）首先应使学生明确抢篮板球在比赛中的重要性，在教学训练中培养积极拼抢意识和勇猛顽强的作风及养成“每球必抢”的习惯。

（2）抢篮板球是一项比较复杂的技术，教学初时，可采用分解教学法，先练习原地起跳、抢球，再练习移动、抢位、挡人、起跳抢篮板球的完整技术，并逐渐加大难度，最后在对抗的条件下练习，或在比赛中进行抢篮板球练习。

（二）教学与训练提示

（1）抢进攻篮板球应强化“冲抢”意识；抢防守篮板球侧重强化“挡抢”意识。注意加强攻守篮板球的对抗性训练。

（2）注意抢进攻篮板球同补篮、投篮技术结合训练；防守篮板球与快攻一传、突破、接应技术结合训练。

（3）加强抢篮板球技术与攻守战术的结合训练。

（4）注意加强身体素质训练，为在激烈对抗中争抢篮板球打好基础。

（三）　练习步骤与方法

1．起跳与空中抢球的练习

【要求】练习时，强调抢篮板球的起跳准备姿势、踏跳、空中抢球及落地的动作要领。

（1）原地连续双脚起跳，单或双手触篮板或篮圈10～20次。

（2）前、后转身跨步连续起跳，单或双手触篮板或空中标记10～20次。

（3）自抛自抢，跳到最高点时用单或双手抢球30次。

（4）2人一组一人向篮板或篮圈抛球，另一队员开始面向持球人，然后转身跨步（上步）起跳用单或双手抢球。数次后交换练习。

（5）2人一组，分别站在篮圈两侧，轮换起跳，在空中用单或双手将球托过球篮，碰板传给同伴，可连续托传15~30次。

（6）全队分成2组，排头一人持球；队员轮流跳起空中托球碰板，然后快速跑到排尾；如此反复50~100次一组。

2．抢占位置的练习

【要求】及时判断球的落点，脚步移动结合身体动作积极抢位挡人或快速冲占有利位置；掌握好起跳时间，在空中保持好身体平衡，身体充分伸展，跳到最高点时用单、双手抢球和整个动作的协调性。

（1）2人一组，相距1米，对面站立，进攻队员运用假动作设法摆脱防守，抢占有利位置。防守队员利用转身设法将攻方挡住，并起跳模仿抢篮板球的动作。做一定的次数后，攻守交换。

（2）2人一组，站在距离球篮3米处，一攻一守。教师在罚球线投篮，开始攻方可以消极移动，防守人练习转身挡人抢篮板球。也可以让防守人消极移动，练习攻方冲抢篮板球。然后逐渐加强对抗性。

（3）半场二对二、三对三的抢位练习。可限制攻方只许传球、投篮，投篮后；要求进攻队员积极摆脱对手，冲抢篮板球。抢到球继续进攻，守方则积极挡人抢篮板球。规定守方抢到5次篮板球后，交换攻守。

3．对抗条件下抢篮板球练习

（1）半场二攻二守，左投右抢的练习

【方法】进攻队员分别站在球篮两侧45度角，距离球篮5到6米，如果左侧投篮，右侧进攻队员要积极冲抢篮板球。当右侧进攻队员抢到篮板球，将球拿到右侧6米处进行投篮，此时左侧进攻队员冲抢篮板球。防守队员抢到篮板球，迅速传给靠弧顶的教师。防守队员抢到五次篮板球，攻守进行交换。

（2）攻守对抗抢位抢篮板球的练习

【方法】如图2-8-3所示，队员2人一组，一攻一

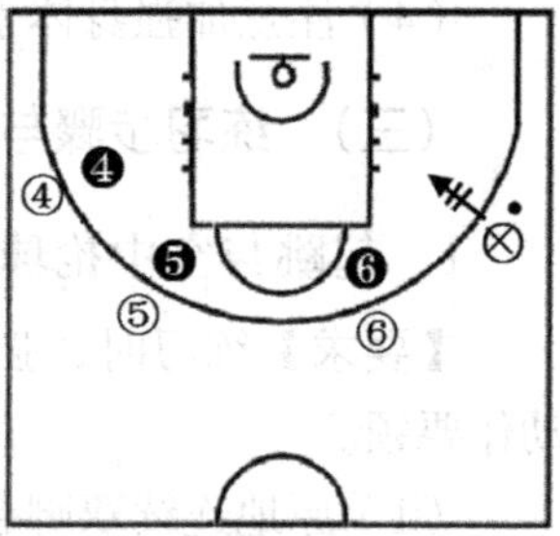

图2-8-3

守；开始时⊗持球投篮碰板，攻守拼抢篮板球。

（3）3人对抗抢篮板球后的投篮练习

【方法】如图2-8-4所示，3人一组；教练员持球抛球碰板，3人拼抢篮板球，谁抢到球谁进攻，迅速在篮下投篮，其他两人则防守，直到投球中篮。下一组进行练习。

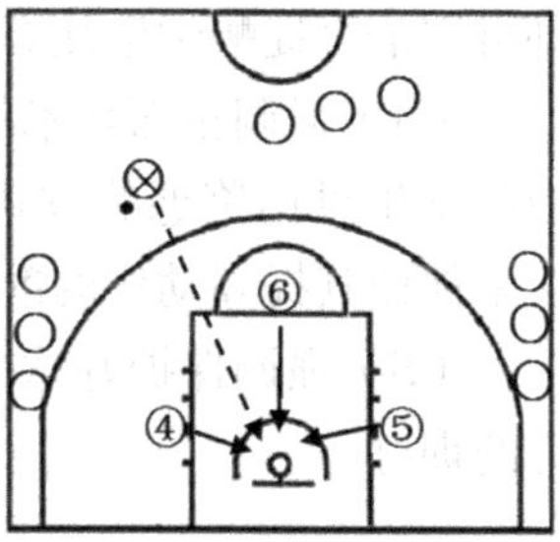

图2-8-4

（4）4人对抗抢篮板球的练习

【方法】如图2-8-5所示，队员半场四对四。进攻队员通过传球寻找机会投篮，球出手后双方有组织地配合拼抢篮板球。抢球后攻守交换。

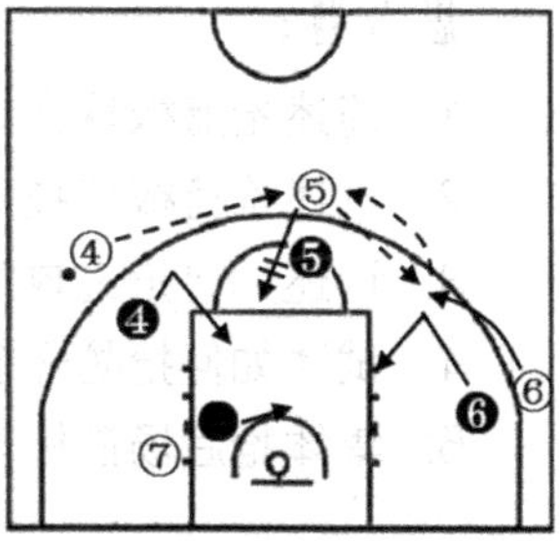

图2-8-5

（5）五对五抢篮板球结合快攻发动的练习

【方法】半场五对五，投篮后，双方积极拼抢篮板球。如防守抢到球，守方明确接应第一传的队员和地区，当防守队员抢到篮板球后力争在空中转体将球传给接应第一传的队员。如果空中不能传球，落地后马上传出，如进攻队员抢到篮板球继续进攻。

（四）教学中易犯的错误与纠正方法

1．易犯的错误

（1）对球反弹方向与落点判断不准，不会抢占有利位置。

（2）起跳时机掌握不好。

（3）抢篮板球时只顾球不挡人或只顾抢位挡人而不顾球。

（4）空中抢球不伸展，动作迟钝不果断或动作过猛造成犯规

（5）抢到球后，保护意识差，易被人打掉或抢走。

2．纠正方法

（1）可多做投篮后向球的方向快速移动到位接球的练习，提高学生的预判能力和快速移动的能力。还可以改变形式采用2人练习一攻一守，做抢位和选位练习。

（2）多做自抛自抢的空中练习，体会起跳时机，提高判断的准确性。练习时教师可用语言提示来帮助学生体会动作。

（3）向学生讲明挡人抢位与抢球是相辅相成的，缺一不可。在学生练习时教

师可用语言提醒学生注意挡人或抬头看球。

（4）强调正面技术的重要性。在训练中鼓励学生抢位抢球，对抢篮板球不积极的学生可用奖惩的方式来提高其积极性；对动作过猛的学生也可以采用这种方法来促使其提高动作的准确性，同时加强良好心理素质的培养。

（5）强调保护好球的重要性和抢篮板球的最终目的。进行保护技术和保护能力的训练。

思考题：

1. 简述抢篮板球在比赛中的作用。
2. 试述抢篮板球技术的动作环节。
3. 试述如何抢进攻篮板球?
4. 试述如何抢防守篮板球?
5. 集体抢后场篮板球的战术方法有哪些?

第九节 位置技术

内容提要：本节阐述了中锋、前锋、后卫不同位置队员在比赛中的职责和攻守任务；介绍了中锋、前锋、后卫队员的位置技术特点及训练方法。

篮球比赛中队员的位置分为中锋、前锋和后卫。不同位置的队员在比赛中承担着不同的职责和攻守任务，在技术运用上有其各自的特点和重点。虽然说，随着当代篮球运动的发展，比赛中队员的位置分工已有趋向模糊的态势。但是为了合理利用队员的身体条件、技术特长、充分发挥每个队员的智慧和能力，有效、合理地组织全队集体力量完成攻、防任务，进行合理的位置分工是十分必要的，对取得比赛的胜利有着重要的作用。因此，根据队员不同位置的职责和要求，在全面训练的基础上，掌握不同位置的技术方法，加强位置技术的训练，对提高运动员的比赛能力有着重要的意义。

一、中锋技术

（一）中锋的职责与及任务

中锋是由其在比赛中所处的位置和活动区域而得名的。中锋主要活动区域是在离球篮5米以内的位置，而且往往站位在场上5名队员的中心。随着高大队员身体素质的提高，中锋队员的活动范围逐渐扩大到3分线附近。根据中锋队员站位不同，有内中锋和外中锋之分。站在限制区两侧偏中、低位置的叫内中锋 ，站在罚球线附近位置的叫外中锋。

中锋队员位置特点决定了中锋承担着内线攻守的主要任务，在进攻中要有个人得分，拼抢篮板球的能力，并能承担组织集体配合的任务，为同伴创造进攻机会；在防守中不仅要会防守中锋，而且还要能协助同伴防守及时补防，他是全队进攻与防守的关键人物。中锋队员的实力与水平，已成为体现一个球队战斗力强弱与技、战术水平高低的重要标志之一。

（二）中锋的技术分析

1．中锋的位置特点

由于中锋所处位置的特殊性，决定了中锋位置有如下特点。

（1）是球队高度和攻守对抗的代表

篮球比赛实践证明，在比赛中，篮下得分占全队得分50%以上。中锋位置的特点决定他们攻守的区域大多在篮下附近，中锋往往是队内得分与阻止对方得分和抢获篮板球较多的队员。因此，中锋队员的身高已成为球队选材的重要标志，高中锋往往是各个球队追逐的目标，这也是当今篮球运动发展趋势的一大标志。

（2）是组织全队战术配合的枢纽和桥梁

由于中锋落位于场上5名队员的中心，在完成个人进攻的同时更多以一个掩护者的身份出现在球场上，是场上组织进的枢纽和桥梁，有些球队更是以中锋为核心制定球队的整体战术，以形成强大的攻守威力，发挥整体作战的实力。

（3）是全队防守的最后一道防线

防守时居于中心位置的中锋队员，利用自己的快速、机动、灵活的挤位、补位和空中封盖技巧以及控制后场篮板球的能力，在制约对方投篮得分和拼抢篮板球中具有举足轻重的作用，是保证胜利的关键。

（4）是影响和决定全队战术意志的核心

攻守双方中锋活动区域范围较小，并处在争夺最激烈的篮下附近，在抢位接球、挤位防守、强攻投篮、迎堵封盖过程中与对手接触频繁，易造成犯规或使对手犯规，作为队内中流砥柱的中锋队员具有坚定的信念、稳定的情绪与良好的自我提高、自我约束能力，是影响和决定全队斗志的核心。

2．中锋队员的类型

目前，中锋队员可划分为3种类型。

（1）个性表现型

这种类型的中锋队员，凭借自己强悍的体格和力量，娴熟的技术技巧和以其为核心组织的默契配合等来充分发挥自己在比赛中的个人特性。

（2）全面实力型

这种类型的中锋队员，仰仗高大而敏捷的身体和全面、实用的技术技巧，能里能外，在追求全队配合中以展现自己。

（3）团队技巧型

这种类型的中锋队员，依靠全面的身体素质和灵活敏捷的脚步，熟练的个人攻防技术，在队中既注重发挥个人的威力，又为整体配合起着穿针引线的作用。

上述3种类型中锋在当今世界篮坛的赛场上交相辉映，各展风采，推动篮球运动不断向更高层次发展。

3．中锋技术的运用特点

由于中锋进攻与防守所处的位置及活动区域应起的重要作用，决定了中锋技术运用的特点。

（1）中锋常在频繁的身体接触的情况下完成攻、守任务。因此，对中锋更强调技术动作的力量，要善于主动用力，进行合理对抗。要求中锋技术动作敏捷、快速、突然、实用、有力量，在身体直接对抗中保持动作的稳定性、协调性、准确性。

（2）中锋活动的范围小，比赛中攻守争夺激烈，战机出现瞬间即逝。因此，中锋队员的移动技术具有短、快、突然和多变的特点。

（3）在进攻中的多数情况下，中锋是背对篮站位。因此，必须掌握背向篮的抢位、接球和各种转身投篮、突破的技术。

（4）防守对手突出贴身近防、协防和补防。由于中锋所处的特殊位置，总是在身体接触中运用短促、有力的移动步法抢占有利的位置，干扰、破坏和抢断对手的传、接球，封盖投篮。

（5）中锋利用身高及在限制区的有利位置，是抢篮板球的主要队员。进攻时，中锋队员的落位往往标示着本队的战术打法，发挥其组织进攻的枢纽作用；防守时，能在中心地带提示同伴，实现防守配合，协调防区力量。

4．中锋进攻技术

（1）中锋队员的站位与方法

在比赛中根据中锋队员站位可分为低位、中位（内中锋）和高位（外中锋）3种。（图2-9-1）

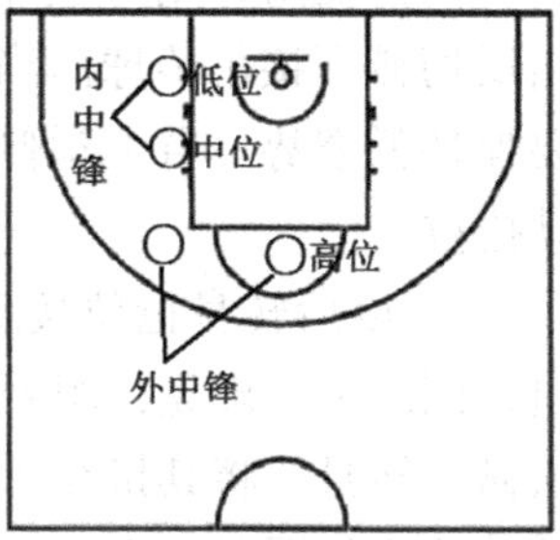

图2-9-1

内中锋在背对防守人接球时，要两脚开立，膝微屈，上体伸展，腰、臂用力，保持重心稳定，防止对方挤撞；一手上举示意传球落点，另一手置于身侧后，感知对手的位置和动向，并随时挡开对手伸臂在体前干扰接球。靠近对手一侧的腿、臂要及时横出，卡住对手绕前脚上步抢位；接球时快速向来球方向出步，伸臂迎球，触球后腕指用力，握球于身前，两肘侧张。如对手在身侧，必须抬起靠近对手的臂，屈肘顶住对手的挤靠；对手在身前防守时，内中锋要侧对篮站立，接球时向球的落点方向跳起，尽量靠近篮接球。

外中锋接球，应根据对手的防守位置和脚步，灵活变化，抢占有利位置。要求重心略低，扩大接球手的伸展幅度。

（2）移动抢位与接球

移动抢位和接球是中锋的最重要的技术。在进攻与防守对抗中能否争得主动，首先取决于中锋移动抢位的熟练程度。

因此中锋必须善于运用快速、灵活、多变的脚步动作以及在与对手身体接触中善于用力，合理对抗摆脱对手，抢占有利位置接球。其次，要密切与外围同伴传球配合，要掌握好起动时机，做到球到人到，人球相遇。起动时机有两种情况：第一，当异侧同伴做瞄篮或突破时，突然起动插向空位；第二，当同侧同伴刚接到球时，突然起动抢占有利的位置。

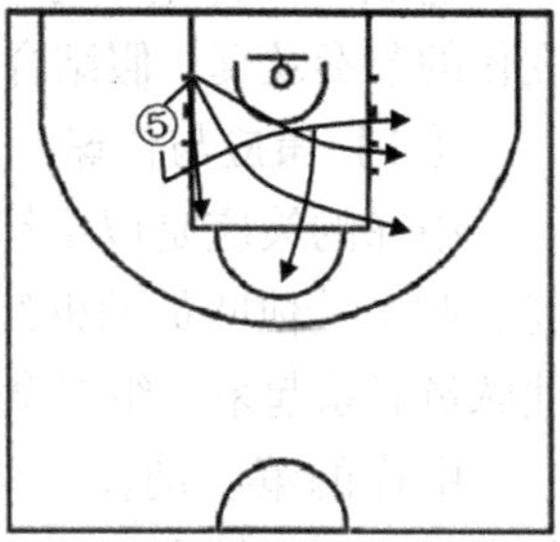

图2-9-2

移动中抢位要根据球的动向决定起动时间，一般有3个方向和4~5条移动路线（图2-9-2所示为内中锋移动方向与路线、图2-9-3为外中锋移动方向与路线）。

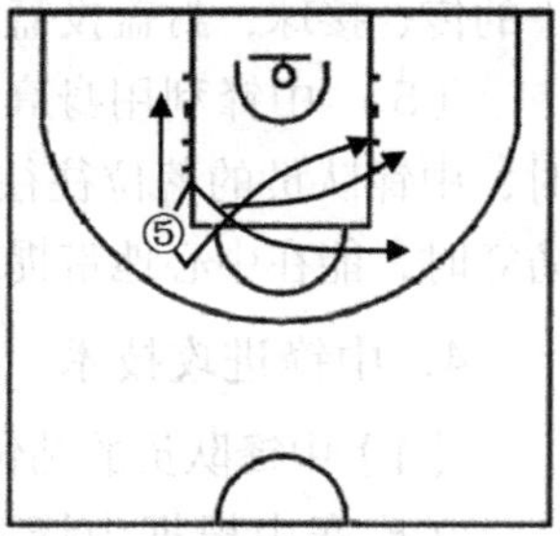

图2-9-3

抢位接球方法主要有两种：

① 以中锋面向篮从防守人左侧抢位为例，开始左腿向左跨出，同时上体虚晃，紧接着左脚掌用力蹬地，同向右转胯，插臂侧肩，左腿迅速插向防守人身前卡位，背向篮接球。如果防守人抢前卡位，交叉步转身抢位受阻，则可立即以右脚蹬地，左腿向左侧跨出反切篮下接吊传球。当背向或侧向防守人接球时，要保持低姿势，臂上举侧张，以背、臀挤靠对手，滑动抢拉。

② 以后转身抢位接球以内中锋面向篮从防守人左侧抢位为例，左腿向左跨出，同时上体虚晃，跟着右腿插向防守人两腿之间，以右脚为中枢脚，紧贴防守人做后转身，将其挤在身后，两臂高举侧张接球，横跨步抢位接球。当内中锋上插外策应位置时，面对防守人向球移动，在即将到达位置时，外侧脚快速出一小步，同时内侧脚用力蹬地横跨在防守人身前，以身体的有力转动将对手挤在身后，双手主动伸出准备接球。

（3）投　篮

中锋必须有很强的投篮意识和强攻能力。由于站位不同，内、外中锋必须掌握的投篮方式也有区别：内中锋要掌握，跳投，转身跳投，勾手投篮和补篮。外中锋要掌握，罚球线一带跳投，持球突破，勾手投篮。

掌握好投篮时机对投篮成功有重要作用。中锋的投篮时机有：

第一，中锋在接球时要判断好攻、防位置，利用动作的速度获得“时间差”，创造投篮机会。

第二，结合其他技术动作，中锋持球时，运用转身、跨步、运球、传球等与对方造成“位置差”与“时间差”创造投篮机会。运用假动作时要注意动作之间变化的节奏及真、假结合

（4）策应与传球

中锋的策应是以中锋为枢纽所组成的进攻战术配合，中锋处在限制区附近，起着联系其他队员的枢纽作用。因此，中锋应善于通过传接球把左右和内外的其他队员联系起来，组织全队进攻配合。

中锋的策应动作：两脚平行站立，两膝弯曲，上体稍前倾，两肘微屈，两眼平视，开阔视野，两手持球于腹前，利用身体和两肘保护球。这样的策应动作

站得稳，不至于被防守人的碰撞而失去平衡，并且有利于保护球和衔接下一个动作，并根据同伴及其防守人的位置及移动速度，做到传球及时、准确到位，使同伴接球后能顺利地做攻击动作，

中锋的策应范围：一般多在限制区两侧和罚球线及延长线的附近。中锋传球应以腕指发力为主，在熟练掌握各种传球的基础上，重点提高单、双手头上传球，击地传球、单手胸前和单、双手低手等多种传球方式。传球面广，出球点灵活、多变，传球和其他技术结合自然而紧凑，传球隐蔽性强。

中锋在抢到后场篮板球后，要能迅速传出快攻第一传。因此，要求中锋在空中得球的同时要能转身面向前场，迅速观察并做出正确判断，及时地把球传给快下的同伴或摆脱防守的接应队员。

5．中锋防守技术

中锋队员防守时往往位处篮下，攻防争夺激烈。中锋不仅要防住对方中锋，还要随时协助同伴进行补防。因此，中锋防守时必须判断准确、反应快、移动迅速、抢占有利位置、减少对方接球和封盖投篮。

（1）防守无球中锋

防守无球中锋分3种情况，即防强侧内中锋、防弱侧中锋和防外中锋。不论哪种情况，中锋防守的首要任务是尽力阻止或减少进攻中锋在限制区范围内接球。因此，中锋防守位置的选择必须贯彻“球一我一他”兼顾的原则，使防守所处的位置能阻拦和干扰对方接球。防守的脚步动作主要是滑步、上步、撤步、绕前步、绕后步和转身等。

① 防强侧内中锋的位置应在进攻中锋的侧面或前面，前脚的同侧臂伸在传球路线上，干扰进攻中锋接球，另一手臂屈肘贴顶在对方的腰胯上，尽量和对手保持一定的距离，不使进攻队员靠近防守中锋的身体。

② 防守外中锋应保持一定的距离，防守位置应在对手的侧面和后面，和球同侧的手伸出封锁传球路线，另一只手屈肘贴顶在进攻中锋的腰胯上，尽量和对手保持一定的距离。

③ 防弱侧中锋应在人和球之间偏向球的一侧，防守距离和球的远近成正比。近球侧的一脚稍向前，两臂侧张开保持人球兼顾。当对手空切时应贴身防守。防纵切时，一臂屈肘顶在对手的腰腹部，另一臂伸出在对手的接球路线上。防横切与插上时一臂屈肘顶在对手的腰腹部，另一手臂伸在对手接球路线上，伸臂的同侧脚抢在对手的移动路线上。当对手未接到球，进行反切或溜底线时，防守队员

面对进攻中锋运用转头、换臂保持人球兼顾，防守中锋始终处于球和对手之间的位置上。

（2）防守持球中锋

防守持球中锋应处于对手和球篮之间的位置上，面对平步防守，对手背向球篮时贴近防守；对面对或侧向球篮时应保持半臂距离。防守中锋投篮时，距离近些，一只手上举，积极干扰对手的持球，另一只手侧举，防守传球和突破。当中锋投篮时，应及时跳起封盖。投篮后要顶人抢篮板球。防守中锋突破应采用低重心、宽步幅，两臂侧举，滑步堵截。当持球中锋进人限制区内，应贴紧防守胸部用力顶住对方的挤压，两臂上举，迫使进攻中锋远离篮下。若对手投篮时，要调整好脚步，用力起跳封盖投篮，对手投篮后要积极拼抢篮板球。防中锋传球要贴近防守人，一手上举，一手侧举，两手上下挥摆封堵。当中锋传球后，要立即向传球方向移动一步，以阻止对手向篮下空切。

二、前锋技术

（一） 前锋队员的职责与任务

在比赛中，前锋队员往往位于罚球线延长线两侧的地区，活动范围广，担任队内的主要进攻与防守任务。在进攻中，既能在外围进攻，又能在篮下进攻；既是球队的主要得分手，又是助攻手，也是抢篮板球的主要队员。因此，要求前锋队员，不仅身材高大，还要具备良好的速度、弹跳等素质；技术上既要全面，又要有特长，才能完成进攻和防守任务.

（二） 前锋的技术分析

1．前锋队员的基本类型

随着现代篮球运动的发展，前锋在比赛中的作用日趋增强，根据前锋在比赛中的作用和所表现的技术特点，前锋队员可分为大前锋和小前锋两种类型。

（1）大前锋：身材高大是大前锋的一个显著标志。在现代篮球比赛中大前锋身体素质超强、攻守能力强，具有牵制与杀伤力，大都在队中担起中锋的角色。他们能里能外，能跑能跳，灵活敏捷；在比赛中，不仅发挥了内、外中锋的作用，而且是球队的主要得分手，并与中锋一道成为控制前后篮板球的主要力量。

（2）小前锋：是指那些既能打前锋又能打得分后卫或组织后卫的队员。他们技术全面，得分能力强，在比赛中，他们既能起到优秀前锋的作用，又能发挥组织、助攻、传中的核心作用，如我国CBA联赛中的孙军、胡卫东、刘玉栋；美国NBA联赛中的斯科蒂·皮蓬、文斯·卡特、特雷西·麦格雷迪、拉特雷尔·斯普雷威尔和保罗·皮尔斯等。

2．前锋队员的位置特点

当前，世界强队优秀前锋队员身体素质超群，技术全面富有特长。其位置特点主要表现如下。

（1）身体形态高大化：身体形态高大化是现代篮球运动发展对运动员形态素质要求的显著特点，尤其是前锋队员的身高发展更为突出。由于大前锋还要担当篮下的攻防任务，比赛中高空争夺制空权的对抗更加激烈。因此，各强队大前锋的身高大多在2.10米以上，小前锋身高也在2米左右。

（2）高大队员快速化：现代篮球比赛不仅强调攻守的阶段速度，同时更加强了攻守战术的转换速度，比赛中的快攻次数、快攻得分率不断提高，而前锋则是快攻快下的尖兵和跟进助攻者。因此，前锋的快攻意识、冲刺速度、跟进速度等要求不断提高，在高速移动中的对抗能力、得分能力、快速技术动作的运用能力和技巧等越来越完善，高大队员快速化的发展趋势是现代前锋的明显特点。

（3）高强体能极限化：现代篮球比赛中前锋队员的活动范围不断扩大，从大前锋的篮下对抗到全场的从端线到端线的大距离奔跑、大面积的积极拼抢，再到前后场的高空篮板拼搏等，都要求前锋队员必须具备高速度、好耐力、大力量、强弹跳的超强体能特点。

（4）高超技艺多元化：当前国内外强队优秀的前锋队员，他们不仅基本功扎实、技术全面、技艺超群、发挥稳定，同时他们也大都是各自球队的领军人物，身怀绝技，能以自己的技术特长和风格去影响全队，形成本队攻防战术体系的核心。他们既能担当优秀的前锋角色，又能担任篮下中锋的角色，还能担任得分后卫和组织后卫的角色，这正是篮球运动员位置分工的理想模式。

（5）得分能力高准化：当今篮球强队，前锋队员在各自的球队里，都具有得分能力强、投篮准确、命中率高的特点，如CBA联赛前8个赛季中（1995~2003赛季）的五大得分王除姚明是中锋外，其他4人均是前锋队员。

（6）强悍拼搏高智化：前锋队员虽然身高体壮，强悍勇猛，但是在激烈拼搏中那种死打硬抗、粗暴野蛮的打法已早不存在，而用头脑打球、用意识打球、用灵感打球已是现代优秀前锋的最根本特征，他们在比赛中有勇有谋、智勇双全，善于观察，善于判断，善于应变，善于捕捉战机，既能做到两队相遇勇者胜，又能做到两强相遇智者胜，使篮球比赛更具观赏性、艺术性。

2. 前锋应具备的技术及运用

（1）进攻技术

由于前锋进攻活动范围广，因此，前锋既是快攻的主要得分手，又要在阵地进攻中掌握中、远距离投篮，掌握运球突破和空切到篮下投篮；既会运用掩护，又会助攻传球为同伴创造进攻机会。在运用中应做到如下两点。

① 掌握各种摆脱防守的移动技术，如原地摆脱、空切、反跑等接球。

② 持球时，要善于运用传球、运球、转身、跨步等动作与对手造成“时间差”或“位置差”，借以摆脱防守，创造投篮机会。

（2）防守技术

防守对方的摆脱、传接球、投篮和运球突破是前锋位置的主要防守技术。技术运用时，应做到：

① 随时观察，判断对方的进攻意图，以便及时采取相应的防守行动。

② 防守时，要始终抢占有利的位置，不让或减少对方接球。

③ 合理运用手臂和身体干扰对方的投篮，传球，堵截对方运球突破。

三、后卫技术

后卫队员是临场比赛的组织者和指挥者，是比赛的核心队员，承担着助攻和防守的任务。

现代篮球运动的发展特点，确立了后卫队员在比赛场上的“核心”“灵魂”地位，同时球队也赋予了他更多的使命和职责。后卫作为比赛场上的核心，是团结全队夺取比赛胜利的组织和指挥者。后卫队员的攻守能力及临场发挥水平，对一个球队在比赛中的胜负起着决定性的作用，如迈克尔·乔丹、贾森·基德、加里·佩顿等著名后卫球员在NBA赛场上的表现就充分证明了这一点。

（一）后卫队员的职责与任务

后卫队员进攻时的活动范围主要是在罚球弧顶外及附近两侧一带。进攻中，既要善于传球给同伴创造投篮机会，又要善于运用中远距离投篮和持球突破篮下得分。

由攻转守时，后卫处于退守的第一线，要善于堵截对方发动快攻，延缓对方推进速度。在后场防守中除了积极阻挠外围进攻队员中远距离投篮、传球和突破外，还应指挥、呼应各位置的防守，并及时协助同伴夹击、围守、积极抢断球。

当本队获得球后，应积极投入快攻，组织接应、推进并参与快攻的结束行动。

后卫还是连接教练员与场上队员之间的“桥梁”。教练员在赛前所制定的比赛策略与攻守方案，主要是通过后卫的组织与指挥来得到贯彻和执行。在激烈的比赛过程中，后卫还须把教练员临场决定的作战意图和指令传达和贯彻给其他队员，并带领他们在比赛中体现出来。

（二）后卫的技术分析

1．后卫队员的基本类型

根据后卫队员在比赛中所起的作用及表现出的不同风格为组织型、攻击型和全面型3种类型。

（1）组织型后卫

组织型后卫是指通过传球、运球等手段来完成战术的组织与实施的后卫队员。比赛中，他们的位置比较固定（一般在弧顶附近），活动范围较小，通常是通过内、外线的三角转移球来调动防守者，寻找战机和组织他人完成攻击任务。他们的控制球和支配球的能力强，快速、灵活、机动，具有较强的组织指挥才能和良好的助攻意识和能力。但他们往往受位置与移动范围的限制和缺乏杀伤力，虽然能够很好地控制球和支配球，但不能给对手制造较大的威胁，反而易被对手所控制，造成以少打多的局面，削弱了全队的攻击力。这种类型的核心后卫缺乏攻击意识、技术和能力，很难适应现代篮球比赛的发展要求。

（2）攻击型后卫

攻击型后卫是指以个人的攻击能力为手段，达到直接得分或为他人创造得分机会的目的，来完成战术的组织与实施的后卫队员。他们个人技术和身体条件较好，活动范围大，个人攻击意识和攻击能力突出，投篮命中率高，有较强的鼓舞和带动作用。比赛中常常用自己的攻击能力吸引对手的注意力与防守行动，打乱对手的防守布局，完成攻击任务。但不能有效地组织和调动全队的积极性，时常以自我为中心，有时甚至出现单干的行为，影响全队战术配合。

（3）全面型后卫

全面型后卫是指既具备较高的组织与指挥全队配合的能力，又有强烈的个人攻击和助攻能力，能够维持攻守平衡的后卫队员。他们具备良好的身体素质和心理素质，头脑清晰，观察判断准确，篮球智力超群。既有全面的技术、高超的技巧，又有特长和绝招。在两军对峙情况下，或施展个人绝招，或组织发挥本队特长，抓住战机打开局面，往往能起到决定性的作用。

比赛实践证明，既善于组织全队配合又能个人攻击得分的全面型后卫更符合比赛需要，在教学训练中应着重培养全面型的组织后卫。

2. 现代篮球后卫的发展特征

现代篮球运动的发展，对核心后卫队员提出了更高的要求。其发展特征主要表现如下。

（1）全面的素质和高超娴熟的技巧、稳定的心理、完善的篮球智力、宽广的视野与应变能力、多样的攻击方式和很强的组织能力等已成为现代核心后卫的发展趋势。

（2）作为球队核心人物的后卫既要代表球队的特点与风格，又要符合现代篮球运动的发展趋势，真正做到进攻要快、拼斗要狠、技术要全、战术要精、打法要变、体能要强。

（3）现代篮球核心后卫既有较高的组织才能，又有强烈的个人攻击与助攻的能力，还须具备良好的防守意识与防守能力，做到攻中兼防、防中有攻、攻守兼备。比赛中始终保持清醒，能激发和鼓舞全队的斗志，感染观众，渲染赛场气氛；在球队中起到主导和表率作用。

3. 后卫队员的基本要求

由于后卫队员承担着本队在场上的组织和指挥的责任，是比赛的核心队员。因此要求：

（1）后卫队员沉着冷静、机智果断，要有良好的观察判断力、很强的篮球意识和组织指挥才能。

（2）要具有快速灵活的身体素质，同时应技术全面、控制支配球的能力强。

（3）同时还应善于掌握比赛的节奏，鼓舞斗志，更好地提高全队攻守的有效性。

4. 后卫应具备的技术及运用

（1）进攻技术

传球技术：传球是后卫队员组织进攻的主要技术。后卫应该熟练地掌握各种传球技术，应该熟悉战术配合中的每个进攻机会及同伴的进攻的特点。当同伴摆脱对手及时准确地把球传给同伴。

投篮： 三分球投篮已成为后卫队员不可缺少的技术卫队员准确的外围投篮不仅能直接得分，而且还会使对方扩大防区，从而为内线攻击提供有利的机会，使战术运用更加灵活。

运球和突破技术：运球和突破是后卫队员控制支配球，摆脱防守，组织战术配合的重要手段之一。当同伴被对方严密防守不能传球时，运用运球寻找传球或投篮机会，当对方采用全场紧逼防守时，可采用运球突破对方的防守。在运球过程中应注意观察场上情况，及时传球给处于有利的进攻位置上的同伴，切勿贻误战机。

（2）防守技术

后卫防守处于全队防守的前沿，防区较大。因此，要求后卫具有快速灵活的脚步移动技术，敏锐的观察、判断能力；既要有全面的个人防守能力，又要有与同伴配合防守的能力，还要有组织、指挥全队防守的能力。

四、位置技术的教学与训练

位置技术教学训练应在全面掌握基本技术的基础上，根据各个位置的要求，进一步熟练基本技术，把已掌握的单个技术动作编成组合技术动作进行专门练习，培养不同位置运动员的运动技能。

（一） 教法建议

（1）位置技术训练应在全面技术训练的基础上，根据每个人的特点、技术特长、适合担任的位置，分别根据各个位置需要的技术进行强化训练。

（2）教学训练的顺序应先熟练掌握单个动作，再进行组合技术训练；先安排面向篮的外线技术，后安排背向篮的内线技术。

（3）教学训练中，可先进行进攻技术训练，后进行防守技术训练，最后进行攻、防对抗训练，提高实战能力；先在无防守的情况下练习，再进行有防守的练习。

（4）在对抗练习时，先做消极对抗练习，再进行积极对抗练习。在对抗训练中，特别注意观察、判断和掌握良好的运用时机。

（二）教学与训练提示

（1）在训练课中，可抽出独立作业的时间，分成前锋、后卫和中锋3个小组，同时进行练习。

（2）进行个人位置训练时，可增设多种情况，制造不同情景，增加对抗难度；如中锋在限制区腰上背向篮进攻，防守者可以换成不同高度和体重的人去防守，进攻中锋可根据不同的防守对象运用不同的进攻动作，提高技术的应用能力。

（3）位置技术训练要与战术训练相结合，培养后卫与前锋、后卫与中锋、前锋与中锋之间的配合默契。

（4）在训练中应对技术的运用时机、成功率及攻守对抗提出严格要求，提高技术运用的实效性。

（三）练习方法

1. 中锋技术的练习方法

（1）抢位接球练习

【要求】抢位挡人时身体要靠紧防守人；利用转身抢位要加速，跨步、转身、并步接球动作要连贯。

① 原地挡人要位接球练习

【方法】如图2-9-4所示，④持球，⑤扬起左或右手要球，另一手屈臂抬肘侧举，用臂、肩、背、臀、腿挡住对手。接球后双手持球做左右摆动或跨步，转身，然后回传给④，再扬手示意要球。逐渐增加防守。

② 向有球侧横移抢位接球练习

【方法】如图2-9-5所示，当⑦接球时，⑤立即摆脱防守插向有球一侧接球。

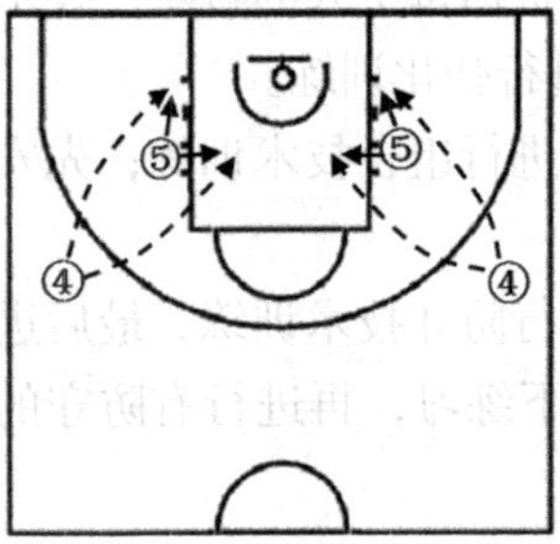

图2-9-4

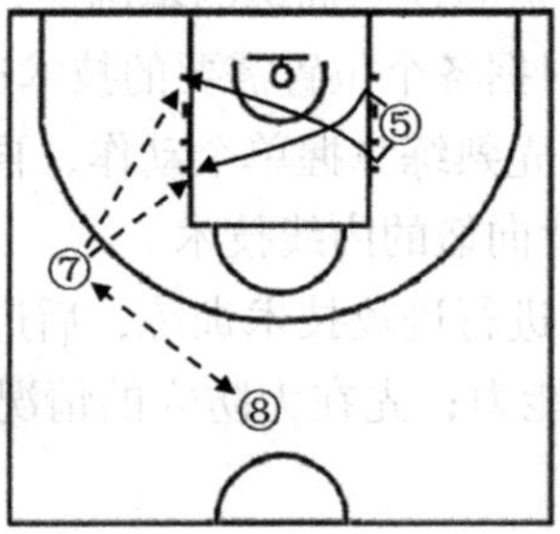

图2-9-5

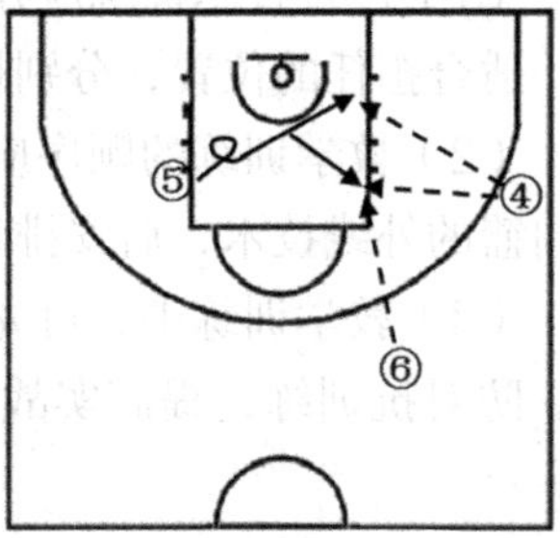

图2-9-6

③ 移动中后转身变向抢位接球练习

【方法】如图2-9-6所示，⑤插篮下，在跑动中用右脚为轴做后转身接⑥或④的传球。

④ 移动中前转身接球练习

【方法】如图2-9-7所示，⑤沿底线移动。接球时，以左脚为轴用前转身接球，接球后要面对或侧对球篮，转身跳投。

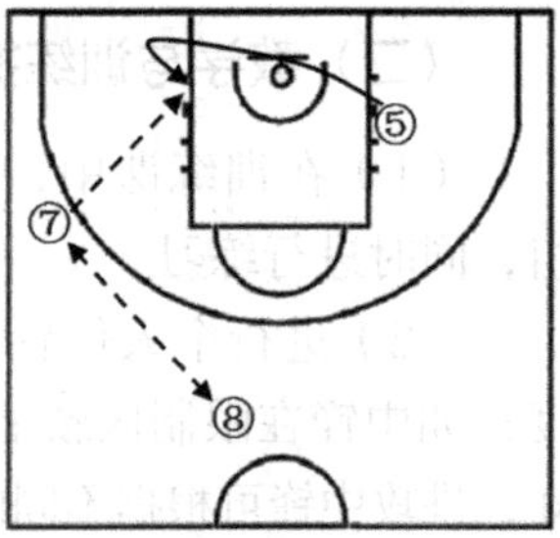

图2-9-7

⑤ 抢占底线位置接球。

【方法】 如图2-9-8所示，❺固定防守外侧，⑤用身体挤、靠防守，抢占底线位置，伸右手示意要球，接球后向底线转身跳投。

（2）投篮练习

【要求】 接球转身起跳投篮动作连贯。

① 移动上步转身接球跳投。

【方法】 如图2-9-9所示，⑤传球后，沿底线移动，上步转身接球后，立即跳起投篮。

② 移动接球转身突破投篮练习

【方法】 如图2-9-10所示，⑤从右侧或左侧篮下低位插至罚球线，接外线教练的球后，转身突破投篮。投球不中再抢球补进。

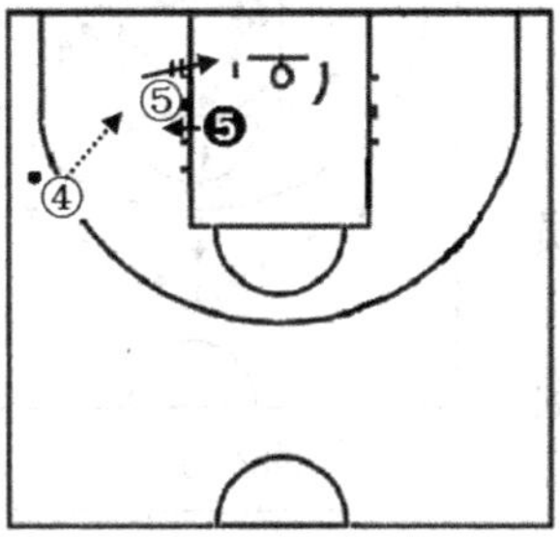

图2-9-8

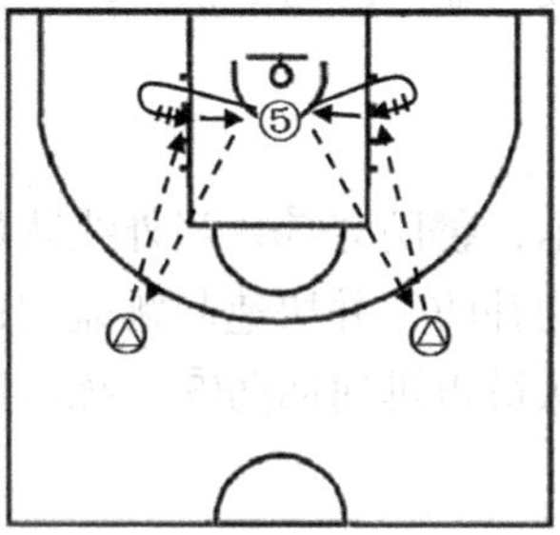

图2-9-9

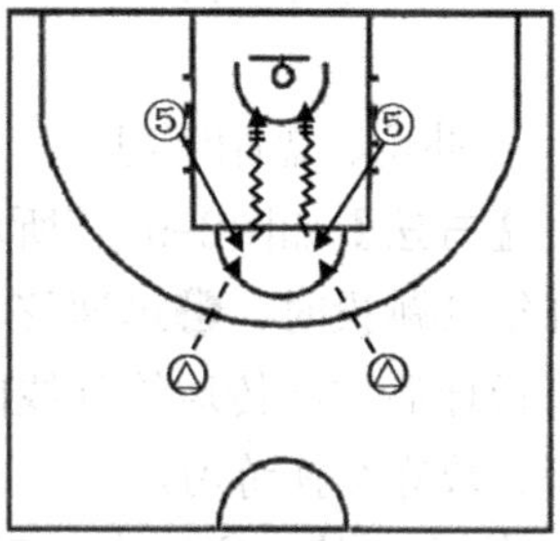

图2-9-10

（3）防守中锋练习

【要求】 脚步移动要快，配合身体用力和手部动作积极抢占有利位置。

① 防强侧内中锋练习

【方法】 如图2-9-11所示，防守队员根据球的位置，用绕前步和撤步抢前防守抢占位置，阻止和干扰对手接球。

图2-9-11

② 防守弱侧中锋向强侧移动接球的练习

【方法】 如图2-9-12、图2-9-13所示，❺根据球的位置，占据有利的防守位置，并根据对手的行动抢前堵截对手的接球路线。练习数次后，攻守交换练习。

③ 限制区移动抢位防守练习

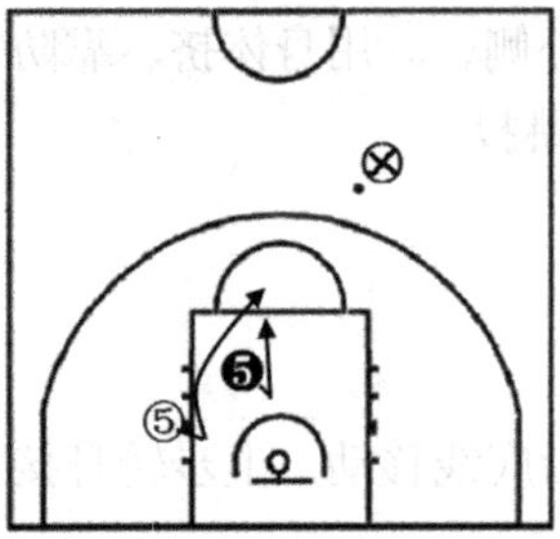

图2-9-12

图2-9-13

【方法】如图2-9-14所示，沿限制区做三角移动要球，尽力堵截的接球路线。开始只做传、接球练习，逐渐增加投篮练习，防守者积极封盖。练习数次，攻守交换。

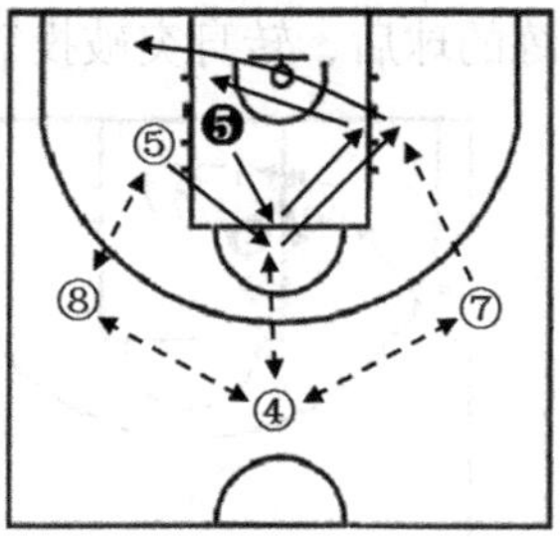

图2-9-14

④ 补位、盖帽练习

【方法】如图2-9-15所示，❺防守⑤，当外线队员传球给⑨跳投时，❺迅速移动补防，并快速起跳盖帽；抢篮板球后立即传球给外线队员再迅速回防⑤。练习数次后，攻守交换练习。

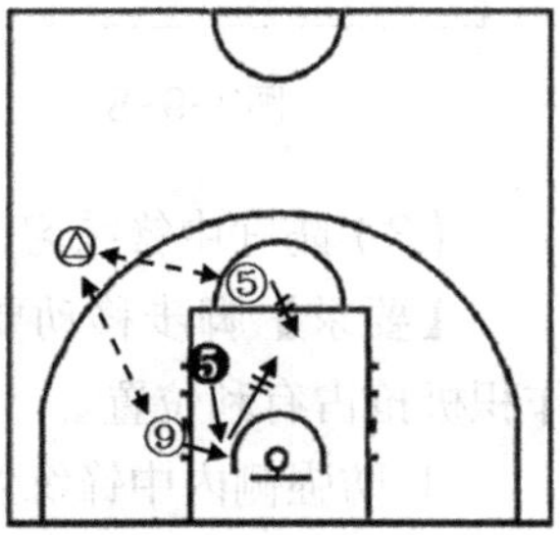

图2-9-15

（4）中锋攻守综合练习

【要求】攻、防要积极认真、全力以赴，进攻队员要合理地运用内线强攻和近篮进攻动作方法；运用掩护时，掌握好掩护的运用时机、节奏及变化。

① 篮下固定防守的强攻练习

【方法】 队员2人一组一攻一守，开始④和❹练习。进攻队员④传球给中间队员后摆脱切人，接回传球，在篮下与❹一打一强攻，然后双方拼抢篮板球，最后以④投中篮或冲抢到篮板球结束，攻守交换到对组排尾，下一组继续练习。练习时，可允许有小的犯规动作，要主动用力挤靠防守者，以保证投篮的稳定性。（图2-9-16）

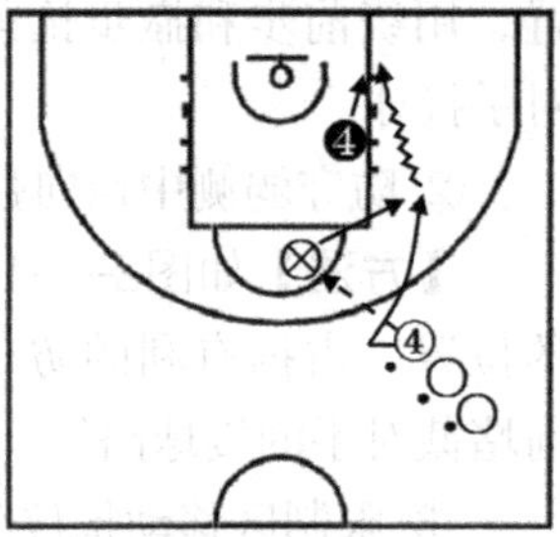

图2-9-16

② 一防一攻守练习

【方法】⑥和④相互传球，防守队员根据球的位

置做绕前选位防守。当⑥把球传给⑧以后，❽立即移到⑧的身后防守，⑧转身投篮或突破时，❽则积极防守。（图2-9-17）

③ 双中锋掩护后摆脱接球投篮练习

【方法】队员2人一组，双中锋站位，④给⑤做侧掩护，⑤横切篮下接球近篮跳投或扣篮，④掩护后面向球转身插向篮下，然后都抢篮板球交换位置，继续练习。（图2-9-18）

⑤ 双中锋篮下二攻二练习

【方法】队员4人一组，两攻两防。进攻队员可以个人摆脱抢位接球，也可相互掩护摆脱接球攻击，直到投中为止；进攻组抢到篮板球继续进攻，投篮后防守组抢到篮板球后（包括投中的球）立即传球给⊗，然后攻守交换继续练习（图2-9-19）。

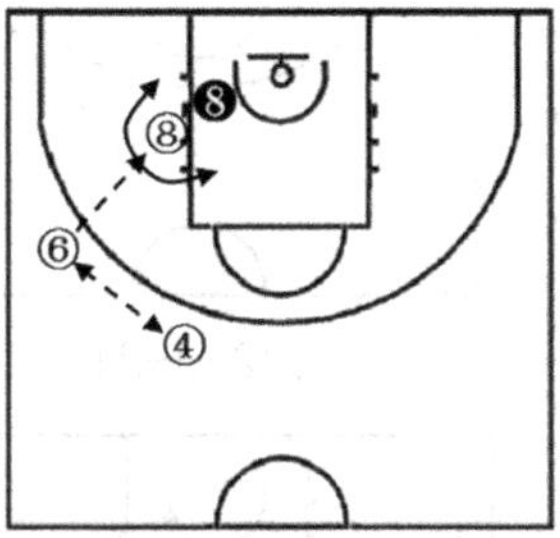

图2-9-17

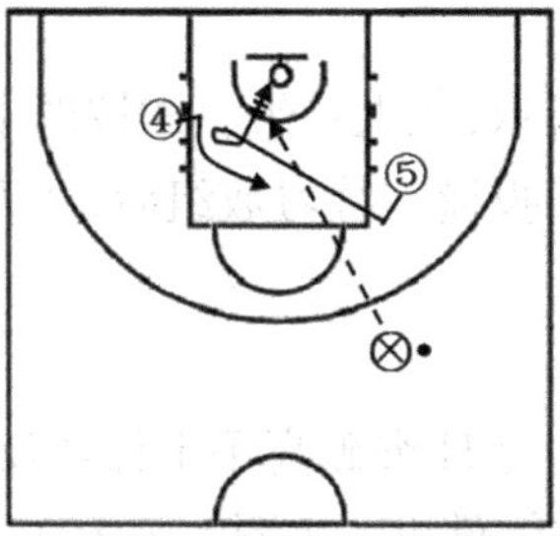

图2-9-18

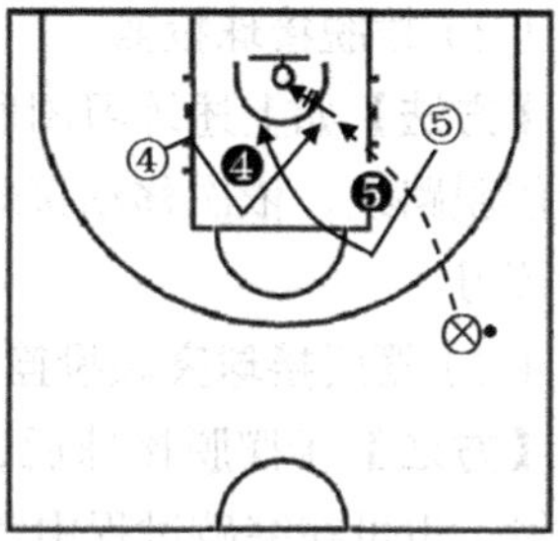

图2-9-19

2. 前锋技术的练习方法

（1）摆脱与防摆脱练习

【方法】⑤利用下压突然变向上提或利用上提，然后突然向下变向反跑（图2-9-21）或向内压，突然外拉（图2-9-22），或利用向上线要球的假动作。然后，突然转身变向跑（图2-9-23）摆脱❺的防守，接④的球；防守者❺竭力防守，堵截对手接球路线并伺机断球。（图2-9-20）

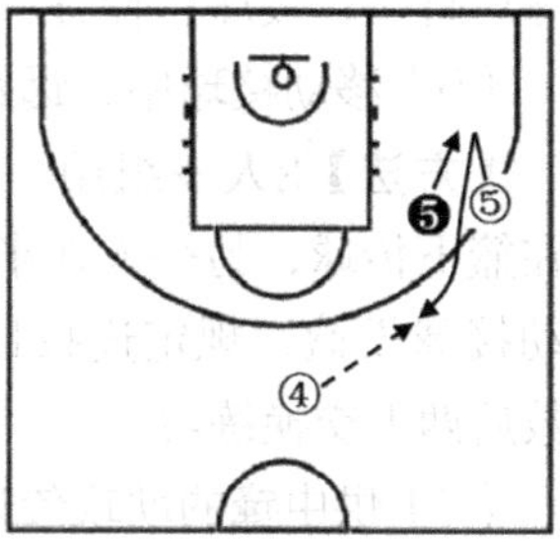

图2-9-20

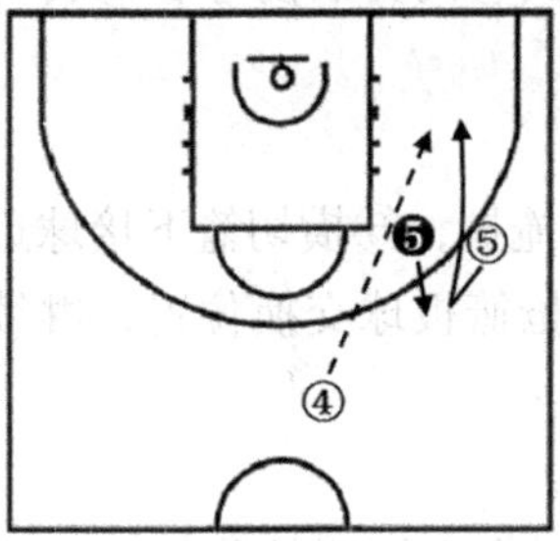

图2-9-21

图2-9-22

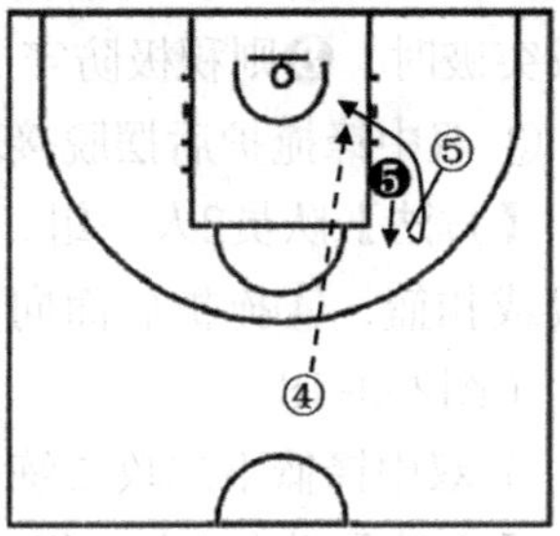

图2-9-22

【要求】以上练习进攻者摆脱要位时，脚步移动要突然、快速，充分利用假动作，动作变化要快；防守者积极移动，扬手降重心，侧前防守。人球兼顾。

（2）摆脱接球投篮

【方法】如上述练习图所示，2人一组，④按图中所示摆脱路线，依次移动接球投篮。练习数组后，2人交换练习。

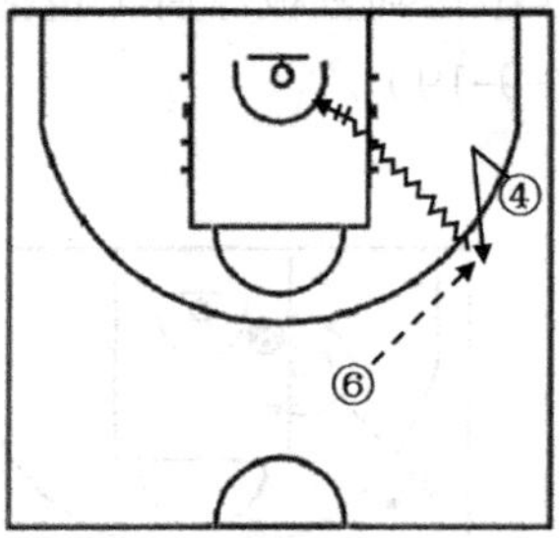

图2-9-24

（3）摆脱接球突破投篮

【方法】④摆脱接球后，运球突破高手上篮或反手上篮，也可在突破过程中急停跳投。（图2-9-24）

（4）空切篮下接球投篮

【方法】④从底线一侧切入篮下或从罚球线一侧横切，接球后有三种处理方式；空中接球直接投篮，接球后跳投，接球后转身、跨步投篮。（图2-9-25）

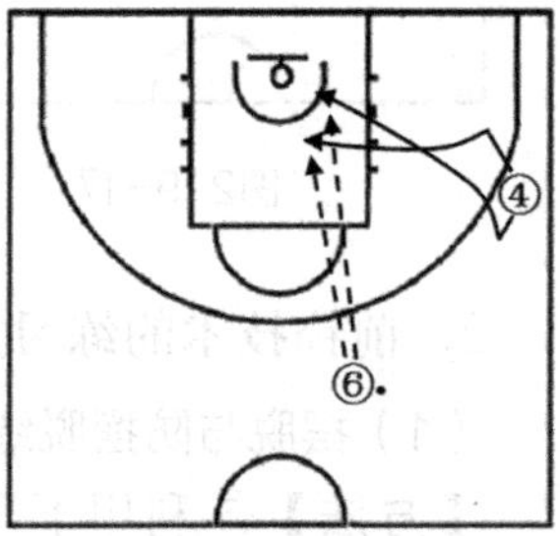

图2-9-25

（5）移动接球中、远距离投篮练习

【方法】2人一组用一球，如图2-9-26所示，一人在篮下传球，另一人在半场一侧45度和0度位置两点移动接球投篮，规定连投10～20次，或达到规定的投中数后两人交换练习。

图2-9-26

（6）供中锋的助攻传球练习

【方法】中锋⑤往返移动接球，⑥、⑦在快速传球中用余光观察中锋移动情况，及时用各种方式传球

给中锋。（图2-9-27）

（7）“突分”练习

【方法】如图2-9-28所示，④运球突破后传球给插到篮下的⑥进攻，如❺补防，④可根据情况传给⑤进攻。

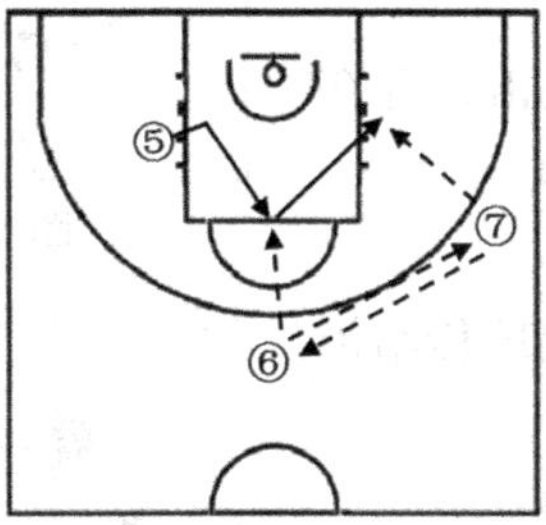

图2-9-27

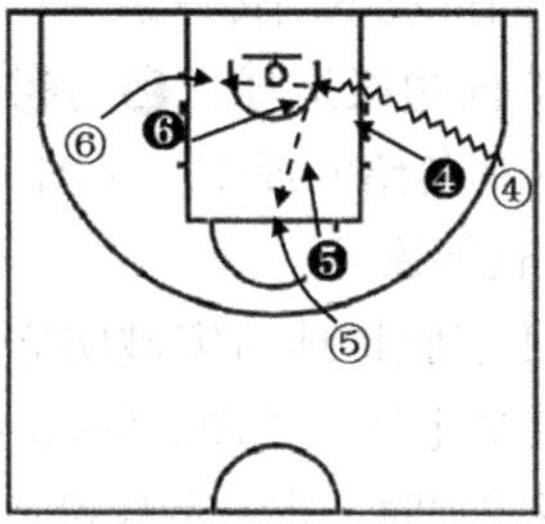

图2-9-28

（8）防守对手接球投篮练习

【方法】2人一组，⑧做摆脱接外线队员的传球投篮。防守队员❽堵截⑧的接球并快速移动防守⑧投篮或突破。（图2-9-29）

（9）防横切和防溜底线练习

【方法】外线队员传球倒手，随时准备传球给⑧；⑧做横切或溜底线摆脱接球，❽积极移动不让对手在限制区内接球；如⑧一旦接球，❽即刻防守⑧在篮下的投篮进攻。抢篮板球后，攻守交换练习。（图2-9-30）

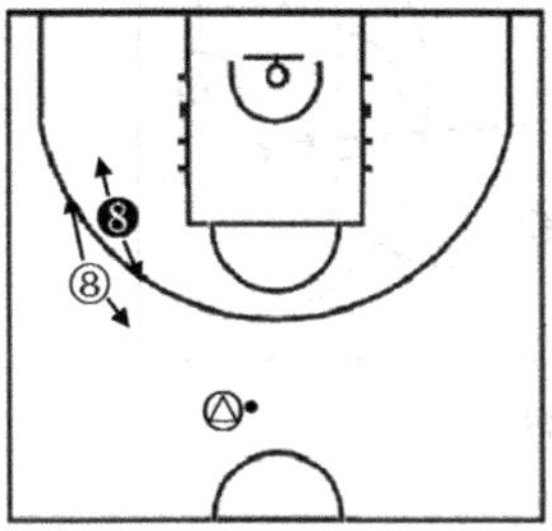

图2-9-29

图2-9-30

3．后卫技术的练习方法

（1）助攻传球练习

【方法】三对三练习传球。⑤在罚球区移动摆脱对手接球，⑥⑦力争将球传给⑤，3人也可以上下、左移动互相传球。❺积极防守不让外围将球传给⑤，⑤每接一次球就算进攻队得一分。直到进攻队连续得5分或防守获得球，攻守转换。（图2-9-31）

图2-9-31

（2）夹击的情况下的传球练习

【方法】⑤向边线运球，❺与❻进行夹击，⑤在夹击的情况下传球传给⑥或⑦。（图2-9-32）

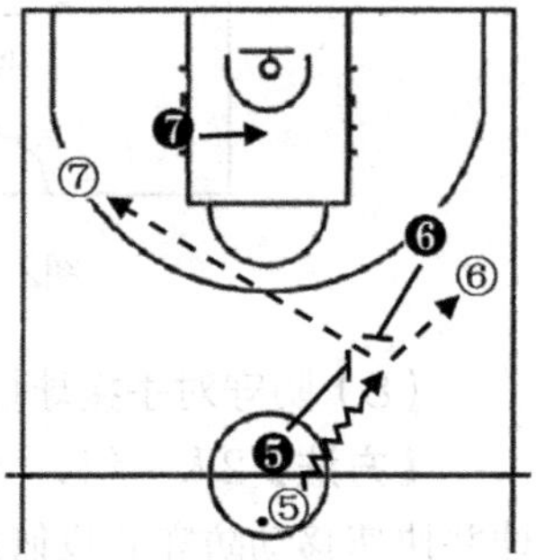

图2-9-32

（3）快攻长传练习

【方法】④摆脱接球后突破防守立即把球传给沿边线快下的⑥接球上篮。（图2-9-33）

（4）3人2球定时、定量运球投篮的练习

【方法】3人2球在3分线外自投自抢，抢得篮板球后传给无球队员投篮，2分钟一组， 根据队员水平提出投球数量与投中数量的要求。

（5）远投与突破上篮结合练习

【方法】2人一组，一对一对抗投篮，进攻队员摆脱防守接球后，根据防守者的位置决定远投或突破上篮。

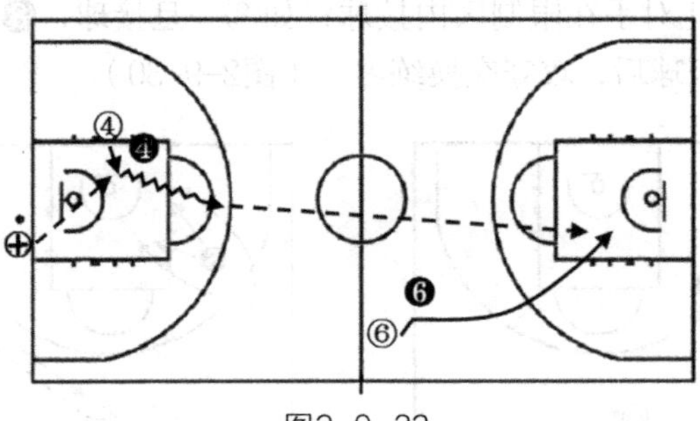

图2-9-33

思考题：

1. 篮球比赛场上队员的位置是如何分工的?
2. 简述中锋的类型与技术特点。
3. 试述前锋的类型与技术特点。
4. 试述后卫的类型与发展特征。

第三章　篮球战术

第一节　篮球战术的基本理论

内容提要： 本节阐述了篮球战术的概念、作用；介绍了篮球战术的演进与发展以及战术的构成与类型、篮球战术的功能、战术的组织与运用和篮球战术的设计和创新原则。

篮球战术是篮球运动的重要组成部分，是比赛中发挥集体力量和个人作用的重要手段。一个队战术运用是否得当，在很大程度上决定比赛的胜负。

一、篮球战术的概念

篮球战术是指在篮球比赛中，队员之间有组织、有策略、有意识的协同配合所进行的攻守对抗的组织形式。它既有个人技术的合理运用，又要求队员之间的协调配合，其目的在于最大限度发挥本队的技、战术特长，掌握比赛主动权，限制对方的发挥，争取比赛的胜利。一场篮球比赛的胜负，很大程度上取决于比赛双方根据具体情况而制定具体战术的情况。

篮球战术，不仅体现了队员已获得的身体、技术、心理等几方面的训练效果，同时也反映了一个球队的团结协作能力。在比赛中，篮球战术的作用就是把队员的个人技术同球队团结协作结合起来，保证每名队员的技术特长得以充分的发挥，使本队的战斗能力更强。

同时，篮球战术的制定是否符合比赛的具体情况、运用时机是否得当，也检验了教练员水平的高低。在组织与运用篮球战术及战术的训练过程中，应依据篮球运动的基本规律和自身条件，从球队的实际出发，建立符合本队特点的攻防战术体系，使战术更富有攻击性和实效性。

二、篮球战术的演进与发展

随着篮球运动的发展，篮球战术也在比赛的实践中不断发生着变化，由低级到高级，由简单到复杂。在当今的现代篮球运动中，篮球战术更趋向于快速、简练、实用和机动多变。

1891年，在篮球运动刚刚问世之际，个人技术水平低下，根本没有任何战术可言。随着时间的推移，个人的篮球技术不断地得到提高，在完成比赛预定目的时，需要队员之间相互配合、协调作战，于是出现了篮球战术的雏形。

（一）进攻战术

最早的篮球进攻战术形式是快攻，它完全靠速度来战胜对方。快攻战术的发展过程中大体经历了长传快攻、短传结合运球快攻和全队长传、短传结合运球推进的综合快攻3个阶段。随着防快攻能力的提高，又出现了阵地进攻战术。由早期的站立式阵地进攻配合到本世纪初的掩护配合进攻，再到1922年的“8”字阵地进攻战术和1946年的换位阵地进攻战术，尤其是“8”字阵地进攻战术，在20世纪50年代前应用较为广泛。由于“8”字进攻要求队员基本以马蹄形落位，内线相对较空，对篮板球的控制不利，于是又出现了“1-3-1”进攻战术，主要用来破解联防，另外稍加变动也可对付人盯人和其他的防守阵形。到了1949年，美国的威廉·希尔博士义创立了轮转进攻战术，即队员在不停的移动中，利用掩护、传切等一些基础配合来创造进攻机会。60年代美国的罗伯特道尔又创造了“移动进攻”战术，特点是迫使防守者在不停的移动中出现错误和漏洞，来获取进攻机会，成为一段时间内流行的进攻战术。

随着各种形式的紧逼人盯人防守战术的广泛地应用，进一步推动了现代“移动进攻”战术的发展，形成了新的战术体系特点，而它的普遍运用为现代篮球运动战术布阵的位置分工，即运动员逐步打破传统的前锋、后卫与中锋的绝对位置分工界限的观念创造了条件，使运动员的技术水平日趋全面发展，战术形式形成多种类型，打法也具有个性特点。

到20世纪80年代末，随着进攻速度的进一步提高，快攻次数增多，快攻的战术结构随之发生了根本性变化：固定的接应，传统的两三人推进，被机动的、多类型、多人数的接应替代，5人集约性立体型推进的多变型打法被各队所接受。阵地进攻战术朝着快攻与阵地进攻紧密衔接及快速连续移动进攻的方向发展，强队也更加注重进攻战术配合的实效性和战术组织的周密性。

在战术组织上，世界强队革新了过去传统的机械呼应性战术组织的整体套路行动模式的打法，强调在运动中伺机变化，在局部区域采用以两三人参与为主体的机动配合。例如，个人伺机突破、投篮或两人之间的掩护、策应以及3人之间的挡、插三角进攻配合等，越来越被广泛采用。其特征是：布阵落位迅速，阵势不一，力求在对手防守阵势尚未成形之时展开全面攻击，并在攻击时随机应变。由此，攻守转换进一步加快，变化进一步莫测；力争在最短的时间、最快的速度下变化、组合最强的战斗力，取得最佳的效果，并已成为现代篮球运动进攻战术的发展趋势。

（二）防守战术

在防守战术的发展历史过程中，人盯人防守是最早的防守战术，其特点就是每人盯住一名进攻者，5人一线落位的防守形式，防守中换位很少，没有换防和协防。此后不久出现了“2-3”和“3-2”落位的半场缩小防守。随着进攻速度的不断加快和换位移动的频繁，半场缩小防守又发展成为固定区域的人盯人防守，加强了防守的伸缩性。随着进攻战术配合的发展和打法的多样化，全队防守战术相继出现了区域联防战术。20世纪50年代又形成了全场紧逼人盯人防守战术，60年代又在全场紧逼人盯人的基础上演化发展成为全场区域紧逼防守战术，经过不断的演变和发展，已形成了堵、夹、补、抢多种形式的具有很强攻击性和破坏性的人盯人防守战术体系。

20世纪60~70年代中期，防守技、战术又从区域紧逼防守发展到一场比赛甚至一个回合中多变防守战术形式的综合运用，随之防守技术中平步防守、主动用力抢位阻截和积极抢断球被视为现代篮球比赛个人对抗的一种新的防守特点。

70~80年代初，又出现了攻击性与破坏性都很强的综合性防守战术。80年代以后，世界各强队在全面战术防守技术和各种战术打法的基础上，针对比赛和对手的情况，充分根据本队队员的情况，对各种防守战术打法兼容并收、合理运用，在一场比赛中，常常出现几种防守战术交替使用的状况，大大提高了防守的质量和效果。

当前，现代篮球防守战术正朝着综合多变、针对性、攻击性和破坏性并存的方向发展，这种防守战术的发展趋势，必将将促进进攻技、战术和整个篮球运动的发展。

三、篮球战术的构成与类型

（一）构成篮球战术的基本要素

篮球战术主要由个人战术行动、形式和方法等要素所构成。

1．个人战术行动

个人战术行动是指比赛中每名队员在球队整体战术活动中所表现出来的个体行为，就战术本身而言，它是通过队员与队员之间在一定的时机、地点、条件下合理运用各种技术所完成的，从这一意义上来讲，个人战术行动是篮球战术的基础。

2．战术形式

战术形式是指比赛过程中战术行动的外部表现，一定的战术形式反映一定的战术内容，例如进攻中的快攻中的长传快攻或短传快攻．阵地攻防中的布阵落位方法等等。不同的战术形式体现了各种攻守战术各自不同的特点。

3．战术方法

战术方法是指完成战术配合的指导思想．原则．要求和程序等几方面的问题，它是战术的具体内容，是组成战术的核心部分。战术方法主要表现在队员的个人攻守行动．队员之间的配合行动以及全队队员的整体行动的组织和动作配合上。

从总体上来说，现代篮球战术是由相互联系、相互制约的各种攻守战术配合方法所构成的一个内容丰富、阵势多样、结构完整的体系。

（二）篮球战术的类型

根据篮球运动同场攻守对抗的特点以及参赛队员的场上活动内容，通常将篮球战术主要分为进攻战术与防守战术两大类。再根据不同的划分标准，又可划分为若干子战术。

（1）以攻守对抗矛盾来划分，篮球战术可分为进攻战术和防守战术，攻防战术都包括队员的个人战术行动、队员配合行动和全队整体攻防行动等3方面。每个方面所包含的内容有所不同。

（2）以比赛中攻守时间来划分，可分为3~4秒、5~7秒和8秒以上的攻守战术3种类型。

3~4秒类型的战术主要指快攻和防快攻，5~7秒类型的战术是指抢攻和防抢攻，8秒以上的战术是指阵地进攻与防阵地进攻，而各自的内容有所不同。

（3）以参与战术的人数来划分。根据一次战术组织参与人数的多少，可将篮球战术分为个人战术、局部战术和全队战术等3种。每种类型又包括各自的子系统。

四、现代篮球战术的特征与功能

（一）篮球战术的特征

随着现代篮球运动的快速发展，比赛在强度、速度以及队员的身高和体能上都有了明显变化，比赛的对抗性和激烈性更加突出。因此，篮球战术无论在数量还是在质量上，都较过去有了新的发展，这些新的变化形成了当今篮球战术的特征。

1．攻防矛盾的对立统一

自发明篮球以来，进攻与防守就是篮球比赛中的主要矛盾，并直接影响战术的制定。早期的篮球比赛中，攻与防是互相分离的，进攻就是进攻，防守只是防守，没有考虑如何攻守转换。现代篮球战术将二者结合起来，即在进攻战术中包含防守的成分，在防守战术中又蕴涵进攻的行动，真正做到了攻中有守、守中有攻，从而使战术行动丰富多样，构成一个具有攻防性质的整体。因此，现代篮球战术既要考虑能攻，还要善守，使攻守处于平衡状态，将这一矛盾统一起来。

2．目的性与针对性的统一

任何篮球战术的制定与实施都具有明显的目的性，也就是立足于本队实际出发，根据队员身体、技术、意识、心理等条件，来选择符合合理的攻防布局，最大限度地发挥本队技战术水平；同时战术的制定和运用又必须采取针锋相对的方法去制约和限制对方，而且还要根据比赛的实际变化及时加以调整，才能控制比赛的主动，夺取比赛的胜利。所以说，战术的目的性和针对性的统一，是篮球战术的另一显著特性。

3．多样性与综合性的统一

篮球战术的特点表现为进攻手段的灵活多变和防守战术的综合运用。由于每场比赛的对手不同、风格不同，加上比赛的日益激烈，促使战术发展和更新更快，战术内容与形式更加丰富。为了完成每场比赛的任务，就要求必须掌握多样化的战术形式与方法，以争取比赛中的主动权。而综合性则表现在两方面：（1）战术行动上的综合统一，即攻守对立统一（攻中有守，守中有攻）；个人行动与配合行动统一；技术与战术统一。（2）战术运用上的综合，即一种进攻战术应付多种防守战术和利用混合防守、综合防守对付不同特点的进攻战术。因此，多样性与综合性的统一已成为现代篮球战术的一个重要特征。

4．简练性与复杂性的统一

简练而具有实效性，是制定篮球战术的要求。但随着现代篮球的快速发展，球队的防守能力大幅度提高，有时简练的战术很难再起到实效的作用，而且很容易被对手控制。为了创造更多的进攻机会，不被对手识破战术行动，现代篮球战术通常采用相对较复杂的配合行动，来扰乱对手的视听，掩饰简练而有效的战术行动，最终在复杂的背景下达到简练战术的目的。

5．个体性和整体性的统一

篮球战术是以整个球队的集体行动来开展的，但在实际执行中，又包括两方面的活动，一是队员个体的活动，主要反映在队员的个人技术运用上，具有明显的个体性特征：二是队员的个体活动又不是孤立的，而是在队友相互配合活动的前提进行的。因此，篮球战术的实现，不仅依赖于队员个人技术合理性和创造性地发挥，还依赖于队员之间相互的协调配合才能完成。因此，任何战术行动都是个体与整体的相互协同的反映，体现出了个体与整体的辩证统一关系。随着现代篮球比赛中明星球员作用的日益突出，更反映出了这一特征。

（二）篮球战术的功能

篮球战术的功能是指在现代篮球比赛中攻防战术的功效和作用。篮球战术是根据篮球比赛的实际情况需要，将队员的个人行动与球队的整体行动协调组织起来，以完成比赛的某一任务，解决和应对比赛中出现的变化。在篮球比赛中战术的合理运用可以发挥以下几个方面的功能。

1．诱导功能

篮球战术制定的最终目的是为解决比赛过程中的一些实际情况和突发变化，这些实际情况和突发变化能否按战术制定者的意愿去转变，在于战术实施者以某种行动给予引导，使比赛的情况和变化按本方的意愿发展，最终完成比赛任务，这即为战术的诱导功能。

2．抑制功能

在比赛过程中，双方都想保证本方具有有利形势，通常有两种途径可以实现：一是尽可能地克服本队的缺点和不足，最大限度地发挥本队长处。二是采取某种方式来克制对手的长处，来攻击对手的弱点。由于自身队员的身高、体重等一些因素是无法克服的，在这种情形下唯一可行的就是设法抑制对手的长处发挥，而抑制对手的长处必须要依赖于一系列的行动来完成，这就是篮球战术的抑制功能。

3．协同功能

一场比赛中，如果每一个场上队员能够将自身技术特长完全发挥，又能够与队友之间协调配合，则得到的集体作战效果要远远大于个人实力相加的效果，这不仅需要运动员之间有共同的行为目标体系，还需要在行为方式上予以合理的配合，使每一名队员能为其他队员的行动创造条件，最终完成比赛任务。这种将个人行动联系起来达到同一目的的作用，即是战术的协同作用。

4．过渡功能

篮球比赛是一个十分复杂的过程。在这个过程中，各种情景不断地出现，并发生着变化，队员的自身也在不断发生变化，为了适应这些变化，比赛双方都必须适宜的改变自己的行为方式。如果行为方式改变的不适宜，就会给对手创造可乘之机，使自己陷入困境。因此，篮球战术可通过调整全队的行动方式，在比赛期间起到过渡作用，有可能扭转比赛局面，使全队由被动变为主动。

5．掩护功能

篮球比赛是双方在同一场地上面对面的进行的，为了避免对方识破自己的行动后有所准备，比赛双方都竭力隐蔽自己的真正意图而采取复杂的方式，这就需要使用某种行动来迷惑对手，这种行动也是经过精心策划的，为最终实现自己的真正目的而起到掩饰作用，从而体现了战术的掩护功能。

6．增强功能

如果在比赛中采用了正确的战术行动，则可以使一支球队或一名队员的战斗能力增强。这里所谓的增强，并不是说球员的体力或体能有提高，而是说采取了能够充分发挥本队特长或能够抑制对手的战术后，将会使本方获得有利局面，在这种局面下，可以更加有效地发挥本队的战斗力，同时提升士气，增强信心，完成比赛任务，所以战术还具有增强功能。

五、篮球战术的组织与运用

由于球队的风格不同，使得篮球战术在组织形式上种类繁多，变化各异。不同球队在选择战术时，会有不同的原则、内容与形式，战术的组织与运用就是部署与实施的具体过程，主要反映本队的技术水平与风格。战术组织与运用是每名教练员必须认真解决的主要问题，必须经过周密思考和精心策划，与队员一起探讨，并在实践中修正、改进，使之能发挥本队的特长，有效抑制对手的发挥，为取得比赛的最终胜利奠定基础。因此，在篮球战术的组织与运用过程中，一般应注意以下几方面事项。

（一）明确篮球战术运用的指导思想

战术指导思想是教练员制定战术计划、确定战术方案、形成战术特点的理想模式和行动的准则。战术指导思想是篮球战术的核心，比赛中战术能否奏效，关键在于指导思想是否正确。因此，必须根据本队的实际确立战术指导思想，并贯穿于训练和比赛的全过程，从而形成自己的战术风格和体系。在战术的组织运用过程中，正确处理好战略与战术、技术与战术、战术与谋略和意识与行动等几个方面的关系，运用矛盾对立统一的观点去认识比赛中攻与守、内与外、高度与速度、盯人与联防、扩大与缩小等等一些复杂变化，分清矛盾的主要与次要方面以及主次方面之间的相互转化，从中找出规律，以更好地在比赛中审时度势，捕捉战机，争取时间与空间上的优势。

（二）把握篮球战术的实施过程

篮球战术的组织实施，无论是在进攻还是防守中，都包括开始组织、配合攻击和结束转换3个阶段。开始阶段主要是双方各自转入有组织的攻守，根据本队的战术安排，迅速组织形成一定的队形与阵势，过渡到配合攻击阶段。在配合攻击阶段，进攻方以投篮得分为目标，而防守则为争夺球的控制权与攻方展开激烈对抗，双方运用各自的战术行动方式来进行配合。在结束转换阶段双方主要是在完成攻防的同时，如何迅速有效的转入下一回合，进行攻防的战术组织。无论是在进攻还是防守过程中，其各个阶段的行动程序并不是一成不变，由于场上的情况复杂变化，时机出现有必然性和偶然性。因此，为了更好地实现战术意图，控制比赛的节奏与发展，应该明确在攻守过程中所运用的战术，灵活多变是十分必要的。

（三）做好赛前战术准备工作

赛前战术准备，是指教练员根据本队和对手的具体情况，经过分析思考，有针对性地安排比赛中战术的实施。赛前战术准备工作内容主要包括确定战术方案、进行战术部署和对队员的心理调整等几个方面。

篮球竞赛中的攻守对抗，不仅是实力的对抗，也是智力和心理的较量。比赛中战术的组织与运用，不仅反映了教练员的指导思想与谋略，也通过队员战术行动的执行，反映出队员的智慧和对比赛规律的认识。

六、篮球战术设计与创新的基本原则

篮球战术的设计，是指球队根据比赛对手选择战术及战术运用的打法。因此，篮球战术的设计与创新，首先要确定本队的战略指导思想，在战略指导思想的前提下，来进行战术的设计。其次，战术设计与创新必须从实际出发，立足于本队队员的技术水平与特点，充分认识技术与战术的相互统一关系，使技术与战术相互融合。因此，在战术的设计与创新过程中，应遵循以下几个原则。

（一）长远目标与近期任务相结合的原则

战术的设计与创新，应和本队的长远发展目标、指导思想相联系与年度的、近期的比赛任务相联系，来制定能逐渐形成本队风格的战术打法。

（二）连续性与均衡性相结合的原则

篮球战术的设计与创新，应从整场比赛的攻守过程来考虑，使战术在实施过程中能尽量保持攻守平衡，以利于攻防转化；同时战术的设计还应注意战术各个组成部分的衔接与变化，在复杂多变的情况下，保证战术实施的连续性。

（三）原则性与机动性相结合的原则

所谓原则性是指在战术设计中必须有一套基本的战术打法，这套战术打法是根据本队特点和对手情况设计的，无论场上情况如何变化，都要以这套基本战术为中心，而辅以其他一些应变措施。而在战术的实施过程中，要求队员要根据场上的具体情况来机动灵活、创新性的运用战术，把原则性与机动性性结合，使战术通过多变而达到实效性。

（四）针对性与优化性相结合的原则

战术的设计与创新，应该有明确的目标，就是在比赛中取胜，要针对对手，扬长避短，多手准备。同时，在阵容结构上要优化组合，既要保证全队竞技实力的充分发挥，又能抑制对手的长处；既有最默契的战术组合，又有多种不同人员组合，灵活多变，出奇制胜。

思考题：

1. 简述篮球战术的作用。
2. 根据篮球战术的概念，分析篮球战术构成的基本要素。
3. 举例说明如何组织和运用篮球战术。
4. 试述篮球战术的设计与创新原则。

第二节 篮球战术基础配合

内容提要：本节阐述了篮球战术基础配合的概念、作用及分类；较为系统地介绍了攻守战术基础配合方法及要求、教学步骤与方法；提出了攻守战术基础配合教学与训练的建议。

篮球战术基础配合是指比赛中队员两三人之间有目的、有意识的一种的协调行动，具有简练、灵活、实效性强的特点。战术基础配合是全队战术的的基础，也是篮球战术的重要组成部分，它包括进攻战术基础配合和防守战术基础配合两个部份。就一个队而言，熟练掌握战术基础配合数量的多少与运用质量的好坏，直接决定着全队战术的实效性与灵活性的大小，并与比赛的胜负有着密切的关系。

一、进攻战术基础配合

进攻战术基础配合是进攻队员两三人之间为了创造攻击机会，合理地运用各种进攻技术在局部区域所组织的配合方法。它是组成全队进攻战术配合的基础。进攻战术基础配合一般是由2~3名进攻队员参与组织的。从配合形式来看，往往是由持球队员与1~2名无球进攻队员之间运用不同的技术所构成，它也可在无球队员之间组织进行。

熟练掌握和灵活运用各种进攻战术基础配合方法，对提高队员的整体进攻战术配合能力和篮球战术意识都具有极其重要的作用。进攻战术基础配合包括传切、突分、掩护和策应等配合。

（一）配合方法及要求

1．传切配合

传切配合是指进攻队员之间利用传球和切入技术所组成的简单配合。它包括一传一切和空切。传切配合是一种最基本的简单易行的进攻方法。一般在对方采用扩大盯人或扩大联防时运用。

（1）传切配合的方法

① 一传一切配合：是指持球队员传球后，利用起动速度或假动作摆脱防守，向篮下切入接回传球投篮的配合。

【示例】如图3-2-1所示，⑤传球给⑥，⑤向左侧做切入假动作，同时观察❺的移动情况，然后突然从右侧切入，侧身面向球接⑥的传球投篮。

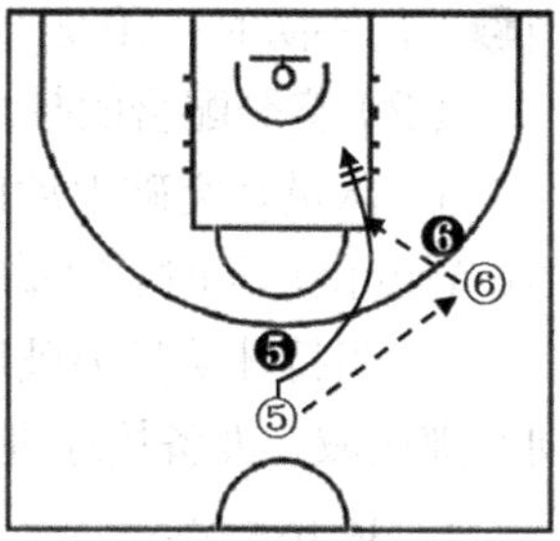

图3-2-1

② 空切配合：是指无球队员掌握时机，摆脱对手，切向防守空隙区域接球投篮或做其他进攻配合。

【示例】如图3-2-2所示，④传球给⑤时，⑥利用❺未及时调整位置的机会，突然横切或沿底线切向篮下接⑤的传球投篮。

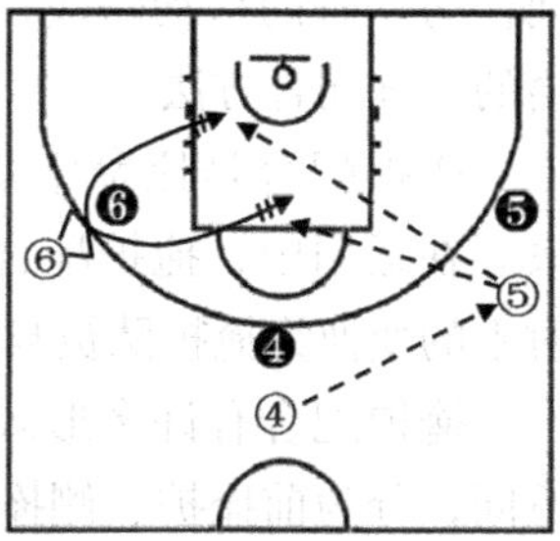

图3-2-2

（2）传切配合的基本要求

① 必须要有一定的配合空间，选择合理的切入路线。

② 切入队员要充分利用防守队员选位不及时或注意力分散的空隙，快速起动或利用假动作摆脱对手。

③ 传球队员动作要隐蔽，及时、准确。

2．突分配合

突分配合是指持球队员突破对手后，遇到对方补防或协防时，及时传给进攻位置最佳的同伴进行攻击的一种配合方法。

它是对付人盯人紧逼防守或区域联防有效方法之一，具有方法简单，行动突然、攻击性强、杀伤力大的特点，可起到打乱对方的防守部署、压缩防区、为同伴创造最佳的外围投篮或篮下进攻机会的作用。

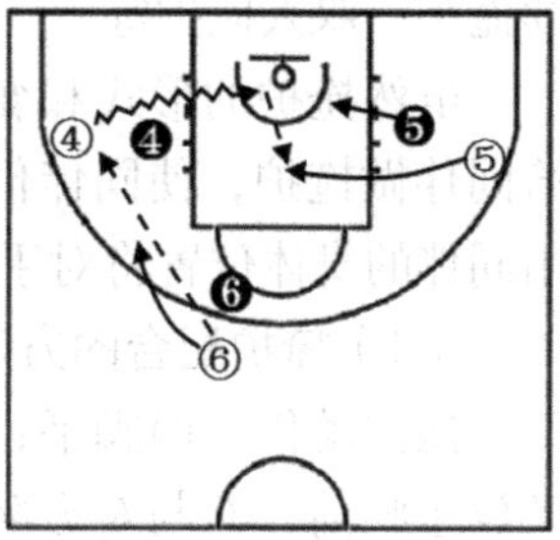

图3-2-3

（1）突分配合的方法

【示例一】如图3-2-3所示，④持球从底线突破❹后，遇到❺补防时，及时传球给横切的⑤投篮。

【示例二】如图3-2-4所示，④持球纵向突破❹，

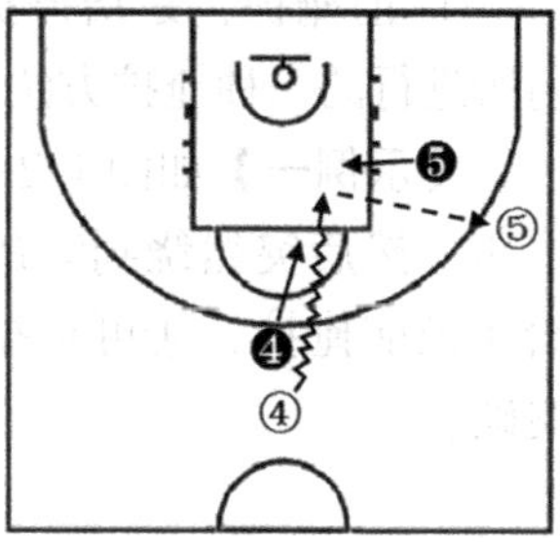

图3-2-4

当❺关门协防时，④及时传球给⑤投篮。

（2）突分配合的基本要求

① 队员在突破中动作要快速、突然，在准备投篮的同时，注意观察攻守队员的位置变化，及时、准确地将球传给进攻位置更好的同伴。

② 当持球队员突破后，其他的进攻队员都要摆脱对手，离开原先的位置，切向空隙区域，准备接球进攻或抢篮板球。

3．掩护配合

掩护配合是指进攻队员选择正确的位置，利用自己合理的身体技术动作挡住同伴防守者的移动路线，使同伴借以摆脱防守，获得接球投篮攻击或其他进攻机会的一种配合方法。

掩护配合是比赛中最常用的配合方法，特别是对付紧逼人盯人防守最为有效。在运用中，掩护配合不仅能为同伴创造有利的进攻机会，而且还可利用防守对手的变换为掩护队员自身创造进攻机会（即二机会），使对手防不胜防。

掩护配合有许多形式和方法，根据掩护者和同伴防守者的身体位置和方向的不同，分为前掩护、侧掩护、后掩护3种形式；根据掩护者的人数、移动，路线、方向和变化，可变化为定位掩护、行进间掩护、反掩护、后掩护、运球掩护、连续掩护、双人掩护等。

虽然掩护的形式和变化很多，但从组成掩护配合的行动看，一是掩护者主动给同伴做掩护，使同伴借以摆脱防守（如定位掩护）；二是摆脱者主动移动，利用同伴的身体位置将对手挡住，使自己摆脱防守（如行进间掩护等）。

（1）掩护配合的方法

掩护动作：两脚平行开立，两膝微屈，上体微前倾，两臂屈肘放于体侧或交叉放于胸前，并与对方队员保持适当的距离。正确的掩护动作有利于自我保护和攻守对抗，并可避免犯规。

① 前掩护：是指掩护队员站在同伴的防守者身前所进行的一种掩护方法。

【示例一】如图3-2-5所示，④传球给⑤后先向下压，然后突然绕到⑤的身前，⑤转身传球给④并给④做前掩护，④可根据防守者的情况及时投篮或突破。

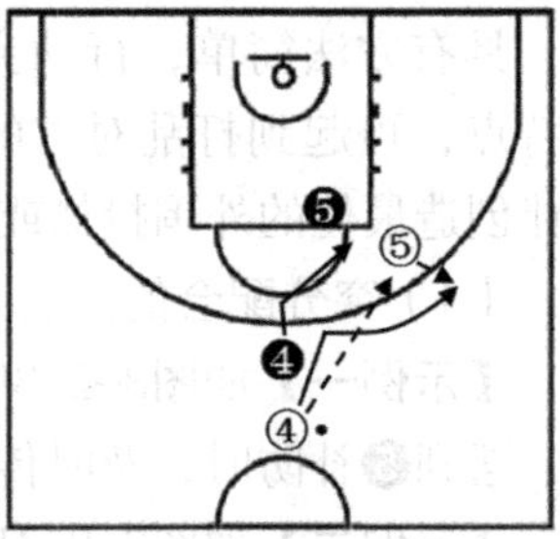

图3-2-5

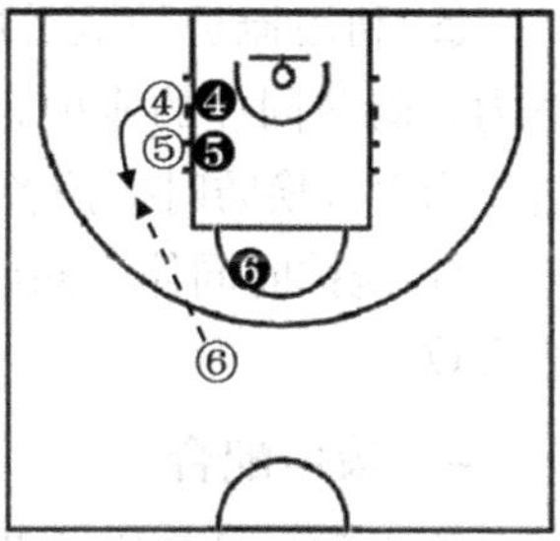

图3-2-6

【示例二】如图3-2-6所示，④和⑤重叠左侧，④利用⑤做前掩护接⑥的传球投篮，如❺绕前防守④时，⑤可及时转身切入篮下，④及时传球给⑤投篮。

② 侧掩护：是指掩护队员站在同伴防守者的侧面进行配合掩护的方法。

【示例一】持球队员与无球队员之间的侧掩护配合，如图3-2-7所示，⑤传球给④后，移动到身体左侧做侧掩护，④接球后瞄篮或做向左侧突破的动作。当⑤掩护到位时，④立即从右侧贴着⑤的身体运球突破上篮，⑤立即转身切向篮下抢篮板球或利用对手换防及时转身，接④的分球投篮，这种掩护也称挡拆配合。

【示例二】无球队员之间的侧掩护配合，如图3-2-8所示，⑤传球给④后，向传球的反方向移动给⑥做侧掩护时，⑥先向篮下做压切动作靠近❻，然后突然贴近⑤的身体横切接④的球投篮；⑤掩护后转身切入篮下，接④的传球投篮（即二机会）或抢篮板球，这种掩护也称反掩护。

③ 后掩护：是指掩护者站在同伴防守者的身后所组成的一种掩护配合方法。这种掩护不易被对方发现，成功率较高。掩护时掩护者与同伴防守者通常应保持半步距离，以避免发生犯规。

【示例】如图3-2-9所示，⑤传球给④，⑥到⑦身后做掩护时，先做横切假动作吸引❺，然后突然从左侧贴近⑥的身体切向篮下，⑥随之面向球横切，④将球传给⑤或⑥投篮。

图3-2-7

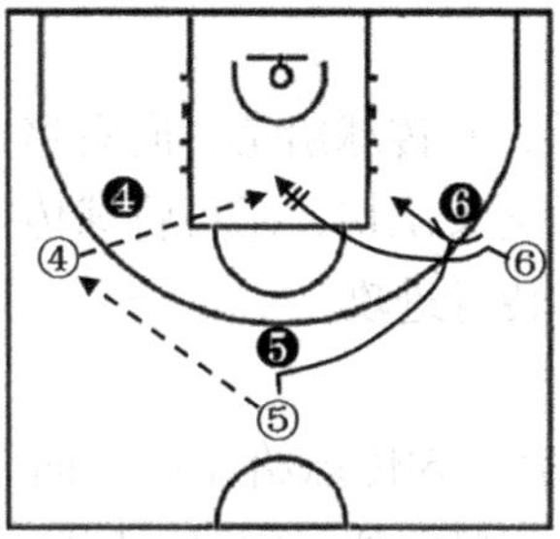

图3-2-8

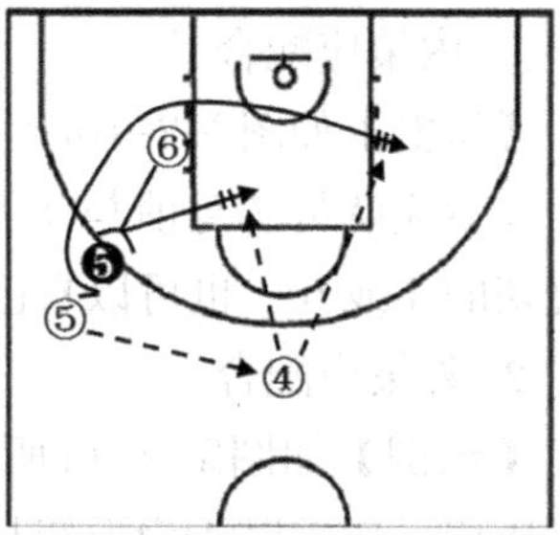

图3-2-9

（2）掩护配合的基本要求

① 掩护者应及时抢占有利的掩护路线，选择正确的掩护位置和动作，以利于同伴及时摆脱对手；掩护的一霎那掩护队员的身体应是静止的，以避免犯规。

② 利用掩护的队员应选择最佳的摆脱角度，以各种进攻动作吸引对方的注意力，隐蔽同伴的掩护意图。掩护时被掩护队员身体要靠近掩护者，以防对方挤过。当对方换防时掩护者应立即转身护送，参与进攻。

③ 掩护时同伴之间应掌握好配合时机，根据防守变化，组织中投、突破或内线进攻。

4．策应配合

策应配合是指进攻队员背对或侧对球篮接球后，通过多种传球与外线队员的空切、绕切相结合，借以摆脱防守，创造各种里应外合进攻配合方法。

策应配合的应用范围较广泛，可以干扰防守绕切的队员选择正常位置，在进攻半场人盯人防守或区域联防时经常采用。当对方采用全场紧逼人盯人防守时，也可在中场一带，甚至在对方前场运用策应配合来组织进攻，破坏对方防守。根据策应的位置的不同，策应配合通常可以分为内策应、外策应两种配合方法。靠近端线限制区两侧做策应统称为内策应；在罚球线附近，或罚球线的延长线附近做策应统称为外策应。

（1）策应配合的方法

策应动作：接球时，背对球篮两脚开立，两膝弯屈，上体稍前倾，保持身体平衡，两肘微屈，用身体和躯干将对手挡在身后；接球后，两手持球于腹前或置于头上，用臂和身体保护球，并随时注意攻守者的变化情况。

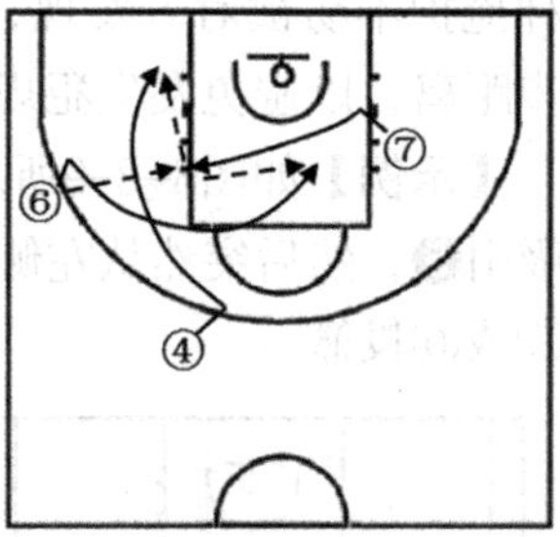

图3-2-10

① 内策应配合

【示例】如图3-2-10所示，⑥传球给⑦，向右移动，在策应队员⑦身前与④做交叉绕切，⑦可将球传给绕切的④或⑥，也可以自己转身进攻。

② 外策应配合

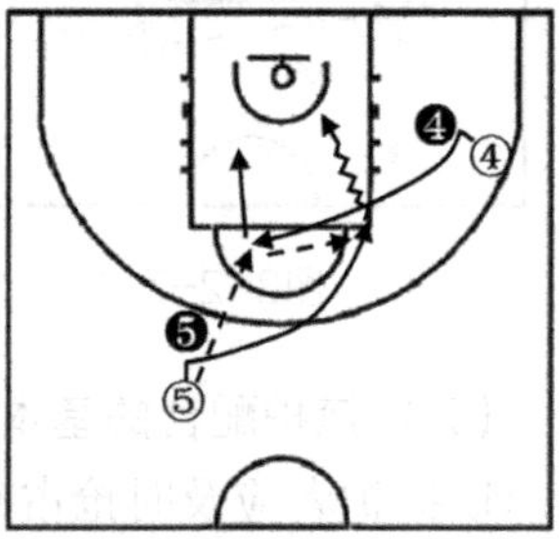

图3-2-11

【示例】如图3-2-11所示，⑤传球给④后，向左侧压切，然后以④为枢纽从右侧绕切，同时策应队员④先做传球给⑤的假动作，然后转身把❹挡在身后，将球传给绕切过来的⑤，⑤接球可以投篮也可传给策应后下切的④攻击。

（2）策应配合的基本要求

① 策应队员首先要抢占有利的策应位置，果断抢前接球，以保证接球的安全。接球时，策应动作要正确，保持身体平衡，并善于用臂和身体保护球，随时注意攻守者的变化情况。

② 高大队员策应时，接球后可把球举在头上，根据同伴的移动，做出向前、后、左、右的传球配合。当同伴摆脱防守获得进攻机会时，策应者要及时传球给同伴，同时自己也要伺机进攻。在策应过程中可利用转身调整策应的方向和位置，以帮助同伴摆脱防守，增加策应配合的变化和威胁。

③ 外线配合队员传球后，要利用起动速度或假动作摆脱防守，接到策应队员的传球后迅速做出最佳选择：投篮、突破或传球。

（二）进攻战术基础配合教学与训练

1．教法建议

（1）进攻战术基础配合的教学内容应安排在基本技术教学之后、防守战术基础配合之前进行。首先让学生了解该战术的配合方法、作用、运用时机和特点等。

（2）教学中应抓住重点教材中的重点部分，以点带面。传切配合重点强调如何摆脱对手及传球技术运用。突分配合重点掌握突破分球的时机、传球方法及切人队员的路线。掩护配合重点强调掩护动作、距离、位置、角度和掩护后的转身及移动方向。策应配合重点强调策应技术动作的运用、绕切的路线及传球的方法。

2．教学与训练提示

（1）在掌握基本的配合方法之后，增加对抗性的练习，以巩固提高配合质量，掌握配合变化规律。

（2）加强教学组织管理，对每个重要教学环节要严格要求，提高战术意识，为学习整体战术配合打好基础。

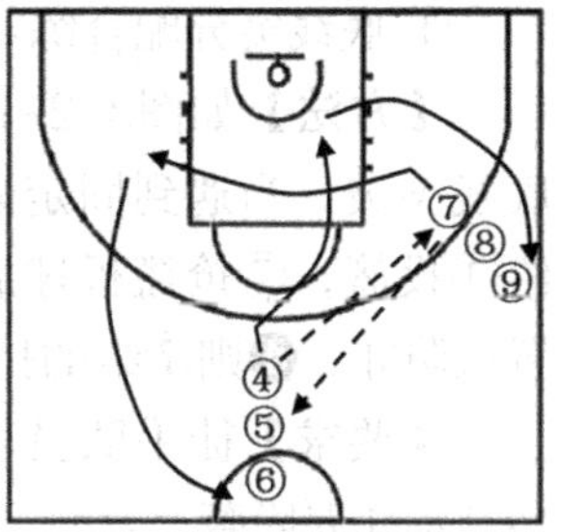

图3-2-12

3．练习步骤与方法

（1）传切配合的练习方法

① 切入动作练习

【方法】如图3-2-12所示，练习者分成2组，④传球给⑦后向左侧做切入假动作，然后变向从右侧纵向切入，⑦接球后回传给⑤，并向底线做切入假动作，然后变向从左侧横切。⑦切入后到④排尾，④切入后到⑦排尾，依次进行练习。

【要求】假动作要逼真，变向切入动作迅速，侧身看球。

② 不同条件下的纵切配合练习

【方法】如图3-2-13所示，④传球给⑦后向左侧做切入假动作，然后变向从右侧纵切接⑦的回传球投篮。⑦传球后跟进抢篮板球，④与⑦交换位置，依次进行练习。在此基础，可做横切、斜切或对切入队员增设防守，先消极最后过渡到积极防守进行二对二的对抗练习。

【要求】切入动作要快，传球及时到位，投篮准确。

③ 弱侧横切配合练习

【方法】如图3-2-14所示，⑤⑥两组每人一球，⑤传球给④后反方向切入接⑥的球投篮，⑥传球后快速横切接④的传球投篮。④⑥抢篮板球后按顺时针方向换位，依次进行练习。

【要求】切入动作正确，速度快，传、投准确，换位及时。

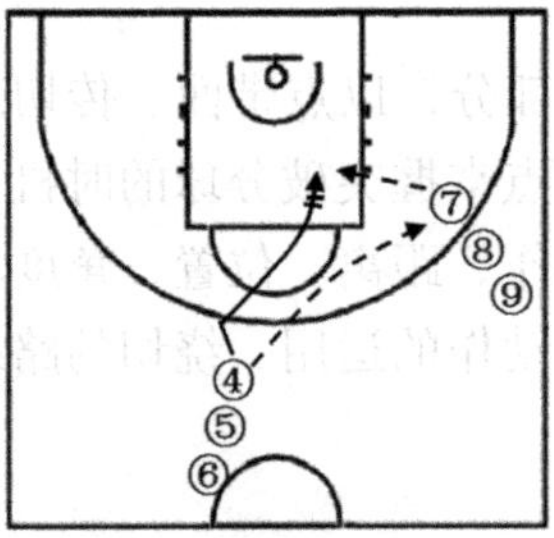

图3-2-13

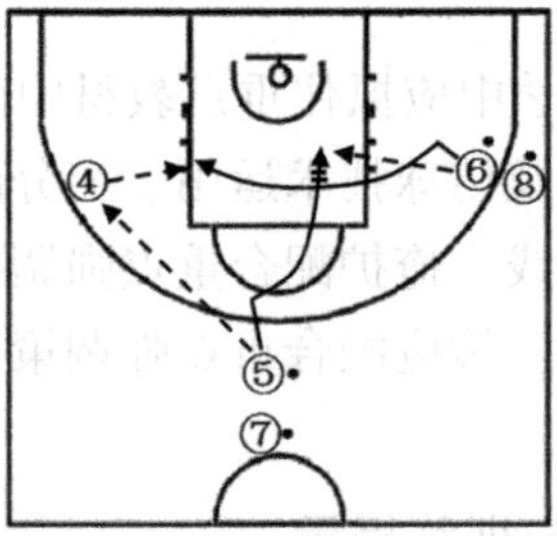

图3-2-14

（2）突分配合的练习方法

① 底线突分配合练习

【方法】如图3-2-15所示，⑦接④的传球后，沿底线突破，当遇到固定防守者❹的阻截时，及时传球给④投篮，⑦抢篮板球后到④组的排尾，④到❹的位置做防守，❹则⑦组的排尾。如此依次练习。

【要求】徒手队员可向不同方向移动，持球队员传球动作要隐蔽、及时、正确。

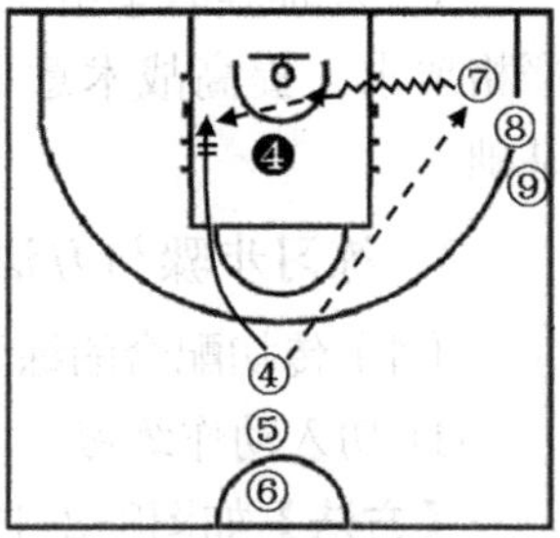

图3-2-15

② 中路突分配合练习

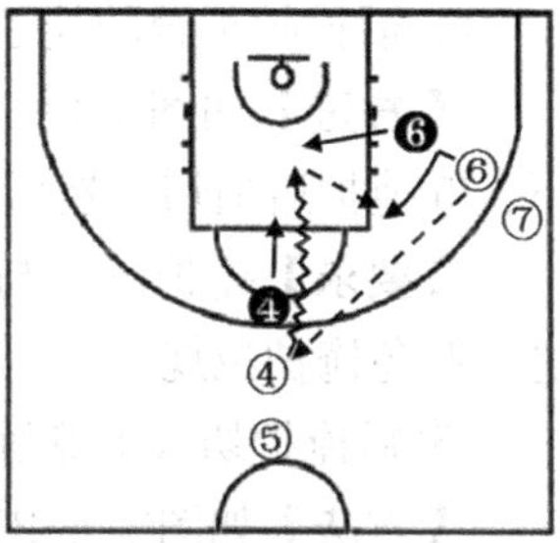

图3-2-16

【方法】如图3-2-16所示，④接⑥的传球后，中路突破，当❻关门协防时将传给⑥投篮，防守队员抢篮板球，④和⑥回原位防守⑤和⑦。依次进行练习。

【要求】突破时用身体保护球，无球队员不要过早移动，进攻结束后快速原位防守，确保练习的连续性。

（3）掩护配合的练习方法

① 掩护动作的徒手练习

【方法】如图3-2-17所示，练习者分成左右两组，立柱✱表示固定防守队员。⑦给④做侧掩护，④贴近⑦的身体从右侧切人，⑦随之后转身跟进，④⑦交换位置，然后⑧给⑤做掩护。依次进行练习。

【要求】掩护动作要正确，切入时掩护队员与被掩护队员两肩紧贴，不留空隙。练习数次后，变换掩护方向。

② 给持球队员做侧掩护练习

【方法】如图3-2-18所示，⑦将球传给④，④瞄篮或向左侧虚晃，当⑦掩护到位时，④突然向右运球突破投篮或传球给⑦，⑦后转身跟进准备接回传球或抢篮板球。④⑦交换位置，依次进行练习。

【要求】掩护后跟进要及时，突破时把握好第一进攻机会直接投篮或伺机传球给⑦。

③ 反掩护配合练习

【方法】如图3-2-19所示，④传球给⊗后，反方向移动给⑤做掩护，④掩护后转身切人篮下，⑧将球传给⑤或④投篮，抢篮板球后，④换位置，依次进行练习。

【要求】④不能过早转身，④⑤掩护后左右应拉开一定距离。

图3-2-17

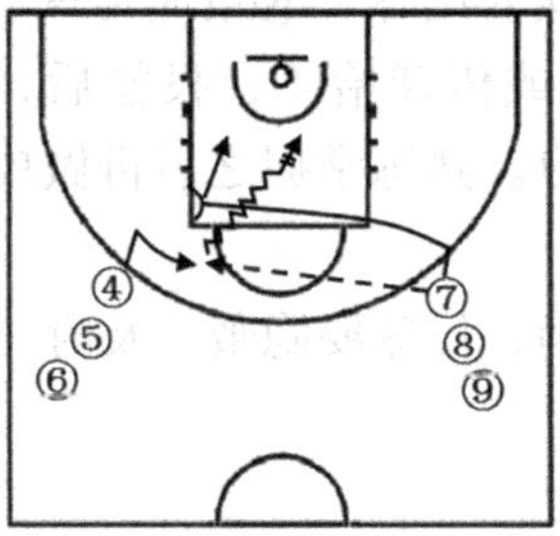

图3-2-18

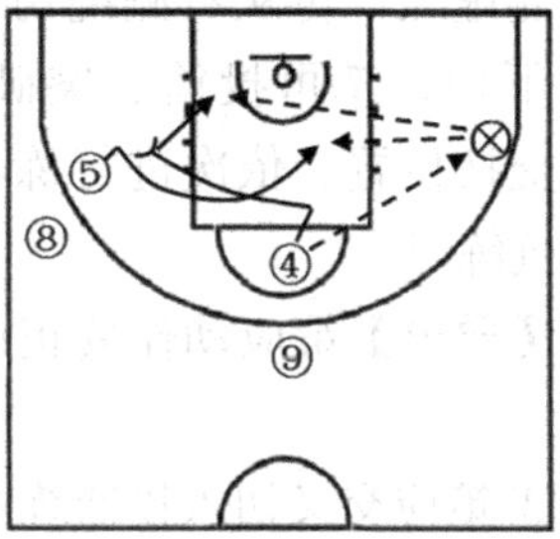

图3-2-19

④ 后掩护配合的徒手练习

【方法】如图3-2-20所示，⊗为固定防守队员，⑤给掩护，④摆脱纵切篮下，⑤掩护后横切，然后④⑤交扫换，⑦给⑥做后掩护。依次进行练习。

【要求】掩护者⑤与⑧保持约半步的距离，掩护动作要正确，掩护后及时跟进，避免掩护犯规。

⑤ 后掩护切入上篮练习

【方法】如图3-2-21所示，④传球给⑧，⑤上提给④做后掩护，④摆脱后纵切篮下接⑧的球投篮，⑤掩护后横切或转身接传球，或抢篮板球。④⑤⑧3人轮换位置，依次进行练习。

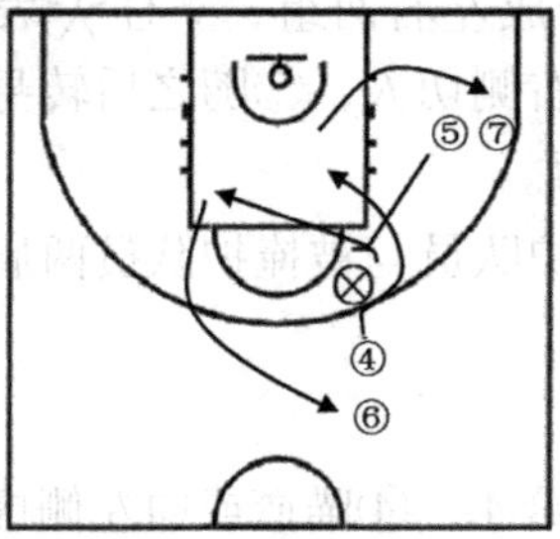

图3-2-20

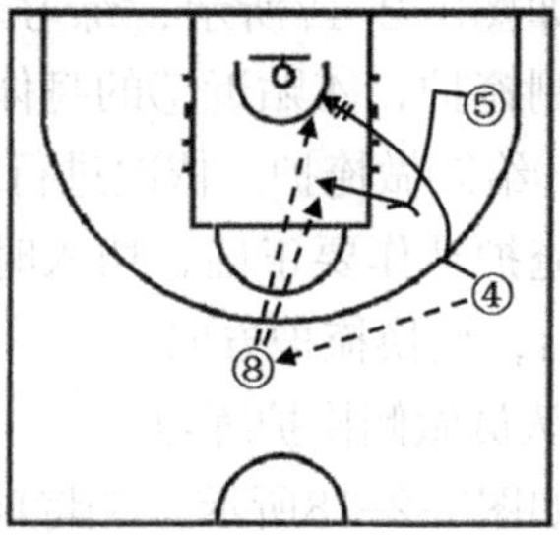

图3-2-21

【要求】掌握好掩护动作、距离和位置；掩护后始终观察球，要及时横切接球或抢篮板球。

（4）策应配合练习

① 策应切入投篮练习

【方法】如图3-2-22所示，全队分成2组，⑦⑧⑨每人一球，当④上提至罚球线时，⑦传球给④，然后向左侧虚晃，再从右侧绕切接④的球，④策应传球后转身下切，⑦可投篮、突破或传球给④，投篮后，④⑦交换位置，依次进行练习。熟练掌握之后再做攻守对抗练习。

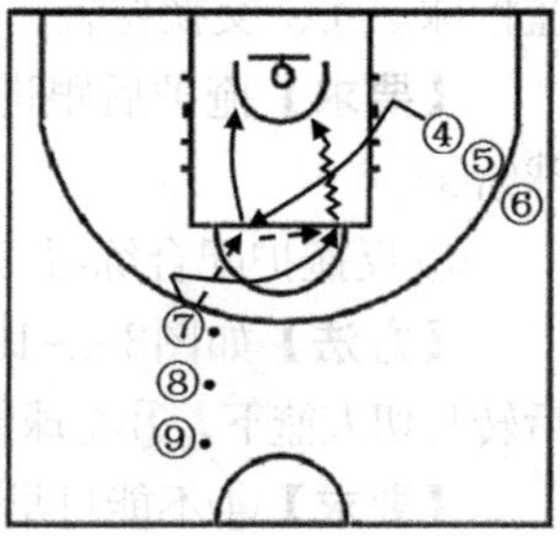

图3-2-22

【要求】策应动作要正确、传球要隐蔽、及时、准确。

② 策应交叉切入投篮练习

【方法】如图3-2-23所示，全队分成3组，⑤插上

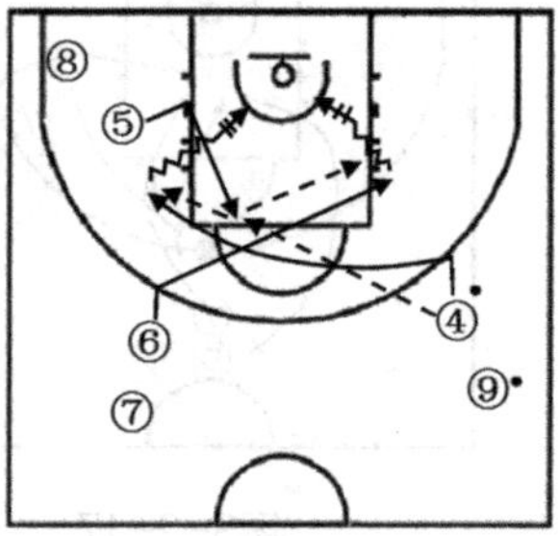

图3-2-23

接④的球做策应，④⑥在⑤身前交叉绕切接⑤的球投篮或突破。⑤传球后纵切篮下抢篮板球，然后按顺时针方向换位，依次进行练习。练习熟练后可做攻守对抗练习。

【要求】 策应队员插上要及时到位，采用绕步抢前接球动作，对抗练习时先做二防三，后做三防三，从消极防守到积极防守。

二、防守战术基础配合

防守战术基础配合是防守队员两三人之间为破坏对方的进攻配合，或当同伴防守出现困难时，及时地给予协助所组成的配合方法，具有简练、针对性强的特点。它是全队防守战术的基础。

防守基础配合是在局部区域上展开的防守配合行动，是由2～3人参与的一种对进攻队员的各种进攻行动所实施的一种协同配合行动，具有小组配合的性质。防守战术基础配合的方法有挤过、穿过、绕过、交换、夹击、补防、关门和围守中锋等，不同的配合方法都是针对不同的进攻方法而运用的。熟练掌握和灵活运用防守基础配合，对提高队员整体防守战术水平、配合能力和战术意识都具有极其重要的作用。

（一）配合方法及要点

1. 挤过配合

当对方运用掩护进攻时，防守者为了破坏对方的掩护配合。当掩护者临近的一刹那，被掩护者的防守者主动靠近自己的对手，并从2个进攻者之间侧身挤过去，继续防住自己的对手所采用的一种配合方法。

运用挤过防守时，防守者首先要善于发现对方的掩护行动。防守掩护者的队员要及时提醒，使挤过者在思想上有所准备。当掩护者临近自己时，为了避免掩护成功，防守者应当及时侧身，运用碎步挤过继续防住自己的对手

（1）挤过配合的方法

【示例】 如图3-2-24所示，⑤给④做掩护，当⑤接近❶的一刹那，❹抢前横跨一步贴近④，并从④和⑤之间主动侧身挤过去继续防守④。

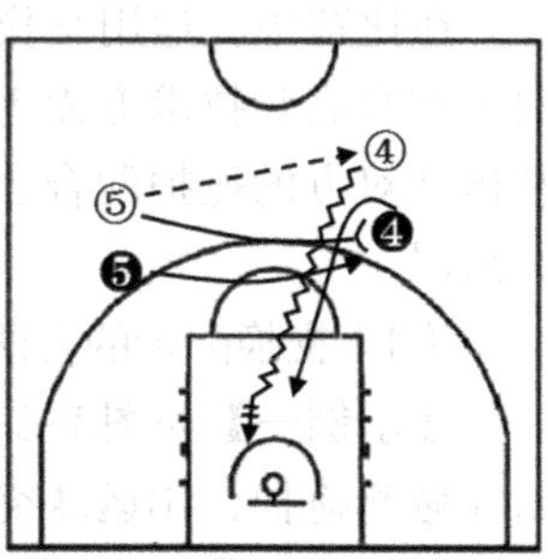

图3-2-24

（2）挤过配合的要点

① 要及时预察对方的掩护行动；运用挤过时，动

作及时、果断，以防对方反方向切入。

② 在两个进攻队员身体靠近之前，果断抢步贴近对手，快速侧身、提臂、跨步抢过。

③ 防守掩护者的队员应站在能够兼顾防守2个进攻队员上，及时提醒同伴对方的掩护意图，做好可能换防的准备。

2．穿过配合

穿过配合是指当对方进行掩护时，防守掩护者的队员及时提醒同伴，并主动后撤一步，让同伴及时从自己和掩护队员之间穿过去，继续防守自己对手的配合方法。

穿过配合常用于当对方掩护发生在弱侧区域，距离球篮较远，无投篮威胁，不宜换防的情况时。

（1）穿过配合方法

【示例】如图3-2-25所示，④传球给⑤，④反方向移动给⑥做掩护的一刹那，❹主动后撤，让❻从④和❹中间穿过去，继续防守⑥。

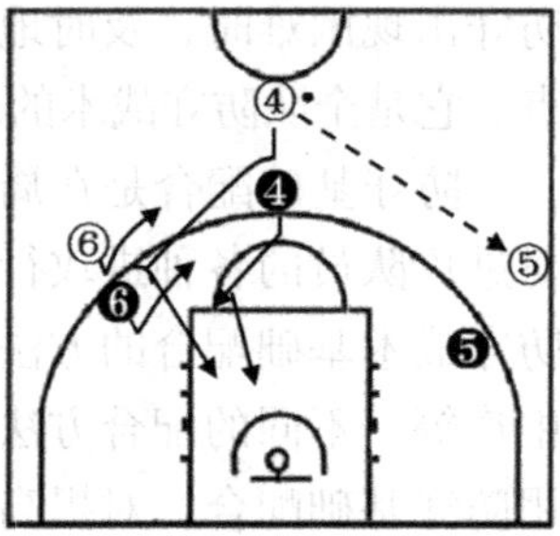

图3-2-25

（2）穿过配合的要点

① 防掩护队员要及时提醒同伴，并主动后撤一步选好位置，留出让同伴穿过的通路。

② 当对方掩护时，防守被掩护者的队员要撤步侧身，避开掩护队员，使其及时穿过。

3．交换配合

交换配合是指当进攻队员进行掩护配合时，防守掩护者的队员与防守被掩护者的队员及时主动地交换自己所防对手的配合方法。

在比赛中，运用交换配合时，只要换防以后的新对手在身高和技术方面无明显的差别，可有效地扼制和破坏对方的掩护配合。通常在对方进行横向的掩护时采用。

（1）交换配合的方法

【示例一】如图3-2-26所示，⑤将球传给④，⑤给④做侧掩护，④运球突破。此时❺发出交换防守信号后立即防守④，❹随之后撤调整位置，堵住⑤的切

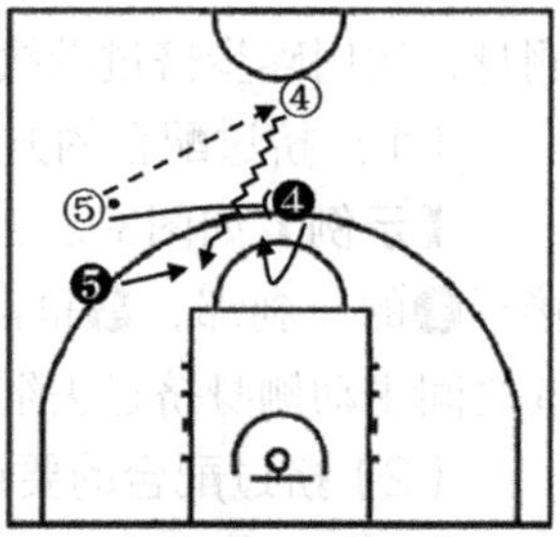

图3-2-26

人，并准备抢断④的传球。

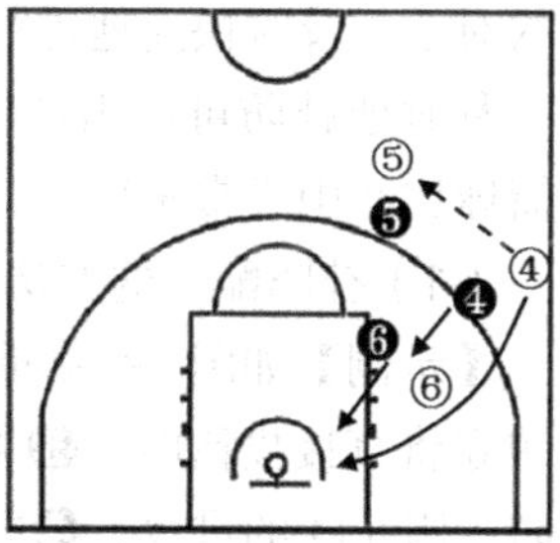

图3-2-27

【示例二】如图3-2-27所示，④传球给⑤并利用⑥做定位掩护切入篮下。此时❻发现❹被掩护住了，主动提示同伴换防，❻防守④篮下接球，❹调整位置防守⑥。

（2）交换配合的要点

① 防守掩护者的队员应及时发出信号提醒同伴，相互换防堵截进攻队员的攻击路线。

② 防守被掩护者的队员应及时撤步，在掩护队员转身切入前抢占有利的防守位置。

4．夹击配合

夹击配合是指2个以上的防守队员，利用对手在场地边角运球或运球停止时，突然快速上前封堵和围夹持球者的一种防守配合方法。

它是一种主动性、攻击性很强的防守配合方法，能有效地控制持球队员的活动，迫使对手失误，创造断球反击的机会。通常在紧逼人盯人防守、区域紧逼防守或对位联防战术中运用。

（1）夹击配合的方法

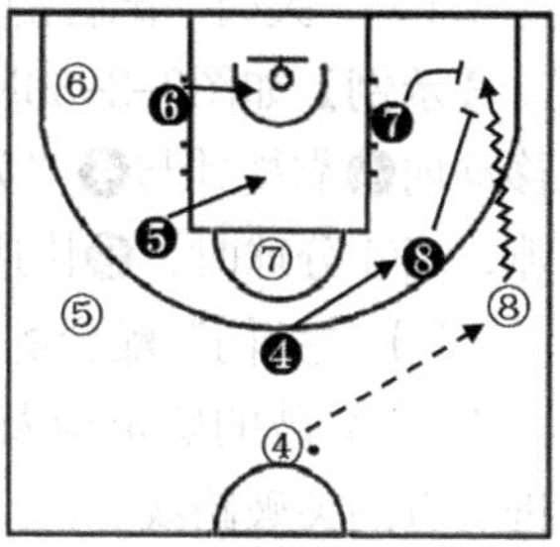

图3-2-28

【示例】如图3-2-28所示，当⑧在底角运球停止时，❼与❽一起夹击⑧，❹堵防强侧的回传球，❹与❺向有球方向移动准备断球。

（2）夹击配合的要点

① 当对手沿边线埋头运球或在场角、中线附近和限制区内运球停止时，是夹击的最好时机。

② 夹击时2个防守队员的身体要靠紧，两臂垂直上举，随对方的球挥摆，封堵其传球。

③ 夹击的目的不是为了从对方队员手中抢球，而是迫使他传球失误，给同伴创造抢断球的机会，因此，应减少夹击时的犯规。

④ 其他队员应积极配合夹击队员的行动，及时封堵近球队员，迫使持球队员传远、高球。

5．补防配合

补防配合是指当防守队员被对手突破或出现漏防时，邻近的同伴果断放弃自己的对手，及时快速地进行补漏防守的一种配合方法。

及时地补防可以阻截一次直接的投篮和减少一次最有进攻威胁的机会，在现代篮球比赛中经常采用。

（1）补防配合的方法

【示例】如图3-2-29所示，当④中路运球突破❹的防守将直接投篮时，❺果断放弃自己的对手，快速补防，阻止④的进攻，❹向左侧移动防守⑤。

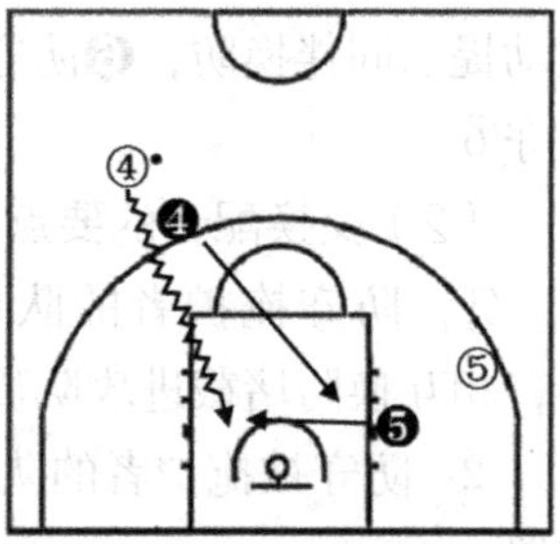

图3-2-29

（2）补防配合的要点

① 防守队员应全面观察和判断场上出现的漏防情况，补防时应大胆、果断、迅速地抢占有利位置，避免犯规。

② 被对手突破的防守队员应快速向补防队员方向移动，及时防守被同伴放弃的对手，并观察对方的传球意图，争取抢断球。

6．“关门”配合

“关门”配合是指邻近的2名防守队员协同堵截进攻队员运球突破的一种防守配合方法。通常运用于区域联防和半场人盯人防守战术中。

（1）“关门”配合的方法

【示例】如图3-2-30所示，④持球突破时，❺抢先移动向❹靠拢并与❹“关门”堵截④，不给④留有空隙，当④分球时，❺快速回防自己的对手。

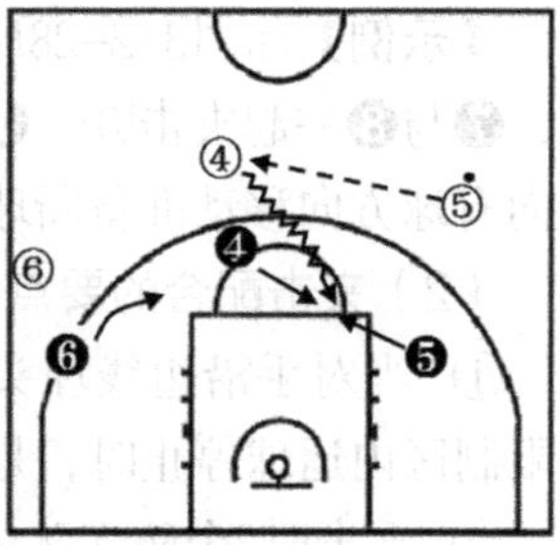

图3-2-30

（2）“关门”配合的要点

① 防突破的队员应及时向侧后方滑步卡位，堵住进攻者的突破路线。

② 邻近突破一侧的防守队员，应快速向同伴移动靠拢进行“关门”配合，同时根据持球队员的停球和传球，决定围堵或回防。

③ “关门”配合时，防守队员两肩紧靠，微屈膝，含胸，两臂自然上举或侧举，发生身体接触时要用暗劲，避免受伤。

7．围守中锋

围守中锋配合是指外围防守队员协同内线防守队员，共同堵防、夹守对方中锋的一种配合方法。

当对方中锋的攻击力较强时，为减小内线防守的压力，削弱对方中锋进攻威力时，常采用围守中锋的防守方法。

（1）围守中锋配合的方法

【示例】如图3-2-31所示，⑥持球时，❻紧逼防守⑥，❹位于④的外侧防守，❺后辙与❹围守④。当⑤持球时，④紧逼防守⑤，❹移动至内侧防守④，❻后撤与❹围守④。当⑤或⑥传球给④时，❺和❻迅速后撤围夹④。

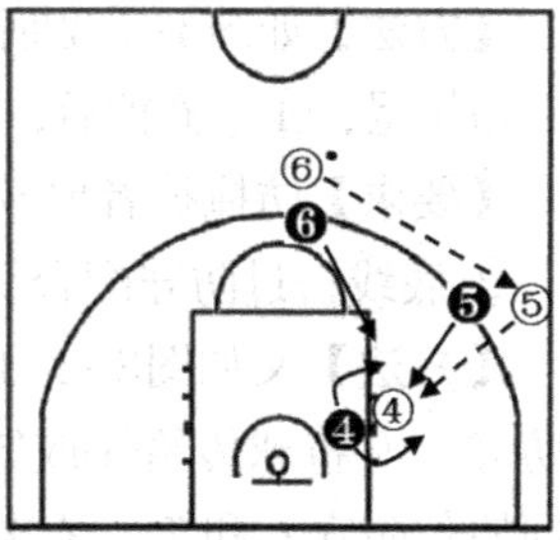

图3-2-31

（2）围守中锋配合的要点

① 紧逼持球队员，切断内外联系，迫使他不能准确、及时地传球给中锋。防守中锋的队员根据球的转移，积极移动阻截对手接球。

② 当对方中锋接球或转身向篮下运球进攻时，邻近中锋一侧的防守队员应迅速进行围夹，迫使中锋将球传到外围。

（二）防守战术基础配合的教学与训练

1. 教学训练建议与提示

（1）防守基础配合的教学，应安排在学习与掌握了进攻战术基础配合之后进行。教学时，应先从挤过防守开始，然后教补防、夹击配合、“关门”配合，最后教交换、穿过、绕过防守和围守中锋的配合。重点抓好“关门”、挤过、交换防守等配合。

（2）在防守基础配合的教学与训练中要严格要求，在提高个人防守能力的基础上掌握防守基础配合的方法。要首先使学生了解不同配合方法的作用、运用时机和特点；重点分析完成配合的不同环节，注意配合中位置的选择与调整，配合动作与时间要合理及时。

（3）在练习防守技术与基础配合时，要与进攻技术和基础配合结合，由固定到变化，由消极到积极，由局部到全部，由个体到整体，逐步提高防守基础配合的运用能力，并将不同的防守基础配合结合起来进行练习，提高队员的意识和应变能力。

2．练习步骤与方法

（1）挤过配合练习

① 外线挤过配合练习

【方法】如图3-2-32所示，⑥给④做掩护，❹练习挤过，然后到右路排尾，❺到左路排尾，④⑥掩护后，④防⑦⑥防⑤，⑦给⑤做掩护，依次反复练习。

【要求】防掩护者要及时提醒，发出信号；挤过时，动作迅速有力。

② 底线挤过防守配合练习

【方法】又如图3-2-33所示，④传球给⑨，④移动至底线与⑤做掩护，❺挤过防守。⑨将球传给④或⑤。进攻结束后，❹❺抢篮板球，换位至排尾，④⑤立即回原位防守⑥和⑦，依次进行练习。

【要求】同上。

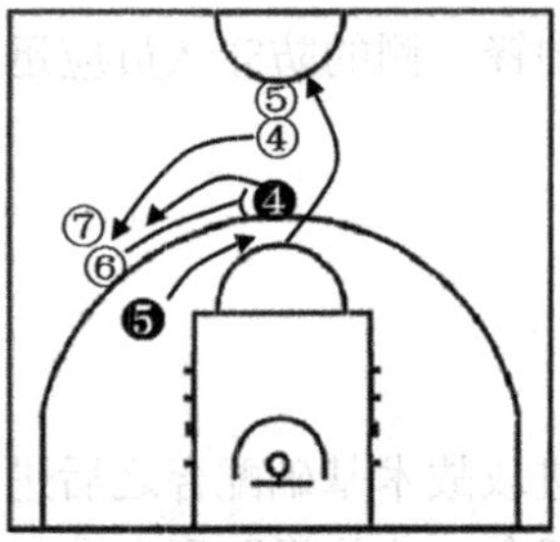

图3-2-32

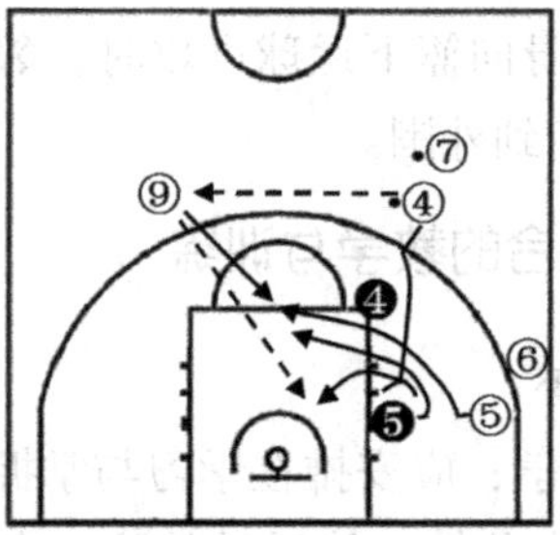

图3-2-33

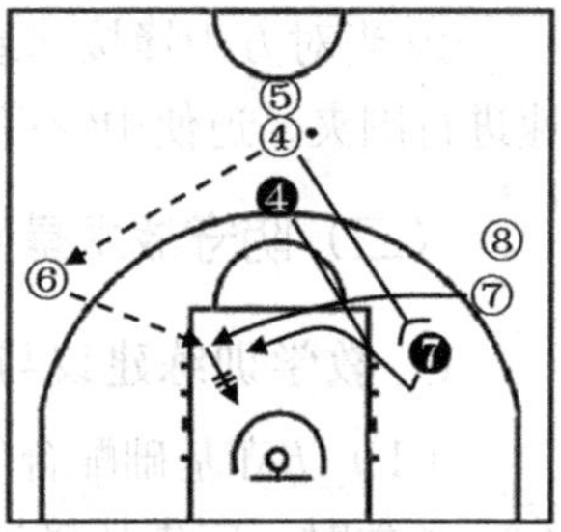

图3-2-34

【要求】挤过时积极主动，腰髋和脚步动作应快速有力，练习数次后改变掩护方向。

（2）穿过配合的练习

【方法】如图3-2-34所示，④传球给⑥，再给⑦做掩护，❹后撤与❼做穿过配合，继续防守自己的对手，进攻队投篮后，防守抢篮板球换位至排尾，④和⑦快速回位防守⑤和⑧。依次进行练习。

【要求】防掩护者要及时喊话，主动让道，被掩护的防守队员后撤要及时，穿过动作要快。

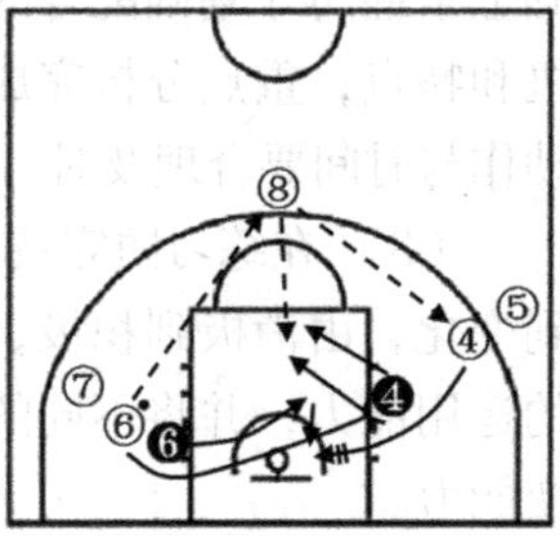

图3-2-35

（3）交换配合的练习

【方法】如图3-2-35所示，⑥传球给⑧，然后移动到左边给④做横向的底线交叉掩护时，⑦及时发出信号与⑤交换防守，⑧可将球传给④或⑥，进攻结束后

④和⑥立即回原位防守⑤和⑦。依次进行练习。

【要求】防掩护者必须发出信号，通知同伴进行交换；攻守转换速度要快，加大练习密度。

(4) 夹击配合练习

【方法】如图3-2-36所示，④传球给⑤，⑤传给⑥，⑥向底线运球停止后，❼与❻夹击⑥，❹及时防守近球队员⑤，⑥传球给④，防守回原位。依次进行练习。练习数次后，调整防守位置或攻守交换。

【要求】严格执行夹击配合的基本要求，快速移动紧逼近球队员。

配合的练习方法

(5) 补防配合练习

【方法】如图3-2-37所示，④从中路突破❹时，❺立即补防④，❻向篮下移动补防⑤，❹补防⑥，完成防守后，❺抢篮板球，防守队员按顺时针方向换位至排尾，进攻队员立即回原位防守。依次进行练习。

【要求】补防时、补防向侧后方滑步卡位，移动迅速，堵住进攻队员的突破路线，减少犯规。

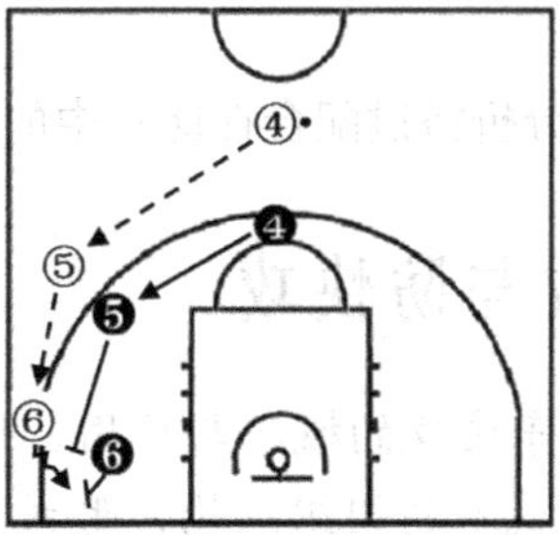

图3-2-36

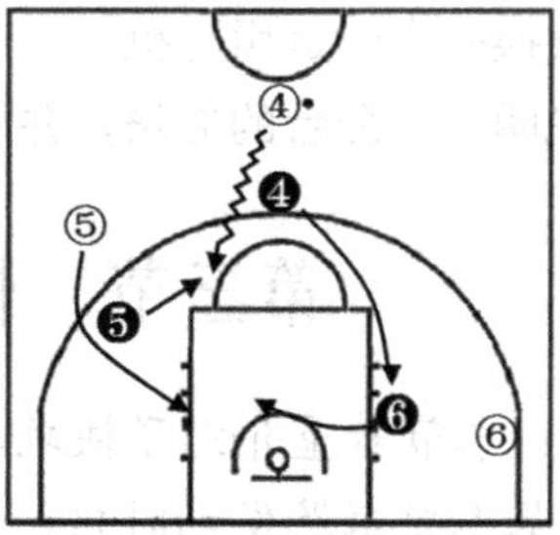

图3-2-37

(6) “关门”配合练习

【方法】如图3-2-38所示，④持球突破，❹、❺“关门”，④传球给⑤，待❺防守回位时⑤突破，❺、❻“关门”。依次进行练习，练习数次后，攻守交换。

【要求】防守队员积极移动，快速回位。“关门”时不留空隙，熟练掌握后，进攻队员可随意选择突破方向，增加难度，提高质量。

图3-2-38

（7）围守中锋配合练习

图3-2-39

【方法】如图3-2-39所示，❻紧逼防守持球队员⑤，❹内侧防守④，❻后撤围守④，❼移动至篮下附近，防止⑤的高吊球，当⑤传球给⑥时❻紧逼⑥，❹外侧防守④，❺回撤围守④，❻错位防守⑦。⑦持球时❼紧逼防守，❹、❺、❻向强侧方向移动，并错位防守各自对手。练习数次后攻守交换。

【要求】防守队员选好位置后进攻队员再传球，每个防守位置，每人轮防若干次，攻守交换。

思考题：

1. 简述篮球战术基础配合在比赛中的作用。
2. 绘图说明传切配合的方法与要求
3. 绘图说明侧掩护配合方法，并简要分析配合中的变化。
4. 试述交换配合的运用时机。
5. 绘图说明挤过配合的方法，并简要分析挤过配合在比赛中的作用及要求。

第三节　快攻与防快攻

内容提要：本节着重介绍了快攻与防守快攻的概念与作用、快攻战术组织的基本要素和基本要求及发动时机、快攻战术的组织结构、形式与方法及其发展与特点；防守快攻的战术方法、基本要求；快攻与防守快攻战术的教学与训练步骤与方法。

快攻与防快攻是现代篮球比赛攻防战术体系的重要组成部分，也是全队战术组织不可缺少的一部分。当前，不同水平、不同层次的球队在训练中都把快攻与防快攻作为全队战术训练的基本内容。在比赛中，快攻与防快攻的成功运用，不仅能快速增加本队得分，或抑制对方的得分，还能大大地提高本队的士气，增加必胜的信心。快攻与防快攻能力的增强，对提高队员快速技术的熟练程度和运用能力，提高队员攻守转换意识也有积极的作用。因此，对运动员来说，尽管在比赛中有不同的位置分工，但每个队员在各自个人攻防技术运用的基础上，都必须具备胜任快攻与防快攻的具体要求，才能为有效地完成全队的比赛任务提供积极保障。

快攻与防快攻同样也是篮球教学的重点内容，通过对快攻与防快攻的教学，力求使学生熟悉并深入理解快攻与防快攻的基本理论、掌握其战术组织的方法和基本要求，并能在实战中运用及创新。

一、快　攻

（一） 快攻战术概述

1．快攻战术的概念与作用

快攻是指防守队获球后由守转攻时，力争在对手布阵未稳之际，以最快速度，在最短时间内，争取以多打少或在速度上超越对手而果断、合理地发动攻击的一种速决性的进攻战术方法。

快攻是篮球进攻战术的重要组成部分，其特点是发动突然，攻击迅速，所以说它是现代篮球进攻战术中最锐利的武器，也是最有效的反击得分手段。实践证明，由守转攻主动、积极创造快攻战机，充分发挥快攻的威力，不仅能给防守造成很大的压力，并能增强本队的信心和勇气，争取场上的主动权，收到较好的进攻效果。

随着现代篮球运动的发展、规则的演变以及篮球比赛自身的规律和特点，决定了篮球运动向快速方向不断发展。快攻战术的运用体现了当代化篮球比赛的风格和进攻战术的发展趋势，反映了篮球运动的快速、灵活、全面、准确的特点，它对培养篮球运动员良好的心理素质和积极主动、勇猛顽强的作风，提高运动员的体能和技术运用能力，发展和提高篮球意识，提高进攻战术的质量都具有十分重要的作用。因此，加强快攻的教学和训练，已得到广泛的重视和研究。

2．快攻战术组织的基本要素

（1）树立强烈的整体快速进攻的指导思想是快攻发动的关键。只有树立了快速进攻的指导思想，才能培养攻守转换的快速反击意识，在比赛中才能有快速的反应和行动。

（2）攻击性防守是发动快攻的前提。只有攻击性的防守，能主动造成对手进攻的失误、降低投篮命中率，才能获得更多的抢断球和抢后场篮板球发动快攻的机会。

（3）快速熟练的进攻技术是快攻的保障。只有熟练地掌握各种传、接球、运球和投篮技术，提高队员在场上的奔跑能力，并能在快速中灵活运用，才能保证快攻的成功率。

3．快攻战术组织的基本要求

快攻战术的核心是争取时间、创造战机，速战速决。在快攻战术行动中，要求全队所有队员的行动、每一次配合和每一战术环节都要在快速中完成。因此，在快攻战术的组织和训练中要求。

（1）培养整体快速反击意识，强化运动员的快速技术；以强守助攻努力争取获得更多的控制球权，加快进攻的速度，抓住一切机会组织和发动快攻。

（2）努力培养运动员积极主动、勇猛顽强的比赛作风和快速中传、运、突和各种方式投篮得分的能力。

（3）发展运动员的体能，尤其要加强队员的专项速度、速度耐力和灵敏性、柔韧性的训练，增强熟练掌握快速对抗条件下，合理运用技术的能力。

（4）一旦获球，要根据本队快攻战术的打法和要求，迅速有组织、有层次地合理移动，始终保持纵深队形，缩短推进时间，扩大攻击范围，增加攻击点，高质量地完成快攻战术的每一环节。

（5）快攻结束时，动作要果断、快速、隐蔽，不要降低速度，在限制区内尽量减少不必要的传球，投篮要果断并强抢篮板球。

（6）在快攻战术反击过程中，要善于把握和调整好攻击节奏，避免盲目性，将快攻与衔接段进攻和阵地进攻有机地结合起来。

4．快攻发动的时机

在比赛中，发动快攻的时机有：抢获后场篮板球时；抢、打、断球时；跳球后获球时；以及后场掷界外球时，都可抓住这些机会迅速发动快攻。其中，抢获后场篮板球后发动快攻的机会最多，抢打、断球后发动快攻的成功率最高。

（二）快攻战术的组织结构

快攻战术配合的基本结构是由发动与接应、推进和结束3个阶段所组成。

1．快攻的发动与接应阶段

发动与接应是快攻的重要环节，特别是由守转攻后，队形的分散和一传的速度非常重要。

（1）快攻发动

快攻的发动是快攻战术展开的首要环节。比赛中防守队员一旦获球便是发动快攻的信号，全队队员应及时按既定的快攻战术行动路线，分散选位。控制球的队员要有发动快攻的意识，要全面观察场上情况，并迅速、及时、准确地将球传给快下队员或接应队员，或者果断快速突破防守对手发动快攻。必须明确和做到，快攻发动的关键是突然、快速与准确，必须与接应环节紧密衔接。

（2）快攻接应

快攻接应是指在快攻时，进攻队员及时快速地选择有利位置接第一次传球的配合方法。接应是快攻战术的重要环节，包括固定接应和机动接应两种方法。固定接应又包括固定地区固定队员的接应，固定地区不固定队员的接应，固定队员不固定地区的接应等形式。机动接应是防守队抢到篮板球后，根据对方的具体情况，谁处于有利的接应位置就将球传给谁。这种接应，灵活性更大，使对方难以堵截，更能争取时间。接应时，要求接应队员迅速摆脱防守，及时选择有利位置，如前场罚球线附近或其两侧边线、中场两侧边线或本队习惯的接应点等。接应后必须快速、合理地向前场传球推进。

2．快攻的推进阶段

快攻的推进阶段是指快攻发动与接应后，至快攻结束前中场配合的阶段。在推进过程中，全队队形要迅速地按层次散开，5名队员应保持前后左右的纵深队形，以便快速顺利地完成推进任务。

推进的形式有传球推进、运球推进、传球与运球结合推进等形式。

传球推进是队员之间运用快速传球向前场推进。这种推进特点是速度快，对队员行进间传接球的技术要求高。推进过程中队员间要保持纵深队形，无球队员要积极摆脱防守，并随时准备接球；有球队员要判断准确、传球及时，尽量斜传球，避免横传球。

运球推进是指接应队员接球后立即快速向前场运球突破。它要求接应队员的控制支配球能力强、速度快。运球推进中要随时观察场上情况，及时将球传给快下的同伴，以免影响快攻的速度。

传球与运球结合推进，在比赛中运用较多，它能根据场上情况，及时快速地将球向前场推进，机动性大，对手不易阻止，成功率高。在推进过程中要求，注意观察快下同伴的位置，没有机会传球则立即快速运球突破，以保持推进速度。

3．快攻的结束阶段

快攻的结束阶段是指快攻推进到前场最后完成攻击的阶段，此阶段是快攻成功与否的关键。快攻结束阶段，当球推进到前场时，进攻队在保持速度和时间优势的基础上，要保持推进中的纵深队形，不论是处于最前沿人数多或少，都要乘防守立足未稳，果断地展开有组织的攻击。进攻队员要根据防守队员的占位，选择合理的攻击方法，要求持球队员判断准确、传球或投篮及时果断，无球队员要占据有利位置，伺机接球投篮，并积极冲抢篮板球或补篮。

快攻结束阶段的配合方法一般有以下几种。

（1）二攻一配合

【示例一】利用快速传接球配合攻击。如图3-3-1所示，⑦和⑧在快速传球吸引对方，推进中❹突然上前防守⑧时，⑧及时回传球给已切入篮下的⑦投篮。

图3-3-1

图3-3-2

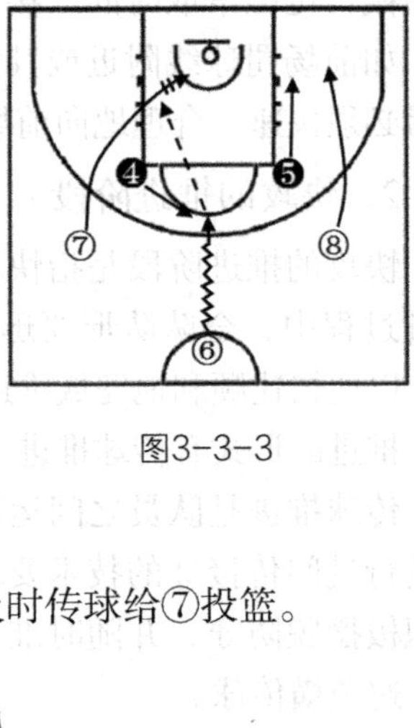

图3-3-3

【示例二】突破分球配合攻击

如图3-3-2所示，⑧快速突破，❹上前堵截，⑧及时传球给⑦投篮。

（2）三攻二配合

三攻二时，左右两侧的快下队员要拉开，中间队员应占据偏后的位置，保持三角纵深队形，以扩大攻击面，并根据防守情况，选择进攻路线，增加防守的压力。

【示例一】防守队员平行站位时的进攻配合方法。如图3-3-3所示，⑥中路运球突破，❹上前堵截，⑥立即将球传给切入篮下的⑦投篮。如当⑦接球后又遇到❺堵截时（图3-3-4），⑦立即将球传给⑧投篮。

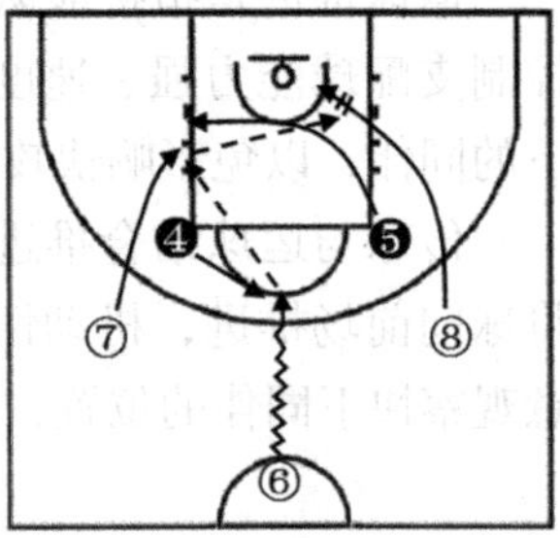

图3-3-4

【示例二】防守队员前后站位时的进攻配合方法

当防守队员采用前后站位时，这种防守站位中路防守力量比较强，因此进攻队员应从两侧发动进攻。如图3-3-5所示，⑥运球推进到前场后，把球传给⑦，⑦快速向篮下运球切人，❺前来堵截，⑦可以及时将球传给⑧投篮。

【示例三】防守队员采用二人斜线站位时的进攻配合方法。当防守队员采用二人斜线站位时，进攻队员可以从中路运球开始攻击。如图3-3-6所示，⑥从中路运球突破，❹前去堵截，⑥及时将球传给切人篮下⑧投篮。

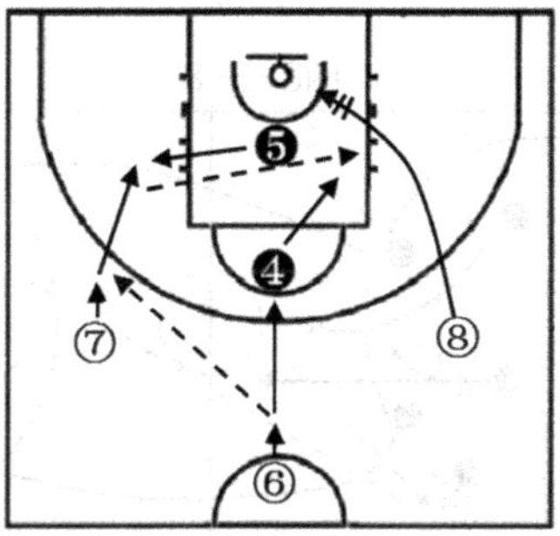

图3-3-5

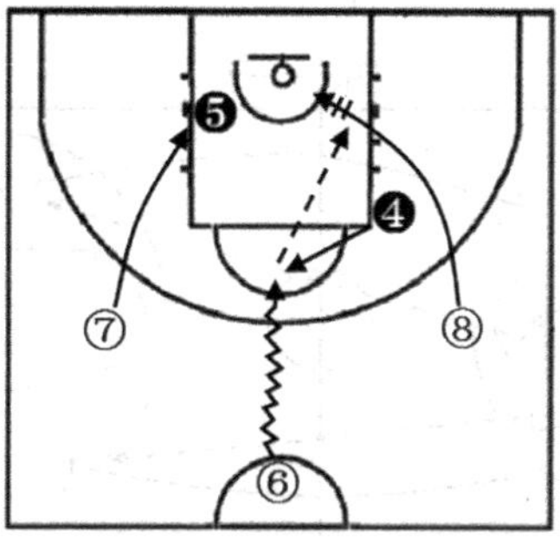

图-3-3-6

（3）人数相等时的进攻配合方法

在快攻结束阶段处于攻防人数相等时，可利用区域的优势在对方立足未稳时进行攻击。在进攻时，常采用突分、传切、掩护、策应等配合造成局部以多打少的攻击局面。

（三） 快攻战术的组织形式与方法

快攻战术的组织形式主要有长传快攻、短传结合运球推进快攻和运球突破快攻等3种形式。

1．长传快攻的配合方法

长传快攻是指队员在后场获球后，用1次或2次传球把球传给已迅速摆脱对手的快下同伴进行攻击的一种配合形式。其主要方法有抢篮板球后的长传快攻（图3-3-7、图3-3-8）、掷后场界外球的长传快攻（图3-3-9）、断球的长传快攻（图3-3-10）等。这种快攻主要包括发动与结束两个阶段。此战术是建立在准确的长传球技术和快速奔跑与强行突破上篮的基础上。其特点是：进攻时间短、速度快、战术组织简单，是一种成功率较高的快攻战术形式。但要求快下队员意识强、速度快，发动队员传球要及时、准确，视野开阔。

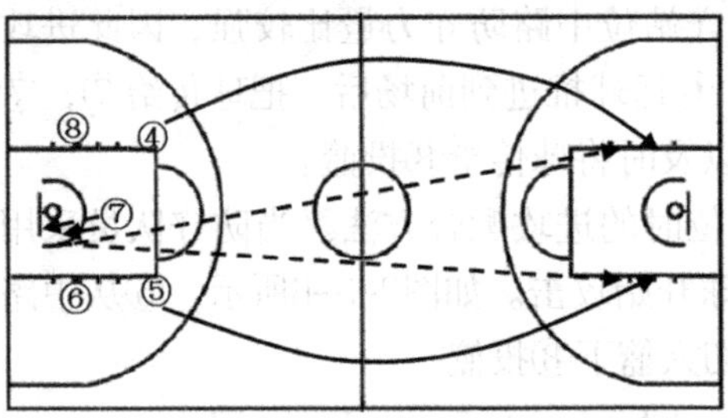

图3-3-7

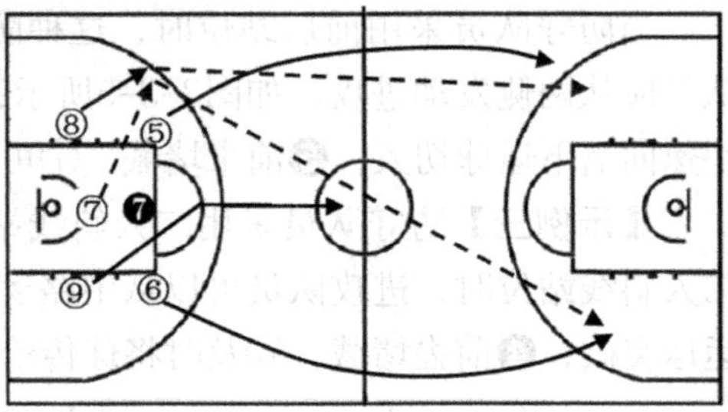

图3-3-8

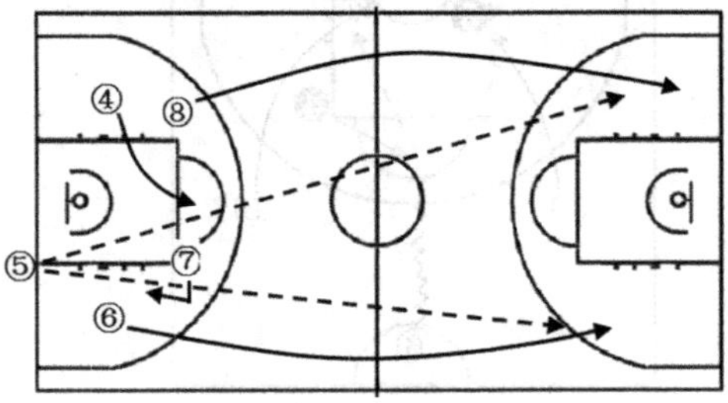

图3-3-9

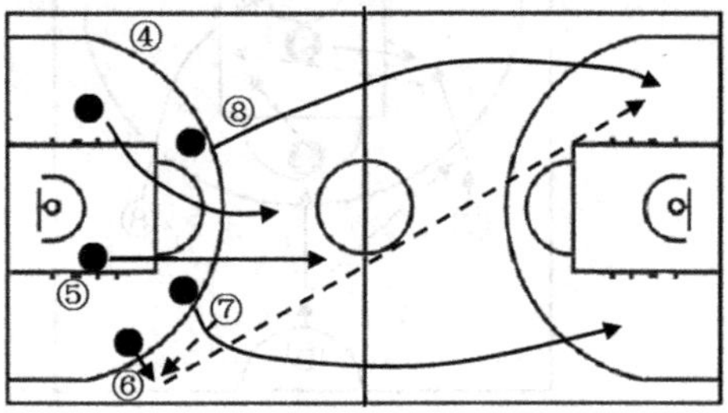

图3-3-10

2．短传（结合运球推进）快攻配合方法

短传（结合运球推进）快攻是指防守队获球后，立即以快速的短距离传球的方式，直逼对方篮下进攻的一种快攻方法（图3-3-11）。这种快攻具有灵活、机动、多变的优点，参加配合的人数多，容易造成以多打少的局面。它也经常与运球突破结合运用。

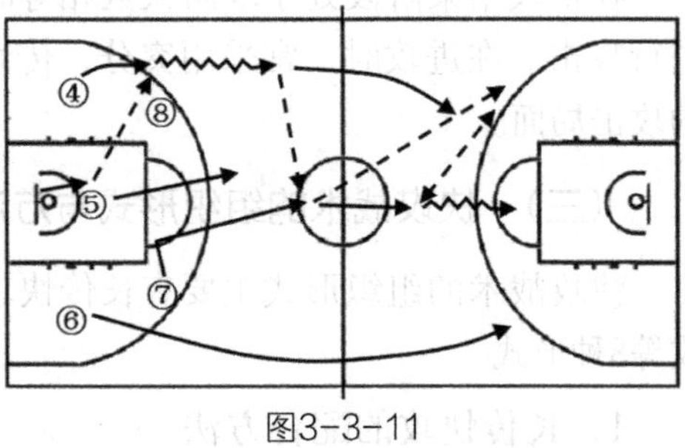

图3-3-11

【示例】如图3-3-11所示，⑤抢到篮板球后，④拉边接应，无传球机会立即运球突破，④突破中传给⑦，如⑥有接球机会，⑦快速将球传给⑥，或⑦继续向前运球，随后其他队员快速跟进。

3．运球突破快攻的配合方法

运球突破快攻指防守队员个人抢断球或抢获篮板球球后，利用运球技术超越防守，自己投篮得分或传球给比自己投篮机会更好的同伴进行攻击的方法。这一方法的特点是：抓住战机，减少环节，加快进攻速度，主要是个人攻篮。

【示例】如图3-3-12所示，④抢到篮板球后，将球传给插中接应的⑦，⑥和⑧沿边线快下，⑦中路运球突破视情况将球传给⑧或⑥投篮，⑤和④随后跟进。

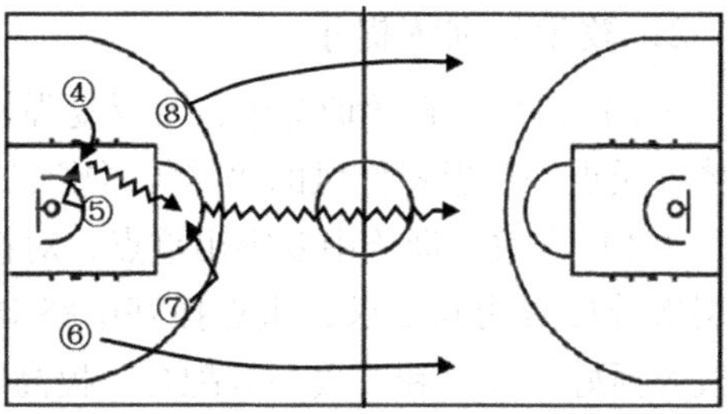

图3-3-12

（四）快攻战术的发展与特点

快速是现代篮球运动的一个显著特点，快攻是快速的主要表现。据统计，一场比赛中快攻的次数占全队进攻次数的1/3左右，快攻得分已达全场得分的1/4到1/3。快攻已发展成为一个队由守转攻的首要攻击手段。

当前，快攻的主要特点是：参与人数多，不仅是前锋队员快下攻击，中锋队员也积极投入到快下、跟进、冲抢，提高了快攻的攻击性和杀伤力；一传距离增长、方式多样，常有2人以上的队员进行机动接应；推进中以有层次的分散快下为主，三线推进为辅，传球次数减少，反击速度明显加快；快攻结束段，加强了跟进与中距离投篮，攻击方式增多；重视快攻与阵地进攻之间的衔接，抢攻已成为快攻向阵地进攻过渡的攻击手段，保持了进攻的连续性和攻击力。

（五） 快攻战术的教学与训练

1．教法建议

（1）快攻是全队进攻战术的主要内容，一般安排在攻、防战术基础配合之后进行教学，并结合快攻所需的技术，加强快速技术运用的反复练习。技术是完成战术的基本保证。

（2）教学中应先教长传快攻，再教短传和与运球相结合的快攻；先教快攻的发动与接应，再教快攻的结束段，最后学习快攻推进与全队配合。

（3）快攻战术教学应先在固定形式下练习快攻的基本方法，逐步过渡到机动情况下练习，先从无防守再过渡到消极防守，直至在积极防守情况下进行练习。

（4）全队快攻战术配合可先教抢篮板球后的快攻，再教断球快攻、掷界外球快攻；可先从区域联防发动快攻开始，然后在人盯人防守情况下进行，最后在接近比赛形式下进行。

（5）快攻教学应以抢后场篮板球发动快攻、短传与运球结合的推进、以多打少的结束段为教学的重点。

2．教学与训练提示

（1）快攻的教学训练中，要反复强化快攻意识的培养，把战术训练与技术、身体素质训练和思想作风的培养等紧密结合。

（2）在教学训练中要突出重点，对接应分散、快下、跟进以及跑动路线和前后层次等要有明确要求；重点抓好中路推进的分球与突破，加快推进速度；结束阶段要抓好三攻二和二攻一等配合，提高快攻的质量与成功率。

（3）在掌握快攻战术方法的基础上，强调提高全队的攻守转换速度，做到队形分散快，快下队员跑动快，后线队员跟进快。

（4）在教学与训练中，应把快攻与防快攻结合训练；把快攻训练与阵地进攻战术衔接阶段的训练相结合。

3．练习步骤与方法

（1）长传快攻的练习

【方法一】如图3-3-13所示，⑤与⑦每人一球，⑥与④沿边线快下，分别接⑤与⑦的传球投篮，投篮后自己抢篮板球，然后按④→⑤→⑥→⑦→④→⑤的顺序进行换位。

【方法二】如图3-3-14所示，⑤接④的传球，④传球后沿边线快下接⑤长传球上篮。练习结束到对侧端线换位。⑥⑦如此练习。

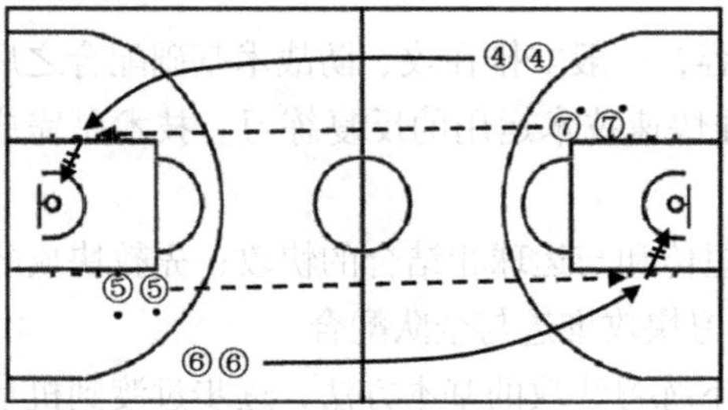

图3-3-13

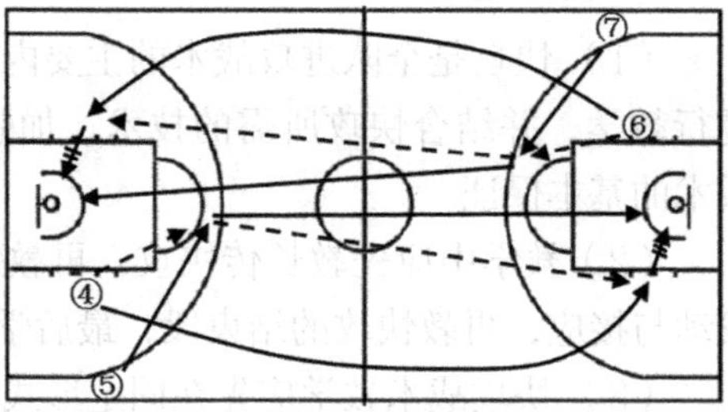

图3-3-14

（2）短传结合运球推进快攻的练习

① 分解练习

【方法一】2人一组，由后场端线外开始向前场直线快跑，快传推进到对面篮下投篮。

【方法二】3人一组，由后场端线外开始，由中间队员发动，直线或交叉向前快跑，相互快传推进至篮下投篮。

【方法三】全场二攻一练习。如图3-3-15所示，2人一组，快速向前场推进，⑥进行防守，④和⑤进攻结束后，⑥和⑦接着向对面运球进攻，⑧或⑨进行防守。

【方法四】二攻一加追防练习。如图3-3-16所示，④和⑤向前场快速推进。❻进行防守。当④和⑤开始时，❼追防，④和⑤力争以快速以二攻一结束进攻。如果二攻一未成，❼追防成二攻二进攻。各组依次进行。

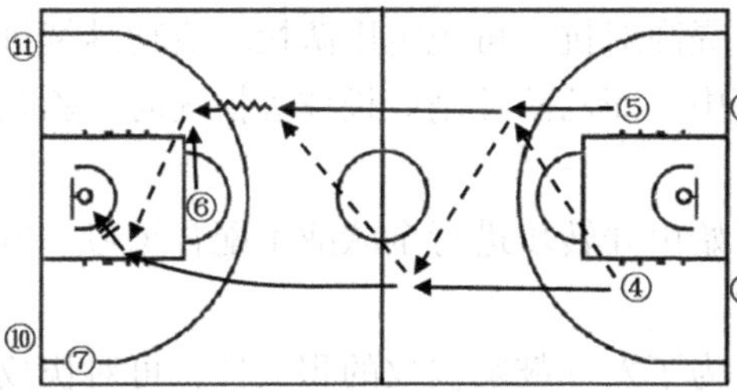

图3-3-15

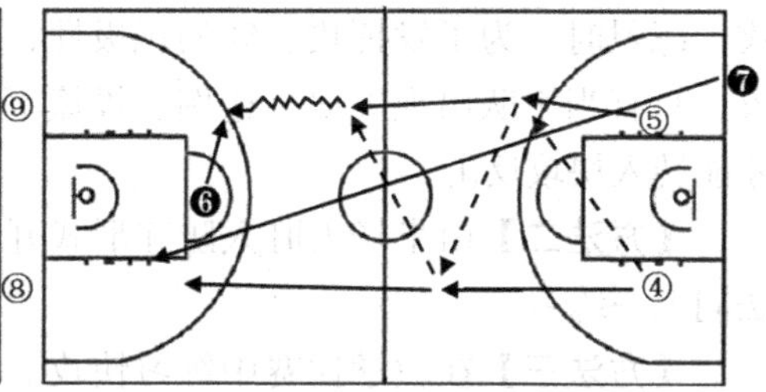

图3-3-16

【方法五】三攻二练习。如图3-3-17所示。3人一组，④⑤⑥进攻时，⑦和⑧进行防守，④⑤⑥进攻后，⑦⑧⑨接着向相反方向进行，下一组进行防守。如果此往返进行练习。

【方法六】三攻二加追防练习。如图3-3-18所示，④⑤⑥进攻时，⑦和⑥进行防守；进攻队进入前场，⑩立即追防。④⑤⑥力争以三攻二结束进攻。如此往返进行练习。

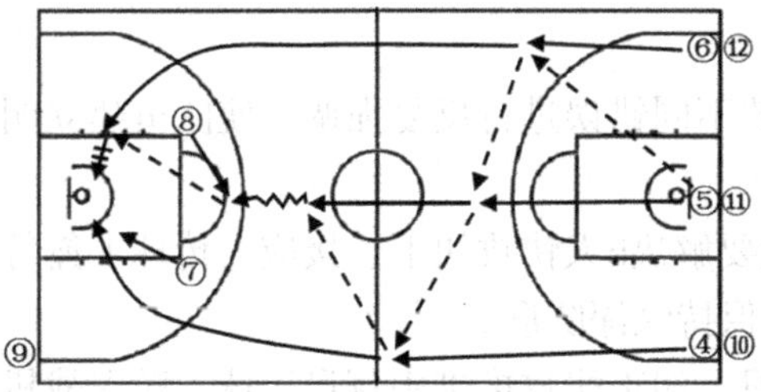

图3-3-17

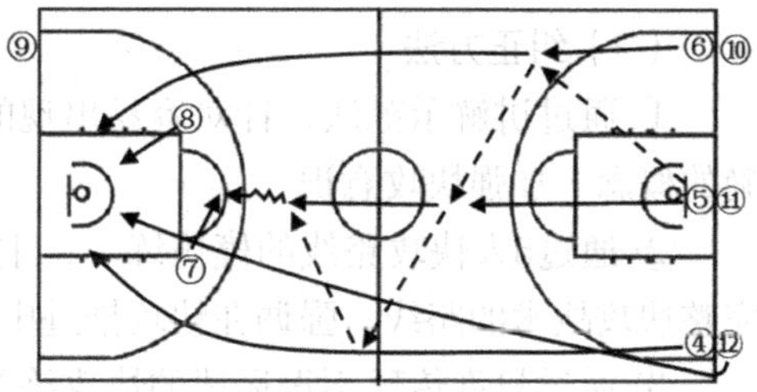

图3-3-18

【方法七】如图3-3-19所示，队员分成4人一组，④⑤⑥⑦进攻⑧⑨⑩防守，进攻可按四攻三配合进行。如此往返进行练习。

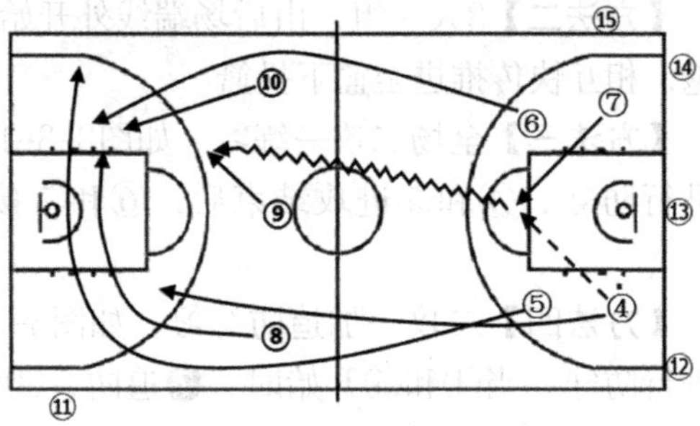

图3-3-19

② 全队快攻练习

【方法一】区域联防防守转为快攻练习。练习开始在半场攻守，甲队进攻，乙队防守；甲队进攻结束，乙队获得发球权立即发动快攻。练习时，为了发挥攻、守的积极性，提高对抗，可规定甲队快攻成功继续进攻，只有当甲队出现失误、违例、投篮不中，而乙队控制篮板球等情况时，乙队才能转入快攻反击。

【方法二】由半场人盯人防守形式开始由守转攻进行全队战术配合练习。方法同上一练习。

【方法三】在教学比赛中练习快攻。为了发挥鼓励快攻的积极性，可对快攻得分作特殊规定。

4．教学中易犯的错误与纠正方法

（1）易犯的错误

① 获球后，快攻意识不强，行动迟缓，贻误战机。

② 获球后没有及时观察场上情况，不能尽快完成第一传。

③ 当本队获球后，接应队员不能根据场上情况，迅速选择有利位置接应一传。

④ 快攻过程中，快下队员的移动时机掌握不好，没有保持纵深队形。

⑤快攻推进中盲目运球，贻误战机。

（2）纠正方法

① 通过讲解示范法，针对容易出现的不同错误进行反复强调，使队员建立明确的概念。加强快攻意识。

② 通过5人快攻路线的模仿练习，主要解决5人快攻快下、接应、传球上篮等完整快攻战术的路线；强调在快攻推进中保持纵深队形。

③ 通过只许传球不得运球的快攻练习，纠正快攻推进中盲目运球、贻误战机的错误。

二、防守快攻

（一）防守快攻的概念与作用

防守快攻是由攻转守的瞬间，全队有组织、有针对性地阻止和破坏对方快攻的防守战术方法。

现代篮球比赛速度不断加快，是当前篮球运动发展的一大特点，表现为快攻意识增强、攻守速度加快、快攻得分比重增大。因此，防守快攻已成为防守战术的重要组成部分。掌握防守快攻的方法，不仅能制约对方的进攻速度，有利于控制比赛的节奏，也为本队按计划组织有效的防守阵式争取时间。针对篮球比赛攻守转换的基本特点和快攻战术的3个阶段，防守快攻战术是由拼抢前场篮板球、防守快攻的发动与接应、防守快攻的推进、防守快攻的结束等4个环节所组成。在运用中，往往是分工合作、多个环节同时展开，紧密相扣，前一个环节的防守成效直接影响后一环节的防守难度，任一环节的防守成功，即意味着防守战术的整体成功，这也是防守快攻战术的特殊性所在。

（二） 防守快攻的战术方法

在篮球比赛中，由进攻转入防守时，首先要组织力量阻止对方发动快攻。队员必须具有积极主动的思想、顽强的精神，沉着冷静的头脑，采取积极防御行动来阻止对方快攻的发动或进行，争取时间组织阵地防守战术。

1．组织拼抢前场篮板球

防守快攻，首先要在进攻时尽量减少失误与违例，不给对方偷袭快攻的机会，同时要掌握好投篮时机，布置队员拼抢篮板球和退守，注意攻守平衡。进攻投篮后，立即拼抢篮板球。根据比赛的统计资料表明，比赛中抢获后场篮板球发动快攻的情况最多。因此，积极组织拼抢前场篮板球才有可能获得再次进攻的机会，同时也有利于立即转入封堵对方第一传的防守。

2．防守快攻的发动与接应

一旦对方抢到篮板球或掷界外球时，要防止对方长传偷袭快攻；积极进行堵截、夹击与控制，破坏和干扰其传球或突破，力争制止对方发动快攻。这是防守快攻的关键。主要表现在以下两个方面：

（1）封堵第一传和接应点：及时封锁和堵截对方快攻的第一传和接应点是防守快攻的重要环节之一。一般在对方控制后场篮板球、掷界外球和抢断球时采用贴身积极封堵、紧逼、夹击等方法。

（2）堵截接应点：当对方采用固定接应方式时，应抢占对方的接应点，截断接应队员与第一传的联系，控制其移动；当对方采用机动接应时，防守队员应迅速紧逼对手，进行机动紧逼人盯人防守，以干扰与控制对方任一队员的接应意图与行动，从而达到破坏和延误对方快攻发动和快攻推进的速度；当进攻队掷界外球又无长传快攻的机会时，防守队要就近封堵其第一传，另一方面要有就近组织夹击接应队员，并在夹击中伺机抢断球。同时，其余队员要行动迅速，前后照顾，防好快下的队员，有组织地展开防守。

3．防守快攻的推进

防守快下队员：在进攻队发动快攻时，防守队员应积极堵截中场，使进攻队员不能直线长驱直人篮下，无论是对无球队员还是对运球突破队员，都要采取堵中逼边的策略，以终止和延缓其进攻的时间，使其失去快攻的时机。因此，要求防守队的后线防守队员要边退边防，控制后场；要对快下的队员严加防范，切断对方长传路线；在兼顾控制中场的同时，积极运用退守领防、抢占有利的路线和位置的方法，并紧逼迫堵沿边线快下的无球进攻队员，控制对手的推进速度，阻挠其传球与运球，达到减缓对方推进速度的防守目的。

4．防守快攻的结束

当对方推进至前场时，这是防守快攻的决战时刻，要积极展开争夺。在人数上处于劣势的情况下，防守队员要冷静判断，大胆出击，干扰破坏对方控制的球，如利用防守假动作，造成对方错觉，延缓其投篮速度或造成其失误，赢得时间上和力量上的均衡。如果对方投篮，要积极跳起封盖，影响其命中率和拼抢篮板球。

在防快攻的结束段，经常出现以少防多的局面，虽然处于不利情况，只要防守队员积极、顽强并合理地运用防守技术，也会获得成功。因此，防守队员要积极移动，重点保护篮下，及时选择有利的防守位置，做到人球兼顾，并适时针对对方的薄弱环节迅速采取攻击行动，大胆运用攻击性防守破坏对方进攻，致使对方失误或延缓进攻速度，为同伴争取退守时间。不论是一防二还是二防三，都要根据进攻情况相应变化与调整防守位置，尽力降低对方快攻的成功率，并在此基础上迅速组织阵地防守战术。具体方法是：

（1）一防二：在快攻结束阶段，出现一防二的不利局面时，防守队员要利用各种假动作，重点防守技术较好的进攻队员，迫使对手在远离球篮的地方停止运球，或减缓对方的运球速度，为退守队员争取时间。当对方切入投篮时，要积极封盖，干扰对手投篮和拼抢篮板球。

（2）二防三。当出现二防三时，防守者要积极移动，相互补位，两名防守队员具体分工是，一人防持球者，另一人兼顾两名无球者。他们的主要任务是迫使对方在远离球篮的位置上停球或减慢进攻速度，为同伴迅速退防争取时间。力争利用防守的快速移动，迫使对方传球失误，防守配合有以下3种方法：

① 2人平行站位。这种防守队形适用于对付边线突破能力较强的队员，但中路防守空虚。

【示例】如图3-3-20所示，当⑤沿边线运球推进，❹和❺采用平行站位，❹重点防守⑤，❺选择有利于控制篮下又能监视④和⑥的行动和位置，当⑤将球传给④时，❺向中路移动堵防④，❹立即撤向篮下并同时监视⑤和⑥的行动。

②2人重叠站位。这种布阵可有效地阻止对方中路突破，但移动补防距离较长。

【示例】如图3-3-21所示，当对方④从中路运球推进，⑤和⑥沿边线快下，❹在前堵截中路，❺在后同时兼顾防守⑤和⑥。当④将球传给⑥时，❺则前去堵⑥，❹后撤控制好篮下并兼顾④和⑤。

③ 2人斜线站位。这种防守队形吸取了前两种站位的优点，它可阻止对方中路突破，且移动距离短，便于防守时互相补位。防守时，可迫使边线队员控制球，以便形成一人防持球突破，另一人兼防守两个徒手队员的局面。

【示例】如图3-3-22所示，当⑥从中路运球推进时，❹迎上防守，当⑥向④传球时，⑤要立即移动堵截④，❹要选择有利位置兼防⑥⑤。

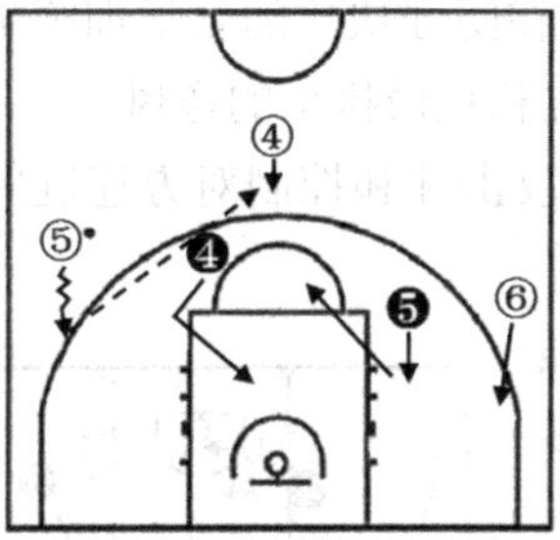

图3-3-20

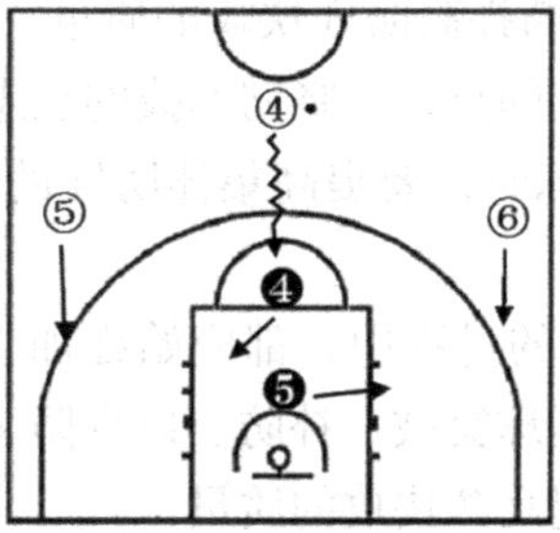

图3-3-21

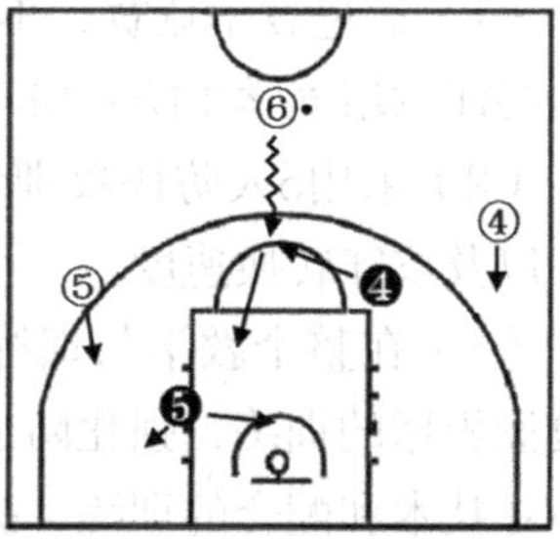

图3-3-22

（三）防守快攻的基本要求

（1）在积极防守的思想指导下，要求全队整体布防，队员各司其职，行动一致，积极主动地从不同位置上全面追堵，制止对方发动快攻。

（2）要坚决封堵对方第一传，或阻截接应队员，或干扰其向接应区移动，抢占其习惯的接应点；积极追防快下队员和在中场堵截、干扰、阻挠对方使其不能顺利地传球和运球，延缓快攻速度。

（3）力争防守人数上均等，即使以少防多，则应沉着冷静、机智果断、大胆出击，赢得时间上和人数上的均衡。

（4）对方在任何位置上的投篮，都要积极进行干扰和封盖，影响其命中率，并要积极拼抢篮板球。

（四）防守快攻的教学与训练

1．教法建议

（1）防守快攻教学要与快攻教学结合进行，一般放在快攻教学之后，再教防守教学以促进攻守质量的提高。

（2）防守快攻教学应采用分解法，把堵截快攻第一传与接应、防守对方推进、防守结束阶段分别进行教学，在掌握各阶段的防守方法基础上，再进行整体防守战术的教学。

（3）在防守快攻的初学阶段，首先应把防守快攻的方法与基本要求讲述清楚，使学生对防守快攻有初步了解，能合理地使用防守技术。在防守快攻的教学训练中应以一防二、二防三作为练习的重点。

2．教学与训练提示

（1）通过教学竞赛，不断提高防守快攻的质量。在防守快攻的教学训练中，应始终注意培养学生防守快攻的意识，坚韧不拔的意志和积极拼抢的作风。

（2）采用5人防快攻训练时，要提高集体防守的攻击性和控制对方速度的能力，以及攻守转换速度。

（3）在整个教学与训练的过程中，都应始终加强拼抢篮板球的训练，强化防运球突破、补防、以少防多等防守技术和配合的训练，提高防快攻的质量。

3．练习步骤与方法

（1）封堵第一传与接应

【方法一】如图3-3-23所示，二攻二守。教师持球将球投向篮板，当④抢到篮板球时，❹立即上前挥臂

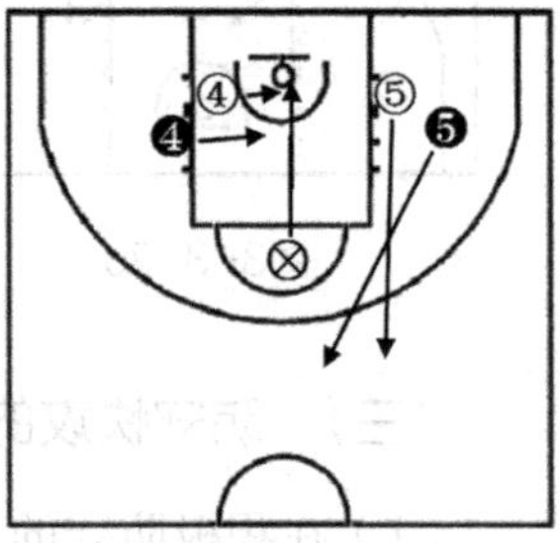

图3-3-23

封堵④的传球路线，而❺则去堵截⑤的接应。

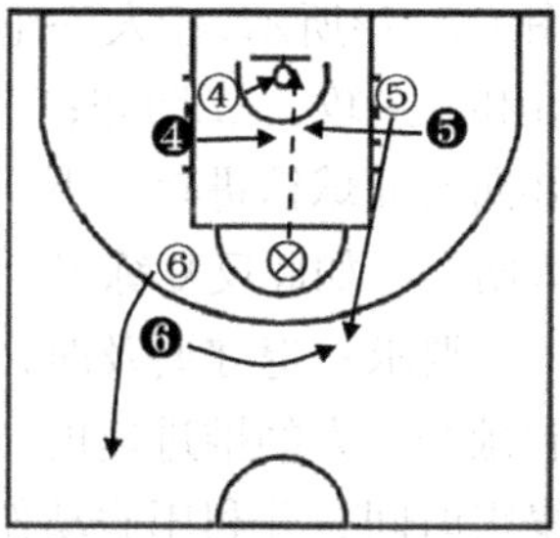

图3-3-24

【方法二】如图3-3-24所示，三守三攻。④控制篮板球时，❹和❺合作夹击④的传球，❻放弃快下的⑥，去堵截⑤的接应。此练习可规定抢到篮板球为进攻队，未抢到球的队为防守队，以提高拼抢篮板球的积极性。

（2）防守快下队员的练习

【方法】如图3-3-25所示，当⊗抢得篮板球⑤和⑥立即起动沿边线快下，❺、❻也随着快退控制后场。⊗伺机长传给⑤或⑥，❺和❻退守中尽力断球。

要求：退守要快，注意观察来球。

（3）快攻结束时以少防多的练习

【方法一】半场一防二练习。如图3-3-26所示。⑥持球和⑤通过传球和运球推进，❺在退守中快速移动，利用假动作干扰对手，破坏对方的进攻。

要求：抢占有利位置，利用假动作干扰对手，伺机断球。

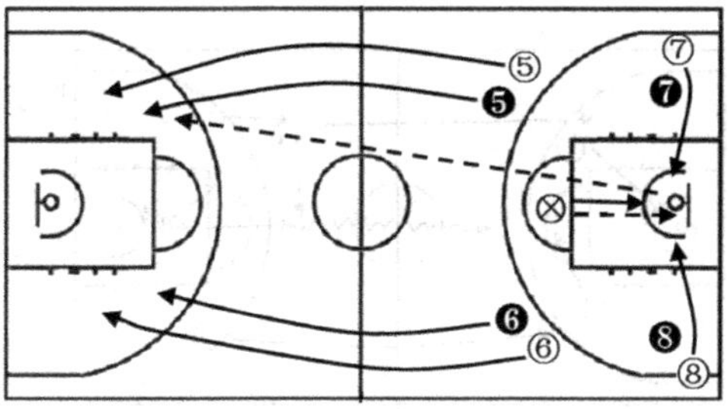

图3-3-25

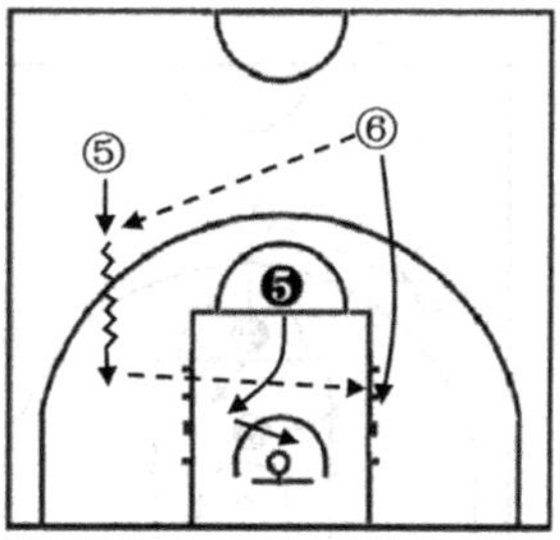

图3-3-26

【方法二】全场一防二练习。如图3-3-27所示，⑤提前起动接⊗的传球，并沿边线运球突破，⑤快下，❻及时退守，形成一防二，❺随后追防，尽快退回后场，协助❻的防守。

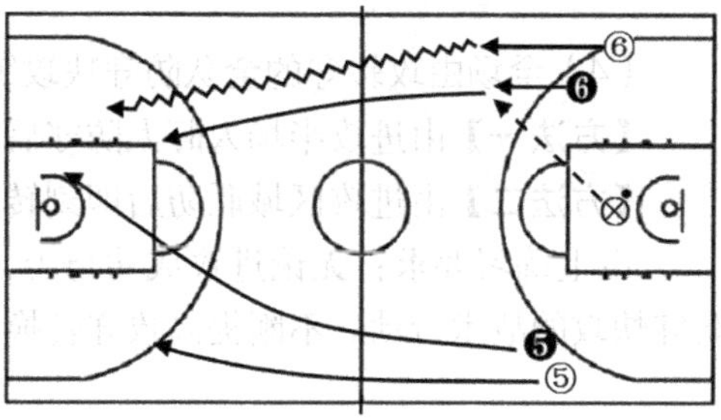

图3-3-27

【方法三】全场一防二练习。如

图3-3-28所示，2人一组。开始时，⑤和⑥进攻，⑦防守；⑦防守后，与⑧向对面球篮进攻，下一组⑨或⑩一人防守。如此反复练习。

要求：退守要及时，边退边阻止和延缓对方的推进速度，为同伴回防赢得时间，并利用假动作干扰对手，伺机断球。

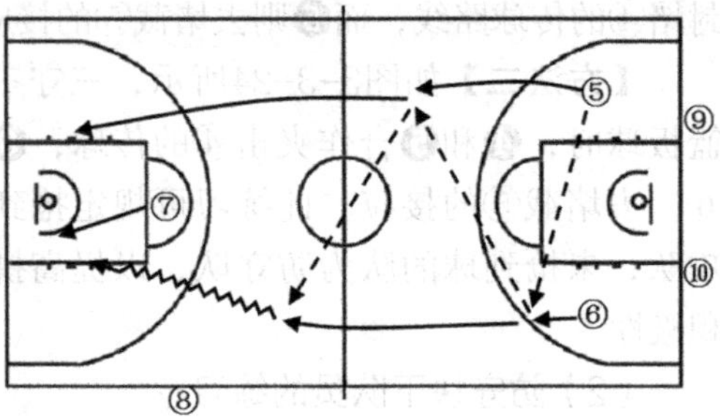

图3-3-28

【方法四】半场二防三，防守重叠站位的配合练习。如图3-3-29所示，❹和❺前后站位，④持球与⑤⑥进攻。练习时，❹上前堵中路，当④传球给⑤时，❺则上前防守⑤，❹后撤协防④和⑥。

【方法五】全场二防三，防守平行站位的配合练习。如图3-3-30所示，3人一组。开始时，④⑤⑥进攻，⑦和⑧平行站位防守。⑤运球推进至前场，⑧上前防守，⑦随之迅速后撤兼顾防守④和⑥。防守结束后，⑨入场与⑦⑧一起向对面球篮进攻，下一组2人防守。依次反复练习。此方法也可要求防守斜线站位或重叠站位，对抗中掌握不同形式的防守配合。

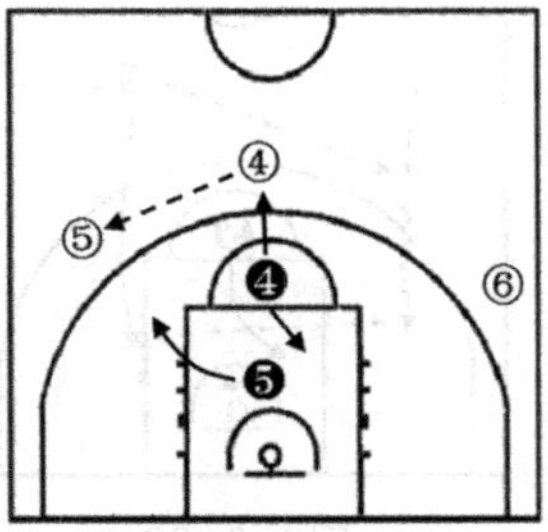

图3-3-29

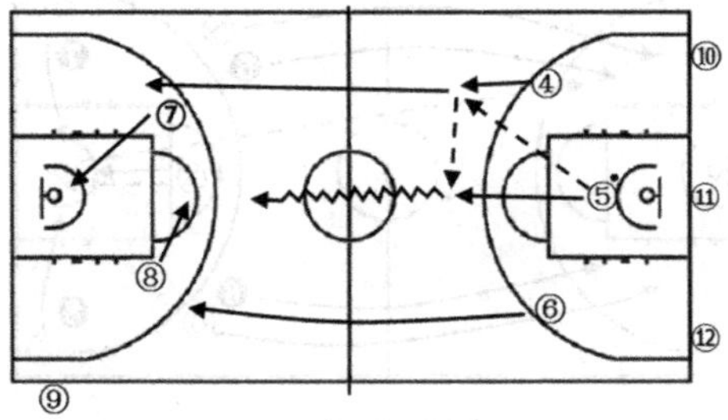

图3-3-30

（4）全场由攻转守的全队防守快攻练习

【方法一】由进攻半场人盯人防守后即刻转入防守快攻的练习。

【方法二】由进攻区域联防后即刻转入防守快攻的练习。

以上练习要求：无论进攻成功与否，由攻转守都要快，有组织有层次地转入防守快攻的战术行动。不断提高攻守转换意识、速度和全队防守配合能力。

4. 教学中易犯的错误与纠正方法

（1）易犯的错误

① 靠近持球队员的防守者，没有及时封堵第一传。

② 防守快攻中没有及时紧逼接应者，卡断其接球路线。

③ 当对方发动快攻后，处在前场的防守者只是后撤，没有与对手保持一定距离边防边撤控制对手的推进速度。

④ 防快下队员时没有控制好中路，卡紧边线，切断其接球路线。

⑤ 快攻结束阶段以少防多时，防守者缺乏信心和决心，没有保持冷静沉着，因此行动不积极，配合不好。

（2）纠正方法

① 通过讲解示范法，反复强调防守快攻几个阶段的要点与要求，使练习者对防守快攻有初步的概念。

② 通过语言诱导练习，纠正没有及时封第一传、防快下队员、没有控制好中路、切断其接球路线的错误。例如，当防守队抢获后场篮板球时，教师立即提示"封一传""紧逼接应"；当对手持球，转身面对前场的同时，其他防守队员快下，此时教师立即发出"卡中路防位""不让接球"的信号，防守队员按提示边退边防守。

③ 通过减慢攻防速度练习，针对不同错误进行重点纠正。

思考题：

1. 什么是快攻?在什么样的情况下发动快攻?
2. 战术的结构包括哪几部分?通过什么组织形式完成快攻?
3. 绘图说明快攻结束阶段二攻一和三攻二的配合方法。
4. 绘图说明中锋抢到后场篮板球后的5人快攻路线。
5. 防守快攻的方法有哪些?
6. 在进行快攻战术教学时你会运用什么方法?应注意哪些重点问题?

第四节 人盯人防守与进攻人盯人防守

内容提要：本节着重介绍了攻守人盯人战术方法、基本要求和教学建议；介绍了攻守人盯人的练习方法；对攻守人盯人战术配合及攻守人盯人战术的发展和特点进行了分析。

人盯人防守与进攻人盯人防守是篮球全队战术体系的基本内容，也是篮球比赛中运用最多的一种战术方法，是学习和掌握其他全队战术配合的基础。

随着现代篮球运动的发展，攻守人盯人战术方法与战术理念都得到很大的发展。防守的攻击性和破坏性得到加强，进攻更具有灵活、多变，战术内容更加丰富。各队都把它作为重要的战术方法和手段在训练和比赛中加以运用。攻守人盯人战术的运用在一定程度上反映了当今篮球比赛的对抗性与激烈性，一直受到美国NBA联盟各队的青睐。攻守人盯人战术也是体育院校篮球课战术教学的主要内容。

人盯人防守与进攻人盯人防守其战术方法主要分为攻守半场人盯人和攻守全场紧逼人盯人。

一、半场人盯人防守

（一） 半场人盯人防守的概念与作用

半场人盯人防守战术是指由攻转守时，全队有组织地迅速退回后场半场范围内，每个防守队员负责盯住一个进攻队员，控制其行动，并协助同伴完成全队防守任务的整体防守战术。

半场人盯人防守是以个人防守为基础，综合运用防守基础配合而组成的全队防守战术。它具有分工明确、责任到位、针对性强、便于掌握等特点。在对抗日趋激烈的现代篮球比赛中，运用半场人盯人防守战术能有效地破坏对方进攻习惯打法，调动个人防守的积极性，发挥个人的防守能力和集体防守的力量。它是防守战术体系中是最常用的战术方法之一。

（二） 半场人盯人防守的基本要求

（1）防守队应根据双方队员的身高、位置和技术水平合理地进行防守分工，并使其尽量与对手的力量相当。

（2）由进攻转入防守时，要迅速退回后场，找到自己的对手，在控制住自己对手的基础上，积极抢球、断球、夹击和补防。

（3）防守有球队员要逼近对手，主动攻击球，积极封盖投篮干扰传球，堵截运球，并伺机抢球，迫使对方处于被动局面。

（4）防守无球队员要根据对方、球和离球篮的距离选择人球兼顾的位置。防守离球近的队员要贴近防守，切断对方的传球路线，不让对方接球；防守离球远的队员要缩小防守，在控制住自己对手的基础上，协助同伴防守。

（三） 半场人盯人防守方法

从防守策略和防守范围来看，半场人盯人防守可分为：半场缩小人盯人防守（即半场松动人盯人防守）和半场扩大人盯人防守（即半场紧逼人盯人防守）两种。

1.半场缩小人盯人防守

（1）运用时机与防守重点

半场缩小人盯人防守，其防区相对较小一般距离球篮6～7米范围内（图3-4-1），它是以加强内线防守、保护篮下为主要目的的一种防守战术。这种防守多用于对方内线攻击力较强、外围攻击力欠佳的球队。防守重点在内线，要求对持球队员要突出去紧逼，对无球队员缩回来松动防守，以协助同伴的防守；严密封锁传向内线的球，积极阻止进攻队员在内线接球，切断内外联系和传接球通道，整体协防篮下，减少防守内线的犯规，有利于协防、控制内线进攻，组织拼抢篮板球和快攻反击。

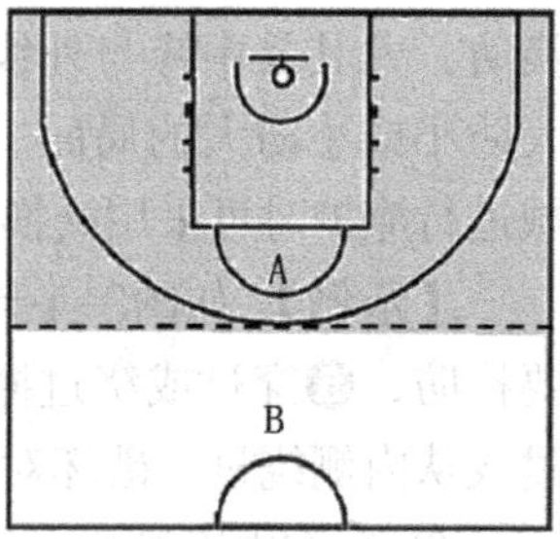

图3-4-1

（2）半场缩小人盯人防守的方法

当进攻队员进入防区（图3-4-1 A区），防守队员则应按照以下方法进行防守配合：

① 强侧、弱侧的防守方法：以球场纵轴线为标准，有球一侧为强侧，无球一侧为弱侧。在比赛中强侧与弱侧是不断转化的，防守队员应根据球的转移情况，及时选择合理的防守位置。

图3-4-2

【示例一】 如图3-4-2所示，当⑦持球时，强侧的❽适当紧逼⑧，不让⑧接球，❺抢前防守，不让对方中锋接球；弱侧的⑥后撤向❼靠拢，进行协防，❹补防篮下空档，防止对方插中接球。

【示例二】当弱侧队员⑧接球（图3-4-3），防守队员应立即调整防守位置，❹错位防守④，不让④顺利接球，❼回撤协防，弱侧的❻的❺向篮下靠拢，保护内线，防止⑥空切篮下或⑤背插接球。

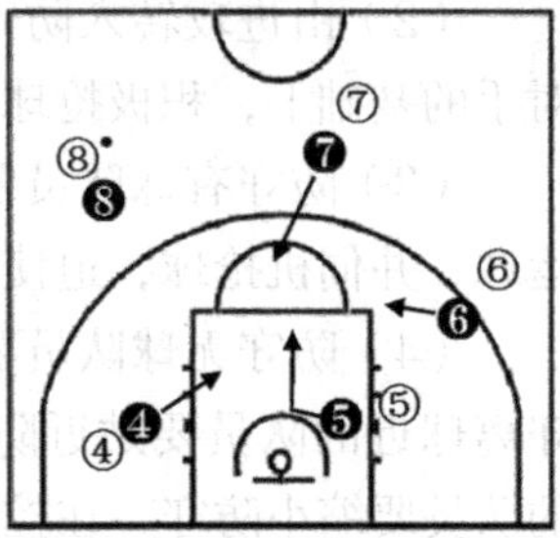
图3-4-3

【防守要点】强侧防守：对持球者要紧逼，限制其投篮、突破、传球。对近球者，采用积极的错位防守，不让其接球。弱侧防守：要回撤篮下保护、协防，同时注意抢断高吊球，及时堵截对方的背插和溜底线。

② 对方掩护时的防守配合

当对方进行掩护进攻时，运用挤过防守尽量不要换防，尤其是中锋与外线队员之间的掩护。防止出现大防小或小防大的局面。如果外线无球队员在弱侧区域进行掩护时可采用交换或穿过配合。

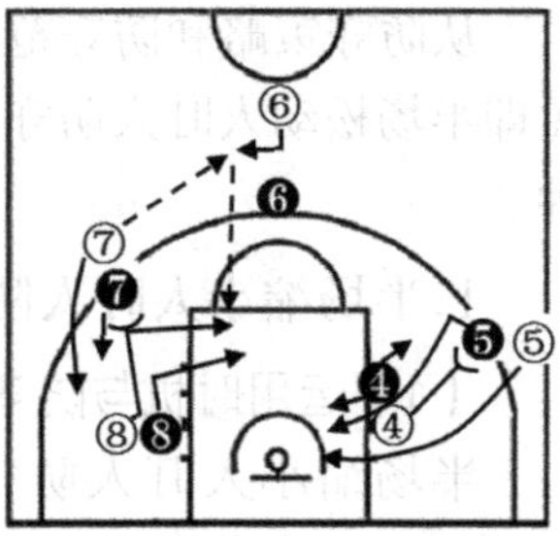
图3-4-4

【示例】如图3-4-4所示，⑥持球，中锋队员④与⑤进行掩护时，❹和❺不要换防，❺穿过或绕过掩护队员④继续防守⑤；右侧的⑦、⑧掩护时，❼全力挤过或从内侧绕过，破坏对方的掩护配合。

③ 对方中锋进攻时的防守配合

防守中锋进攻的关键是阻止中锋接球。一旦中锋接到球，应及时围夹迫使中锋将球传到外线。

【示例】如图3-4-5所示，⑤持球时，❺紧逼⑤，❾绕前防守中锋队员⑨，❼回缩篮下防止⑤的高吊球，如⑨接到⑤的传球，❼必须与❾围夹⑨，迫使⑨将球传出。❻回缩篮下防守⑦，❻准备抢断⑨的传球。

④ 防守移动进攻的配合方法

移动进攻的特点是在球不断转移的过程中，无球队员利用连续掩护和个人技术摆脱防守，连续切入篮下接球进攻。因此，防守对方移动进攻时要根据移动进攻的特点，以及本队的具体情况进行防守。

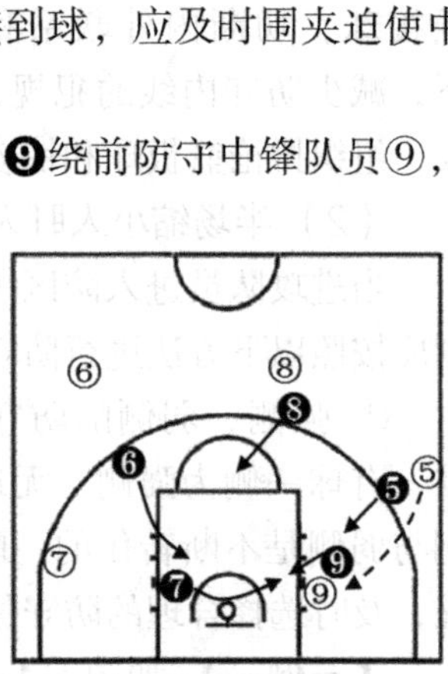
图3-4-5

【防守要点】 积极移动，选位及时、准确，控制进攻的传球速度，堵截对方的移动路线，破坏其习惯打法；对方掩护时，可酌情采用挤过、穿过或交换防守等方法；对方连续空切时，要堵截其移动路线，临近队员要回缩，减少对方在篮下活动的余地。

2．半场扩大人盯人防守

（1）运用时机与防守重点

半场扩大人盯人防守是一种具有紧逼性的防守战术。防守区域一般距离球篮8～10米的范围（图3-4-6A）。常用于当对方外围投篮准确而突破能力及全队整体进攻配合质量较差时，以有效地遏制对方的习惯打法。防守重点在外线，主要以防球为目的，控制对方的外线投篮，封锁对方的传球路线，切断内外联系，从而达到“制外防内”的防守效果；并借以适时组织夹击，给对方造成心理上的压力，伺机抢断球反击。因此，这是一种防守战术目的明确，主动性、攻击性很强的防守方法。但由于扩大了防区，防守的体能消耗很大，对运动员身体素质要求较高；内线防守相对较为薄弱，防线较长，不利于协防与补防，容易出现漏人现象。

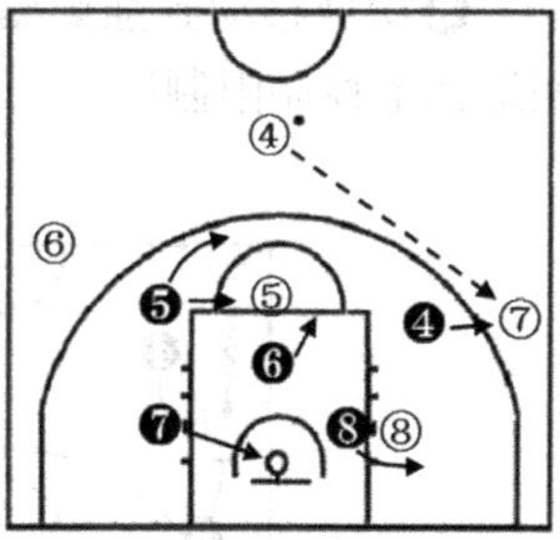

图3-4-6

图3-4-7

（2）半场扩大人盯人防守的方法

① 当进攻队员进入防守区域时，每个防守队员主动迎前紧逼自己的对手，并根据球的位置选择防守位置。（图3-4-7）

② 防外线队员持球突破的配合方法

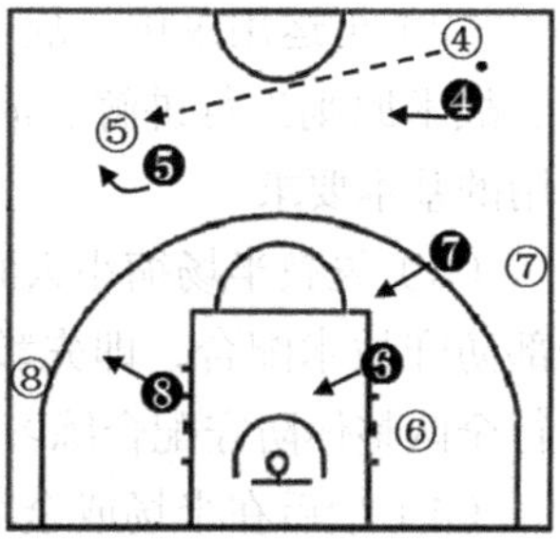

图3-4-8

【示例】 如图3-4-8所示，当④持球进入前场时，❹立即迎前紧逼，阻止其突破，❺、❼紧逼⑤和⑦封锁接球路线；并防止与④的掩护；❻侧前防守⑥，❽向篮下回撤，协防⑥，并注意⑥的横切。如④将球传给⑤，则按图示箭头方向移动选位。

③ 中场与底线边角夹击配合方法

如果进攻队员在中场边线附近或底线场角停球时，防守队应积极地组织局部夹击、抢断，远离球一侧以少防多，随时准备补位协防。

【示例一】如图3-4-9所示，当④在中场边角处停球时，❻果断放弃自己的对手与❹协同夹击④。此时，❼应积极向⑥移动补位，协防断球。❽向篮下回缩，随时准备断球。

【示例二】如图3-4-10所示，当⑦在底线场角处被迫停球时，❹协同❼夹击⑦。❽积极移动到强侧紧逼防守④，准备断球。❺向篮下移动防堵⑤的横切，❻回缩篮下控制限制区。

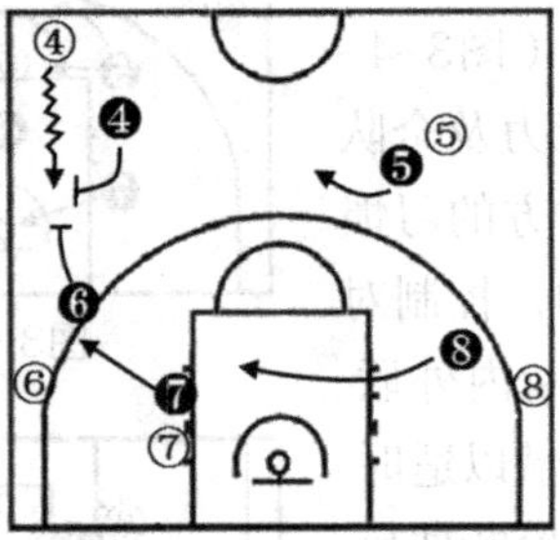

图3-4-9

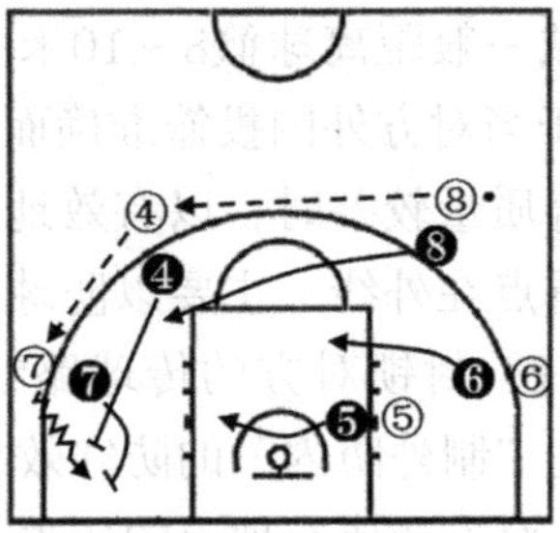

图3-4-10

（四）半场人盯人防守战术的教学与训练

1．教法建议

（1）半场人盯人防守战术教学，应首先从个人脚步动作、防守技术运用及防守战术基础配合抓起，在此基础上学习半场人盯人防守战术配合。

（2）可运用录像、战术沙盘、图表或黑板等手段，对半场人盯人防守战术方法、战术原则进行讲解、演示，使学生建立完整战术概念、明确战术方法和战术运用的基本要求。

（3）先教半场缩小人盯人防守战术，再教半场扩大人盯人防守战术；先学习局部防守战术配合，即先教强侧的防守配合，再进行弱侧防守配合的教学，然后进行全队整体防守配合练习。

（4）最后在半场或全场的对抗练习中掌握和提高全队防守战术配合的方法和能力，在教学比赛中提高和培养学生的实战对抗能力和意识。

2．教学与训练提示

（1）在半场人盯人防守战术教学训练的同时，要不断提高个人防守能力，尤其要加强协防、补防等意识的培养。

（2）在防守训练中，要加强意志品质的训练、培养顽强拼搏的作风、提高防守的责任感。

（3）应遵循随对方的人、球移动选位→防守局部配合→全队配合→特殊情况下防守配合的步骤进行教学和训练。

（4）要结合由攻转守的退防训练，把提高攻守转化能力与半场人盯人防守有机地统一起来。

（5）在教学训练中，可以对进攻提出特定要求，有目的地提高防守的各个环节。

（6）要重点提高不同情况下的防守基础配合，并重视抢防守篮板球的整体训练。

3.练习步骤与方法

（1）脚步灵活性和个人防守技术的练习

从各种脚步动作练习开始，过渡到半场或全场自在对抗中重点提高个人的脚步移动速度和防守技术。

（2）进一步提高基础配合质量的练习

反复进行半场二打二、三打三练习，提高防守量，为提高全队整体防守水平打好基础。

（3）全队防守时的选位练习

①在球动人不动条件下的选位练习

【方法】进攻队员保持位置不动，利用球的不断转移，让防守队员按照防守持球队员和无球队员的原则进行选位。防守队员练习选位数次后，攻守交换进行练习。

【要求】防守只许移动选位，不许断球；进攻队员持球不允许投篮，待防守队员选好位以后再传球；防守练习熟练后可加快传球的速度。

②在人动球不动条件下选位练习

【方法】球依次固定在每个队员手中，让其他四名队员练习如何防掩护、纵切、横切、溜底线等。

【要求】持球者可做适当的移动，但不要传球，其他进攻队掩护、空切等。练习数次后攻守交换。

③在限制进攻条件下的防守配合练习

【方法】进攻队员可以移动，但只许传球、运球：传切、掩护、突分、策应等基础配合，不允许投篮。

【要求】防守时严格按照选位原则进行防守，控制对方的进攻配合，如果抢断成功，攻守交换。

(4) 半场（全场）五对五攻守对抗练习

进攻投篮命中后从中圈发球继续进攻，进攻队员抢到前场篮板球，可以补篮或二次进攻。防守队员抢到后场篮板球或抢断球成功，则从中圈发球进攻。此练习也可在全场进行，以提高攻守转换速度。

【要求】练习中，由攻转守时，首先封一传堵接应，赢得时间迅速退守，进行半场缩小或扩大人盯人防守，在对抗练习中发现问题，解决问题，提高技战术运用能力。

4．教学中易犯的错误与纠正方法

(1) 易犯的错误

① 基本防守原则与概念不清楚，防守选位意识不足，无规律移动。

② 配合意识差，只管防守自己的对手，不能兼顾相邻对手。

③ 个人防守方法和防守能力弱。

(2) 纠正方法

① 在练习中应由简单到复杂，由个人防守到2、3人配合防守，教师要边示范边讲解，使学生形成清楚的概念;强化选位意识，做到有球紧、无球松，近球紧、远球松，近篮紧、远篮松，以及积极移动的意识。

② 强调在防好自己对手的前提下，协防相邻的对手，可以运用呼喊口令促使动作完成到位。

③ 在学生掌握基本方法后，多进行实践练习提高实践应用能力。

二、进攻半场人盯人防守战术

由于半场人盯人防守是篮球比赛中运用最普遍的防守战术，所以每个篮球队都必须掌握进攻半场人盯人防守的战术。

进攻半场人盯人防守战术是由各种传切、突分、掩护、策应等基础配合组成的全队战术，每个队都要以一种或两种基础配合组成全队战术来组织本队的进攻力量，熟练地掌握与运用它，不断加以改进，提高战术配合的质量与变化，逐 渐形成自己的一套打法，以对付各种不同类型的半场人盯人防守，争取比赛的主动。

（一）进攻半场人盯人战术的基本要求

（1）进入半场后，应合理地组织进攻队形，迅速地落位。

（2）要充分利用基础配合及其变化来创造攻击机会，要正面进攻与侧面进攻、内线进攻与外围进攻、主动与辅助进攻相结合，扩大攻击面，增多攻击点，加强进攻的攻击性。

（3）在组织进攻中，要根据防守境况，攻其薄弱环节，有目的地穿插、换位，造成防守的漏防，同时注重速度，讲究节奏，快慢结合，动静结合，在动中配合，在比赛中默契，加强进攻中的针对性和灵活性。

（4）组织拼抢前场篮板球，注意攻守平衡，保证攻守转换的速度。

（二）进攻半场人盯人战术的方法

1. 落位阵形

选择合理的落位阵形是进攻半场人盯人防守的前提。合理的落位阵形，有利于扬长避短，充分发挥本队队员的身体条件、技术特点和全队整体力量。因此，落位阵形的选用主要根据本队条件，特别是中锋的特点、站位和本队战术打法来确定。

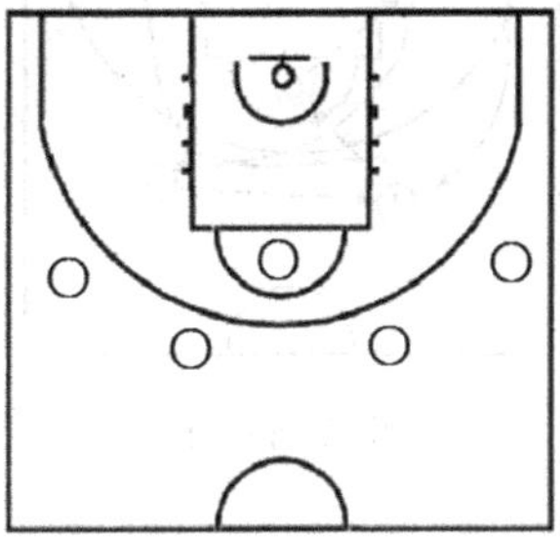

图3-4-11

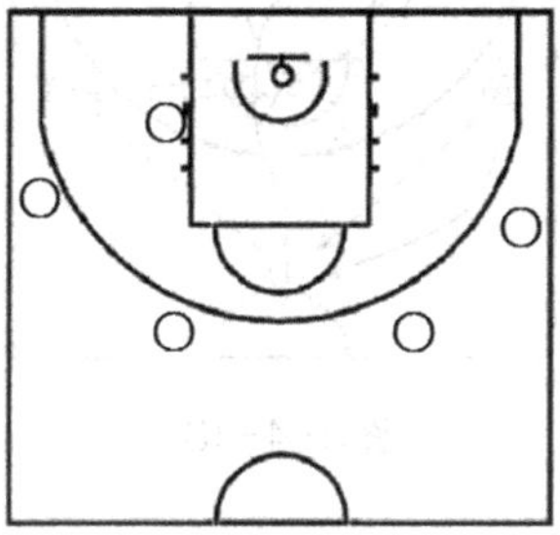

图3-4-12

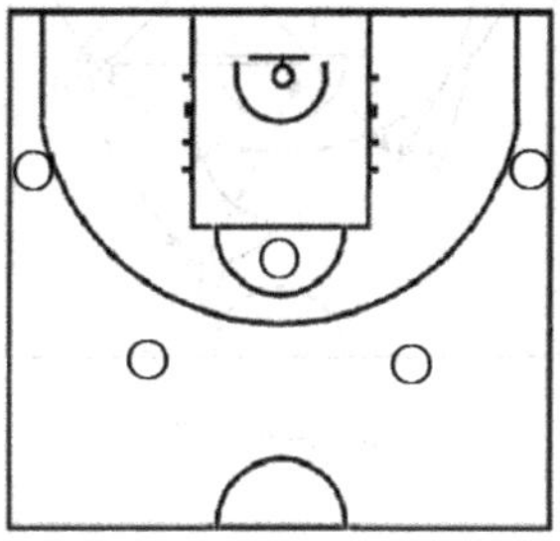

图3-4-13

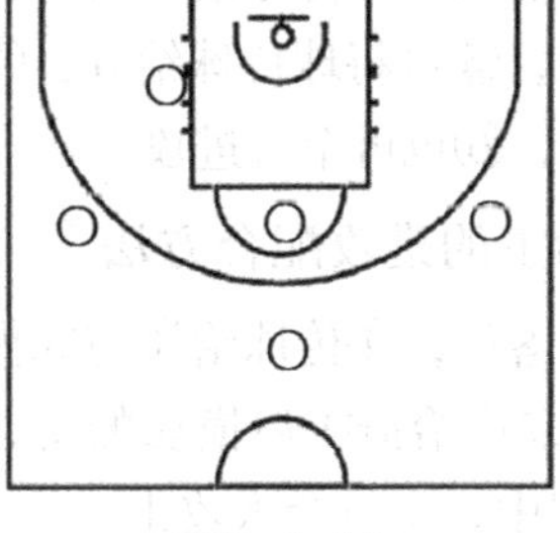

图3-4-14

图3-4-15

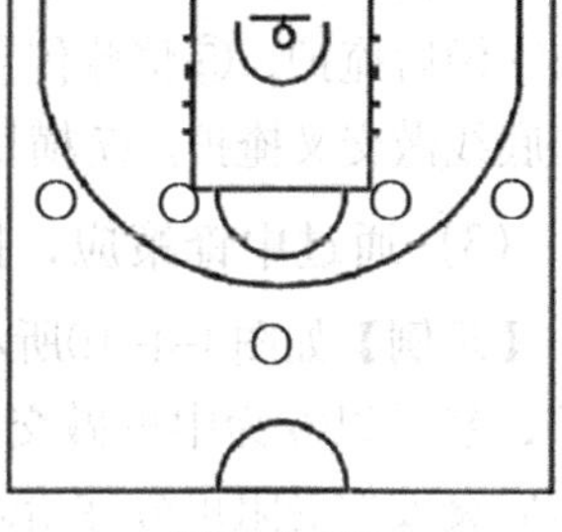

图3-4-16

常用的进攻落位阵形有单中锋外策应落位“2-3”阵形（图3-4-11）；单中锋内策应落位“2-2-1”阵形（图3-4-12）；外线机动的通过中锋打法“2-1-2”阵形（图3-4-13）；双中锋上下落位“1-3-1”阵形（图3-4-14）；双中锋并位篮下进攻“1-2-2”阵形（图3-4-15）；双中锋上提落位“1-3-1”阵形（图3-4-16）。

2．进攻半场人盯人战术配合方法

进攻半场人盯人战术配合方法有许多，每个球队都能根据本队的特点和个人技术特长，设计出若干种进攻配合方法。

（1）利用掩护．策应．空切为主的配合方法

【示例】 如图3-4-17所示，以“1-2-2”进攻阵形落位，配合开始时，由⑤传球给④发动进攻，中锋⑥上提给⑤做后掩护，然后横插，④亦可将球传给⑤或⑥，左侧的⑧给⑦做掩护，⑦上提补位。⑥接球后也可与④做策应配合，也可个人进攻或传球给⑦、⑧、⑤进攻。

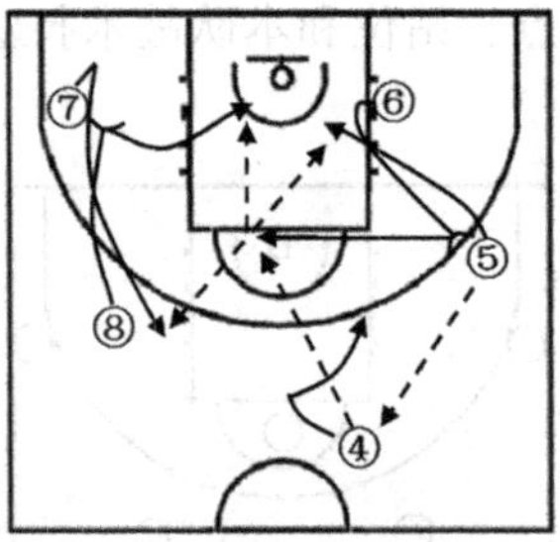

图3-4-17

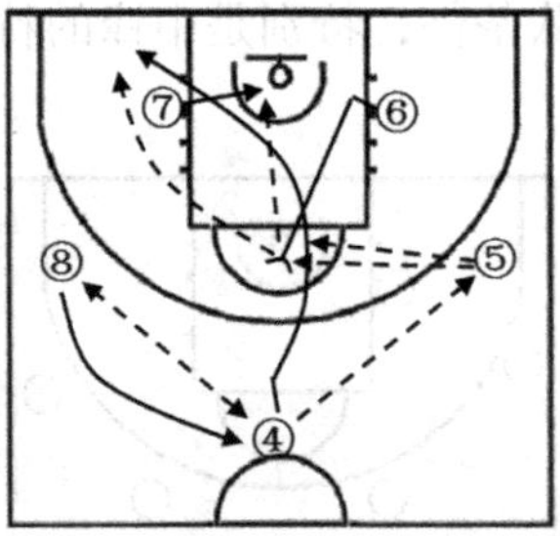

图3-4-18

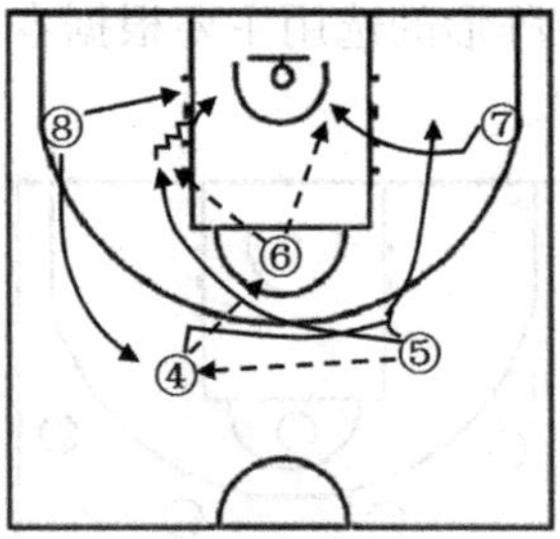

图3-4-19

（2）通过中锋以掩护为主的配合方法

【示例】 如图3-4-18所示，以“1-2-2”进攻阵型落位，④传球给⑤后，⑥上提与④做后掩护，⑤将球传④直接上篮。如果④没机会，⑤可将球传球给⑥，④与⑦在底线做交叉掩护。⑦横切，④拉开，接⑥的球投篮，⑥也可个人进攻。

（3）通过中锋策应．掩护和外线空切．突分为主的进攻配合方法

【示例】 如图3-4-19所示，以“2-1-2”进攻阵型落位，④传球给④与⑤做侧掩护，然后以⑥为中枢做交叉策应，⑥可将球传给⑤或传给掩护后横切的⑦，⑤接球后突破如受阻可分球给⑧或⑦投篮，⑥在策应过程中，也可个人攻击。

（4）掷前场界外球的固定配合方法

【示例一】掷前场边线球的固定配合方法。如图3-4-20所示，⑦给⑧做后掩护，⑧纵切时靠近⑤的身体做定位掩护，然后直插篮下接球投篮。当⑧与⑤做定位掩护时，⑥向左场角移动接④的传球，此时，⑤纵切篮下接⑥的球投篮。

【示例二】掷前场端线球的固定配合方法，如图3-4-21所示，⑦给⑥做后掩护，⑥横切的同时与中锋队员⑤做定位掩护，然后切向篮下接④的传球投篮。④亦可将球传给⑦或⑤。

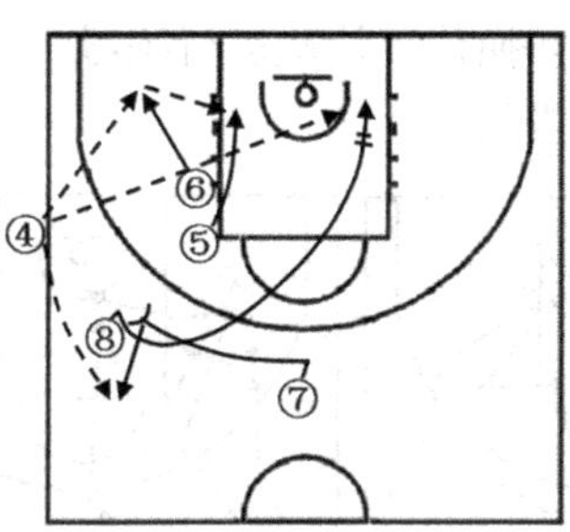

图3-4-20

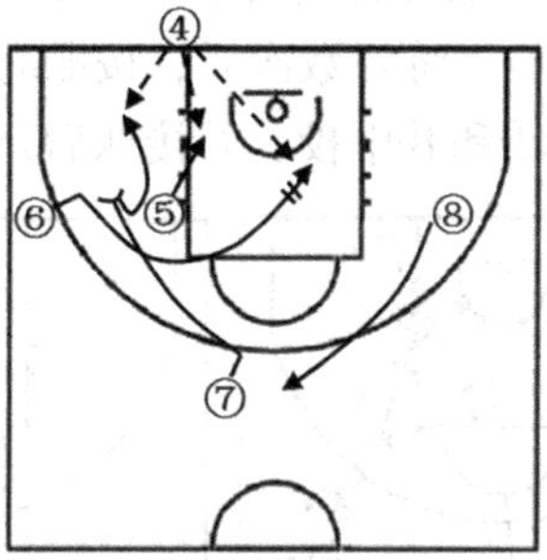

图3-4-21

（三）进攻半场人盯人防守战术教学与训练

1．教学训练建议与提示

（1）应首先学习掌握半场人盯人防守战术，然后学习进攻半场人盯人防守战术。开始练习时，要让每个学生（队员）了解全队的战术落位阵形，进攻时机，移动路线，主要攻击面和攻击点及变化规律。

（2）在在无防守和消极防守的情况下先进行战术的分位练习，提高个人技术运用能力和基础配合的质量；然后进行全队战术配合练习，在此基础上加强防守，提高练习难度和对抗强度。

（3）在实战中检验学生（队员）对全队战术方法的理解和掌握程度，通过比赛的信息反馈，不断总结分析，以此提高战术水平。

2．练习步骤与方法

无论何种打法，从总体上教学与训练的程序是基本相同的。在教学训练时，应首先通过战术演示盘让学生（队员）基本了解整体战术配合方法、各自的任务、移动路线及全队的攻击区域、攻击点，然后再进行分位练习。

下面以“1-2-2”阵形落位介绍进攻半场人盯人防守的教学与训练方法。

（1）两人两球后掩护练习

【方法】如图3-4-22所示，④传球给⑨，⑥上提给④做后掩护，⑨传球给切人篮下的④投篮，⑥转身接⑦的球中投，抢篮板球交换位置，依次进行练习。

【要求】⑨将球传出后中锋⑥再转身接⑦的球投篮。

（2）3人3球后掩护、策应练习

【方法】如图3-4-23所示，⑥传⑧给⑥做后掩护，⑥空切篮下接⑤的球投篮，⑧横插接④的球并与配合，④接⑧的球投篮，⑧策应传球后转身接⑨的球投篮，各自抢原位。练习数次后，按顺时针方向换位，依次进行练习。

【要求】④和⑧中投，⑥接球后行进间投篮。

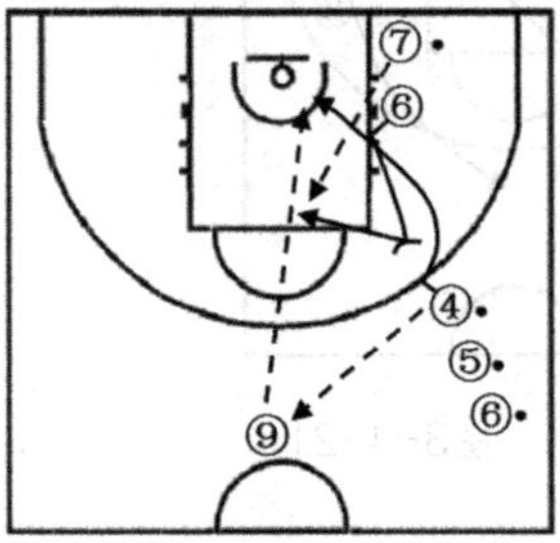

图3-4-22

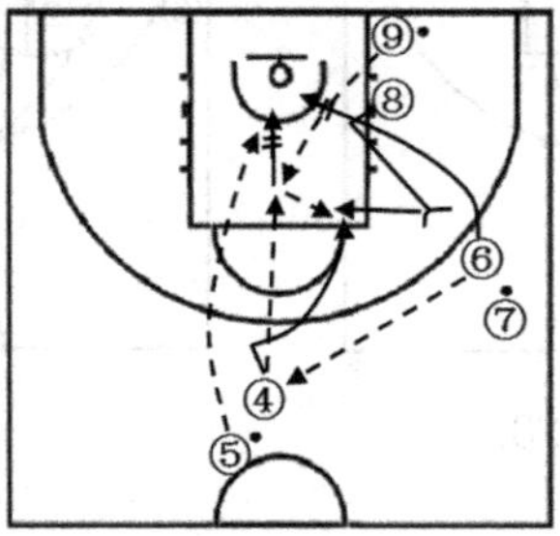

图3-4-23

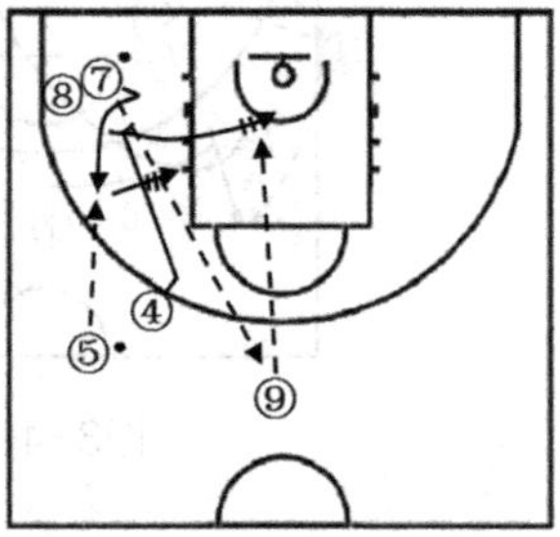

图3-4-24

（3）两人两球底角掩护练习

【方法】如图3-4-24所示，⑦传球给⑨，④到底线与⑦做掩护，然后转身横切接⑨的球投篮，⑦上提接⑤的球中投，各自抢篮板球换位，依次进行练习。

以上是无防守情况下的多球分位练习，主要目的是解决进攻配合路线及各进攻点的投篮技术。熟练掌握后，可在消极防守状态下进行实战的局部练习，初步掌握配合时机和提高技术运用能力，逐渐过渡到积极防守对抗练习。从实战出发，严格要求，掌握提高局部战术配合的方法和质量。

（4）半场无防守情况下的五人练习

【要求】在教练员的指导下，熟悉落位，明确任务，按照战术配合的时机和路线要求，进行人、球移动练习。

（5）半场消极防守情况下的五对五练习

【要求】在（4）的基础上，将整体配合中的前、后、左、右的局部配合组合在一起，让队员了解全队进攻的移动规律，掌握发动进攻的时机，提高各个攻击点的技术运用能力。

（6）半场积极防守情况下的五对五练习

【要求】 在积极对抗练习中，掌握进攻变化规律。教练员应严格要求，完成进攻的具体指标后攻守交换。必要时，对于出现的共性问题，可让队员分组讨论，研究解决，以提高他们的战术意识及分析问题、解决问题的能力。

在完成以上练习后，有目的地组织教学比赛，检查教学训练效果，及时总结、分析在实战中出现的问题，为今后的针对性训练提供可靠的依据。逐步培养战术意识，提高队员运用战术的能力。

3．教学中易犯的错误与纠正方法

（1）易犯的错误

① 个人进攻行动与同伴协同配合不协调。

② 局部配合不默契，主要表现在位置、距离、路线、时间、节奏、变化等方面脱节，配合没有层次，缺乏连续性。

③ 内、外线的配合不统一，联系不密切，各自攻击意图不明确。

（2）纠正方法

① 通过讲解示范法，学生进一步明确全队战术的配合落位阵式、移动路线、局部与连续配合的时机等各个环节，明确各自位置的责任，建立全队战术的完整概念。

② 在无防守情况下，进行战术分解的强化练习。熟练配合的距离、路线变化，加强学生对整套战术的落位队形路线与实践、攻击点及变化的理解，增强默契。

③ 通过诱导法，针对所出现的错误进行纠正。例如，在练习中，教师及时提示、边练边对出现的问题进行分析，对不同位置的变化情况逐一讲解，强化对配合的理解和掌握。

④ 通过限制性练习或降低练习难度，针对出现的错误进行纠正。

三、全场紧逼人盯人防守战术

（一）全场紧逼人盯人防守的概念与作用

全场紧逼人盯人防守是指由攻转守时每个队员立即看守住邻近的对手并在全场范围内紧紧盯住对手，以个人积极的防守和全队的协同配合，破坏对方进攻，达到转守为攻的目的的一种攻击性破坏性很强的防御战术。

这种战术防守移动面宽、争夺激烈、速度快、强度大、配合意识要求高、能充分发挥队员的特长和有效地制约对方活动、打乱对方部署和习惯打法、造成对方心理紧张和技术失误，从而取得竞赛的主动权。因此，它在现代高水平篮球比赛中被视为一种杀伤力最强、谋略性运用效果较好的篮球防守战术。

由于全场紧逼人盯人防守战术是与对方在整个场地上展开激烈的争夺，防守力量容易分散难以发挥集体协防的力量。所以，防守队员不仅要有充沛的体力和良好的个人防守能力，而且要有顽强的意志品质和默契的配合意识。它对培养篮球运动员积极主动、勇猛顽强的战斗作风，提高他们的身体素质和促进技术的全面发展有着极其重要的作用。

（二） 全场紧逼防守人盯人的基本要求

（1）由攻转守时，全队思想、行动要一致，要以压倒的声势，迅速找人，紧逼各自的对手在全场范围积极展开防守。

（2）每个队员要抢占有利的位置，紧逼自己对手，人球兼顾，积极阻挠其移动，对接球、运球、投篮等进攻行动，严密控制，使之被动或造成失误、违例。

（3）全队要相互呼应，前后、左右照应，充分利用堵截、夹击、换防、补防等配合，及时破坏对方的进攻配合，要近球紧逼，远球稍松，伺机大胆、果断、准确地进行抢、打，断球，夺控制球权

（三）全场紧逼人盯人防守战术的方法

全场紧逼人盯人防守是在全场范围内与对手展开激烈争夺，为了更好组织和协调防守力量，通常把球场划分为前场、中场和后场3个区域来进行防守（图3-4-25）。队员在不同防区的紧逼过程中，任务也有所不同，现将各区防守方法分述如下几种。

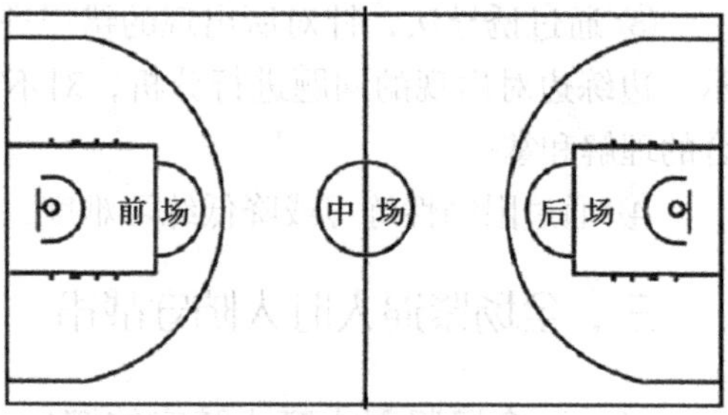

图3-4-25

1. 前场紧逼防守的方法

前场防守是全场紧逼人盯人防守的重要阶段，也是防守的第一道防线。在前场必须采取以夺取球为目的的防守策略，要求队员由攻转守时，有目的地快速找到自己的防守对手，立即进行紧逼，迫使对方减慢推进速度，选择有利于断球和夹击位置，并造成强大的声势，

给对手在心理上施加压力，迫使对方失误和违例。

由于由攻转守的情况不同，前场紧逼防守的方法也有所不同；一种是按照预先分工固定找人，一种是按照自己所处的位置就近找人。前一种找人方法针对性强，后一种找人方法速度快。

一般情况下，最好的紧逼时机是在本队投中或罚中后，对方在端线掷界外球时采用，以便及时布防，充分发挥紧逼人盯人防守的威力。

（1）对方端线掷界外球时的紧逼防守方法

① 一对一的紧逼防守方法

【示例】如图3-4-26所示，④掷端线界外球，❹紧逼④，积极挥动双臂，封堵其传球角度，并争取截球。❺❻❼❽积极堵截各自防守的对手的接球路线，迫使④发球失误或5秒违例。

② 夹击接应队员的紧逼方法

这种方法主要用于防守对方技术全面、能力强、善于接球后组织进攻的队员。

【示例】如图3-4-27所示，❹放弃对④的防守，去协助夹击技术全面的接应队员⑤，迫使④将球传给控球能力较差的队员。❹背对或侧对④，阻扰⑤正面接球。❺站在⑤的前面或侧后方，防⑤摆脱快下接④的长传球快攻。❻❼❽除控制接球还要根据场上的变化，及时调整防守位置，注意补防或断球。

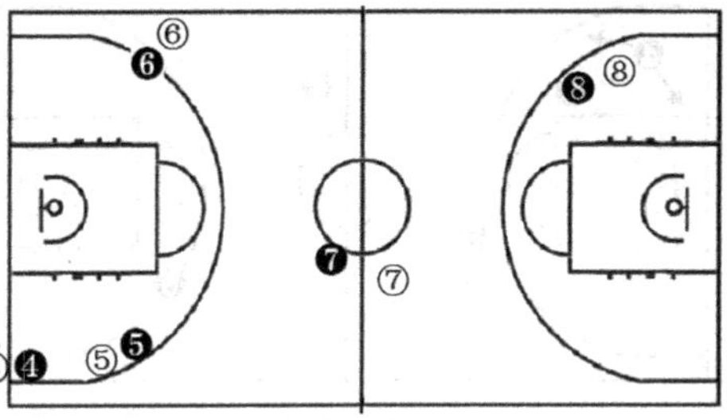

图3-4-26

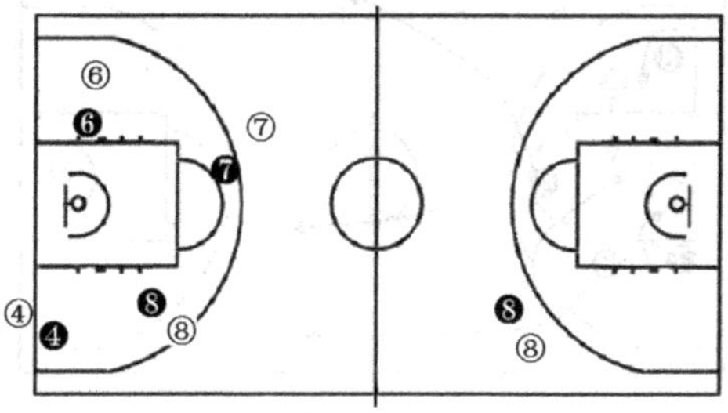

图3-4-27

③ 机动夹击的紧逼方法

这种方法主要是诱使对方按照本队防守竭力做第一传，以便进行抢断或夹击。

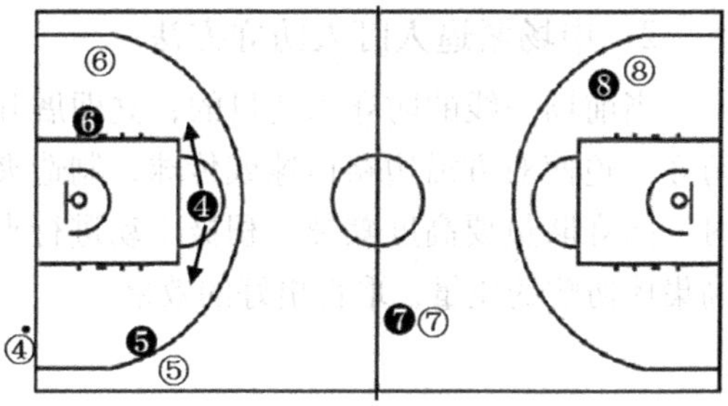

图3-4-28

【示例】如图3-4-28所示，当④掷界外球时，❹主动放弃④，充当“游击队员”，他可站在两个接球队员的前面，也可站在后面。❹要判断④的传球方向，及时移动进行断球或与❺❻协同夹击接球的⑤或⑥。❼❽应在⑦和⑧的侧面错位防守，随时准备断长传球和补防。如果对方已将球掷进场，而夹击、抢断又未成功，❹和其他队员应及时调整位置，继续组织紧逼人盯人防守。

（2）投篮未中对方抢获篮板球时的防守方法

当本方投篮未中，被对方抢获篮板球时，应立即展开防守，一般可采用就近找人防守对手。

【示例】如图3-4-29所示，本方投篮未中，对方❼抢获篮板邻近的⑦立即上去紧逼❼，⑥紧逼插中路的❺，⑧防❽，④⑤防守快下的❻和❹。

（3）对方在后场边线掷界外球时的紧逼方法

当对方在后场边线掷界外球时，一般不紧逼掷界外球者，而采用夹击接应队员的方法进行防守。

【示例】如图3-4-30所示，当对方④掷界外球时，❹夹击防守距球最近、最有可能接球的⑥，其他队员要及时抢占有利的防守位置，切断各自对手的接球路线，尽量延误对方的发球时间，并随时准备抢断球，造成对方违例和失误。如果球已掷入界内，❹应及时调整位置仍防守④。

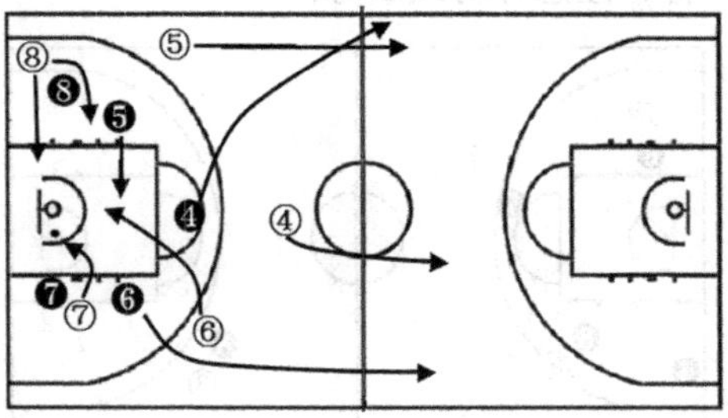

图3-4-29

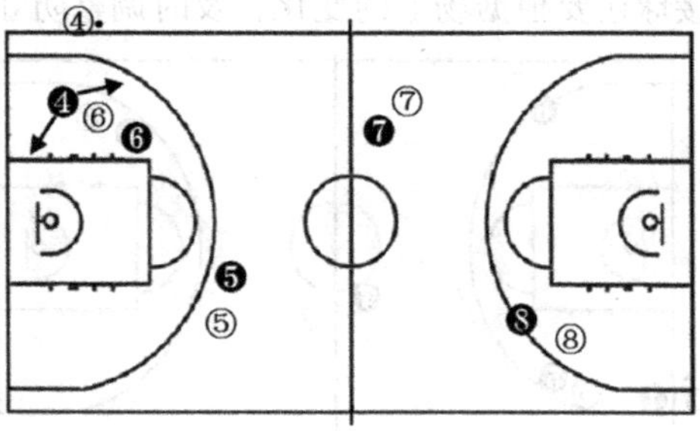

图3-4-30

2．中场紧逼人盯人防守方法

当前场一线的防守未达目的，立即展开中场争夺。中场争夺时要加强中路的防守，迫使对方沿边路运球或传球，制造夹击机会，破坏对方进攻。在中场争夺时，防守队员要高度默契，积极主动进行夹击、抢防、换防、补防等配合，以提高集体协防的质量，取得更好的效果。

（1）组织夹击与补防配合

【示例】 如图3-4-31所示，⑤接球后突破，❺堵中放边，迫使⑤沿边线运球向前推进。此时，❼大胆放弃⑦迎上堵截⑤，并迫使⑤在中线边角停球，与❺夹击⑤。❽补防⑦，❻补防⑧，❹向⑥移动，并随时准备断⑤传出的球。

（2）防掩护配合

当对方给有球队员掩护时，防守队员要力争抢过防守，不得已才交换防守；防无球队员的掩护时，可采用穿过防守，以破坏掩护进攻。

（3）防中线附近策应配合

中线附近的策应配合是破坏全场紧逼把球推进到前场的有效方法。因此，防守队员应及时识破对手的意图，抢前防守策应队员，断其策应路线，破坏其进攻配合。

【示例】 如图3-4-32所示，当⑤中路运球遇阻时，⑧企图迎上策应，❽发现⑧的意图立即抢前防⑧，断⑧的移动路线，截断⑤给⑧的传球。如果⑧接到球，❹❺❻则要迅速后撤，防止⑥④⑤空切，❽要迫使⑧向边线运球，❹或❺或❻看准时机协助❽夹击⑧，❼要切断⑦插上做策应和空切篮下的接球移动路线。

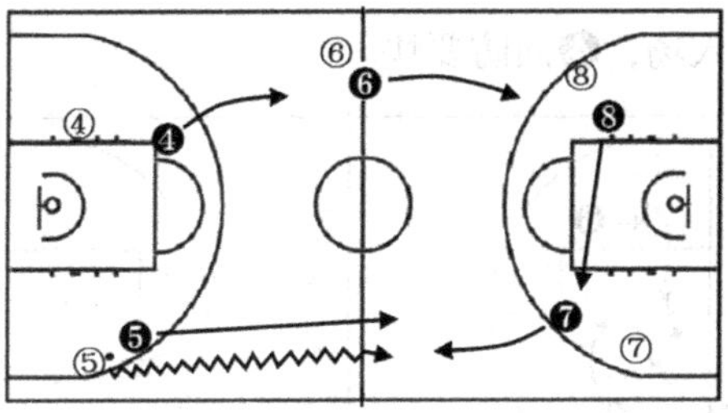

图3-4-31

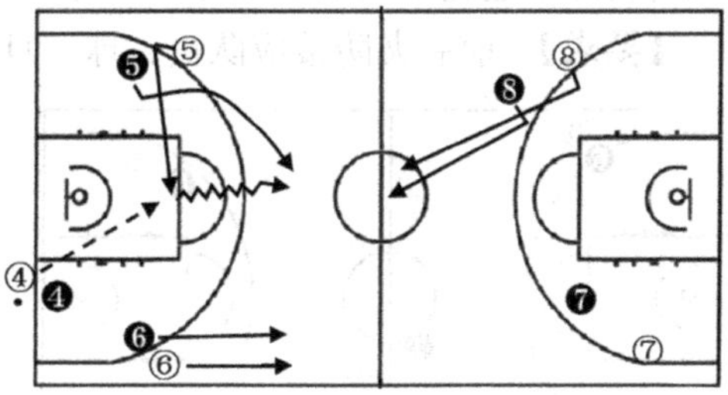

图3-4-32

（四）全场紧逼人盯人防守的教学与训练

1．教法建议

（1）全场紧逼人盯人防守应安排在半场人盯人防守教学之后进行，与进攻全场紧逼人盯人防守教学结合起来。

（2）在教学中，应先向学生讲清楚战术的特点、方法与要求，使学生对该战术有一个明确的认识。

（3）重点学习前场和半场紧逼防守方法；先进行2、3人配合练习，后进行全队战术配合练习。

2．教学与训练提示

（1）在教学与训练过程中要加强个人防守能力与提高防守基础战术的练习；加强攻守转换速度的练习和前场紧逼防守练习。

（2）在教学与训练过程中，要加强身体素质的训练，尤其是速度和耐力的训练；加强学生勇敢顽强、坚忍不拔的战斗作风和意志品质的训练。

3．练习步骤与方法

（1）掷端线界外球紧逼练习

① 一对一紧逼练习

【方法】如图3-4-33所示，全队防守一防一，紧逼对手，力争在规定时间内，不让对方接球。

【要求】 找人要快，选位合理，积极移动，抢占有利防守位置。

② 二夹一练习

【方法】如图3-4-34所示，④掷端线界外球，❹协助⑤夹击⑤，⑥紧逼⑥，不让⑤⑥接球，并争取断球或造成对方5秒违例，如球传到场内，❹应前去防④。进攻时将球推进过中线后，攻守交换练习。

【要求】 前后夹防接应队员；球一旦入场，❹回防要快。

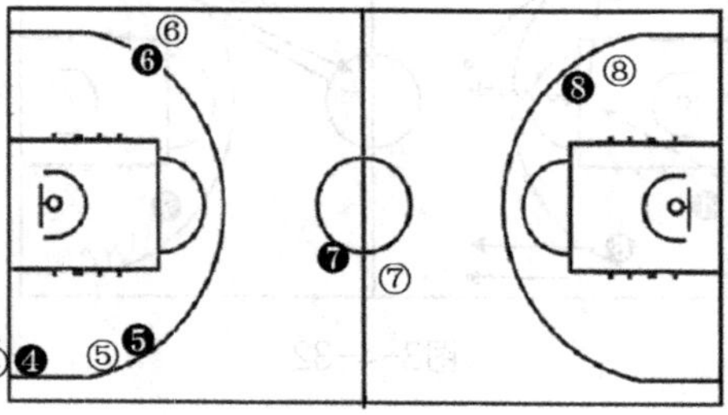

图3-4-33

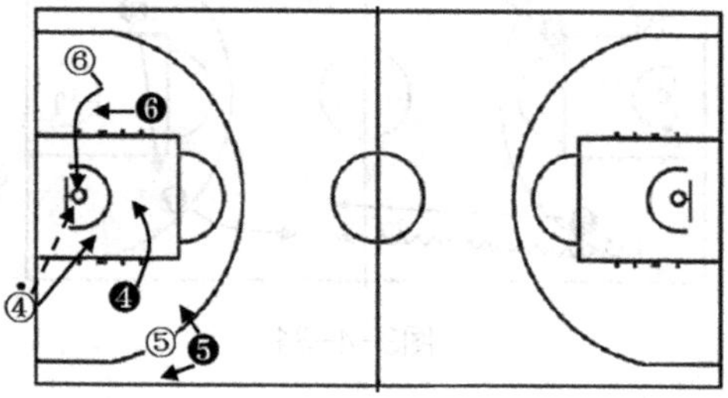

图3-4-34

③ 机动夹击练习

【方法】如图3-4-35所示，❹放弃④，当“游击队员”与同伴配合夹击接球可能性大的进攻队员，争取断球或造成对方5秒违例。球掷进场后，防守队员要及时调整位置，利用紧逼、换防、抢前防守等方法破坏对方

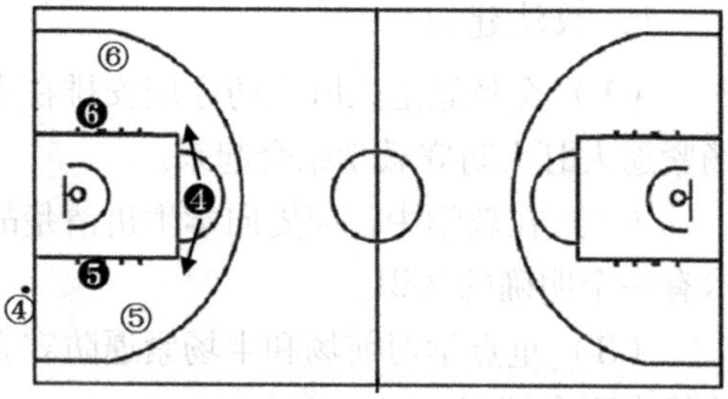

图3-4-35

的配合。球过中线换下组练习。

【要求】❹要注意观察传球意图，其他队员抢前防守，堵截对手的接球路线。

（2）对方抢获后场篮板球的紧逼练习

【方法】如图3-4-36所示，④罚球未中，❺抢获篮板球。⑤迅速紧逼❺，④紧逼❹，⑥紧逼❻。练习数次后交换练习。

【要求】找人要快，行动迅速，配合默契。

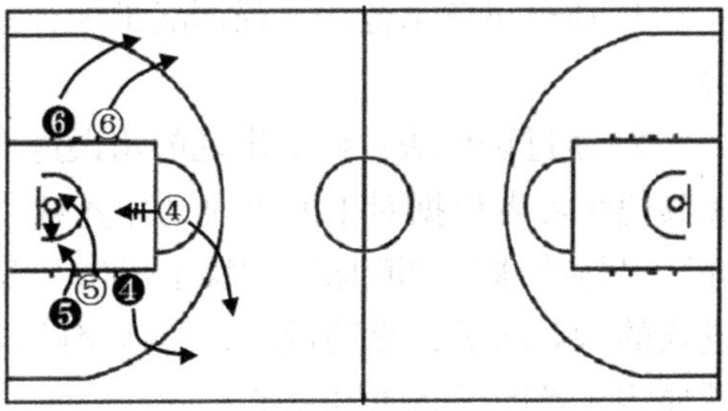

图3-4-36

（3）中场夹击轮转补防练习

【方法】如图3-4-37所示，⑤运球，❺堵中放边，迫使⑤沿边线运球。当④运球刚过中线时，❼迎前阻截，迫使⑤在中场角停球，❼与❺夹击⑤，其他防守队员迅速调整位置。练习数次后攻守交换。

【要求】❹要注意观察传球意图，其他队员抢前防守，堵截对手的接球路线。

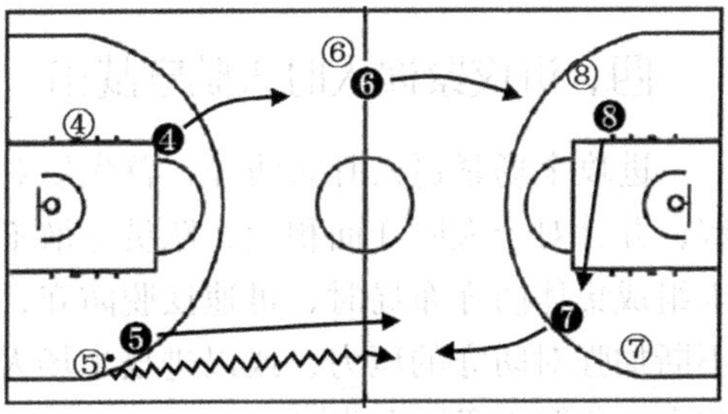

图3-4-37

【要求】夹击要果断，其他队员回防补位要迅速。

（4）全场三攻三守、四攻四守、五攻五守攻防练习

（5）在竞赛中检验、总结、训练，提高战术质量

4．教学中易犯的错误与纠正方法

（1）易犯的错误

① 由攻转守时，全队的行动不统一，找人慢，不相互呼应，没有紧逼防守的气势。

② 当对方运球停球后，没有积极贴近防守，封其传球路线，迫使对方高远传球。

③ 当对方持球或运球时，防守距离太近，易造成对方直接突破；防守距离太远，对方传球、运球、投篮及其他进攻行动毫无干扰。

④ 防无球队员时选位不合理，未大胆抢前或错位防守。

⑤ 换防过于频繁，换防后没有全力追防，临近同伴补防不及时。

(2) 纠正方法

① 通过讲解示范法，强调战术配合的要求与要点，使学生明确概念，加深理解。

② 通过诱导法：针对出现的错误进行重点纠正。如在练习中，教师在场外带领其他练习者根据对手的进攻动作齐喊“紧逼”“找人”“距离太近”“贴近防守”“封传球”“断球”“快下反击”等，提高防守的积极性，也可由教师作为进攻的持球队员，交替运球，持球突破、传球、运球停球等动作，并结合语言、诱导防守者进行合理的防守。

③ 通过限制防守配合的练习，纠正换防过于频繁，防守漏人没全力追防，临近的同伴补防不及时的错误。

四、进攻紧逼人盯人防守战术

进攻全场紧逼人盯人防守，首先要对这种防守战术的特点和规律有充分的了解，并针对个人防守面积大、队员分散不利于协防的弱点，由守转攻时争取对方未组成集体防守布局时，迅速摆脱防守，利用传切、突分、掩护、策应等配合，不断加强对防守的压力，或以进攻半场人盯人防守配合为基础有目的地展开全场攻击，争取比赛的主动权。

（一）进攻全场紧逼人盯人防守的基本要求

（1）当对方采用全场紧逼人盯人防守时，首先要沉着、冷静，按既定步骤有目的地组织进攻。

（2）抓住战机，力争组织快速反击，把球推进到前场。

（3）运球时要选好突破方向，不能在边角停球，以免对手夹击。接球者要迎前接球，同时观察场上情况，及时把球传给进攻机会最好的同伴。

（4）进攻队员在场上的落位要保持一定的距离，拉大防区，避免对方协防和夹击。掌握好进攻节奏，无球队员要多穿插，连续进行传切、空切、掩护、策应等配合，制造对方防守上的漏洞，创造突破和以多打少的机会。

（5）如遇夹击，持球队员要抢在被夹击前把球传出，若来不及传球，要注意保护好球，尽可能利用跨步、转身扩大活动范围，力争把球传出。邻近的同伴应及时迎上接应，帮助持球同伴摆脱夹击。

（6）进攻传球要短而快，避免横向传球，尽量少用高吊球和长传球。

（二）进攻全场紧逼人盯人防守的方法

进攻全场人盯人防守的方法很多，从进攻的形式上可归为两类：一是快速进攻法，二是阵地进攻法。

1．快速进攻法

快速进攻法是指由守转攻时动用快攻战术展开攻击的方法。它是破坏全场紧逼人盯人防守最有效的方法。具体方法可参阅快攻战术。

2．阵地进攻法

阵地进攻法是指由守转攻没有快速反击机会时，队员有组织地迅速落位布阵，运用传切、突破、掩护、策应等配合去突破对方紧逼人盯人防线，打乱对方防守部署的方法。

（1）落位方法

进攻全场紧逼人盯人防守的落位主要有：

当对方投篮中篮，由攻转守采用全场紧逼人盯人防守时，进攻队除一人在端线外掷界外球外，其他4人排成一字纵队（后场“1-4”纵向落位如图3-4-38所示）或一字横队（后场“1-4”横向落位如图3-4-39所示）或后场1-2-2前后落位，如图3-4-40所示。

（2）利用有组织的落位布阵接应球

【示例一】如图3-4-38所示，进攻队采用后场纵向“1-4”落位，⑤⑦同时快速起动沿边线快下，吸引防守。与此同时，⑥和⑧分别向两侧拉开选位接球，④可根据情况将球传给任一同伴。

【示例二】如图3-4-39所示，进攻队采用后场横向“1-4”落位，⑤、⑧同时快速起动沿边线快下，吸引防守。与此同时，⑥主动给⑦做掩护并分别准备接

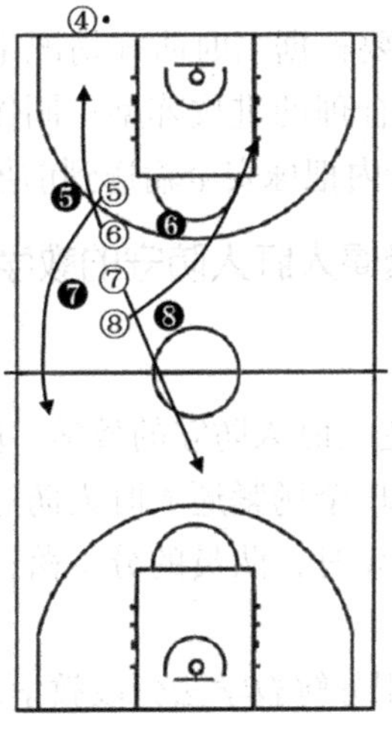

图3-4-38

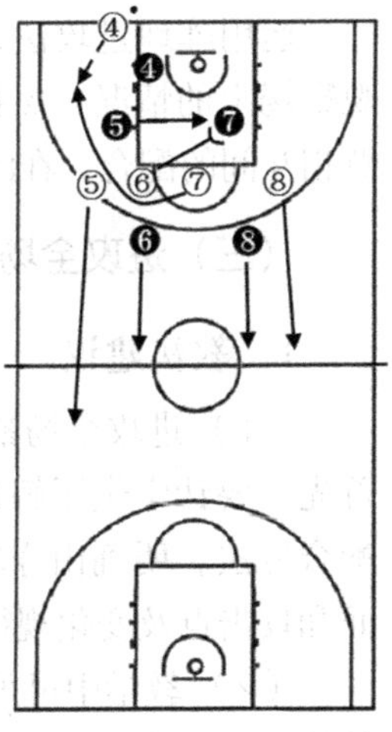

图3-4-39

应④的发球。④可根据情况将球传给任一同伴。

(3)运用掩护、突破、传切策应进攻(以后场“1-2-2”前后落位为例)

【示例一】如图3-4-40所示，进攻队采用后场“1-2-2”前后落位，⑧掷端线界外球，⑥⑦在罚球线两侧接应一传，④⑤分别靠近中场两侧。配合开始时，④⑤同时给⑥⑦做掩护，⑥⑦摆脱快下。⑤掩护后转身摆脱防守接⑧的传球，④斜插中路接⑤的传球，并从中路运突到前场。④如不能直接突破投篮，可传球给两侧快下的⑥或⑦进攻。如机会不好，④调整进攻节奏，把球传给组织后卫组织进攻。

【示例二】如图3-4-41所示，⑥利用⑤的掩护摆脱①接④的传球，⑥运球突破遇阻时，可运球给④做掩护，④看到⑥给自己做掩护应及时反跑，并利用⑥的掩护摆脱接⑥的传球后，从中路突破，如遇阻，⑦及时上提做策应接④的传球。⑦策应后转身可传球给两侧快下的⑤或⑥进攻，如机会不好，把球传给组织后卫，迅速部署进攻阵型展开攻击。

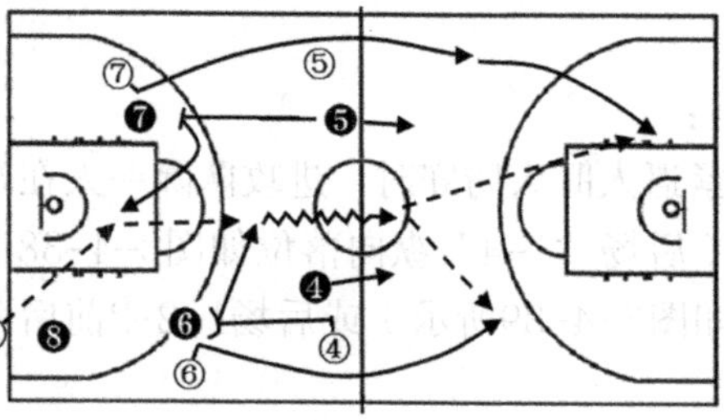

图3-4-40

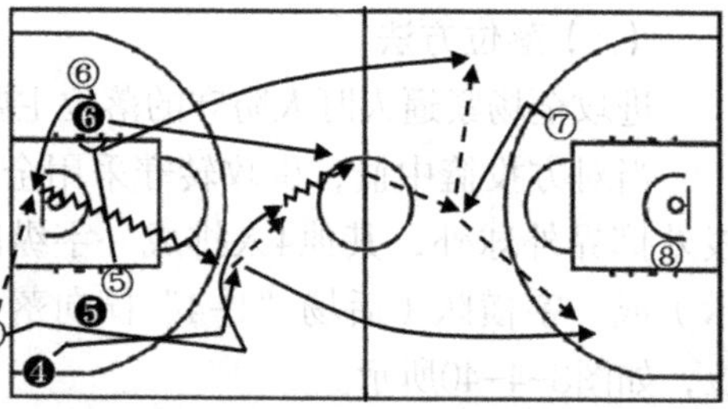

图3-4-41

运用阵地进攻法，要根据当时防守情况采用不同的进攻配合，要求队员及时观察场上的情况，保持合理的进攻阵型；同伴之间要前后、左右呼应，要随时注意相互间的配合，在8秒内把球安全输送到前场。

(三)进攻全场紧逼人盯人防守的教学与训练

1. 教法建议

(1)进攻全场紧逼人盯人防守的教学，应放在全场紧逼人盯人防守后进行。首先，要让学生了解进攻全场紧逼人盯人防守战术的特点和要求，了解全队战术配合方法，明确由守转攻时，队员的分工落位、进攻时机、移动路线、主要攻击面和攻击点及变化规律。

(2)教学中可采用分解教学法分段教学，先学习前场和中场的配合，再学习整体战术配合。

（3）练习时，重点加强后场和中场的掩护、传切、突分和策应配合的训练，同时加强由守转攻时的反击速度和意识的训练。

2．教学与训练提示

（1）在教学训练中，应把进攻全场紧逼人盯人防守与全场紧逼人盯人防守紧密地结合起来，要重视培养学生积极主动、勇敢顽强的作风，提高个人技术运用能力和基础配合质量，在此基础上加强防守，提高练习难度，以利于提高个人和集体的进攻质量

（2）在教学训练中，通过积极的对抗练习，逐步掌握进攻变化规律。在练习时，应严格要求，完成进攻的具体指标后攻守交换。必要时，对于出现的共性问题，可让队员分组讨论，研究解决，以提高他们的战术意识及分析问题、解决问题的能力。

（3）有目的地组织教学比赛，检查教学训练效果，及时总结、分析在实战中出现的问题，为今后的针对性训练提供可靠的依据。加强战术意识的培养，提高队员运用战术的能力。

3．练习步骤与方法

（1）全场一攻一守运球突破结合传切练习

【方法】 如图3-4-42所示，④运球突破❶到中线附近传球给在圈顶策应的②，然后摆脱❶空切篮下接⊗的回传球投篮。

【要求】 运球时抬头观察，传球要及时、准确。

（2）二对二攻守对抗练习

【方法一】 如图3-4-43所示，④掷端线界外球，❹与❺夹击⑤。④必须在5秒内发出界外球，10秒内把球传给中圈内的固定接球者，或运球突破过中线，计成功一次，练习数次后攻守交换。

【要求】 进攻者在一定时间完成进攻，传球果断、到位。

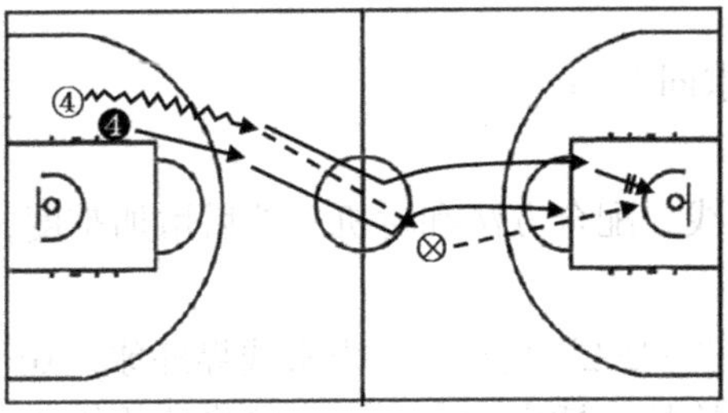

图3-4-42

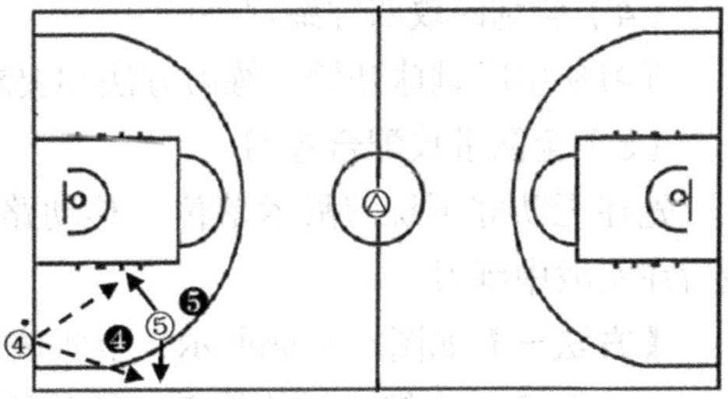

图3-4-43

【方法二】后场掷边线界外球时的攻守对抗练习。如图3-4-44所示，②掷边线界外球，①防④、⑦防⑤。④摆脱接②的传球后运球给⑤做掩护，⑤摆脱接④的传球，并从中路突破，④掩护后转身沿边线快下，④传球给⑤投篮。每练习一轮后，攻守交换练习。

【要求】摆脱要迅速，掌握好配合时机。

【方法三】 二攻二守全场运球突破、策应练习。如图3-4-45所示，⑥掷线界外球，④在后场摆脱❹接⑥的传球后快速突破，过中线后传球给策应的⑤，然后空切篮下接⑤的传球投篮，⑤跟进冲抢篮板球传给场外的⑦，④快下做策应，⑤摆脱接球突破练习。练习几次后，攻防交换，依次进行。

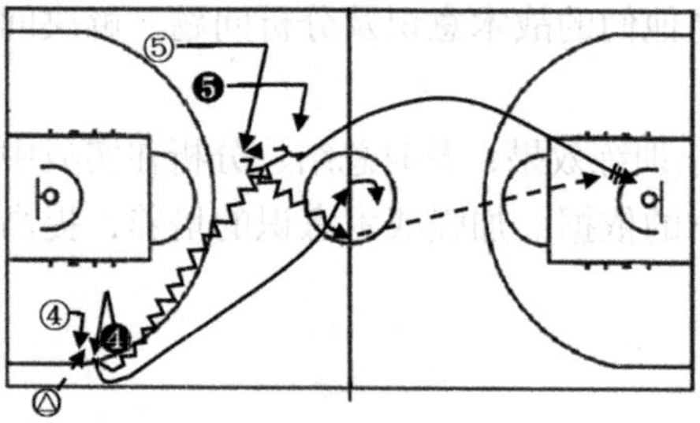

图3-4-44

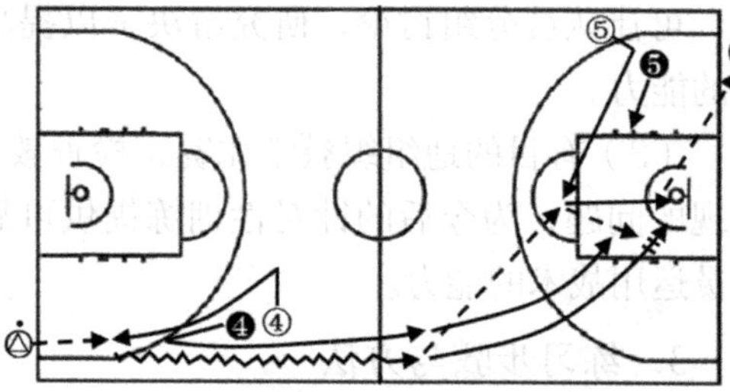

图3-4-45

（3）全场三攻三守攻守转换练习

【方法】进攻队从中线发球开始进攻，另一队进行紧逼防守。进攻队投中篮后，当防守队掷端线界外球时，进攻队立即进行全场紧逼防守。若进攻队投篮未中，进攻队抢获篮板球继续进攻，防守队抢获篮板球快速进行反击，快攻成功后，仍由进攻队在中线发球进攻。

【要求】攻防转换速度要快，防守要积极。由守转攻的队力争快速进攻，快攻不成运用阵地进攻法展开攻击。

（4）全场四攻四守练习

练习从中圈跳球开始，练习方法和要求同上。

（5）全队进攻配合练习

先在无防守下练习战术落位、移动路线、配合方法和时机。然后增加难度，最后在实战中练习。

【方法一】如图3-4-46所示，全队按“1-2-2”落位，④发端线界外球，⑥、⑧同时为⑦⑤做掩护，④传给⑦，⑦传给掩护后插中的⑧，⑧直接将球传给或运球突破传给⑤或⑥，④传球后沿边线快下。

【方法二】如图3-4-47所示，④发端线界外球，⑤摆脱防守接④的传球再将球传给空切的⑥，⑥将球传给插上策应的⑧，⑤和⑥交叉绕过⑧切入准备接球，⑦向篮下切入或上提罚球线接球继续策应，④传球后沿边线快下。

（6）竞赛练习

在竞赛中检验、总结、再练习，逐步完善配合，提高训练水平。

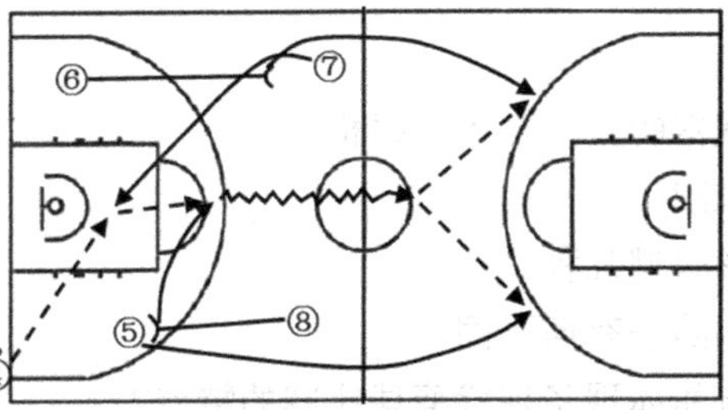

图3-4-46

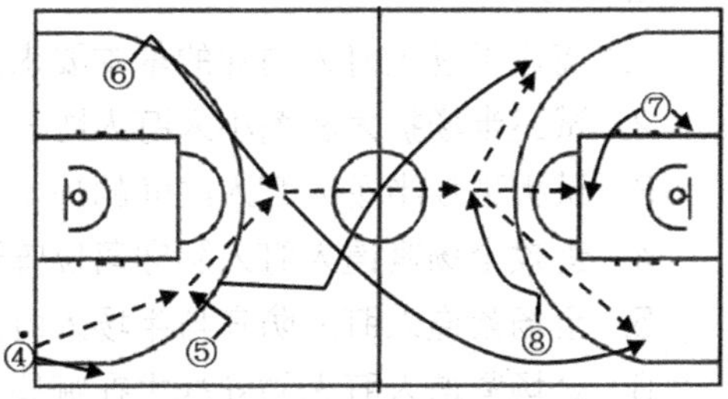

图3-4-47

4．教学中易犯的错误与纠正方法

（1）易犯的错误

① 盲目运球或低头运球，当对方采用全场紧逼人盯人防守时，持球队员不顾场上防守情况盲目运球，因而导致进攻破紧逼防守时处于被动局面；或者是只低头运球突破，未能及时传球，因此贻误了破全场紧逼人盯人防守的良好战机。

② 策应不到位或掩护不到位，当无球队员准备做策应时，由于策应位置选择不好造成传球失误，或无球队员之间相互掩护时由于掩护不到位、掩护质量不高，因此难以出现接球的机会。

③ 传球不及时或传球不到位，无球队员已经抢到策应的有利位置并已经做接球准备时，持球队员不能及时将球传给策应队员；或当无球队员之间相互掩护成功、掩护后无球队员的接球机会出现时，由于种种原因传出的球不是同伴接不到球就是被对手抢断。

（2）　纠正方法

①　在消极防守和积极防守情况下，练习半场或全场一防一运球，并随时能观察到教师。当教师做出要球手势后，运球队员应及时将球传给教师。

②　反复练习策应动作，使队员熟练掌握策应动作方法要领，做到熟能生巧。

反复练习不同形式、不同位置的掩护动作，并按要求高质量的完成每次练习。

③ 2人一组一球相距3米左右练习各种方式的传球；3人一组一球，两人相距3米左右传球，另一人在中间防守，防守队员可先消极防守后积极防守。纠正传球不及时和不到位的错误。

思考题：

1. 简述半场人盯人防守的基本要求。
2. 试述半场扩大和缩小人盯人防守战术的特点与运用时机。
3. 试析进攻半场人盯人防守的战术原则。
4. 进攻全场紧逼人盯人防守落位阵形有哪几种?
5. 全场紧逼人盯人防守与半场人盯人防守有何不同?
6. 全场紧逼人盯人防守战术在哪些方面体现了现代篮球比赛的特点?
7. 绘图说明当对方在后场掷界外球时的防守方法。
8. 绘图说明中场夹击时的配合方法。

第五节 区域联防与进攻区域联防

内容提要：本节着重阐述了区域联防战术的概念和作用、战术的发展、运用时机与防守、重点基本要求和区域联防的战术阵形与方法；介绍了进攻区域联防的基本要求、阵形、方法合区域联防与进攻区域联防的教学与训练。

区域联防与进攻区域联防是篮球比赛攻守战术体系的另一大系统，是在个人与两三人配合攻防策略与方法的基础之上发展的更为高级与强悍的全队攻防战术手段，其中蕴含着丰富的理论与实践内容。

一、 区域联防

（一） 区域联防的概念与作用

区域联防是由攻转守时，防守队迅速退回后场，每个队员分工负责防守一定的区域，并与同伴协同配合，形成一定的阵形，把每个防守区域有机地结合起来所组成的全队防守战术方法。

区域联防是通过队员有策略地分区站位组成的专门阵形和配合，把5名队员的防守职责和防区有机地联系起来。这种防守战术，5名队员所处的位置较为固定，分工明确，防守力量集中；因此，它能更好地发挥集体防守的优势，弥补个人防守技术的不足，便于保护和协同防守篮下一带区域，限制对方的内线进攻，减少本队犯规，有利于组织拼抢篮板球和在防守反击时组织发动快攻战术。

（二） 区域联防战术的发展

早期的区域联防战术，只是作为防守时调整和减少防守时犯规的一种战术手段。防守配合不成系统，比较单调，每个队员仅防守分工的一个区域，移动范围也比较小。随后由于进攻区域联防战术的配合增多，打法不断丰富，从而促进了防守中集体性、协同性区域联防的产生。从20世纪60年代起，区域联防战术得到了长足的发展和完善。例如，扩大了防区；增加共同防守的职责与区域；当进攻队员采用运球突破、空切、溜底打法时，可打破防区界线而运用人盯人护送的方法；加强了防守时的换位、补位和协同防守的配合；增加了交换防区的方法等等。

进入80年代以后，随着现代篮球运动的发展，单一的、固定阵式的区域联防已不适应现代篮球比赛的需要，区域联防战术配合及打法向着协同性、攻击性方向发展，突出积极主动，制造陷阱，造成对方被迫失误，不但增加了轮转换位、围守中锋、夹击防守等配合，还出现了对位防守和把人盯人防守方法和原则融入于区域防守的综合性联防战术，使区域联防更具针对性、攻击性和综合性的特点；极大地丰富了区域联防的战术内容，即在联防中，根据进攻队的落位与球员移动，有意识、有目的地进行阵形变化，即形成“一对一”的对位联防，它既增强了防守的针对性，又避免了出现薄弱区域内的被动局面，这也是当今区域联防的发展方向。

（三）区域联防的运用时机与防守重点

区域联防主要运用于，当对方外围中远距离投篮不准而内线威胁较大时，或因对方频繁穿插移动和运球突破，本队个人防守技术较差或犯规较多时；也可为了使对方不适应，作为战术调整的手段或为了更有效地加强和组织抢篮板球和发动快攻而采用。

区域联防战术的防守重点是内线，最显著的特点是守区、防球与保护篮下。在防守中，根据球的位置、转移变化和进攻队员的穿插移动，不断地调整防守位置，在各自的防守区域内，监视和限制进攻队员的活动，加强对有球区域和篮下的防守，严密封锁球入内线，强守篮下，防止持球队员投篮。

（四） 区域联防的基本要求

（1）由攻转守时，封一传，堵接应，争取时间迅速退回后场，做好区域联防的布阵落位。

（2）根据区域联防的特点和队员的身体、技术特长，合理地分配防区。把移动速度快的队员放在外线防守，把身材高大补防能力强，善抢篮板球的队员分配在内线防守。

（3）防守队员在负责防守自己区域的前提下，积极主动地与同伴协同配合，充分利用全队整体防守力量展开防守，使之区区相联、协同一致。

（4）防守持球队员时运用人盯人防守的原则，积极干扰和破坏对方的投篮、传球、运球和突破。

（5）对无球区域的防守要贯彻以防人为主，球、区兼顾的原则，防止进攻队员向有球一侧切入；当进攻队员通过溜底线、背插、纵切等方式进入自己的防区时，应紧盯，做到先卡位，堵防第一接球点，必要时可越区继续防守；进攻队员向无球一侧运动时，可采取“护送”防守，直至交给邻近防区的同伴防守。

（6）防守中，随时准备协助同伴进行“关门”“夹击”“补防”等配合，特别对篮下攻击能力较强的内线队员必须进行围守。

（7）要根据对方的进攻变化，随时准备调整防守阵形。

（五）区域联防的战术阵形与方法

1. 区域联防的战术阵形

区域联防的战术阵形是根据队员分区防守的站位队形而形成的，不同的战术阵式，其防守的作用也不同，各有其自身的优势；但由于受区域分工的限制，都存在一定的薄弱区域（以下图中的黑线区域为联防薄弱区），容易出现防守漏洞，被对方在局部区域形成以多打少而陷入被动局面。常用的联防阵式有以下几种

（1）“2-1-2”联防阵形

这种防守阵形队员位置分布比较均衡，移动距离较近，有利于协防，并可根

据进攻队特点，及时调整防守队形，所以它也是区域联防的基本防守阵式。它适用于对付正面突破和篮下进攻威力较大的对手。但它的两腰共管区域和圈顶防守比较薄弱，如图3-5-1所示，图中阴影部分为薄弱区域（下同）。

（2）“2-3”联防阵形

如图3-5-2所示，这种站位队形由于加强了篮下和两个底线场角的防守力量，常用以对付篮下与底线攻击力强的队较为有效，易于在底线场角进行夹击，并有利于争抢篮板球和发动快攻。但这种站位队形的正面、两侧和限制区的中间地带是防守弱区，不利于防守这些地区内的投篮。

（3）“3-2”联防阵形

如图3-5-3所示，这种防守阵形扩大加强和外线防守范围，能有效地控制外中锋的进攻行动，有利防守外围两侧的中距离投篮和抢断球，便于夹击。但是在篮下和两个场角是防守的弱区，所以不利于防守篮下和两个场角的投篮，也不利于控制篮板球。

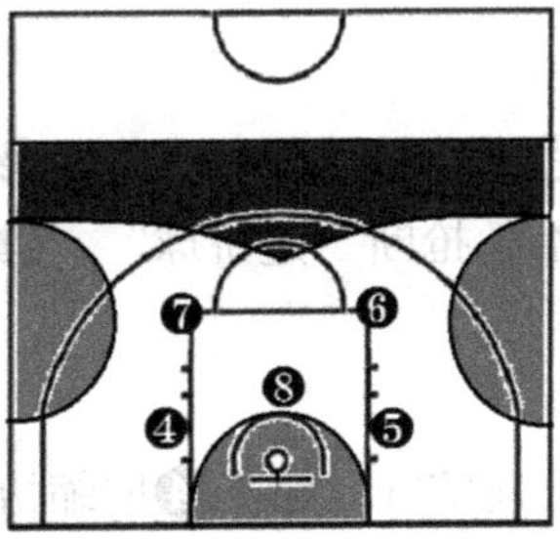

图3-5-1

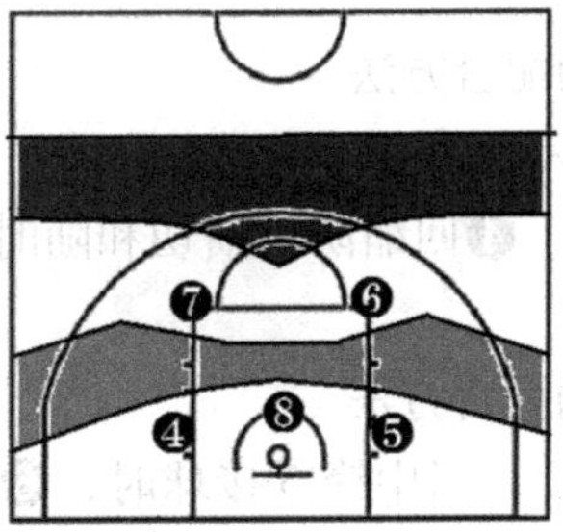

图3-5-2

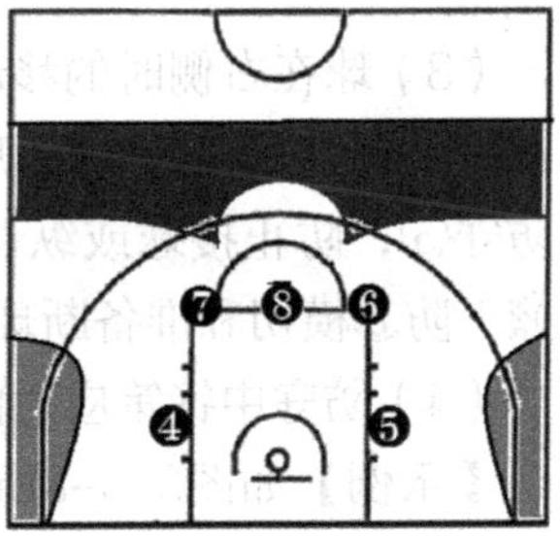

图3-5-3

（4）“1-3-1”联防阵形

如图3-5-4所示，这种防守阵形可加强罚球区一带和两侧的防守，能够切割进攻队员内、外、左、右的相互联系，造成进攻队员之间传接球的困难，抑制对方中锋的进攻，有利于防守外围的投篮和抢断球发动快攻。但是如图斜线所示，在两个场角区空隙大，篮下防守较薄弱，容易被对方以多打少，也不利于防守篮下两个场角区的投篮和抢篮板球。

2．区域联防的方法（以“2-1-2”联防阵形为例）

（1）球在正面时的防守移动配合方法

【示例】 如图3-3-5所示，❺上前防守持球队员④，❹和❹分别防守⑦和

⑥，并随时准备与❺做“关门”配合或抢断④的传球，❻防守⑤，❽错位防守⑧，严防其接球。

（2）球在左侧时的配合方法

【示例】 如图3-5-6所示，❹防守持球队员⑦，❽侧前防守⑧，❼回撤篮下防高吊球和堵截⑥的空切，❻防⑤接球和纵切，❺移至弧顶协防中锋⑤。

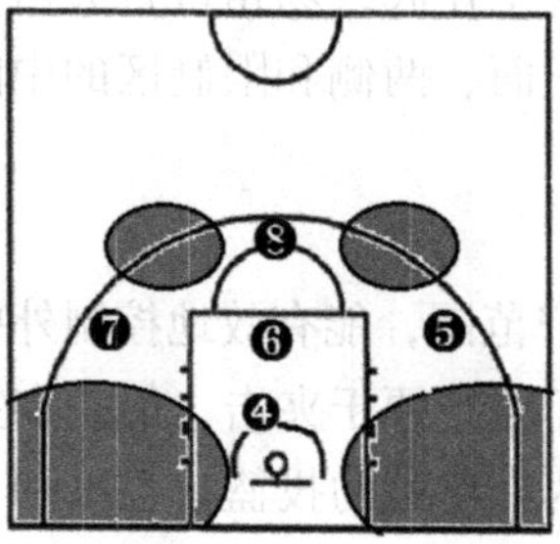

图3-5-4

图3-5-5

图3-5-6

（3）球在右侧时的移动配合方法

【示例】 如图3-5-7所示，❼防守持球队员⑥，❺随球移动准备协防，❻错位防守⑤，防止接球或纵切，❹回缩防⑦横切和随时准备抢断“过桥球”，❽移至篮下防⑧横切和准备断球。

（4）防守中锋策应时的配合方法

【示例】如图3-5-8所示，当中锋⑤接球时，❻上前防守，❺与❹回缩协防⑤，❼防堵⑥向篮下空切，❽防堵⑧横切和溜底线。

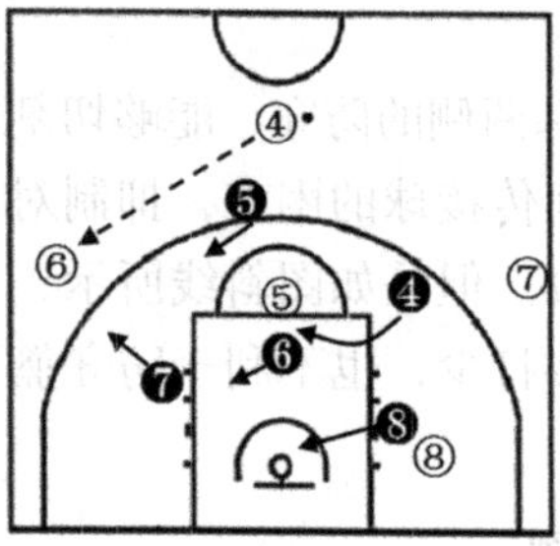

图3-5-7

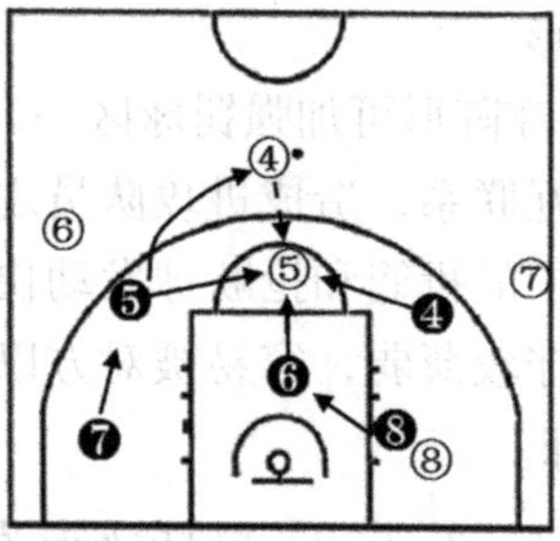

图3-5-8

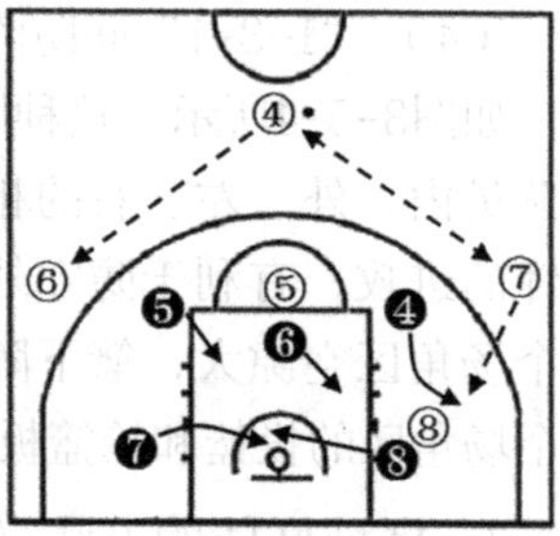

图3-5-9

（5）围守底线中锋时的配合方法

【示例】如图3-5-9所示，当⑦传球给⑧时，❹立即与⑧围夹⑧，迫使其将球传出，❺❼向限区内移动，防止⑤⑥向篮下空切。

（6）底角“夹击”时的配合方法

【示例】如图3-5-10所示，当⑥在底角停球时，❺❼对其夹击，❻堵防⑤向篮下空切，❽保护篮下防守⑧横切，❹准备抢断⑥的传球。

3．对位联防

对位联防是在区域联防基础上发展起来的区域防守和人盯人防守相结合的一种综合性的联防战术。每个队员既要负责防守一定的区域，又要盯住一个进攻队员，形成“一对一”的对位防守。它既可加强防守的针对性，避免对方利用薄弱地区以多打少，又增加了防守的变化，给对方造成不适应。

（1）阵形变化

对位联防的阵形变化是在区域联防的基础上借鉴人盯人防守的原则与方法，针对进攻队的落位与队员行动和位置变化而变化的。通常有以下两种方法。

① 以中锋为轴转换位置变换阵形

【示例一】如图3-5-11所示，防守队采用“2-1-2”区域联防，进攻队运用“1-3-1”进攻队形时，防守队员❹❻❼按逆时针方向轮转移动，变成“1-3-1”对位区域联防，消除防守的薄弱地区。

【示例二】又如图3-5-12所示，当防守队采用“1-3-1”区域联防时，进攻队采用“2-1-2”进攻队形，占据防守的薄弱地区，防守队员❹❻❼按顺时针方向移动，变“1-3-1”区域联防为“2-1-2”对位区域联防。

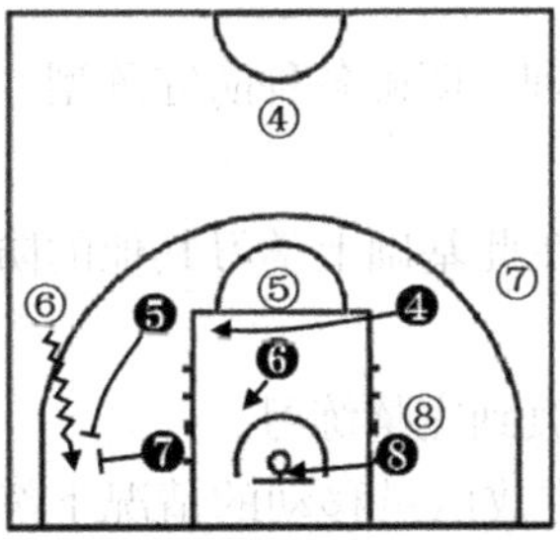

图3-5-10

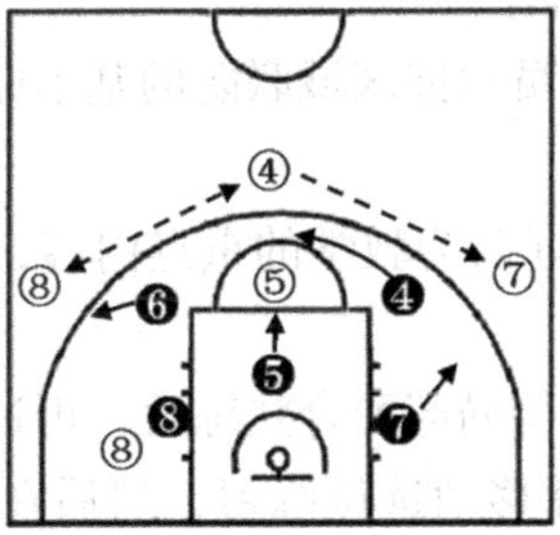

图3-5-11

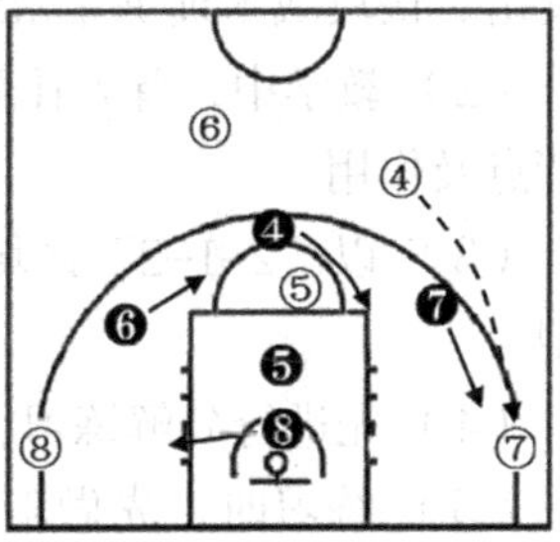

图3-5-12

② 防守队员上、下移动变化阵形

【示例一】如图3-5-13所录，防守队采用“2-3”区域联防时，进攻队采用“3-2”进攻队形，占据防守的薄弱地区，防守队员❽向上移动防⑥，变“2-3”区域联防为“3-2”对位区域联防。

图3-5-13

【示例二】 如图3-5-14所示，防守队采用“1-3-1”区域联防时，进攻队采用“1-2-2”队形占据防守的薄弱地区，防守队员❺向下移动防⑤，变“1-3-1”为“1-2-2”对位区域联防。

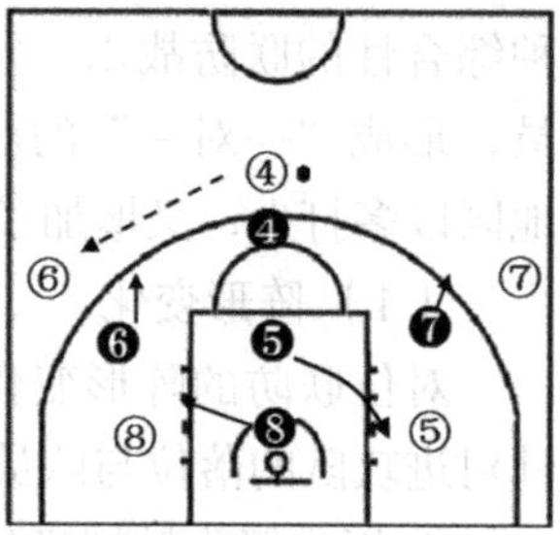

图3-5-14

（2）移动配合的方法

① 在强侧防守要对位盯人，阻挠对方队员之间的联系，不让对手任意行动。在弱侧防守要以防区为主，并盯住一个进攻队员，兼顾协防。

② 对无球队员向强侧移动时，应紧跟盯人；向弱侧移动时，应放人防区。根据情况换人或换区。

③ 如果2个防区只有一个进攻队员，其中一个防守队员应向弱侧移动寻找新的对位防区和对手。对位联防要求防守队员选位及时、行动一致，争取与进攻队队形改变同时进行。

（六）区域联防的教学与训练

1. 教法建议与提示

（1）区域联防教学应安排在人盯人防守及进攻人盯人防守之后进行，并与防守反击、快攻战术训练紧密结合。

（2）教学中，首先让队员掌握区域联防的基本原理，明确各种防守阵型、战术特点及作用。

（3）以“2-1-2”区域联防为教学的重点内容，在此基础上学习其他的防守阵型。

（4）先进行分解练习，待局部配合熟练后，再过渡到完整练习。

（5）练习时，先做随球移动选位练习，然后在进攻队员移动的情况下练习如何防守持球队员的投篮、突破、传球，如何防守无球队员的背插、溜底线以及“关门”配合等。最后通过教学比赛巩固和提高战术质量。

2．练习步骤与方法

（1）分解练习

① 二防二移动选位练习

【方法】如图3-5-15所示，④⑤相互传球，❹❺快速移动选位，选位熟练后进攻队员可以瞄篮或持球突破。

【要求】对持球者盯人防守，邻近队员回缩协防，选位正确、快速。

② 三防三围守中锋练习

【方法】如图3-5-16所示，❺上前紧逼防守持球队员⑤，❻侧前防守⑥，❹回缩协防，④持球，❹上前紧逼防守，❻侧前防守⑥，❼回缩协防。⑥持球，❹❺❻3人围夹。

【要求】回缩、围夹要果断；球一旦转移，迅速回防，移动要快，人球兼顾。

③ 四防四移动选位练习

【方法】如图3-5-17所示，④⑤⑦在外线传球，防守队员按要求快速移动选位，持球队员可以突破但不允许投篮，徒手队员不允许空切。当球传给内线的⑥时，❺与❻进行围夹，❹与❼防外线队员并伺机断球。

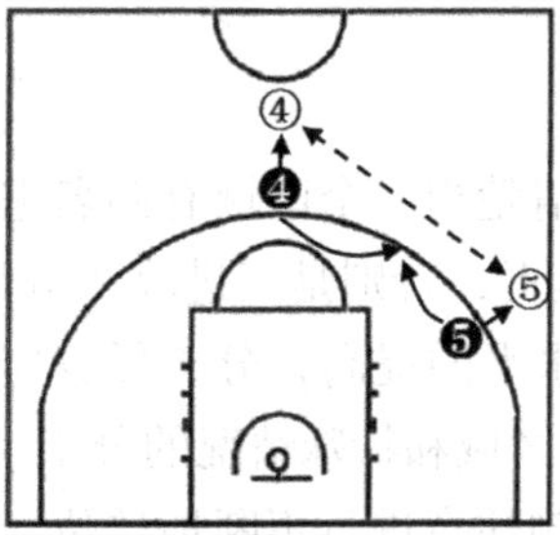

图3-5-15

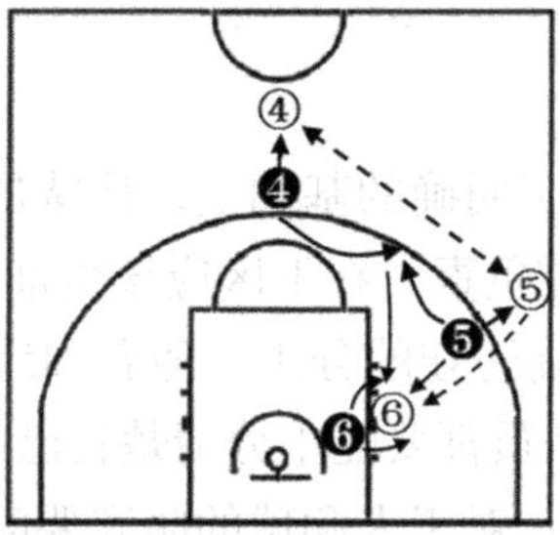

图3-5-16

图3-5-17

【要求】相互呼应行动一致；随球移动积极选位、近球区协防持球者，远球区回缩保护篮下。

（2）全队整体练习

① 半场五对五限制性练习

【方法】半场五对五，进攻队员可以传球、突破、溜底线、背插，但不允许投篮。防守队员要与邻近的同伴做好“送交”与“迎接”配合，避免漏人。

【要求】可根据防守的需要，对进攻队行动提出一定的限制，协助防守，正确掌握防守配合方法。

② 半场五对五对抗练习

进攻时以传球、持球突破、背插、溜底线、中锋进攻为主，以此提高个人防守能力、防守意识和整体配合质量。在此基础上进行全场的防守对抗练习。

3．教学中易犯的错误与纠正方法

（1）易犯的错误

① 分工不明确：往往有时一个区域有2个防守者，有的区域没有防守者，特别是在2个临近的区域之间，有时会有2个人在防守，而有时没有人防守。

② 选位不正确：不能有效地对邻近区域进行协防；当球的位置发生变化时，未能及时调整防守位置。

③ 协防配合不协调：联防的涵义就是要互相协防，整体防守，对有球的队员进行围防。但在开始学习防守时，会有互相之间不协调的感觉，队员之间没有协防，防守队员不是随着球的转移而移动，形成了互相之间的脱节，没有协调起来。

④ 防堵、防溜不坚决：当进攻队员为了破坏联防运用穿插和溜底等行动，防守队员未能利用积极的脚步和合理的身体动作阻止对方向篮下和对角进行斜插。防堵、防溜出现漏洞，让进攻队员随意跑动，不是用身体和脚步来堵截和护送进攻队员的穿插和溜底。

（2）纠正的方法

① 明确分工：在区域分工明确的基础上，让队员清楚当一个区域有两名进攻队员怎么办，在上区应该由谁负责，在下区应该由谁负责，特别是当进攻队员在2个区域之间的时候，更要明确防守的分工。随着训练水平的提高，分工任务应该更加明确和细致，要求每个队员都要能十分清楚自己的区域和特殊情况的分工。

② 掌握正确的选位方法：对于人和球的防守要时刻注意进行不断地选位，当球转移时，防守队员就要进行新的选位，而不能在原地不动。在有分工的情况下或在不同情况下，要经常训练队员选位。开始可以使用二防三、三防四，逐步过渡到5人的整体联防防守。

③ 协防配合要到位：在提高一防一的基础上，安排队员进行各个位置的协防训练。比如，上线与下线，弱侧与强侧之间的配合；运用关门配合训练队员的协防意识、补防配合等，同时注意训练队员的协防意识。

二、进攻区域联防

进攻区域联防是针对区域联防的特点、阵形和变化所采用的进攻方法，它是篮球进攻战术系统的重要组成部分。

进攻区域联防要获得成功，首先要熟悉并掌握各种区域联防的特点和规律，抓住其薄弱环节，明确攻击的原则和重点，组织有针对性的进攻配合。

（一）进攻区域联防的基本要求

（1）首先要贯彻快速进攻的指导思想，提高由守转攻的速度，力争趁对方未形成防守阵形时抓住战机发动快攻。

（2）任何形式的联防都有其薄弱区域，要善于利用这些薄弱区域发动攻击。通过“球动”“人动”调动防守，打乱对方防守阵形，使防守顾此失彼，出现漏洞，创造以多打少和连续进攻的机会。

（3）运用策应、溜底线、背插、掩护、突分等配合破坏防守的整体布局，创造良好的投篮机会。

（4）注意内外结合，提高中远距离投篮的命中率，扩大进攻区、增加攻击点，迫使对方拉大防区，趁机加强中区策应配合，破坏联防的整体性，创造良好的进攻机会。

（5）积极组织拼抢前场篮板球，争取补篮和二次进攻；保持攻守平衡。

（二）进攻区域联防的阵形

针对区域联防的阵形，而采用相应的进攻阵形。确定阵型的原则是根据进攻的点、面和本队队员的技术特点，合理部署队员占据联防的薄弱地区，避免与防守队员形成一对一的站位，在局部区域形成以多打少的优势，并始终保持攻守平衡。常用的落位阵形有“1-2-2”阵形、“1-3-1”阵形、“2-1-2”阵形、“2-3”阵形等。

（三）进攻区域联防的方法

1．“1-3-1”阵形落位

（1）“1-3-1”阵形落位的特点

如图3-5-18所示，队员分布广，④⑤⑥⑦分别占据了防守的薄弱地区，攻击点多，便于内外联系，左右配合，在局部形成二对一和三对二的有利局面，有

图3-5-18

利于组织拼抢篮板球，保持攻守平衡。

（2）“1-3-1”阵形落位的进攻方法

【示例一】组织背插、溜底线进攻。如图3-5-19所示，外线队员④⑤⑦在传球过程中调动防守，组织中、远距离投篮，迫使对方扩大防区。如果没有机会，当⑤接球时，⑦背插至右侧底角，接⑤的传球后，可传给⑥或⑧。可以远投或回传给⑤重新组织进攻。

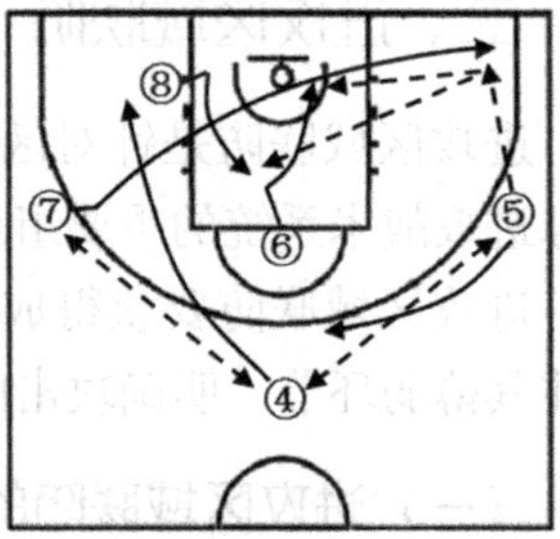

图3-5-19

【示例二】组织中锋策应进攻。如图3-5-20所示，外围队员将球传给中锋⑥，⑥接球后，除个人攻击外有3个传球点，第一点传给横切队员⑧，第二点传给空切篮下队员⑦，第三点传给后卫队员④，在策应过程中也可个人进攻。

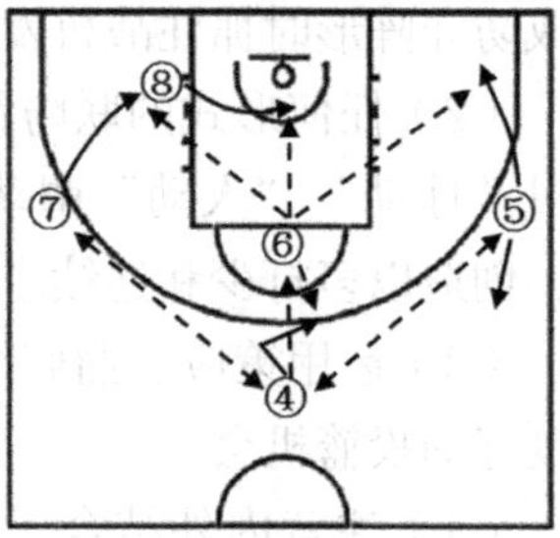

图3-5-20

2. 进攻对位联防的方法

进攻对位联防要针对其对方既要防区又要守人的特点，采取插空移动变换进攻阵形，使防守难以形成对位联防，及时攻击其出现的“弱区”或漏防，创造有利的进攻机会。

【示例一】 利用上下、左右移动的进攻方法。如图3-5-21所示，当进攻队采用“1-3-1”进攻阵式，防守队改用“1-3-1”联防对位时，此时，⑥可向底角移动，⑦向上移动，④传球后向左侧横向移动，由“1-3-1”进攻阵式即改变为“2-1-2”进攻阵式。

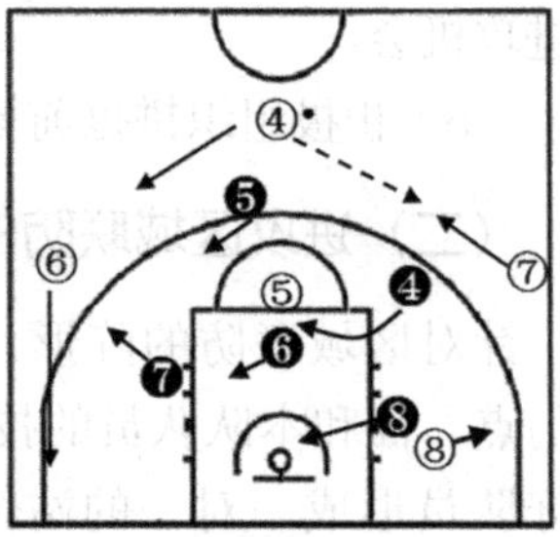
图3-5-21

【示例二】 如图3-5-22所示，进攻队采用“1-2-2”阵式，对方变为“1-2-2”或“3-2”联防对位时，进攻队员⑦可沿限制区上移，⑤下移至左下侧，⑥上移，④向左运球转移，由“1-2-2”进攻阵式立即变为“2-1-2”进攻阵式。

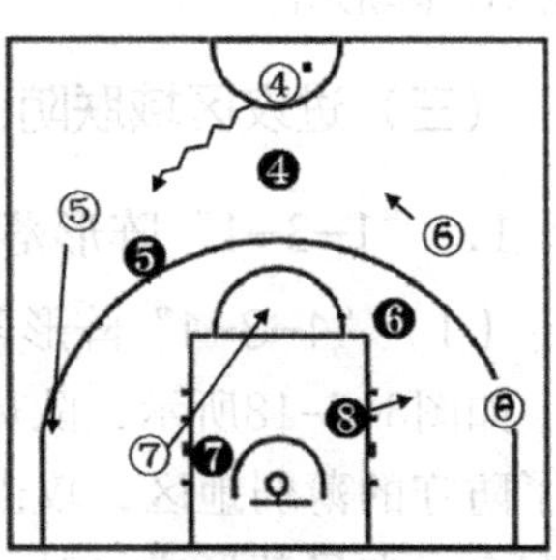
图3-5-22

【示例三】 利用纵切、横切的进攻方法。如图

3-5-23所示，进攻队采用“1-2-2”阵式，防守队改用“1-2-2”联防对位时，⑦可以溜底到另一侧底角，⑥下移，⑥也可横切到另一侧底角，⑤上移由“1-2-2”进攻阵式变化为“2-3”进攻阵式。

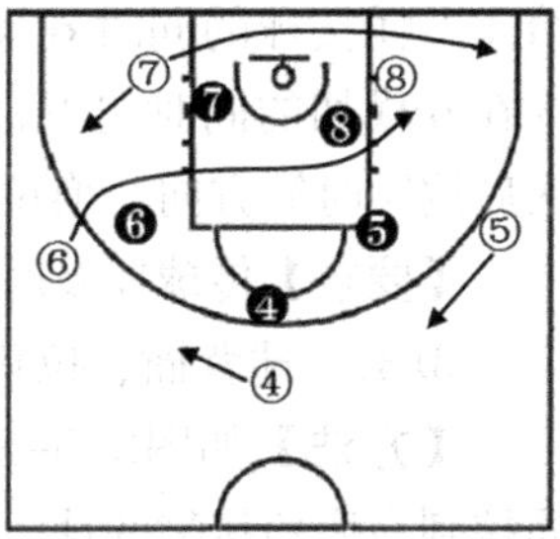

图3-5-23

（三）进攻区域联防的教学与训练

1．教法建议

（1）教学内容应以“1-3-1”阵形落位、进攻“2-1-2”区域联防为重点，在此基础上学习其他配合方法。

（2）讲清楚全队的进攻战术阵型和配合方法，使学生建立完整的战术概念。

（3）从分位练习着手，让队员明确各个位置上的进攻配合方法，然后进行全队的完整配合练习。首先在无防守或消极防守条件下练习，然后在积极防守对抗条件下练习，最后在教学比赛中巩固、提高。

2．教学与训练提示

（1）练习时，应根据本队的具体情况，确定进攻战术方法和队员的位置分工。

（2）在全队完整战术训练时，先练习运用传接球调动防守，创造以多打少的机会，再练习溜底、穿插移动，最后练习“球动”与“人动”的配合。

（3）在掌握进攻区域联防的战术方法后，应把快攻与阵地进攻结合起来进行练习，强调当快攻受阻，阵地进攻落位迅速，有步骤地组织进攻联防。

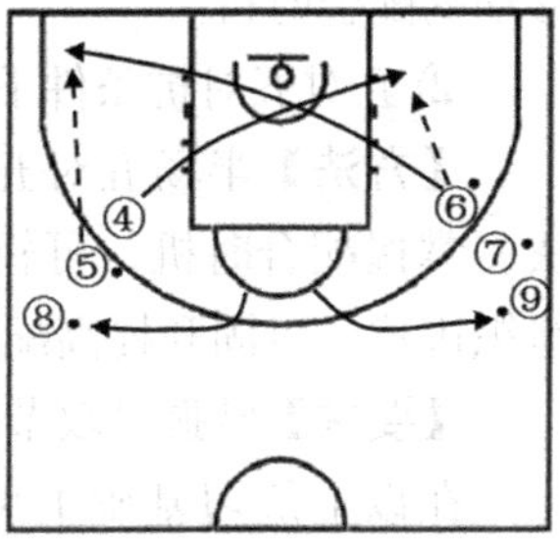

图3-5-24

3．练习步骤与方法

（1）分解练习

①溜底线、背插接球投篮练习

【方法】如图3-5-24所示，队员分成左右2组，④溜底线至右侧接⑥的传球投篮，⑥传球后至左侧接⑤的球投篮，⑤传球后至右边接⑦的球投篮，各自抢篮板球，交换位置。依次反复练习。

【要求】跑动要快，移动到位，传球及时。

②3人3球内外线配合练习

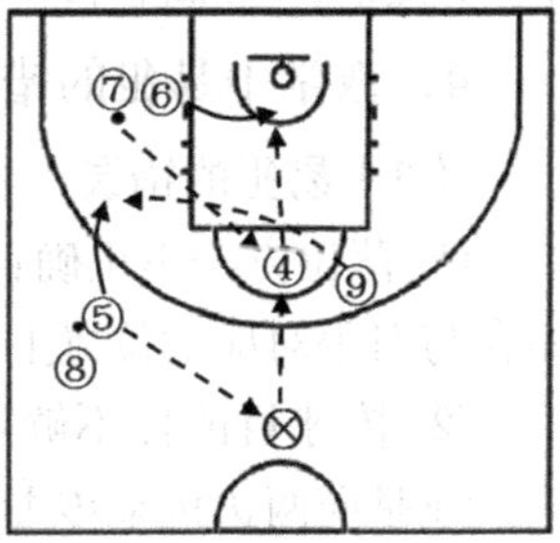

图3-5-25

【方法】如图3-5-25所示，⑤传球给⊗，⊗传球给④，④接球的同时⑥横切并接④的传球投篮，④传球后转身接⑦的传球投篮，⑤在⑥横切的同时向下移动接⑨的球投篮。投篮后各自抢篮板球回原位，练习数次后按顺时针方向交换位置，依次进行练习。

【要求】传球要及时、隐蔽；中锋接球要注意观察同伴的行动。

③ 3人3球背插、拉角内外线配合练习

【方法】如图3-5-26所示，⑥传球给⊗时，⑤背插拉到右底角接⊗的球，然后传球给纵切队员④投篮。⑤传球后接⑧的球投篮。在④纵切的同时，⑥上提接⑨的传球投篮。投篮后各自抢篮板球，回到原位置，练习数次后，按顺时针方向交换位置，依次进行练习。

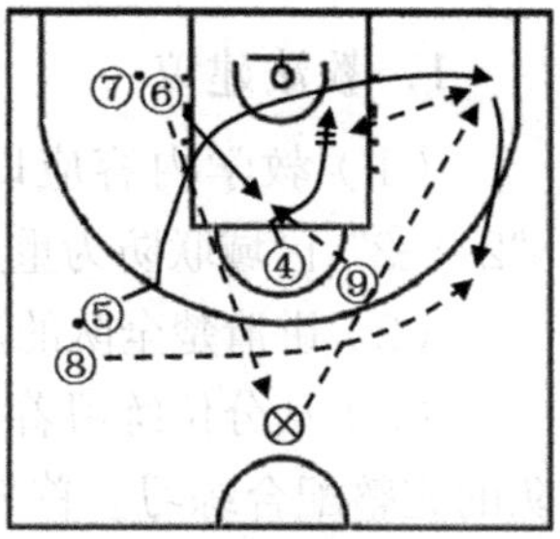

图3-5-26

【要求】传球要快、移动迅速、保持节奏；“人、球”转移要一致；掌握好移动与传球的时机。

（2）全队整体练习

① 半场无防守情况下的5人练习

【方法】5人一组，按战术配合路线、要求，进行完整配合练习。

【要求】掌握配合的整体结构，明确各攻击点的任务、传球路线及队员穿插移动的配合时机。

② 五对五对抗条件下练习

【方法】半场五对五，先在一般防守的条件下进行，主要是熟悉进攻配合方法，掌握配合时机，可暂不投篮。然后，在积极防守条件下，应用已学战术方法组织进攻，巩固和提高配合质量。

【要求】掌握进攻节奏，进一步熟悉配合方法和行动路线。

在以上练习基础上可组织教学比赛，在实战中发现问题，及时解决，提高进攻区域联防战术的配合质量和运用能力。在攻守对抗过程中，明确战术配合要求，熟悉配合方法和行动路线。

4．教学中易犯的错误与纠正方法

（1）易犯的错误

① 落位方法不正确：进攻时，未根据防守阵式选择落位，而是依个人习惯，站在与对手对应的位置上，正好与对手形成一对一的局面，不利于攻击的展开。

② 传球目的性不够：不是有目的地传球转移，而是盲目地将球传向一个方向，或是向两边传来传去，缺乏攻击性。

③ 左右移动、传插不够：进攻移动少，没有左右穿插，攻击的机会少。

④ 内外结合不够：当防守者扩大防区使进攻传球和投篮困难时，队员不能将内、外线进攻配合结合起来，这是教学中存在的普遍问题。

（2）纠正方法

① 强化落位意识，明确正确的落位方法。练习中反复提示队员要站在有威胁的位置，每次站位都要考虑能调动防守，而不是与防守站在对应的位子上。开始时可考虑运用“1-3-1”站位形式来进攻区域联防。使队员尽量习惯错位站位。

② 提高快速转移球的能力。当进攻队员接球后，防守队员与进攻队员对上位时，强调快速地转移球，把球传向防守还没有到位的进攻队员手上。运用快速的转移球来破坏对方的区域联防。

③ 练习左右穿插、移动，结合传球和投篮。有意识地让队员从右向左，或是从左向右进行穿、插移动，同时要结合传球和投篮。做到球在转移、人在移动、“人到球到”，掌握好移动和传球时机。

④ 注重内外结合。训练中内线队员的进攻，多采用插上和溜底的进攻行动。当防守队员积极协防内线进攻时，内线队员应主动把球传到外线，由外线队员利用中远投篮攻击对方，形成内外结合的攻击局面。

思考题：

1. 试述区域联防的概念、作用及特点。
2. 绘图说明区域联防有哪几种落位阵式，其薄弱点在哪里?
3. 简述进攻区域联防的基本要求。
4. 举例说明“1-3-1”阵式进攻“2-1-2”区域联防的配合方法。
5. 简述区域联防的教学方法，并举例说明。

第六节 区域紧逼与进攻区域紧逼

内容提要：本节主要阐述区域紧逼战术的概念与作用，发展及特点、运用时机与防守重点、基本要求及战术方法和进攻区域紧逼的基本要求、战术方法；提出了区域紧逼和进攻区域紧逼的教学与训练的建议；介绍了区域紧逼和进攻区域紧逼的教学与训练步骤方法。

一、区域紧逼

区域紧逼战术是一项攻击性很强的防守战术方法，它兼有区域联防和人盯人防守2种防守战术的优点。区域紧逼战术的运用，集中地体现了现代篮球防守战术的主动性、攻击性和整体性，是篮球比赛中防守获球及反击得分最迅速、最有效的战术方法和手段之一。

（一）区域紧逼的概念与作用

区域紧逼是由攻转守时，全队按预定的战术阵形分区落位，不断组织封堵夹击，紧逼对手并以争夺球为目的的一种积极防守战术；具有组织严密、策略性强、主动出击的特点。

区域紧逼战术的运用，常常是在对方未防备的情况下，作为战术变化所采用，突然性很强，往往使对方措手不测，给对方造成不适，并使对方在防守的阻截和夹击中产生失误或违例而陷于被动。区域紧逼防守，充分利用场地空间与对方展开争夺，具有较强的威慑性和攻击性，能有效地破坏对方的习惯打法，有利于发挥本队队员的积极性和防守的主动性，对鼓舞本队士气、加快攻防节奏，创造更多的抢断球机会，掌握场上的主动权都具有积极的作用。

（二）区域紧逼战术的发展及特点

1．区域紧逼战术发展

区域紧逼战术出现于20世纪60年代初，当时进攻技术发展很快，比赛中一对一的攻守多为进攻取胜。攻守对抗的客观现实给防守提出了新的要求，必须组织富于攻击性的集体防守，以达到制约进攻、攻守平衡。在当时紧逼持球者和错位防守无球进攻者能力大大提高的基础上，区域紧逼防守便在美国、前苏联和前南斯拉夫等篮球强国中发展起来，并不断完善，成为世界强队在比赛中取胜的有力武器。

2. 区域紧逼战术的特点

区域紧逼战术具有现代篮球竞技的主要特征，其特点表现为以下几点。

（1）防守任务的双重性

既要在区域中盯人，又要在盯人中守区。这种双重性防守任务的特征，要求防守队员必须具备双重性防守素质，即良好的个人防守素质和良好的协防素质。如果个人防守技术较差，防守队员在一线漏人，这就必然给二线队员带来协防困难。如果二线队员不善于抢位、协防和制造二夹一的优势，一线队员虽能以良好的个人防守技术，紧逼运球队员向陷阱区域运球，但也不能形成夹击，发挥攻击性防守的优势。

（2）防守行动的整体性

由于区域紧逼防守区域较大，防守时必须加强队员的整体行动和意识。队员的个人防守行动是全队防守有机的一部份，防守中体现出个人服从于整体，一个防区从属于全场防守；一人或一区漏人，全队、全区压力加大。一线紧逼成功，为二线夹击创造条件；二线夹击成功，为三线制造断球制造机会。既有分区界线和任务，又有区区相联的整体区域性防守体系和战术意识。

（3）防守策略的攻击性

区域紧逼是一种积极、主动的攻击型防守战术，能充分发挥地面优势，在全场展开争夺，争取时间，控制比赛节奏，大力发展紧逼、围守、夹击和抢断球等攻击性防守配合，利用规则对违例的时间规定，迫使对方违例、失误，夺得控球权，从而加强防守的攻击性。

（三）区域紧逼的运用时机与防守重点

区域紧逼防守常用于对付比赛经验不足、应变能力较差、没有突出组织后卫队员的队最为有效；为了策略的需要，加强本队的防守积极性，提高比赛速度或为了挽回败局时都可运用。区域紧逼战术的运用，在比赛中往往选择在本队投篮得分后由对方掷后场端线界外球，或对方在后场掷边线界外球时。

区域紧逼的防守重点是，以防球为主、守区盯人，即根据球的位置和进攻队员的分布情况，在区域中紧逼盯人，又在紧逼盯人中严守防区；以全队配合为基础，主动向球进攻，不要轻易让球超越自己的防区。做到“向球移动、控制中场、逼走边角、积极追堵、对球夹击”以多防少争夺球、以少防多盯住人，有组织地破坏对方的进攻行动和配合。

（四）区域紧逼的基本要求

（1）由攻转守时，防守队员都要迅速按分工的防区落位，并就近进行盯人防守。全队要行动一致，要用强大的声势压倒对方，造成对方慌乱而陷于被动。

（2）防守时，要以防球为主，兼顾盯人，向球移动，控制中场，逼走边角，体现近球区以多防少，远球区以少防多的原则。

（3）防守处于前线的队员，对有球队员要积极紧逼，堵中放边，迫使对方把球传向或运向边线。对运球队员要追防堵截，迫使其在边角停球，附近同伴要迎上形成夹击。

（4）在前场防守时，如果球传向后场并越过自己防区，不论原防区有无对手，防守队员都应立即以最快速度、最短路线向后场回防，准备堵防或抢断球。

（5）后线防守队员，要根据前线的防持球队员的行动，对本区的进攻队员进行错位防守，并随时注意堵截、夹击或抢断球。

（五）区域紧逼的方法

根据比赛需要和本队的条件，区域紧逼可分为全场区域紧逼、3/4场区域紧逼和半场区域紧逼。

1. 全场区域紧逼

全场区域紧逼是在投中或前场失球后，立即在全场范围进展开的一种全队防守战术。

（1）全场区域紧逼的防守阵式与特征

全场区域紧逼一般把球场划分为前、中、后场3个区域（图3-6-1）。由攻转守时，根据防守的具体任务和侧重点，队员在各区落位的人数不同，防守的阵式也有所不同。运用中队员只要向前后左右移动位置，就可以根据比赛需要而改变防守阵式。全场区域紧逼防守的主要阵式如下。

· “1-2-1-1”阵式是全场区域紧逼防守的基本阵式，这种防守阵式前场和中场防守力量较强，能有效地阻止正面和中场向篮下进攻，但后场防守力量较弱。

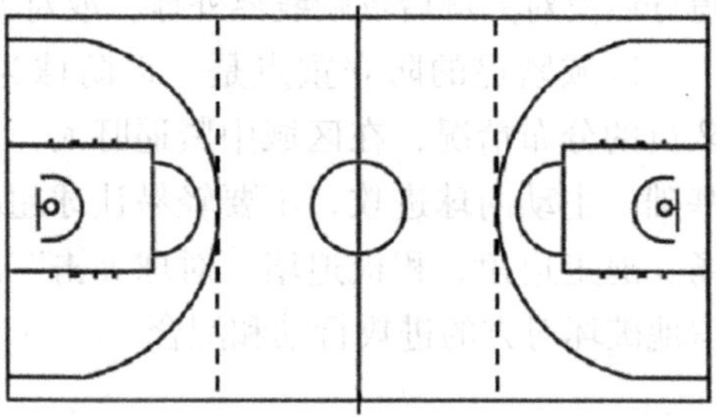
图3-6-1

· “2-2-1”阵式是两翼防守较强，能有效地组织边线夹击，其弱点是篮下防守不足，很难防守高大灵活的队员在篮下活动。

・“2-1-2”阵式是加强了两翼和篮下防守，但中场和正面防守相对比较薄弱。

・“1-3-1”阵式是中场防守力量部署最强，严密控制中场，主要对付对方在中圈附近组织策应进攻，后场一带防守较为薄弱。

全场区域紧逼主要争夺的地区是前场和中场，前场积极紧逼和围堵；在中场制造夹击区，进行夹击和抢断球。因此，要合理地部署本队的防守力量。

（2）配合方法

以“1-2-1-1”防守阵式为例。

① 球在前场时的防守。如图3-6-2所示，当对方掷端线球时，由❹❺❻负责前区的防守任务，❹的任务是防守⑤，影响其顺利地掷界外球，并封堵向⑥的传球路线；❺和❻阻止④和⑧的接球；如④接球，❹迅速随球移向④，与❺堵防④向中区移动，并进行夹击，同时❻向中间移动，切断④可能向⑤和⑥的传球路线，迫使④由边路运球推进。❼在④开始运球时，就向左侧移动；准备在中区夹击，❽向左下侧移动准备堵截和补位。

② 球在中场时的防守。如图3-6-3所示，当④向前场运球突破时，❺紧紧追防。❼横移堵防与❺在中场角共同夹击④，同时❹迅速从中路退到中区，❻由边路退到后区的前沿，❽继续向左移动切断④向⑧的传球路线，❹和全场区域紧逼主要争夺的地区是前场和中场，前场积极紧逼和围堵；在中场制造夹击区，进行夹击和抢断球。因此，要合理地部署本队的防守力量。

在中区和后区并随时准备补防或断④向中间或左侧的传球。

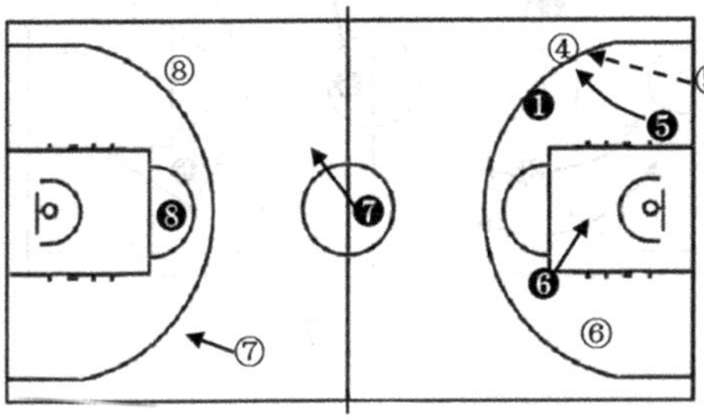

图3-6-2

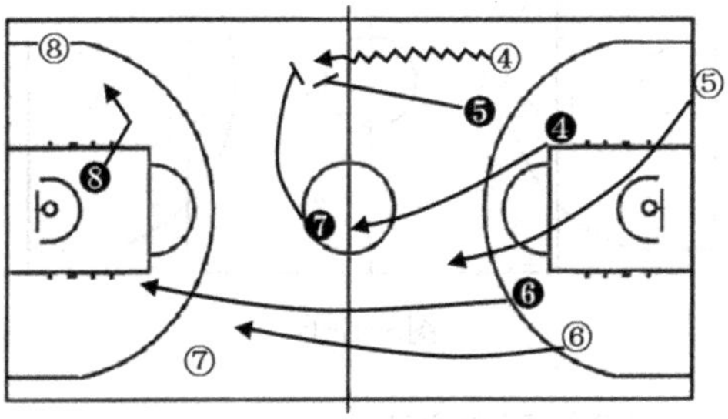

图3-6-3

③ 球在后场时的防守。如图3-6-4所示，当④传球给⑧时，❽及时到位防守，❼应迅速后撤，与❽共同夹击⑧，❻要向篮下移动，控制对方⑥或⑦进入罚球区接球，同时❺下撤，严密防守④，切断⑧把球回传给④的路线，❹后撤到后

区前沿，控制进攻队员⑤和⑨的行动，并随时准备断球反击。

如果④把球传给⑤时，如图3-6-5所示，防守队员可以逆时针方向移动进行补防，组合成“1-2-1-1”防守队形。

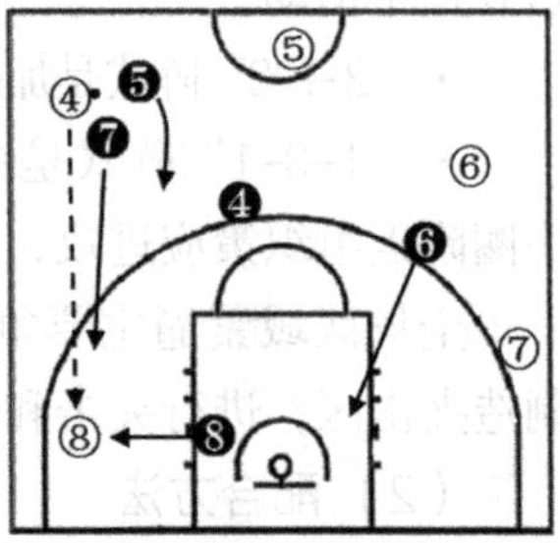

图3-6-4

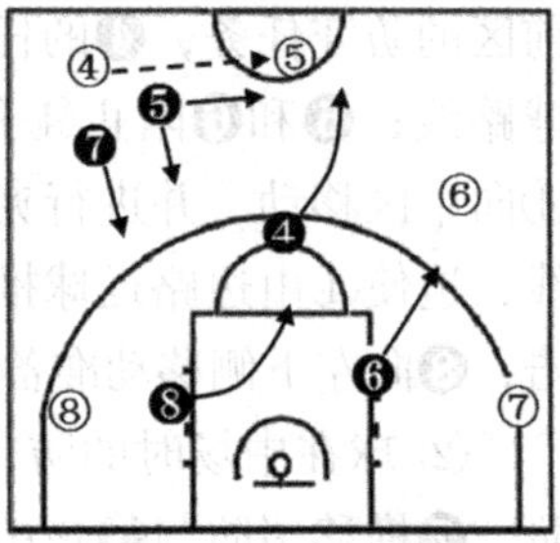

图3-6-5

2. 3/4场区域紧逼

（1）3/4场区域紧逼防守阵式与特征

3/4场区域紧逼是把球场分为4个区，如图3-6-6所示，防守队员落位于2、3、4区，允许进攻队员和球在1区自由行动，当进攻队的球和人进入2区时，防守队员则按区紧逼盯人。

其主要形式有“2-1-2”“2-2-1”等。由进攻转入防守时，对方队员进入2区后，立即组织积极紧逼，封堵夹击和抢断。因此，3/4场区域紧逼与全场区域紧逼的主要不同之处是，能充分利用规则，队员分布相对密集，有利于协防和争夺，容易造成对方违例和失误。一般是在失球后和对方在后场边线外发球时运用。

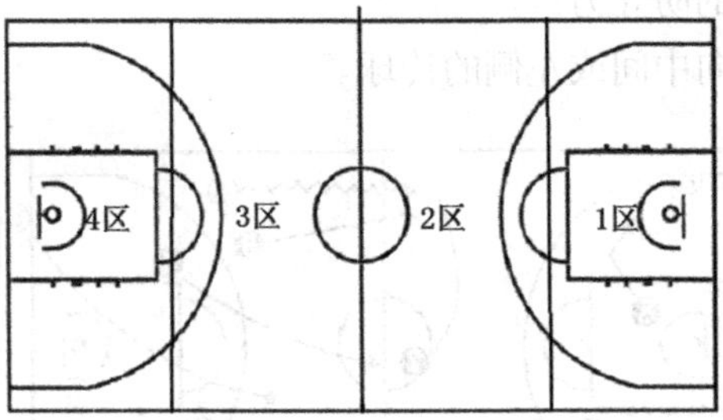

图3-6-6

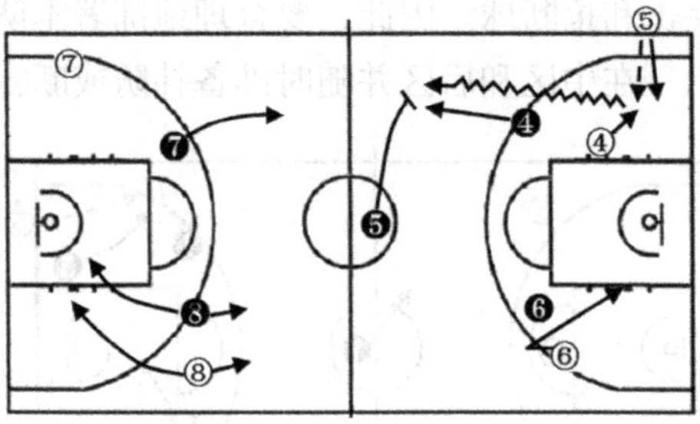

图3-6-7

（2）配合方法

以“2-1-2”防守形式为例，如图3-6-7所示，当进攻队员⑤传球给④时，❹向前迎防，堵住④向中间地区的运球路线，迫使④沿边线运球，❻稍后撤；防止⑥斜插接球，❺上前堵截，迫使④运球停止，争取在2区内与❹共同夹击④，造成10秒违例或失误，❼和❽在3、4区应抢前错位防守⑦和⑧，不让空切和上插接球，并随时准备断球，当④传球给⑤时，由❹上前堵截，与❺在中场共同夹击

⑥，❹由另一侧向后移动防守。

3．半场区域紧逼

半场区域紧逼是在后场范围内组织的一种区域紧逼防守战术。

（1）半场区域紧逼的阵式

根据队员在半场内的落位，半场区域紧逼的主要阵式有“1-2-2”“1-3-1”“2-1-2”等。

（2）半场区域紧逼配合方法

以“1-2-2”阵式为例。

① 球在正面时的防守。如图3-6-8所示，当球由后场进入前场时，根据进攻队员的位置，❹和❻要迎前防守④和⑥，并迫使④向防守的左侧运球或传球，❻要重点防守④向⑥传球，其他队员要向有球一侧移动，进行抢前和错位防守。

② 球在侧面时的防守。如图3-6-9所示，当④传球给⑤时，❺向前防守，❹应随球移动与❺共同夹击⑤，❻要向有球一侧移动，防④或⑥向中间空切，并准备断⑤传给④或⑥的高吊球，❼及时上移，侧前防守⑦，❽向篮下中间地区移动，控制篮下，并注意防守⑧空切。

③ 球在中间时的防守。如图3-6-10所示，当位于篮下的⑦接球后，⑦应快速回防围夹，❹要向左侧移动，准备抢断⑦回传给⑤或④的球，❻和❽同时向有球一侧移动，控制中间地区，并控制⑥和⑧向篮下的移动。

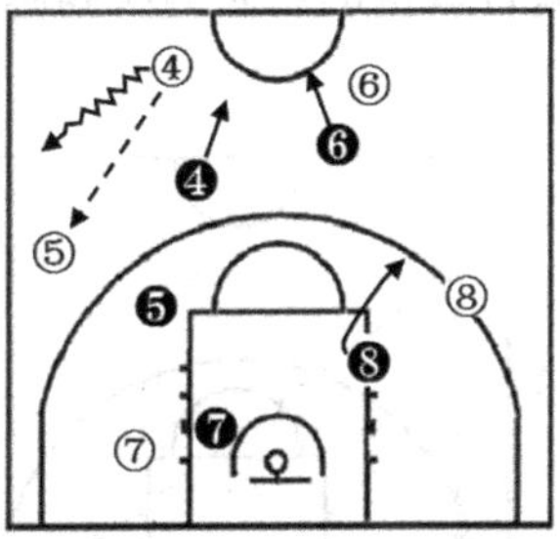

图3-6-8

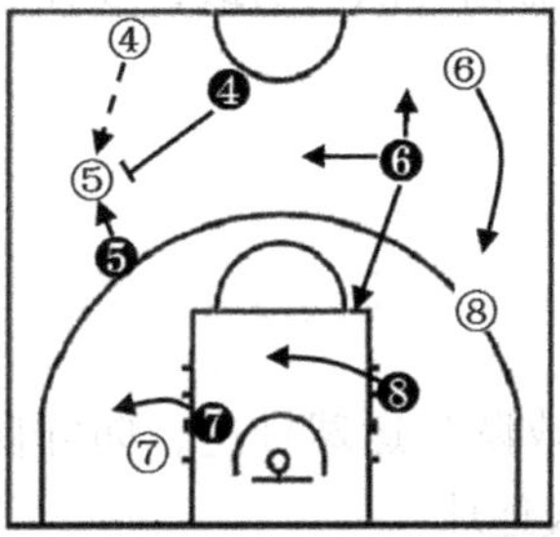

图3-6-9

图3-6-10

（四） 区域紧逼的教学与训练

1．教法建议

（1） 区域紧逼一般以“1-2-1-1”防守阵式为教学重点内容。通过讲解、演示明确防守的落位及球在前、中、后场时的职责要求，建立完整的战术配合概念。

（2）当学生明确了整体防守以后，可按落位前场、中场、后场的配合方法，进行分解练习，然后再进行各区域之间的衔接练习，最后进行全场或半场的完整练习。

（3）在掌握了固定区域内固定队员落位后，可逐渐过渡到固定区域不固定队员的训练，提高由攻转守的灵活性和机动性，以便加快攻守转换速度。

（4）在对抗练习时，进攻速度可由慢到快，进攻方法可由固定到多变，逐步提高防守质量。

2．教学与训练提示

（1）在教学与训练中，要根据选用的区域紧逼形式，使学生明确球在不同防区时，每个队员的任务和要求，以及队员间协同配合的方法，使学生对区域紧逼战术建立一个完整的概念。

（2）进行半场区域紧逼的教学与训练时，分解练习应按球在正面、中间、两侧进行。

（3）训练中要结合区域紧逼的特点和要求，提高队员的身体素质，特别是速度和速度耐力，同时要提高个人防守能力，加强抢球、打球、断球技术和以少防多、轮转补位等能力的训练。

（4）在教学训练中要注意培养队员勇敢，顽强、敢打敢拼的意志品质和思想作风。

3．练习步骤与方法

（1）分解练习

① 一对一对抗练习

【方法】一攻一守，进攻队员运球推进，防守队员迫使对方按防守意图向边线运球。

【要求】防守队员移动要快、选位迅速，不得让对方从中路突破。

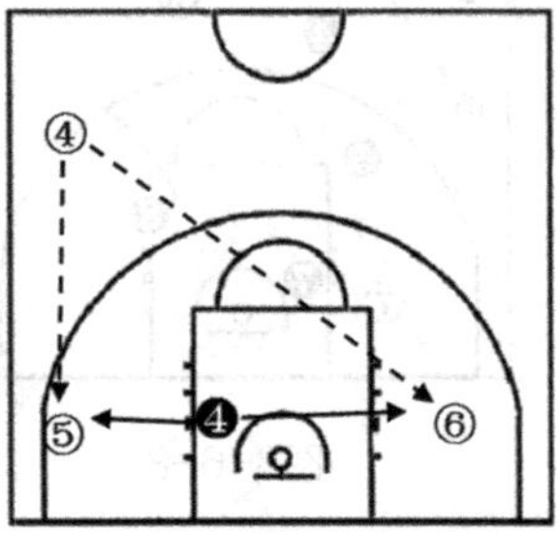

图3-6-11

② 个人选位与抢断球练习

【方法】如图3-6-11所示，队员④⑤⑥站成三角形，❹一人防守，他的任务是抢断持球队员向其他两个队员的传球。练习数次后，相互轮换。

【要求】队员持球必须在3秒钟内传球，不得运球；其他无球队员不得移动。

断球后轮换。

③ 二对三协防抢断球练习

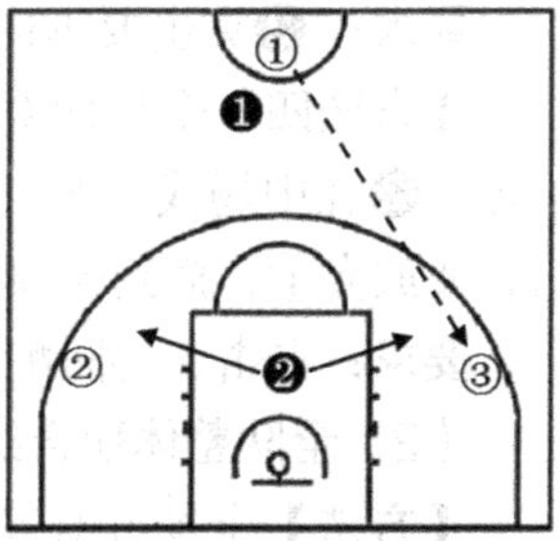

图3-6-12

【方法】如图3-6-12所示，❶防守①，①随时准备传球给②或③，❷根据❶的重点防守方向，及时选位，伺机抢断球。

【要求】②或③只允许原地上步接球。❶积极防守，迫使对方高吊传球。

④ 三对三夹击配合练习

【方法】如图3-6-13所示，❶随球移动并与❷或❸夹击持球队员。练习数次后，轮换位置。

【要求】❶回撤要快，夹击动作要正确。

⑤ 局部防守配合练习

【方法一】如图3-6-14所示，④给⑤做掩护，⑤试图中路突破。此时，❹和❺积极抢前换人防守，堵住⑤向中区的突破。

要求：当④移动接近⑤时，❹要及时提醒❺，❺做好后撤和兼防④和⑤的准备。

【方法二】如图3-6-15所示，当②向中区运球突破时，❶和❷夹击②，迫使②停球。此时❸要补位防止②回传球给①，同时❷要补防③。

要求：补位、回防要迅速，选位要正确。

【方法三】全场三对三轮转补位练习。如图3-6-16所示，❶紧逼①不让他向中路变向运球，❷和❸在后场分别防守②和③。当①运球到中线附近时，❷迅速迎前防守与❶夹击①。此时❸根据①的传球方向，移动选位，准备断①的传球。如果①传球给②，❷回防与❸夹击②，❶回防③，如果①传球给③，❶回防与❸夹击③，❷仍回防②。

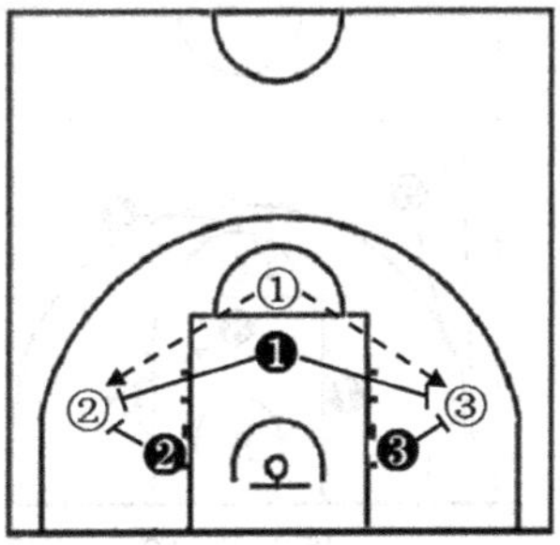

图3-6-13

图3-6-14

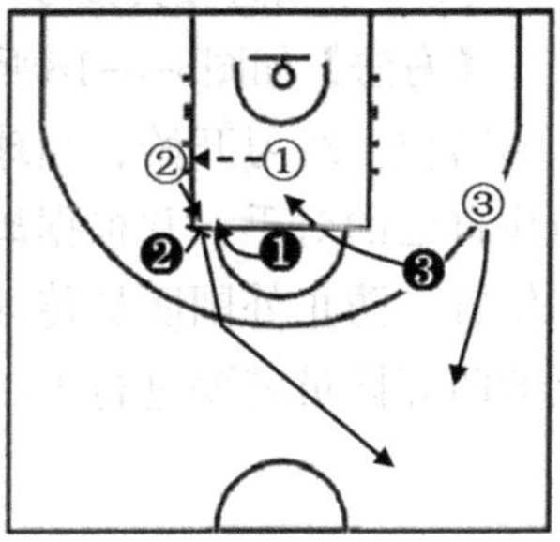

图3-6-15

要求：❷夹击要迅速、到位；❸选位要合理、协防要及时。

【方法四】全场四对四轮转补位防守练习。如图3-6-17所示，❶逼①沿边线运球，❷在中场线堵截，并与❶合作夹击。❷补防②，❸补防④。❶在①传出球后，要放弃①，撤到弧顶附近区域，准备迎防③。

要求：夹击、协防配合要一致；球过防区，❸要迅速回防。

（2）全队整体配合练习

【方法】全场五对五，按区域紧逼要求，由攻转守时，队员按区落位要快，并制止进攻队发动快攻，以培养队员的防守反击的意识。

【要求】开始时，可限制进攻队的进攻方法和进攻速度，待防守队基本掌握防守配合后，再按正常条件进行攻守对抗。

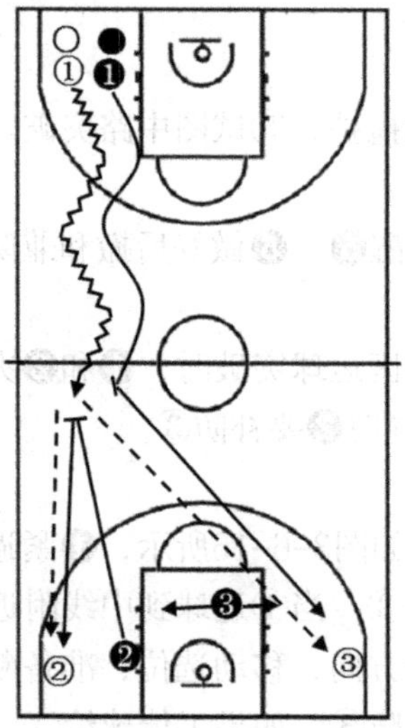

图3-6-16

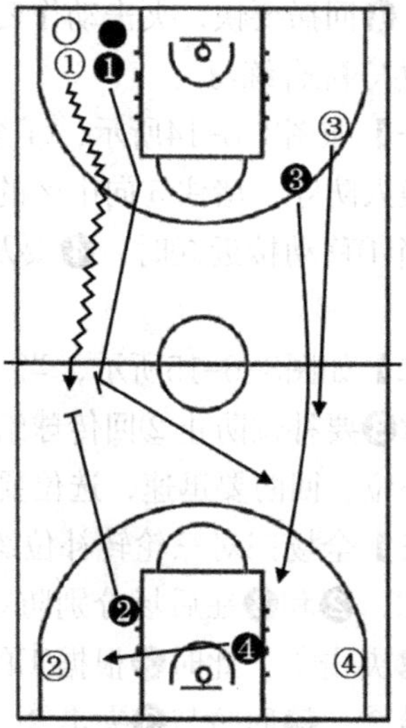

图3-6-17

（3）半场区域紧逼专门练习

【方法】如图3-6-18所示，进攻队员按“2-1-2”队形落位。练习开始，当球在正面时，防守队员各自防住自己的对手，并根据离球的远近，调整防守距离和位置，防止外围队员传球给⑧。如果⑧接到球，邻近的防守队员就要进行夹击，其他队员调整位置，防

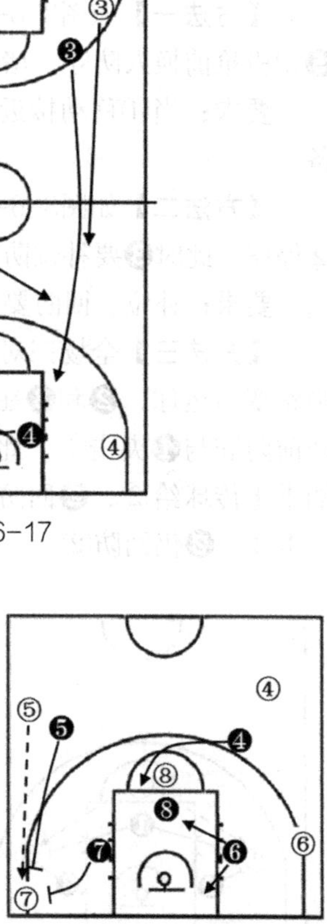

图3-6-18

止无球队员到限制区内接⑧的传球。当球被逼到底角时，外围的其他队员要防止持球队员传球给站在中区策应位置的⑧或回传给④。正如图中所示，当⑦在底角的持球时，❺和❼要进行夹击，❹要移到⑧的右侧前方，准备断⑦传给⑤或④的球，❽迅速调整防守距离和位置，注意⑦可能给⑥或⑧的传球，准备断球。

【要求】 掌握好夹击时机，其他队员要及时调整防守位置；行动要一致、果断、迅速；培养队员在半场区域紧逼时控制中区的意识和战术行动。

二、进攻区域紧逼

进攻区域紧逼是根据区域紧逼的特点，抓住防守的薄弱环节，有针对性地进行攻击的方法。

（一）进攻区域紧逼的基本要求

（1）进攻区域紧逼首先要沉着冷静，声势所压倒，造成慌乱和失误。不要被对方的紧逼

（2）由守转攻时要争取在对方队员未到区落位展开堵截之前迅速发动反击快攻。

（3）进攻时要针对区域紧逼防守的规律，按“以快制逼，中路突破”的原则，采取相应的回传跟进、转移攻向、运球反跑、中区策应、组织空切等方法组织进攻。

（4）进攻中要多传，短、快球，少做长传球和高吊球，少运球，特别是向边角运球，更忌在边角停球，防止对方的堵截夹击。

（二）进攻区域紧逼的方法

1. 进攻全场区域紧逼

区域紧逼是按一定的队形划区落位盯人，防守力量的配备，总有薄弱的区域，它很难防守集中在一条在线的进攻阵型。因此，抓住这一弱点，合理布置进攻队形就能打破全场区域紧逼防守。有计划地组织快攻和抓住防守弱点展开进攻，要以最有效的方法将球推进到前场为原则。常用的主要方法有：

（1）回传跟进：区域紧逼不轻易让球越过自己的防区，经常对持球队员组织夹击，向前的传球常被防守队员抢断。因此，进攻时应在对方夹击尚未形成之前将球传出。这就要保持一个队员处于球的后面，随时准备接应被夹击队员的回传球。“回传跟进”是在进攻区域紧逼中设置的“安全后卫”，是破坏夹击的有效方法，

（2）转移攻向：当采用“回传跟进”破坏了对方的夹击之后，进攻队应迅速组织向当时防守队形较薄弱地区的进攻，有目的地转移进攻方向，以突破对方的

防线。

（3）远球反跑：为了配合迅速、安全地转移进攻方向，迫使区域紧逼防守做较大的移动，处于远球位置的队员应进行反跑，回来接应转移进攻方向的传球。

（4）中区策应：在进攻区域紧逼时，“中区策应”起着前后衔接左右呼应的作用，它不仅接应了转移后的传球，更重要的是联结前后场的进攻，使球迅速推进，同时位于中区，增多了传球出手的方向和路线。担任“中区策应”的角色，应当是速度快、技术全面、战术意识强的队员。

（5）组织空切：“中区策应”后，防守无球队员者处于“球在背后”的境地，进攻队员应抓紧有利时机，组织空切，突破防守，在篮下附近形成以多打少的局面。

以上进攻区域紧逼的战术方法，在运用时要结合临场变化情况，灵活运用。例如，“转移攻向”不一定是转向最近的队员，根据临场情况，也可直接传给篮下的队员，或跑上来策应的队员。进攻方向的转移也可能由于防守的阻挠不止一次地转移。总之，要明确基本要求、掌握配合方法、提高战术意识，结合比赛实际情况灵活运用，才能取得较好效果。

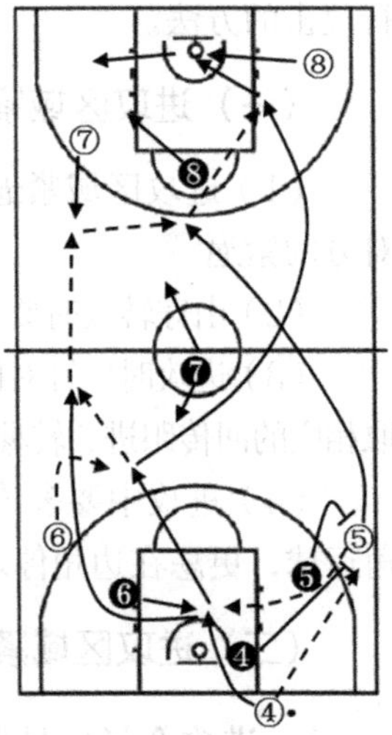

图3-6-19

【示例】进攻“1-2-1-1”全场区域紧逼的战术方法。如图3-6-19所示，④在后场端线发球给摆脱防守的⑤后，即进场接⑤的回传球。此时，⑥利用反跑回来在弧顶处策应并根据当时防守情况和同伴在场上移动情况，决定传球目标。如⑥传球给④，④接球后，传给由前场反跑来接应的⑦。⑦接球后传给由后场移动到中路的⑤（或传给篮下溜底过来的⑧投篮），⑤接球后，可以运球推进，或当❻补防，就立即传给沿边线快下的⑥投篮。

2．进攻3/4场区域紧逼

进攻3/4，场区域紧逼的方法及要求与进攻全场区域紧逼基本相同。

3．进攻半场区域紧逼

进攻半场区域紧逼时，与进攻全场区域紧逼的要求基本相同。由于半场区域紧逼具有防守范围小、配合距离短和重点控制篮下的特点。因此，在组织进攻时，可运用向有球一侧的斜插，并结合进行向对角远程转移和溜底背插等方法来

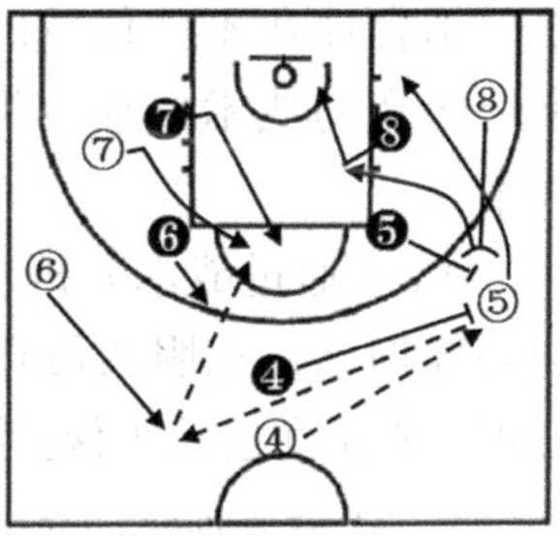

图3-6-20

进攻。

【示例】进攻“1-2-2”半场区域紧逼的方法，如图3-6-20所示，④传球给⑤后，斜插到左底角。当⑤被❹和❺的夹击时，⑥反跑出来接应⑤的回传球。此时，⑦移动到弧顶处接应⑥的传球做策应配合。同时，⑥给⑤做后掩护，⑤摆脱❺到右侧底线位置准备接⑦的传球投篮。⑦并可根据情况传球给④或⑤投篮，如⑥在掩护后切入篮下有机会，⑦也可传球给⑧投篮。

（三）进攻区域紧逼的教学与训练

1．教法建议

（1）在教学顺序上可先安排进攻全场的区域紧逼防守，再安排学习进攻半场的区域紧逼防守，达到举一反三的目的。

（2）在无防守的情况下，按全队的进攻战术路线，从掷界外球开始，熟悉战术配合路线，逐步掌握每个位置的战术方法，明确自己的职责和任务。

（3）结合防守，进行球在前、中，后场不同位置的分解进攻练习和衔接，然后逐步过渡到进行全队战术的完整练习

（4）最后在积极防守条件下及教学比赛中，改进和提高战术意识，熟练掌握全队战术配合方法。

2．教学与训练提示

（1）进攻全场和半场区域紧逼的教学与训练，首先应使学生明确区域紧逼防守战术的要求和优缺点、了解各种不同阵形的变化，有针对性地应用进攻区域紧逼防守的战术配合，合理地安排每个队员的战术位置，充分发挥特长，组织有效的全队进攻战术。

（2）在教学与训练中要强调，趁对方尚来按阵形落好位之前立即发动快攻；并利用对方将要形成有组织的夹击之前，迅速转移进攻方向，抓住其阵形变化的空档，快速使球传越对方的防线。

（3）教学与训练的实践证明，应当在学会区域紧逼防战术的基础上，再安排进攻区域紧逼防守的教学与训练，把防守与进攻结合起来。

（4）可由复习“1-2-1-1”全场区域紧逼防守开始，按前、中、后场的顺

序，结合球在不同位置时，防守队形的变化，边示范边讲解如何应用进攻区域紧逼防守的战术要求。把前、中、后场的进攻配合连结起来，形成全队的进攻战术。

（5）通过战术分析、教学训练和比赛的实践，加强心理训练，克服队员在区域紧逼时容易出现的恐惧心理，强调在进攻中保持冷静的头脑。

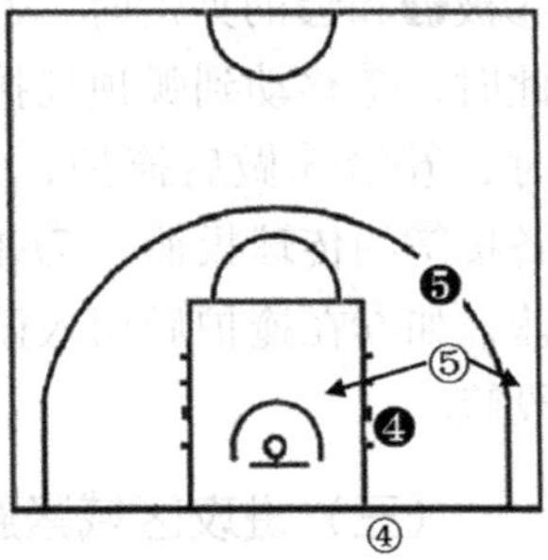

图3-6-21

3．练习步骤与方法

（1）分解练习

① 二夹一摆脱接球练习

【方法】如图3-6-21所示，④掷端线球，⑤在防守的夹击下练习摆脱接球。

【要求】5秒内必须摆脱防守接球；传球到位。

② 二夹一控制球与传球的练习

【方法】如图3-6-22，⑤接球后，④进场接应同伴的传球。

【要求】⑤接球后，必须在❺与❻的夹击下控制球3秒钟，再把球回传给④。

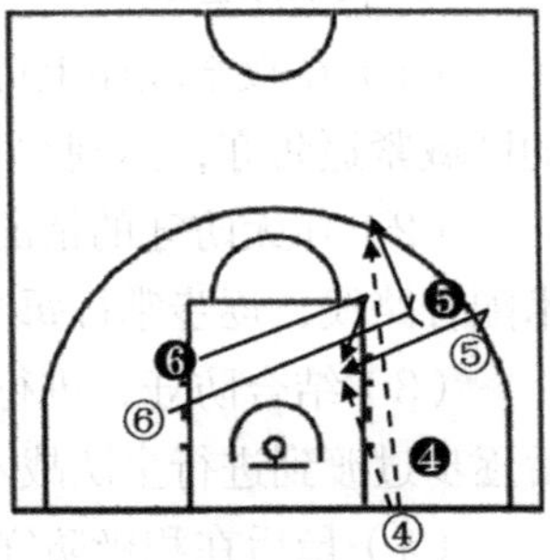

图3-6-22

③ 三对三掩护跟进配合练习

【方法】如图3-6-22所示，④发端线球时，❺❻防守⑤和⑥。⑥给⑤做掩护，⑤利用掩护反跑接、传球，⑥掩护后转身跟进切入接球推进。

【要求】⑥掩护后及时跟进，⑤传球要及时、到位。

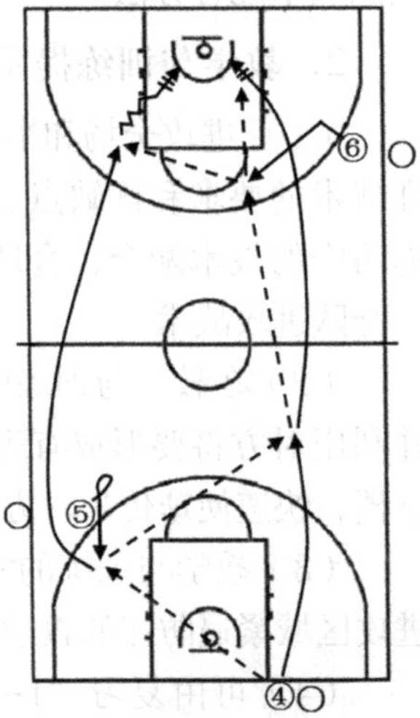

图3-6-23

（2）全队整体练习

① 全场反跑、传切与策应配合练习

【方法】如图3-6-23所示，④掷端线球，⑤反跑接应④的传球，并回传给发球后进场的④。在接球的同时，前场的⑥上提进行策应，接④的传球后，根据情况传给沿左或右边线空切到篮下的⑤或④投篮。练习后，按号码顺序换位继续进行练习。

【要求】⑤反跑接球要快，④跟进要迅速，⑥及时上提策应；掌握好配合时机。

② 全场回传、跟进切入练习

【方法】如图3-6-24所示，④发端线球，⑤接到球后运球向前场突破，在中线后场死角处停球（假设将要被夹击），回传给中路跟进的④后加速向篮下空切，接④的传球投篮。

【要求】⑤突破时注意观察同伴位置，及时回传球。

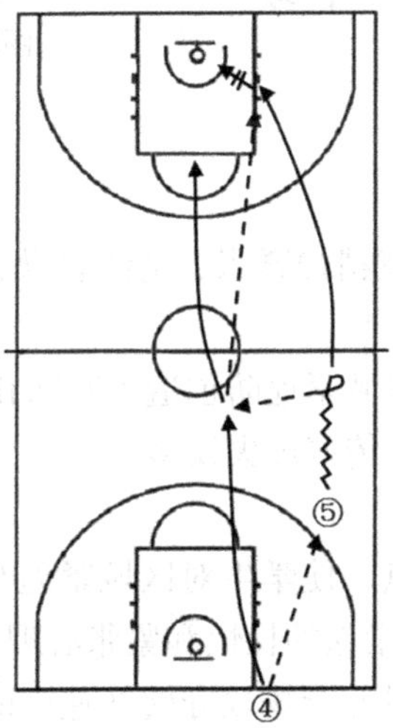

图3-6-24

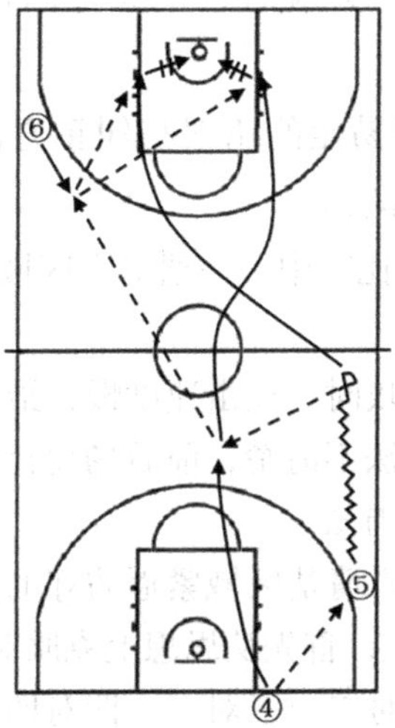

图3-6-25

③ 后场与前场的衔接练习

【方法】 如图3-6-25所示，④发端线球给⑤后，⑤运球向前突破，到接近中线附近夹击区时，把球回传给跟进的④。与此同时，处于左底角的⑥跑上来接④的传球。④和⑤传球后，在前场弧顶处做交叉跑动，分别插向篮下。⑥根据情况传球给④或⑤投篮。

【要求】 配合默契，行动迅速，传球到位。

（3）进攻半场区域紧逼的专门练习

【方法一】如图3-6-26所示，④⑤⑥在半场练习回传、反跑和插角换位，④传球给⑤后，向右场角插入，⑥反跑接⑤的回传球，⑤传球后插向左场角，⑥根据防守情况把球传④或⑤投篮。

图3-6-26

要求：回传、反跑和插角换位要到位，掌握配合时机。

【方法二】中锋策应结合反跑插角的配合练习（图3-6-27）。练习方法与上一练习相似，在⑦反跑接球和④、⑥插角后，⑦根据防守变化选择时机传球给中锋队员⑤，⑦最好是在插角拉空篮下，中锋获球进行策应进攻配合。

要求：中锋策应时，观察好同伴位置，传球及时、准确。

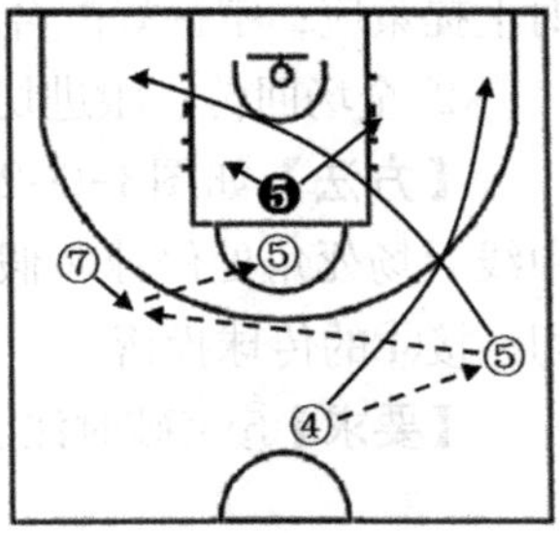

图3-6-27

4．教学中易犯的错误与纠正方法

（1）易犯的错误

① 队员在比赛中，一遇对方区域紧逼就精神紧张、情绪急躁、动作慌乱、落位阵形混乱。

② 由守转攻时，反击速度慢，给对方区域紧逼防创造了时间和空间。

③ 配合方法不清楚，前后场配合脱节，传接球失误多。

（2）纠正方法

① 向学生讲清楚区域紧逼防守的优缺点，使学生对区域紧逼有一个全面、正确的了解和认识，首先从思想上克服对区域紧逼的畏惧和紧张心理。

② 加强二对二、三对三、四对四、五对五全场攻守转换速度的练习，提高由守转攻的速度和配合能力。

③ 加强传接球基本功训练和传切、策应配合训练。

思考题：

1. 区域紧逼的定义和基本原则是什么？它与人盯人紧逼的有哪些主要区别？
2. 区域紧逼是怎样进行落位的？
3. 全场区域紧逼的防守要点和基本要求？
4. 简述全场区域紧逼战术的基本要求。
5. 绘图说明进攻全场区域紧逼和“1-3-l”半场区域紧逼战术的方法。

第四章　篮球运动的体能训练

内容提要：本章阐述了体能的基本概念、作用、篮球运动的体能特征、专项体能训练的原则与要求和专项身体素质训练的主要内容、特点；介绍了篮球专项速度、力量和耐力素质的训练方法。

第一节　篮球运动体能训练的基本理论

一、体能的概念与作用

体能是指人类进行各项体育活动而应具有的走、跑、跳掷等基本能力及极限能力，即体力与综合运动能力的统称。

体能一词在不同时期出版的体育学院通用教材中，有不同的表述，反映了我国学者对体能认识的深化过程。在1990年以前的教材中，基本未用体能一词，而是用身体素质这一概念，与其相对应的训练内容被称做身体训练。1989年版全国体育学院通用教材《运动训练学》将身体训练水平作为评价运动员竞技能力的一一项内容。20世纪末期出版的有关教材开始引入体能一词，如1998年出版的《项群训练理论》将运动员的竞技能力分为心、技、体、智4个方面；2000年出版的《运动训练学》教材在对运动员竞技能力的分析中沿用了《项群训练理论》的提法，并进一步说明，运动员体能是指运动员机体的基本运动能力……运动员的体能发展水平是由身体形态、身体机能及运动素质的发展状况所决定的。可见，体能在运动训练中就是指运动员身体的基本运动能力。用体能的概念代替身体素质的概念来分析运动员竞技能力的构成更加符合逻辑学的要求：首先它使母项与子项在逻辑上更加统一。运动员竞技能力构成的子项应当用能力的概念，如技、战术能力、心理能力等，而身体素质一词在字面上很难达到这种要求，其次，它使竞技能力的外延与各子项的外延之和相等，而如果用身体素质的概念，竞技能力的外延是大于各项外延之和的，如身高、体重等身体形态因素是运动员竞技能力的重要组成部分。但身体素质的概念显然不能把这些因素包括进来。

根据以上论述，我们可以将体能的概念表述为：体能即身体能力，是指直接由身体条件和生理机能所决定的运动能力。显然，运动员体能水平的高低取决于3个方面：一是身体形态，二是生理机能；三是运动素质。其中，身体形态和生理机能是体能的物质基础，运动素质是体能的重要表现。

二、篮球运动体能训练的特征

（一）篮球运动员的身体形态特征

世界强队全队的平均身高呈现稳中有升的趋势，各位置平均身高除后卫比较稳定外，中锋、前锋位置身高呈不断上长趋势。身高、体重与名次都有较密切的关系。有资料表明，第13届世界男篮锦标赛前4名身高与名次的相关系数为0.875；体重与名次的相关系数为0.893；身高、体重与所获得的成绩成高度相关关系。这表明，谁在身体形态（主要是身高、体重）上占优势，谁就占有对抗和制高的优势，谁就有可能战胜对手取得胜利。

（二）篮球运动员的身体素质特征

世界篮球强队，除身高体重占有优势之外，无论是小个队员还是高大队员，都具有优良的身体素质。当代篮球比赛的强度不断提高，世界强队运动员必须具备全面的身体素质，即速度、力量、弹跳、耐力、灵敏等素质，才能适应当代篮球比赛高速度、强对抗的要求。研究表明，一场篮球比赛从开始至结束，一般需要80分钟左右时间，在40分钟的净时间比赛中，场上队员的平均步数为9480步，运动员大概要跑10公里，即每分钟240步。快速跑的距离约3公里左右，其中快速冲刺跑约1.5～2.5公里，在用积极快速的比赛攻防战术中，运动员脉搏可达204～216 次/分，50%以上时间平均脉搏在180次/分钟以上。这个强度处于有氧与无氧代谢之间，运动员负荷强度相当大。这就是说，篮球运动实践要求篮球运动员必须承受高强度的体能训练，只有这样才能适应高水平比赛的要求。

（三）篮球运动的项目特征

任何一个运动项目在确定训练原则和训练内容时，首先要明确影响运动员专项竞技能力的决定因素，即项目特征或项目特点，教练员必须深刻理解自己所从事的运动项目的项目特点。它是实施正确训练行为的前提，否则，将导致训练与比赛要求脱节、训练内容与方法落后，甚至导致运动水平低下。我国游泳、女子铅球和女子中长跑项目运动水平的飞跃，正是教练员对项目特征认识上质的突破的结果。因此，正确认识篮球运动的项目特点是篮球运动员体能训练的前提。

对于篮球项目而言，快速多变是灵魂，技术对抗是手段，速度力量是保障，投篮得分是目的。速度是竞技运动的生命，是篮球运动进攻、防守、防守反击、攻防转换的关键。有速度才有可能捕捉有利时机、有利位置、摆脱防守、抢断成功、控球得分。因此，篮球运动的项目特点为：篮球运动是一项以投篮得分为目的、攻防快速多变的速度力量型、高强度直接对抗性的技能——体能类项目。这表明篮球运动不单纯是技能类运动项目，而是对体能又有很高要求的运动项目。篮球运动的体能训练要以速度力量型、对抗性身体练习为主，以保证运动员在激烈的比赛中能准确地投篮得分。

三、篮球体能训练的基本原则与要求

（一）篮球体能训练的基本原则

训练原则是训练客观规律的反映，是依据运动训练活动的客观规律而确定的组织运动训练所必须遵循的基本准则。在体能训练过程中应遵循的基本原则有：全面性与优先发展相结合的原则、系统不间断性原则、科学安排运动负荷原则。区别对待原则、结合专项原则。

1．全面性与优先发展相结合的原则

全面性与优先发展相结合原则是指在体能训练的过程中，应全面地安排和发展运动员各项身体能力，特别是在儿童和青少年时期，应全面发展运动素质，提高一般身体机能水平，以促进专项运动成绩的全面提高。在全面发展的同时应关注青少年身体形态、机能和身体素质发展的敏感期，对处于敏感期的机能和素质应有所侧重，优先发展。

2．系统不间断性原则

系统不间断性原则是指从开始训练到创造优异成绩，直至运动寿命终结的长期过程中，都应依据体能发展内在的规律，做出相应的合理规划，持续不断地进行训练。系统不间断性原则是依据训练适应的产生、发展与消退规律以及体能发展的连续性和阶段性等属性提出来的。在训练实践中贯彻这一原则应做到，对整个训练过程的体能训练不仅要系统规划，对多年训练不同发展阶段的体能训练，从内容、比重、手段、负荷等方面也应作出系统安排，尤其是在青少年时期以及达到高水平以后，更应该周密考虑。

3．科学安排运动负荷原则

科学安排运动负荷原则是指在体能训练过程中根据训练的目的与任务，科学地组合负荷的量、强度与休息时间等因素，以保证训练的针对性和有效性。按照“加大——适应——再加大——再适应”的增量方式，合理地逐步加大训练量和训练强度，有效地促进机体形态发展和机能改善，提高运动水平；在训练过程中，既要遵循超负荷原则，又要根据训练对象的实际水平，有节奏地增加运动负荷，逐步提高，妥善处理负荷量与负荷强度、负荷与恢复的关系，使每次训练在机能得到“超量恢复”的提高阶段进行。

4．结合专项原则

结合专项原则是指在一般身体训练的基础上，篮球体能训练必须根据篮球技术、战术和专项能力的特点，充分发展专项所需要的运动素质，以促进运动员专项运动机能的发展，提高运动技能。体能训练的作用最终要体现在创造优异成绩这一终极目标上，应把技术、战术练习作为专项训练的重要内容之一，与专项技术、战术练习有机地结合，才能真正达到体能训练的目的，加快体能训练的进程，实现在体能训练中完善和检验技术、战术，在技术与战术训练中巩固体能。

5．区别对待原则

体能训练的效应主要是通过机体的变化实现的。由于客观地存在着训练的个体差异，要想使训练达到理想的效果，必须充分考虑到个体特征以区别对待。篮球运动员的体能训练除要根据训练对象的个体特征，如年龄、性别、形态、机能等生物学特征外，还应包括训练对象的心理特征、训练水平、承受负荷能力等训练学特征，进行区别对待，有针对性地安排各种不同的训练，并根据不同阶段的目标、任务和要求，有针对性地安排训练过程。

（二）篮球体能训练的基本要求

篮球运动训练的内容和手段要依据篮球运动的项目特点“篮球运动是以投准为目的的速度力量型、高强度对抗性技能——体能类项目”选择和设计，篮球运动体能训练的内容和手段必须为提高篮球运动员竞技能力的主导因素服务。

（1）篮球运动的体能训练应以发展篮球运动员的机能潜力和与机能潜力有关的体能要素为目的的大负荷训练，突出对运动员各器官的机能系统的超负荷适应训练，以达到挖掘机能潜力，提高整体运动能力和培养顽强意志的目的。

（2）速度是篮球运动体能水平最直接的反映，速度是篮球运动的灵魂，是创造战机、实现攻击的前提与条件，篮球运动员的体能必须符合比赛强对抗、高速度（进攻与防守）的要求，才能保证技战术水平的发挥。所以，篮球运动的体能训练，必须以专项速度为目标安排和设计训练。高水平的专项速度既是体能训练效果的综合反映，又是体能训练效果的检查与评定指标。

（3）力量素质是篮球运动员体能训练的保证，是专项对抗能力、专项速度、专项技术掌握与完善的基础。篮球比赛进攻与防守中的反应、跑动、加速与拼抢、以及防守与攻击的有效性无不取决于力量素质。因此说，篮球运动员整体力量的目的是要求运动员应具备高度发展的全面的力量训练水平，要求身体的各个部位，特别是上下肢、腰腹以及踝、膝、手腕、手指都应进行专门的全面的力量强化训练，旨在发展各运动环节的肌肉力量，保证运动器官工作的实效性，即动作效果的速度性和有效性。力量训练贯应穿年训练周期以及多年训练周期的始终。

（4）体能训练中的运动耐力是指大强度、长时间从事专项活动能力的训练。篮球运动员体能训练的运动耐力水平主要取决于：①功能系统的机能能力；②在比赛中有效地利用机能潜力的能力；③疲劳情况下的心理素质和意志品质。

（5）重视心理机能和意志品质的训练。它对运动员在困难状态下保持稳定的心理状态，挖掘和运动员的机能潜力，保证训练和比赛任务的完成都具有重要的作用。心理机能能力和意志品质的提高一方面取决于运动功能系统机能能力的提高；另一方面取决于运动员完成比赛任务的愿望、意志和自我调节控制能力，其中运动员机能能力的提高是基础，愿望是动力，意志是条件，自我调节是方法。

（6）篮球运动的体能训练是为技战术的运用与发挥服务的。体能训练的手段，提高攻防技术运用能力和效果是目的。要根据篮球运动的项目特点、运动员的水平和不同训练阶段的任务，合理安排二者的训练比重，将体能训练与技战术训练有效地结合在一起。

（7）在体能训练中，对于高水平篮球运动员，应以体能训练不断促进和提高技战术水平。对于青少年篮球运动员，则要以技战术为主要手段，发展体能训练水平。体能训练与技战术训练要根据训练对象、训练任务合理安排比例。

第二节 篮球体能训练的主要内容与方法

篮球体能训练主要包括篮球运动员的速度训练、力量训练和耐力训练和灵敏训练及柔韧性训练等内容。本节主要介绍篮球运动员的速度训练、力量训练和耐力训练等内容，它们是篮球运动的基础体能训练。

一、篮球运动的速度素质训练

（一）篮球运动速度素质的特点及要求

1．篮球运动的速度种类

篮球运动中按照动作过程有反应速度、动作速度和移动速度之分。反应速度是指从外部接受各种刺激到开始动作的时间；动作速度是运动员完成篮球技术动作的速度；移动速度是指运动员在单位时间内的最大位移。反应速度与良好动作速度和位移速度有密切关系，动作速度和位移速度则直接影响技战术的速度和实施。

2．篮球运动的速度特点

篮球运动的速度具有应变性（变向、变速）、节奏性和突然性的特点。篮球运动员的专项速度从运用的角度来讲，除包括反应速度、起动速度、动作速度之外，还包含进攻速度、防守速度、防守反击速度和攻防转换速度等内容。其中，起动速度及加速跑的速度是篮球运动专项速度的核心。

由于篮球场上的跑不同于田径场上的跑。跑时既要看同伴，又要看对手；既有跑步，又有滑步；既有向前跑，又有向后跑；既有正着跑，又有侧身跑等，这些都对篮球运动员的速度训练提出了不同的要求。

篮球场上的速度特点具体表现为：（1）连续反复的快速冲刺；（2）身体重心低，反复的变速变向；（3）起动速度快，在短距离内能发挥最大速度能力；（4）长时间变速能力强。篮球运动速度的专项特点决定了篮球运动员不仅需要ATP—CP供能能力，而且要求提高糖酵解供能力。

3．篮球运动速度训练的基本要求

（1）篮球速度素质训练必须结合篮球运动的专项特点进行，如起动姿势的多样性、跑动方向的多变性跑动距离短、反应速度和动作转换速度要求快及结合球的处理等；把速度素质训练与技术训练相结合，重视发展技术动作的频率，使队员快速跑能力与技术动作的完成相协调，提高技术的运用速度。

（2）速度素质训练应充分做好准备活动，并在保持精力充沛、精神饱满的情况下进行，以避免肌肉韧带拉伤。

（3）篮球运动的速度练习要培养运动员对时空的反应判断能力，重视发展运动员的反应速度与变换动作的速度。

（4）篮球运动的速度训练应多采用竞赛性和对以适应比赛要求。

（5）训练时应严格要求。要求运动员全力快速地按正确动作完成练习。在反复练习的间隔时间，可做些带球的调整练习如投篮、运球等。

（二）篮球运动速度训练的方法

篮球运动的速度训练在一般速度训练的基础上要与其他手段相结合进行，如发展最大力量、速度力量和完善动作技术（起动、滑步、急停等）结合；专项（动作）速度必须与专项技能的完善相结合。篮球运动员的速度训练应着力于提高场上的起动和快跑能力、无氧供能能力。

1．反应起跑速度的训练

篮球运动的反应起动速度主要通过与专项技术动作结构一致的速度练习。训练方法主要如下。

（1）熟练各种专项动作，增加技术动作的信息量，提高人体的积极感知和能力，缩短反应时的潜伏期。

（2）缩短运动各环节，尤其是关键环节的反应时间，可采用起动跑、追逐球、运球起动等练习。

2．动作速度的训练

发展篮球运动员动作速度要重点提高关键技术环节的速度。其训练方法主要如下。

（1）反复加强单个动作的关键环节和组合动作的衔接动作速度，提高完成动作的速度，如投篮快出手、传球时手指手腕爆发用力；

（2）提高完成动作的频率，可采用在规定时间内完成动作的次数，或在规定完成的动作次数中缩短完成时间，如对墙传球1分钟完成60次。

3．移动速度的训练

篮球运动员的移动速度与运动的频率和技术动作的幅度有直接关系，发展篮球运动员的移动速度主要是提高运动频率和运动幅度。运动频率的训练是在保证一定动作幅度的情况下，通过改进技术、提高素质，在一定时间内尽量多地完成各种动作次数，如直线运球往返上篮要求10秒以内完成。运动幅度的训练主要采用改进技术动作，提高肌肉的伸展性、关节的灵活性以及肌肉的力量素质，最大限度地利用运动员的身体条件，如中线快速运球两次跨步上篮等。

二、篮球运动的力量素质训练

（一）篮球运动力量素质的特点及要求

篮球运动的力量素质是以发展速度力量和爆发力为核心，最大力量和力量耐力训练都要围绕这一目标设计和实施。因此，在篮球运动员的体能训练中，必须树立力量训练的整体观与系统观。力量训练的整体观与系统观，一是指训练的计划性、系统性和连续性（不间断性），训练要有不同阶段与任务；二是指力量训练必须努力使各部分肌肉得到全面均衡的发展，尤其对于身体对抗和上下肢同时参与专项动作的篮球运动员更重要；三是在训练中要注意合理发展不同性质的力重和不同收缩方式的肌肉力量。基础力量、最大力量、快速力量和专项力量是紧密联系又有区别的，力量训练中应注意它们的顺序和连贯性。

1．篮球运动的力量特点

篮球运动的力量素质具有全面的特点，要求上肢、下肢、腹部、背部肌群均衡发展。在40分钟的比赛中对运动员的快跑、跳跃和对抗能力都有很高的要求。也就是说，对肌肉力量、肌肉速度和肌肉耐力都有很高的要求。

人体要发挥最大力量和最大爆发力，不是单一某一环节的问题，而是各运动环节、各工作肌群间的协调配合与共同用力的综合结果。要跑得快、跳得高，对抗强不能只是训练腿部肌肉，也不能只训练主动肌，而是对影响躯干力量的腰腹肌和背肌、对抗肌和协同肌都应加强训练，因为这些肌群对篮球运动员的体能与比赛能力特别重要。但以往只注意下肢，或是只注意主动肌的训练。

2．篮球运动力量训练的基本要求

（1）篮球运动的力量素质训练要符合篮球运动的专项特点。在发展最大力量时，不宜用最大负荷，极限负荷容易受伤。而60%～80%的负荷强度重复的次数多于极限负荷次数效果好且较安全。

（2. 重视小肌肉群力量练习，把大、小肌肉练习手段结合安排。一般把大肌肉群的大力量练习安排在前而后进行小肌肉群快速力量练习，以提高整体力量，避免小肌肉群受伤。

（3）力量训练时应根据队员的实际情况，选择适宜训练内容和方法，并把发展一般力量的练习与对局部起作用的专门练习结合起来安排。

（4）应注意完成力量练习中的技术因素和速度要求，注意练习动作的正确性和速率，使动作协调、连贯、快速。要注意选择肌肉收缩方式与篮球运动技术结构相一致的动作方法，并力求将运动员的最大力量、快速力量转化为专项力量能力，

（二）篮球运动力量训练的方法

1. 最大力量的训练方法

发展篮球运动员最大力量的训练主要有两条途径：一是通过增大肌肉生理横断面增加肌肉收缩力量；二是改善肌肉内协调能力，提高神经系统指挥肌肉工作能力，动员更多运动单位参加工作。训练中应先进行增加肌肉生理横断面的力量训练，然后进行肌肉内协调能力的训练。

（1）增加肌肉生理横断面的最大力量训练

此训练方法必须科学地确定负荷强度、练习重复的次数与组数、练习的持续时间及组间的间歇时间。训练中一般采用本人最大极限负重量的60%～85%的强度，4秒种左右完成一次动作，做5～8组，每组4～8次。组间间歇时间控制在上一组练习肌肉所产生的疲劳得到基本消除。

（2）改善肌肉内协调能力的最大力量训练

此训练方法一般采用本人最大极限负重量的85%以上强度，2秒钟左右完成一次动作，做5～8组，每组1～3次，组间间歇时间控制3分钟左右或更长（在上一组练习肌肉所产生的疲劳得到恢复）。

（3）静力性练习和等动练习

静力性练习多采用大强度和极限强度，每次持续时间为5-6秒钟，总的练习时间不超过15分钟。等动性练习动作速度基本不变，肌肉在练习过程中都能发挥出较大力量，练习强度要大，每组练习4～8次，做5～8组，组间间歇要充分。

2. 速度力量的训练方法

速度力量具有速度和力量的综合特征，只有使最大力量和速度两方面都提高，才能取得速度训练的最佳效果。篮球运动员进行力量的训练方法主要有负重练习和不负重练习。

（1）负重练习方法

负重练习时负荷强度要适宜，多采用本人最大力量的40%～80%的强度，以兼顾力量和速度两方面的发展；每组练习5～10次，做3～6组（组数的确定以不降低速度为限），间歇时间应较充分，一般为2～3分钟。

（2）不负重练习方法

不负重练习主要采用发展下肢速度力量克服自身体重的跳台阶和跳深练习，以及发展上肢和躯干速度力量的符合专项技术要求的快速练习。

3．力量耐力的训练方法

力量耐力主要是有氧供能，其发展不仅依靠肌肉力量的发展，而且依赖血液循环、呼吸系统机能的改善和有氧代谢能力的提高。

如果发展克服较大阻力的力量耐力，可采用本人最大力量75%～80%的负荷；若发展克服较小阻力的力量耐力，则最小负荷不能小于本人最大负荷强度的35%的负荷强度。练习的组数通常以保证每组达到极限重复次数来确定。若采用动力性练习，则以完成预定次数、组数为其练习持续时间；若采用静力性练习，则单个动作的持续时间一般为10～30秒。组间间歇时间控制在未完全恢复的情况下就进行下一组练习。

三、篮球运动耐力素质的训练

（一）篮球运动耐力素质的特点及要求

1．篮球运动耐力素质的种类

篮球运动的耐力素质从供能特征角度可分为有氧耐力和无氧耐力；从耐力素质与篮球运动的关系可分为一般耐力和专项耐力；从运动素质的特征可分为力量耐力和速度耐力、最大力量耐力与快速力量耐力（爆发力耐力）等。

2．篮球运动的耐力特点

篮球运动员的耐力素质主要以糖酵解的供能形式为主。因此，篮球运动员的耐力训练要以最大乳酸能和机体耐酸能力的训练为主，有氧供能的训练为辅。有氧供能的训练是糖酵解供能训练的基础。有氧供能能力强，运动员在比赛和训练中的恢复能力就强。但是，必须认识到无氧供能和无氧—有氧混合供能是保证篮球运动员在比赛中保持长时间快速运动能力的物质要素。

3．篮球运动耐力训练的基本要求

（1）篮球运动员耐力训练应以速度耐力素质训练为主，注意结合篮球运动专项特点及结合球的处理等。因此，应把耐力速度训练与技术训练相结合，使技术动作与技术运用在有效的强度之下进行。

（2）耐力训练应严格遵循负荷—恢复—再负荷—再恢复的原则，使之产生超量恢复，达到训练的效果，突出专项耐力。

（3）篮球运动员的速度耐力训练应多采用竞赛性和对抗性练习，以适应比赛要求。

（4）篮球运动员的耐力训练要长年坚持进行，把速度耐力的训练与培养顽强意志品质结合起来。

（5）应根据队员的实际水平，制订训练标准，并逐渐提高技术。

（二）篮球运动耐力训练的方法

发展篮球运动员一般耐力的途径是提高运动员的摄氧、输氧及用氧能力，保持体内适宜糖元和脂肪的储存量以及提高肌肉支撑运动员器官对长时间负荷的承受能力。发展一般耐力经常采用持续匀速负荷和变速负荷的方法，负荷强度一般应控制在接近无氧代谢的强度，心率控制在160次/分钟左右。

发展篮球运动员专项耐力训练要特别注意专项总体代谢特点，一般以发展非乳酸性无氧耐力为主，采用95%左右强度、心率可达180次/分钟的训练方法，重复组数可达5～6组，重复次数比组数少些为宜。

1．持续负荷法

这种训练方法主要提高有氧代谢水平，心率控制在160次/分钟左右。方法有：（1）匀速跑；（2）变速跑；（3）超越跑；（4）折返跑。

2．间歇负荷法

这种训练方法为有氧和无氧混合代谢。负荷采用50%左右的有氧50%左右的无氧进行，心率上限为28次左右/10秒，间歇时间是在没有完全恢复的情况下再进行下一次练习。方法有：（1）400米跑、100米快速跑、100米放松跑，反复进行；（2）40秒左右的各种连续跑，重复进行。

3．重复负荷法

这种训练方法主要提高无氧代谢水平，负荷的最大心率达28次以上/10秒，组间休息5分钟，心率下降至15次左右/10秒再进行下一次的练习。方法有：（1）

5～10组400米计时跑；（2）不同强度的重复练习。

思考题：

1. 试述篮球运动员体能训练的重要性。
2. 简述篮球运动员体能结构及特征。
3. 试析篮球运动体能训练的原则，举一例说明。
4. 篮球运动员专项力量训练的特点是什么？
5. 篮球运动员专项速度训练的特点是什么？

第五章　篮球教学与训练

内容提要：本章主要介绍了篮球教学训练文件的制订、篮球教学与训练的组织和方法，篮球技战术教学、训练的步骤；篮球教学课的组织结构、训练课的类型与内容；篮球教学与训练方法的选择及运用；以及青少年篮球训练的的特点、要求和青少年篮球运动员的选材等内容。

篮球课程是普通高等学校体育教育专业必修的主干课程之一。篮球教学与训练也是由教师和学生共同参与的教与练的相互作用的教育过程。

篮球教学与训练的目的是使学生系统掌握篮球运动的相关理论知识与技能，提高运动水平，并有组织地使学生系统掌握篮球教学与训练方面的知识与技能，培养学生组织篮球教学和开展篮球训练工作的能力。

在体育院校篮球课程中，篮球教学是一个使学生从不会到会的教学过程，侧重于使学生通过教学活动，基本掌握篮球技术、战术概念、主要技战术方法，规范技战术要求；篮球训练更多的是侧重于提高学生各种技战术方法的熟练性与运用能力，发展其运动技术水平。在这一过程中篮球教学与训练又是一个有机联系的整体，教学中既有训练的因素，训练中也有教学的成分；在教师指导下通过篮球教学与训练对学生进行技能、智能、体能等方面的教育，促进学生综合素质和运动技能的全面发展。

第一节　篮球教学与训练文件的制定

一、篮球教学文件的制定

篮球教学活动是一个有组织、有目的的教育过程。教学文件的制定是为了使教学工作有序、顺利进行，保证教学任务的完成而采取的组织策略。这些文件主要包括教学大纲、教学进度和课时计划等。

（一）教学大纲的内容

教学大纲是根据课程方案，以纲要的形式制定教学指导性文件，是篮球课程教学单位（教研室、组）和教师个人组织篮球课程教学工作的依据，也是检查教学任务完成情况和评定教学质量的重要依据。科学合理地制定教学大纲可使本门课程的教学为学校的培养目标服务，同时教学大纲的建设也是课程建设的主要内容之一。

教学大纲一般由说明、正文和参考文献目录3部分组成。在教学大纲中规定了课程教学的基本任务，教材编选的原则，组织教法的形式、方法和要求，教学内容的细目提要与基本要求，时数分配与各部分的比重，完成教学任务的主要措施；确定了课程的考核标准和方法；列出主要的参考文献名称、题目、作者、出版单位名称与机构、出版日期。

（二）教学进度的制定

教学进度是根据教学大纲的任务、内容和时数分配，把教材内容具体落实到具体落实到每次课的教学文件中。它是依据篮球知识技能认知学习的基本规律而确定的教学内容的逻辑序列。因此，它是教学法和教学策略的反映。合理地制定教学进度对提高教学质量与效果具有重要的意义。

1．制定教学进度的基本要求

（1）全面安排、突出重点：教学进度要根据教学大纲的要求和运动技能形成的规律，把教材内容合理地安排在适当的位置。在全面考虑的基础上，增加重点教材内容出现的次数，

（2）遵循教材内容的逻辑关系，合理利用迁移原理：教材内容的排列要体现篮球运动知识单元和技术的合理逻辑关系，还要促进教材之间在学习时产生积极的迁移，防止消极的干扰。

（3）理论与实践要紧密结合：理论课与实践课要合理安排-相互配合，本着理论指导实践的精神，有针对性地安排好理论课教学。

（4）注意新旧教材的搭配：在进度中要合理分配每次课的不同内容的比例，充分体现循序渐进的教学原则。

2．编写教学进度的方法

教学进度的编写最常用的方法有两种。

（1）符号式教学进度：即采用表格的形式把教学内容按编号顺序逐一列入教

学内容栏，然后按出现的先后顺序在相应的课次栏内做“√”符号，科学地排列组合，从而反映出每次课的教材安排和整个教材排列顺序及数量。（表5-1-1）

（2）名称式教学进度：即在制定教学进度时，按课的顺序将各类教材的名称填入表格的教学内容栏内，在课程类型一栏填写采用的组织方式，如理论讲授、实践教学和研讨等。其他事项填入备注栏。（表5-1-2）

表5-1-1　符号式教学进度表

内容	次数	一		二		三		四		五		六		七		八		九	
		1	2	3	4	5	6	7	8	9	1	1	1	1	1	1	1	1	1
理论部分	12											○		○		○		○	
技术部分	12	✓	×	×															
战术部分	12	✓	×	×	×														
考核																		⊗	⊗

注：“○”为理论课、“✓”为新上课、“×”为复习课、“⊗”为考核。

表5-1-2　名称式教学进度

课次	教学内容	课程类型	备注
1			
2			
3			

（三）教案的编写

教案是教师为完成教学任务，进行课堂教学而制定的具体工作计划。它是根据教学进度所规定的教学内容、教学对象和教学的基本条件，经过教师的备课，以课的组织形式编制的教学实施方案，是教师上课的具体依据。

篮球课的类型有理论与实践、新授与复习、教学与训练、技术与战术之分，但无论何种类型的实践课，在课的结构上都采用准备、基本和结束3个部分。

教学内容和教法措施是教案的重要内容，一般应按课的上述3个部分有顺序地设计，精确地计划各部分所需时间、练习形式、运动负荷大小等。教学内容前后连贯、教法措施科学合理，是教师教学艺术水平的反映。

1．编写教案的基本要求

（1）首先应依据教学进度的安排，确定本次课的教学内容，即重点内容、一般内容和复习内容,并根据培养目标的要求，结合本课的教学内容和学生的实际情况提出具体教学任务，以便于检查和总结。

（2）根据教学进度和课的任务，明确该课的基本类型，并根据篮球教学的基本原则，科学地组织教学内容，使教学内容之间有机联系，合理地确定课的组织模式与教法。

（3）要依据教学内容、学生的实际情况和场地设备条件选择教学方法，教法手段要灵活多样、有所侧重，使教学方法和练习形式具有连续性，并考虑前后课次的联系和影响等因素，

（4）在教案中，要根据课的任务和内容，合理地设计运动负荷。通过练习的安排，使运动的量和强度能够反映出课的高低潮。

（5）根据本课教学的需要，对所需场地、器材、教学辅助用具的种类和数量做出具体安排。

2．教案的基本格式

教案的基本格式有多种。篮球实践课的教案大多采用表格式，如表5-1-3和表5-1-4所示（这两种表格是经过缩略的，使用时可根据具体情况对准备部分、基本部分和结束部分予以扩展）。

表5-1-3　表格式教案（一）

<table>
<tr><td>班级</td><td colspan="2"></td><td>人数</td><td></td><td>课次</td><td></td><td colspan="2">上课日期</td><td></td></tr>
<tr><td>教材内容</td><td colspan="9"></td></tr>
<tr><td>课的任务</td><td colspan="7"></td><td>课的类型</td><td></td></tr>
<tr><td>课的部分</td><td>时间分配</td><td colspan="3">课的内容</td><td colspan="5">课的组织与要求</td></tr>
<tr><td>准备部分</td><td></td><td colspan="3"></td><td colspan="5"></td></tr>
<tr><td>基本部分</td><td></td><td colspan="3"></td><td colspan="5"></td></tr>
</table>

续表

结束部分			
器材与设备		运动负荷曲线	
课后小结			

表5-2-4　表格式教案（二）

授课班级		课次		上课日期	
基本教材			课的任务		
课的部分	时间	课的内容	组织工作	教学步骤	易犯错误与纠正方法

二、学校篮球队训练文件的制定

篮球训练文件是指训练过程中的各种工作计划。它是对未来训练过程预先做出的设计方案，是用来控制、指导、实施和检查训练工作的重要依据；也是各级篮球队训练工作顺利进行的重要保证。

学校篮球队的训练计划是依据学校总的学年、学期教学计划和学校所承担的篮球比赛任务而制定的。学校篮球队的训练计划还应根据学期和暑假制度来制定，以适应学校以教学为主和假期比赛的特点。学校篮球队的训练计划包括多年训练计划（3年），年度训练计划，阶段训练计划，赛前中、短期（暑假）集训计划，周训练计划，课时训练计划。

（一）多年训练计划的制定

中学篮球队多年训练计划实际上是整个中学时期系统训练的总体规划。教师应依据学生的思想、身体条件、技术和战术基础、学习成绩与心理特征等基本情况来制定。中学生多年训练计划也应对球队和每名队员定一个总体目标和任务，以达到“从小培养，打好基础，系统训练，积极提高”的目的。

多年训练计划的主要内容有：训练目标和任务；运动员思想、意志品质、身体条件、年龄和生理特点以及基本技术等基本情况的分析；测定和评定训练水平与全面考核措施；各学年的训练任务、技术指标及主要措施；比赛安排和名次要求等。

多年训练计划可以用表格方式列出或用文字阐述。制定多年训练计划要明确目的和任务，步骤与时间安排要适当，各项训练指标、测验手段、负荷安排要科学合理，应尽可能用数据或百分比标明，并能反映出多年训练的发展目标。

（二）年度训练计划的制定

年度训练计划是多年训练计划的一部分，是实现多年训练总任务的最重要、最具体的环节，它是根据多年训练计划和学年比赛任务制定的。年度训练计划主要是利用课余时间有计划、有组织、较系统地落实多年训练计划的指标与内容。在训练的要求、内容、方法和手段上要能符合球队和运动员的实际需要，指标要具体，数据要明确，注意训练计划的完整性、针对性和连续性以及训练阶段的划分、比赛的安排、训练的考核、检测等。

它的主要内容包括如下。

（1）制定年度训练的总体任务，即在总结上一学年训练的基础上提出的运动素质、技术、战术等各项训练指标和参加比赛的成绩要求以及训练工作的检查、监督等措施以保证总目标的实现。

（2）周期划分和各周期的任务

一般年度训练计划主要有3种类型，其训练周期的划分主要如下。

第一种类型：是以全学年为一个大训练周期的单周期训练计划，分为准备期、竞赛期、过渡期。

第二种类型：是全学年按两个学期分为两个大训练周期的双周期训练计划，有两个准备期、两个比赛期和一个过渡期。

第三种类型：是在全学年过程中设有较多次数比赛的年训练计划，在两次比赛的期间，进行保持训练水平的训练，或者安排积极性休息。

· 准备期的主要任务是提高运动员的机能、素质、技术、心理等方面的水平，最终达到竞技状态的初步形成。准备期分为一般准备阶段和专门准备阶段。一般准备阶段主要是发展一般身体素质和掌握技术；专门准备阶段主要是提高专项素质和技术。一般准备阶段负荷逐渐增大，优先增加训练量；专门准备阶段训练量减少，训练强度继续加大。

· 比赛期的任务是发展专项训练水平、完善专项技术、提高比赛能力、形成和保持良好的竞技状态、创造良好成绩。比赛期负荷趋势是训练量小，训练强度增至最大。

· 过渡期的主要任务是消除比赛所积累的疲劳、促进机体恢复。采用负荷量和较小的一般身体训练及积极性休息，保证前后两个训练大周期之间的衔接。

年度训练的各个时期是一个不可分割的整体，各学年、时期之间既有区别又有联系，除在必要时及时进行调整外，一般要按计划进行训练，并做到有指标、有检查、有评价、有奖惩，使整个训练都在严格的程序监控条件下进行。

（三）阶段训练计划的制定

阶段训练计划是按照年度计划中各个训练周期或训练时期的实际情况制定。为了使训练安排更加周密、合理、详细，可按准备期、比赛期和过渡期安排阶段训练计划。在计划里，要制定出具体而周密的教学训练任务、内容和运动负荷。阶段计划要保证学期计划各个时期任务的完成，要有利于各个时期训练的自然衔接，也要便于能够及时调整。计划的制定一般采用表格形式（表5-1-5），辅以说明即可。

表5-1-5 阶段训练计划

________队________阶段训练计划　　　　主教练________

<table>
<tr><td colspan="3">上阶段训练的基本情况分析</td><td colspan="4"></td></tr>
<tr><td colspan="3">本阶段任务与训练重点</td><td colspan="4"></td></tr>
<tr><td rowspan="5">训练安排</td><td colspan="2">类别</td><td>主要训练内容</td><td>训练方法措施</td><td>训练单元</td><td>比重（%）</td></tr>
<tr><td rowspan="2">身体训练</td><td>一般</td><td></td><td></td><td></td><td></td></tr>
<tr><td>专项</td><td></td><td></td><td></td><td></td></tr>
<tr><td colspan="2">技 术</td><td></td><td></td><td></td><td></td></tr>
<tr><td colspan="2">战 术</td><td></td><td></td><td></td><td></td></tr>
<tr><td rowspan="2">比赛安排</td><td colspan="2">名称</td><td></td><td></td><td></td><td></td></tr>
<tr><td colspan="2">名次指标</td><td></td><td></td><td></td><td></td></tr>
<tr><td>训练负荷曲线</td><td colspan="6">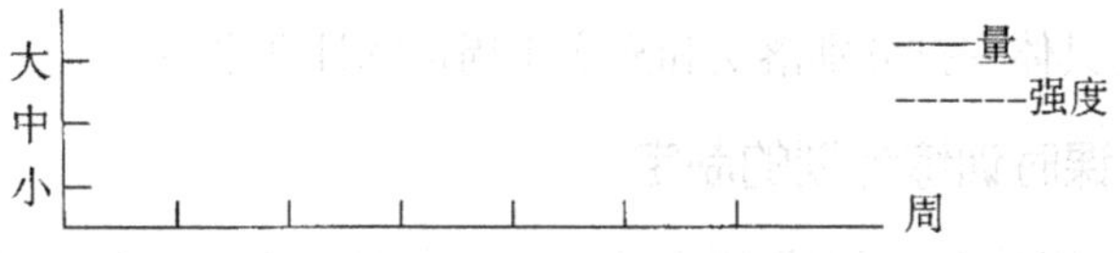
</td></tr>
<tr><td>训练进度</td><td colspan="6"></td></tr>
<tr><td>备注</td><td colspan="6"></td></tr>
</table>

年　月　日　制定

（四）赛前中、短期集训计划的制定

为准备某些特定的比赛，要组织赛前集训。这种赛前的中、短期集训，常为几周至两三个月。赛前中、短期集训的内容和计划，具有较为鲜明的特点。

1．中、短期阶段集训计划的结构及负荷特点

在大多数情况下，可将中、短期阶段集训看作是若干个周训练的组合。这些周训练的过程，既有各自明显的特点，又彼此连接，共同组成一个统一的阶段训练过程。

2．中、短期集训中的区别对待

对集训前一直系统坚持训练的运动员，中、短期集训应该看作是系统全年训练的一个组成部分。对那些没有经过系统训练的队员，在制定训练计划时，应以中等程度的运动负荷为主，只有在能够保证足够的时间得到必要恢复的条件下，才能安排带有强化形式的运动负荷。对于长期间断训练的运动员应以适应性及诱导性的训练为主，注意负荷安排的循序渐进，使身体机能尽快地适应一定强度的负荷。根据篮球项目的特点，中、短期集训应主要抓好全队的协调配合，通过用集体配合来提高全队的战斗力以弥补个别队员在某些方面的不足，努力创造更高的集体竞技能力。

（五）周训练计划的制定

周训练计划是由数次训练课组成的，是训练过程中相对完整而又经常重复的重要部分。它是根据不同时期、阶段的训练任务、要求、完成和恢复等状况，对一周的身体、技术、战术训练内容和负荷所作的科学安排。每次训练内容要突出重点，选用不同的训练手段和方法，训练次数、运动负荷分配、测验和比赛安排都要按阶段训练计划的具体安排分别落实和充实于周训练计划之中。

（六） 课时训练计划的制定

制定课训练计划，要根据周训练计划确定课的类型、任务、顺序和时间分配，做到内容衔接、节奏鲜明、指标落实，包括准备部分、基本部分、整理部分，训练选择运用的方法、手段、运动负荷大小以及各项内容的时间分配等。

第二节 篮球教学与训练的组织方法

一、篮球教学的组织与方法

（一）篮球教学课的组织

篮球教学的组织形式主要是课堂教学，包括实践课、理论课、观摩讨论课和实习课等。

1．实践课

实践课的基本手段是实际操作，即通过不同的练习去完成篮球技战术的学习。实践课的结构是由，准备部分、基本部分和结束部分等3部分构成。这3部分又是一个紧密联系的整体。实践课的各部分都有其各自的目的、任务、内容和组织教法要求。因此，教师必须根据课的任务和学生的实际情况，选择适宜的练习手段，提出明确的要求。

（1）准备部分

【目的与任务】使学生明确课的具体任务及要求；通过准备活动，组织学生尽快从生理上、心理上进入教学过程，为顺利地完成基本和全课的任务做好准备。

【内容】整队，班长或值日生向老师报告出席人数，教师考勤、讲解本课内容、任务和要求，检查服装，布置见习学生的任务；可根据课的任务及内容安排集中注意力练习，走跑，徒手体操或活动性游戏，进行篮球的专门性练习等。

【组织方法】一般采用集体作业形式，教师要善于引导和鼓动。准备部分练习应全面、具有针对性。准备活动的时间一般是15～20分钟，根据学生的身体情况、气候条件等，可略作增减。

（2）基本部分

【目的与任务】根据教学进度安排，使学生掌握和改进规定的篮球技术或战术，提高理论水平和篮球意识，发展身体素质，进行意志品质培养。

【内容】根据教学进度，围绕本课教学内容和任务，选择适宜的练习方法，提高学生的技术、战术水平和实战能力等。

【组织方法】集体或分组作业。一般来讲，先学习新教材，然后再复习旧教材。也可以根据教学进度，先安排复习内容，然后引入新教材。教学比赛或发展身体的练习应安排在基本部分的结束之前。组织教法要注意课与课，练习与练习之间的联系，循序渐进，由简到繁，逐渐增加完成技术动作或战术行动的数量、速度、难度和对抗条件等。教师要善于观察，用改变练习方式、增减练习次数、讲解示范与练习结合等，来提高或降低练习的密度和强度，从而调整学生的运动负荷。基本部分是课的主要部分，活动时间应在75～80分钟之间。

（3）结束部分

【目的与任务】有组织地结束教学活动，使学生逐渐地恢复到相对安静状态；并简要地进行课的小结，布置课外作业。

【内容】根据最后一个教材的内容，选择一些逐步降低运动负荷的练习，如放松跑、简单轻松的投篮练习、按摩肌肉等。然后进行课的小结与评价布置课外作业，预告下次课的内容等。

【组织方法】一般采用集体形式。评讲时要求队伍整齐，表扬与批评相结合，恰当地评价课堂学习情况，激发学生学习的积极性，也可以重点指出练习中普遍存在的错误及纠正方法，以利于学生课后练习。结束部分的时间在5分钟左右。

2．理论课

理论课是通过课堂讲授，向学生传授篮球运动的基本理论和方法。理论课一般在教室里进行。在篮球教学中，理论课的比例虽然小于实践课，但是系统的理论讲授可以使学生在实践中获得的感性认识迅速上升到论，促进学生技术战术水平和实际能力的提高。理论课要根据课的内容，除了传授基本理论知识外，还要对学生进行素质教育，如爱国主义教育、遵纪守法教育、集体主义教育、艰苦奋斗教育等等，促进学生全面素质的发展。

教师要认真编写讲授提纲和讲稿，安排好每一个讲课步骤，利用讲授、提问、讨论、答疑等形式，使理论课上得生动活泼。

3．观摩讨论课

观摩讨论课是通过对技战术或教学训练课的观察，然后以讨论形式来提高学生分析问题和解决问题的能力，一般多在进行篮球教法、技战术和规则裁判法分析的教学时采用。这种形式比较自由，可以发展学生的观察、分析能力，激发学生的创造性思维，提高学生的表达能力。

观摩讨论课前，教师要对学生宣布观摩的内容、观察的重点、要解决的问题以及纪律等方面的要求等。观摩对象可以是某次篮球课或篮球比赛，也可以是篮球技战术电影或录像片等。观摩中要求学生做好笔记，及时记下自己的感想、体会、疑问等。

观摩结束后，要及时组织讨论，一般先由教师作引导性发言，然后学生围绕议题进行发言。讨论应在民主气氛中进行，鼓励不同意见的发表，甚至可以展开争论。教师应在讨论结束时作总结性发言，对讨论的问题和学生的讨论情况进行评述。未能得出结论的问题可以留待课后继续探讨。

4．实习课

实习课的目的是为了提高学生的教学训练能力、裁判水平和组织竞赛能力。

课前要确定实习学生人数，并指导学生做好充分的准备工作。对实习过程要做好观察记录，实习结束时要及时进行讲评，尤其要鼓励其他学生参与讲评和讨论。实习生要写出实习总结，以利于学生能力的提高。

（二）篮球教学的步骤与方法

篮球教学步骤是篮球教学中，程序化地分解教学过程，有序地组织，并针对性地采用相关方法进行学与练的策略，是学生掌握篮球技、战术方法从不会到会的一个学习过程。根据篮球运动特点，篮球教学主要分为技术和战术教学两大部分，由于篮球技术和战术的不同特点，技术与战术所运用的教学步骤也有所不同。

1．技术教学的步骤与方法

根据篮球教学的目的和教学原则，篮球技术教学通常有3个步骤。每一步骤都包含有讲解、示范、组织练习和纠正错误等4个环节。

（1）建立正确的技术动作概念，体会技术动作的方法

在这一阶段教学方法主要是如下。

①讲解：讲解的内容包括技术动作的名称、概念、作用、技术结构、技术要领、技术关键等。讲解要简要、生动、形象化。讲解要突出重点，既要注意技术原理的分析，又要启发学生的思维，语言要生动形象，使学生易懂、易记。

②示范：示范的目的是为了让学生建立正确的技术动作表象。示范动作要正确、规范。一般可先做一次完整技术的示范，然后根据技术动作的结构和要求，再做重点示范，让学生的注意力集中在技术动作的主要环节上。为了达到示范的目的，增强示范的效果，示范时要根据学生的人数、队形、技术动作的特点来确定示范的位置和方向。篮球技术教学中，多采用正面和侧面示范。

为了达到最佳效果，可利用图片、幻灯、电影、录像等手段进行技术动作的

演示，以有利于学生形成正确的技术动作表象，建立完整的技术概念。

示范和讲解往往结合运用，可以先讲解后示范；也可以先示范后讲解，然后再示范；也可以边讲解边示范。采取何种形式，应根据教学内容和教学对象的实际情况来决定。

③试做：试做是在讲解和示范的基础上，让学生在降低要求的条件下尝试体会动作。试做的不必是完整的技术，但必须是技术关键，有时是徒手做，有时是简单的模仿，使学生的视觉、听觉和本体感觉一起发挥作用，以便获得所学技术的运动感觉，初步掌握技术。

讲解、示范和试做的过程，是学生动作技能形成的认知定向阶段，起主要作用的是视觉听觉等外导系统，尤其是视觉在学生形成清晰正确的动作表象中起重要作用。因此，教师应适时做出正确的示范动作，把讲解、示范和试做结合起来，使学生更好地理解动作要领，加速形成正确而完整的技术动作概念。

（2）形成正确的技术动力定型，掌握和巩固技术动作

在这一阶段教学方法主要如下。

①在简单条件下练习技术动作：根据技术动作的难易程度，可适当降低练习难度，或采用分解与完整练习相结合的方法，或在慢速或无对抗的情况下练习。例如，学习原地单手肩上投篮技术，可采用原地对墙自投或2人对面互投的方法练习投篮的基本姿势和投篮手法，把注意力集中在关键技术上，避免投篮命中带来的干扰。在掌握了原地单手肩上投篮的身体姿势和投篮手法后，可对着球篮练习，与球篮的距离可由近到远，保证投篮动作不变形，并逐步加大难度。

②掌握组合技术，巩固技术动作：在学生掌握两个或两个以上技术的基础上，要进行组合技术练习，以进一步巩固技术动作的动力定型，为技术的运用奠定基础。

篮球技术在实际运用中大多都表现为综合技术，既综合又连贯，前一个动作的结束就是后一个动作的准备和开始，如接球与传球、停步与投篮、接球与突破、投篮与突破等。因此，要适时进行组合技术练习。组合技术的衔接要合理，动作要有节奏，讲究协调。在组合技术的练习中，可先在慢速中进行，然后加快移动速度和动作速度，并逐渐增加动作组合的数量和变化，以便进一步巩固技术动作，使之更加熟练。

③掌握假动作，提高应变能力：在学生较好地完成组合技术的基础上，可结合假动作的教学，提高技术运用的应变能力。例如，在掌握了投篮和突破技术后，可教学生运用瞄篮虚晃、跨步等动作迷惑对手，把投篮与突破结合起来进行

练习，要求假动作要做得逼真、灵活、实用，不断提高应变能力。

（3）在攻守对抗条件下提高运用技术的能力

在这一阶段教学方法主要如下。

①在规定的攻守条件下进行练习:为了给练习设置一定的条件，练习时可以对攻守双方提出一定的要求。学生在这种特定的条件下进行练习，便于掌握技术的运用时机，提高技术的运用能力。如练习原地投篮技术时，防守者仅高举手臂而不封盖；持球突破时，防守者在被突破后不继续防守移动；运球时，防守者仅堵路线而不打球等。

②在消极对抗条件下进行练习：根据练习的重点，对攻守双方提出一定的要求。例如，在练习进攻技术时，要求防守消极些；练习防守技术时，要求进攻消极些。这样，便于学生体会和掌握攻防技术动作，更好地选择运用时机，提高技术的运用能力。

③在积极对抗条件下进行练习：当学生已基本掌握了技术动作并逐步达到熟练的程度后，应逐步过渡到在积极对抗条件下练习，提高攻守难度，增加运动负荷，使学生在接近比赛或在正式比赛的攻守状态下完成技术动作。

在篮球技术教学中，对初学者宜采用简单条件下的练习方法。当他们的技术动作掌握得比较牢固熟练后，可以逐步增加练习的难度和强度，通过积极对抗，进一步提高技术的运用能力。此外，还要注意弱手弱脚的练习，注意在篮球场左右侧的练习轮换进行。这样，有利于技术动作的迁移，有利于学生全面掌握技术，也有利于学生左右大脑的均衡发展。

2．篮球战术的教学步骤与方法

篮球战术的教学任务，是使学生掌握战术方法并在比赛中运用。由于篮球战术是以篮球技术为基础的，因此战术教学应与技术教学相结合。战术内容丰富，教学中应按以下步骤进行。

（1）建立战术概念，掌握战术方法

①建立完整的战术概念

教师首先要对具体战术的概念、特点、运用目的、攻守战术之间的矛盾关系等进行讲解，使学生对该战术有初步的概念。然后对该战术的落位阵形、移动路线、主要配合方法、配合顺序、队员职责、同伴协同行动以及该战术的变化规律进行讲解和演示，使学生对所学战术的组织形式和战术方法有基本的了解和认识，以建立完整的战术概念。

讲解和演示时，可使用图示、沙盘、电影、录像等进行直观教学，也可在球场上假设攻守的方式试做，让学生实际体会战术阵形、位置分工、移动路线和配合方法，启发学生的战术思维，培养战术意识。

②掌握局部战术配合方法

全队战术是由局部战术构成的，掌握局部战术是学会全队战术的前提。教学中要根据全队战术发展的一般规律，把全队战术分解为几个阶段或几个部分，有序地进行重点教学。例如，学习快攻战术，把短传快攻分为发动与接应、推进和结束3个阶段，分别进行局部战术教学。这样，既保证了战术的连续性，又解决了战术中的局部问题，为掌握全队战术打下了基础。局部战术练习时，要注意局部与局部之间的衔接，也要注意适时进行攻守对抗条件下的练习。

③掌握全队战术方法

全队战术方法是在局部战术配合的基础上进行的。教学中可按照全队战术的要求，从消极的攻守对抗到积极的攻守对抗，熟练掌握全队战术的配合方法。全队战术对学生的个人技术、局部配合能力和战术意识的要求较高，学习中发现问题要及时地有针对性地解决，以提高全队战术的质量。

（2）提高攻守转换和综合运用战术的能力

在篮球战术教学中，当掌握两个或两个以上的全队攻守战术方法后结合攻守转换进行战术组合练习，提高攻守转换和综合运用战术的能力

①提高攻守转换能力

在练习中，当进攻结束时，无论对方抢到篮板球或掷界外球，应立即封堵与退守，落位并调整防守阵式，迅速转入全场或半场防守。当防守结束时，获球后应立即转入反击，首先发动快攻，如果快攻受阻再转入阵地进攻。攻守转换要迅速、流畅。进行攻守转换练习时，可先组织二攻二守、三攻三守、四攻四守，然后进行全队攻防练习。可采用多种方法，培养学生攻守转换意识，提高攻守转换的速度。

②提高综合运用战术的能力

根据学生掌握战术方法的数量和质量以及攻守转换能力的高低，可逐步要求学生有策略地运用多种战术。例如，在一个防守回合中，在前场采用全场紧逼，后场改为半场盯人或区域联防；在半场防守时，区域联防可变为对位联防或半场盯人防守。攻守双方根据对方的战术变化相应地改变战术打法，可以提高综合运用战术的能力。提高战术运用和应变能力在篮球战术教学中，应通过教学比赛或课外比赛，让学生在竞赛实践中进一步掌握战术方法，使他们能根据对手情况选

择和运用战术，并能在比赛中根据战局变化改变战术打法，提高应变能力。教师应在比赛前提出要求，进行引而不发的指导，帮助进行赛后总结，理论联系实际，提高学生的战术水平和战术意识。

在篮球战术教学中，要注意战术教学与技术教学的结合。在各个战术环节中，应对技术的运用提出具体要求，以保证战术的质量。此外，还要处理好攻守平衡关系，尤其要克服重攻轻守的倾向。在战术教学的过程中，始终要注意战术意识、应变能力、竞争、拼搏、协作精神的培养。

一般来说，篮球课的战术教学，重点应放在建立战术概念和掌握战术方法上，并结合教学比赛，提高攻守转换和综合运用战术的能力。

3.常用的教学方法

教学方法是教学过程中师生之间进行信息交流，教师向学生传授有关知识技能时所采用的技术手段，是广大教师多年教学实践中行之有效的经验总结和概括。在篮球教学中，常用的教学方法有以下几种。

（1）讲解示范法

讲解示范是篮球技、战术教学中的重要环节。每教一项技术动作或战术配合，教师都要讲解它的名称、方法、要领、练习形式及需要注意的关键问题等，然后要做出正确的示范。示范时既要注意动作规范和要领，又要使学生都能清楚地看到教师示范的全过程和关键。复杂的技术动作和战术配合，则要采取反复讲解示范法，并启发学生自己思考分析动作，更快领会动作的难点和要点。

（2）纠正错误法

教师在教学中应注意观察，及时发现学生的错误动作，分析产生错误的原因，寻找纠正方法。纠正时应针对具体情况，抓住主要矛盾，采取有力措施及时纠正。可采取简化练习条件和形式，或进一步分析动作和个别辅导，或采取辅助性的慢动作练习，以使学生尽快掌握正确动作，形成正确的动力定型。

（3）完整与分解相结合的教学法

篮球教学过程中应根据不同的阶段和条件以及不同的对象，采用完整或分解教学法，但要注意二者之间的结合。一般开始学习新动作时，采用完整教学法，保证动作的完整性、连贯性，使学生形成整体概念。而较复杂的动作和战术配合，则采用完整、分解结合法，如运球急停跳投技术，可分解为运球、运球急停、原地跳投练习，在此基础上再进行完整教学。战术教学通常是先完整讲解示范，使学生清楚布阵、移动路线、配合时机、协作方法等，再进行分解教学和练习，最后使学生逐步掌握整体战术配合。

4. 现代教学方法在篮球教学中的运用

随着我国教育改革的逐步深化，在篮球教学过程中，新的篮球教学理论与方法也不断涌现，如“发现教学法”“掌握学习法”“程序教学法”“研究性学习法”等现代教学方法，在篮球教学中得以运用。这些先进的教学方法，十分重视学生在学习中的主观能动作用，强调以“教师为主导，学生为主体，发展为重心，自我锻炼为主线”的教学观，努力培养学生独立思考、自我锻炼的能力和习惯，对推动篮球教学的发展和丰富教学方法，提高教学质量起到了积极的作用。

（1）发现教学法

篮球运动教学中的“发现教学法”，是指在教师指导下，学生身临教师创造的学习情境，通过主动的观察、分析、体会、归纳等学习活动，去经历独立发现问题、解决问题的过程，并在知识的定向作用下，通过有序的练习形成运动技能，培养良好的发现学习习惯，使知识、技能和能力都得到发展的一种方法。这种方法的特点是在教学活动中使学生处于相对主体的地位，在观察与体会中发现和学习新的知识，掌握新的技能。

（2）掌握学习法

“掌握学习”理论是以“人人都能学习”这一信念为基础，以“基本能力和能力倾向各有差异的学生组成的学习集体为前提”，以“传统的集体教学方式为核心”，通过有序的个别化教学活动，使绝大部分学生达到既定教育目标，实现教学的大面积丰收的开发性教学法。掌握学习法的实质是群体教学，并辅之以每位学生所需的频繁的反馈和个别化的矫正与帮助。

（3）程序教学法

“程序教学法”是把教材分成连续的小部分，严格按照教材内容的逻辑关系，将教学内容编成一定程序进行的一种自动教学活动体系。在程序教学中，学生的自学是在教师为其设定的程序中进行的，教师实施“导”的主要手段是为学生编制适合他们学习的教材——练习程序。运用程序教学法，学生学习的主动性和积极性较高，它把发挥学生的主体作用与具体的教学理论有机地结合起来。学习是在反馈与强化控制作用下进行的，具有适应性等特点。

（4）研究性学习法

“研究性学习”是指学生在教师指导下，从学习生活和社会生活中选择并确定研究专题，用类似科学研究的方式，主动地获取知识、应用知识、解决问题的学习活动。在研究性学习中，“问题”是学生学习的重要载体，首先要组织学生从学习生活和社会生活中选择和确定他们感兴趣的研究专题，去发现问题和提出问题。在教学中，把学生置于一种动态、开放、主动、多元的学习环境中。强调以学生的自主性、探究性学习为基础，充分调动学生学习的主观积极性。这种开放性学习，重要的是给学生提供更多的获取知识的方式和渠道，去了解要学习内容，积累感性知识和实践经验。研究性学习既重视学习的结果，更注重整个课程实施的过程。

总之，与现有的课程相比，研究性学习突出的是实践性、开放性、自立性和过程性。研究性学习在教学过程中以问题为载体，创设一种类似科学研究的情境和途径，让学生通过自己收集、分析和处理信息来实际感受并体验知识的积累过程，进而了解学习内容，学会学习，培养分析问题、解决问题的能力和创造能力。这种课程模式的核心是要改变学生的学习方式，强调一种主动探究式的学习，是培养学生创新精神和创新能力的一种新的尝试和实践。

（三）学习成绩的考核

学习成绩考核是教学工作的组成部分，也是教学管理的重要内容。根据教学大纲所规定的考核内容和办法，在教学结束时要进行考核。

1．考核的内容

篮球学习成绩的考核内容，主要根据教学大纲所规定的考核范围和方法参照对不同年级不同教学阶段的要求，选择那些最基本的理论知识、基本技术和基本战术作为考核内容。除此之外，还要分别考核组织教学训练、组织竞赛和裁判等方面的能力。

2．考核的方法

（1）技术、战术考核的方法

①达标测试：根据学生完成技术动作的速度、准确性，运用统计学原理制定评分标准，可以采用10分制或百分制，如对投篮技术的考核，投中数量打分，投中次数多者则得分高。对行进间运球投篮等综合技术，可以用完成技术的时间长短评分，时间越短分值越高，达标测试可以用于单个技术动作考核，也可用于组合技术考核。

② 技术评定：根据学生完成技术动作的质量进行评分。考核前把所考核的技术战术按动作结构、配合过程分为若干环节，根据各环节完成给予以评分。评分

标准可以用10分制或百分制，也可用等级制，最后转为具体分数

③比赛评定：主要通过比赛的方法考核学生技术、战术的运用能力。比赛可在全场或半场进行，可全队比赛，也可以采用半场二对二、三对三的形式进行比赛。为了客观地反映学生的实践能力和技战术水平，可以进行常规技术统计，根据统计数据加以评定。

考核可采用上述3种方法中的一种方法，也可采用达标和技评相结合的方法，或同时采用上述3种方法评定成绩。采用何种方法，要根据考核对象、考核目的的不同而有所区别。

（2）理论考核的方法

① 笔试：笔试可分为闭卷和开卷两种。闭卷主要用于考核需记忆的基本理论知识，适用于低年级；开卷主要用于考核学生分析和解决问题的能力，适用于高年级。

②口试：通过专题答辩的形式进行，以考查学生对理论知识掌握的深度和广度，考查学生分析问题和解决问题的能力以及学生的语言表达能力等。

（3）基本技能的考核方法

学生基本技能考核主要通过实践来进行，如通过教学实习考核学生的组织教学能力，通过训练实习考核学生的训练能力，通过组织篮球竞赛考核学生的组织竞赛、编排和裁判能力。根据学生的实际工作表现来评定成绩，可以采用百分制或等级制。

二、篮球训练的组织与方法

（一）篮球训练课的类型

1．体能训练课

以各种身体素质练习为手段，以提高和保持运动竞技水平为主要目的的训练课，更多地发展篮球运动员的一般和专项身体素质。

2．技术、战术训练课

篮球技、战术训练课是篮球训练的主要内容，是以提高运动员的技术运用和战术配合能力为主要目的的训练课。技术、战术训练课的主要内容分为：

（1）技术训练

①单个技术训练

篮球技术是由大量的单个技术动作组成。单个技术训练的目的主要在于掌握、提高单个技术的动作技能。单个技术是掌握复杂技术和创新的基础，运动员应该坚持进行单个技术的训练，不断提高技术水平。

②组合技术训练

篮球组合技术，是指两个以上单个技术动作有机衔接所形成的各种特殊的技术群的总称。在进行组合技术训练时，要从实际出发，分析和提高比赛中出现的各种复杂情况，设计不同的组合技术练习手段。掌握各种组合技术，为在对抗条件下运用技术打好基础。

③位置技术训练

篮球比赛中队员的位置分为中锋、前锋和后卫，不同位置的队员在比赛中承担着不同的职责和攻守任务。教练员必须根据队员的位置和攻守任务，有针对性地强化位置技术训练。

④攻防技术的对抗训练

篮球技术训练的主要任务不仅是形成动作技能，更重要的是学会如何在比赛条件下运用已形成的动作技能达到一定的战术目的。为此，必须有计划、有要求地进行攻守技术的对抗训练。在掌握单个技术、组合技术及位置技术的基础上，学会在攻守对抗的情况下克服对手的阻挠和制约，达到及时、准确、合理地运用技术的目的。

（2）战术训练

⑤战术基础配合训练

篮球比赛的战术形式繁多，但都离不开基础配合。基础配合是全队攻防战术的基础，只有熟练地掌握和运用这些基础配合，才能在全队战术配合时更加灵活机动，更有效地发挥战术的作用。

⑥全队战术配合的衔接训练

在局部基础配合训练有了一定基础的情况下，可以进行战术配合的衔接训练，包括局部战术配合衔接训练。局部战术配合的衔接训练，就是将局部的基础配合进行组合训练。在这种训练中，要主次配合的衔接、进行过程中的连接性和变化。全队战术配合的衔接训练，就是在局部战术配合的基础上，所进行的全队完整战术训练。通过这种训练，提高全队配合的整体观念，明确在全队配合下自己的行动，以提高个人行动与集体配合的合理性和攻击性。

⑦战术配合的综合应变训练

在掌握两个或两个以上全队战术的基础上，需要进行各种战术综合变化的组合练习，提高运用战术的应变能力。一方面要提高进攻与防守战术的转化能力，另一方面要提高综合运用战术的能力。

⑧ 战术配合的比赛训练

战术配合的比赛训练是检验战术训练水平的重要手段，具有很强的对抗性。通过比赛训练，发现战术配合训练中存在的问题，提高队员的运用能力。

3．比赛训练课

以教学比赛为主要手段，以提高运动员的技术和战术运用能力为主要目的训练课。

4．综合课

包括上述3种类型课中的两种以上内容的训练课。

5．调整训练课

以技术训练和心理恢复为手段以调整和恢复为目的的训练课。

（二）篮球训练课的组织

篮球训练课的组织主要包括人员的组织、练习的组织、课的时间分配、运动负荷的安排4个方面。

人员组织的主要方式有个人作业练习和集体组织练习两种形式。在实践中常常将两种形式结合进行，在一次课中，既有集体练习，也有个人练习。教练员应根据课的主要任务来决定，是以集中为主，还是以个人练习为主。

练习的组织主要是指练习程序和练习内容。在实际练习中，一般是先进行基本技术的练习，再进行战术配合练习、全队战术教学与训练。

课的时间分配主要是指在一堂课中各种练习时间的分配比例。以技术练习为主的课，在时间分配上应以技术为主，同样，战术练习为主的课，战术练习的时间相对要长。

运动负荷安排主要指课的运动负荷应以课的任务为依据，在一定的条件下，运动负荷应达到队员的体能可以满足全场篮球比赛的需要。负荷量和负荷强度应遵循由小到大、循序渐进的原则，篮球训练课的运动负荷一般保持在2～3个负荷高峰即可。

（三）篮球运动训练的方法

篮球训练方法是指在训练过程中，为运动训练目的、完成训练任务而采取的各种的活动方式与手段，是训练过程整体结构中的一个重要组成部分，是运动训练的基本要素之一，它直接关系到训练工作的成败和训练效率的高低。

1．篮球运动训练的基本方法

(1) 重复训练法

训练过程中，对某种动作采用同一运动负荷和相同的间歇时间进行多次练习，以达到增加运动负荷和巩固技能的目的，称为重复训练法。例如,篮球运动训练中的连续投篮、传球等。重复次数的多少，对身体的作用不同，对巩固机能的作用也不同。重复次数的多少须依据学生所能承受的运动负荷量和完成动作所需的练习量而定。重复训练法可以分为连续重复训练法和间歇训练法。

(2) 变换训练法

变换训练法是在训练过程中有目的地变换练习负荷、动作组合以及变换练习环境、条件等情况进行训练的方法。训练的环境条件、速度、动作组合形式等变化了，对机体的影响也必然随之而变化。这种方法对学生中枢神经系统的协调性和机体调节的灵活性具有特殊的作用。

(3) 循环训练法

循环训练法是综合了重复法、间歇法等一系列练习方法的综合方法，它是把多项活动内容设计成若干个站，让队员一站一站地进行练习，通过连续完成多种不同项目的循环，按照学生自身的负荷指标，使负荷量逐步提高，以达到增强体质的目的。这种训练法对增强学生的肌力、发展身体素质和增强心肺机能等都有显著作用。

(4) 比赛训练法

比赛训练法是以比赛为训练内容，通过比赛，增强和提高队员的篮球技术、战术和意识。比赛是调动队员积极性的有效手段，它可以激发队员的斗志，促进队员积极向上、克服困难，获得优良成绩。篮球运动训练中比赛法的种类多样，有教学比赛、检查比赛、测验性比赛等。不论采用哪种比赛法，都要根据教学任务来决定，必须注意运动负荷的调节，严格按照既定的规则要求进行。

(5) 心理训练法

心理训练法是运用心理学的手段，提高运动员的心理素质和运动成绩的训练方法。心理训练与传统的身体训练、技术训练、战术训练和人格修炼相结合，构成了现代运动训练的完整体系。心理训练方法在篮球训练中运用较多，主要有运动的表象训练法、想象训练法、语言暗示训练法、生物反馈训练法和放松训练法等。

2. 训练方法与手段的选择

篮球运动训练不仅是运动技能不断提高的过程，也是一个复杂细致的教育过程，必须遵循专项训练与思想教育相结合的原则，科学地采用合理的训练方法与手段，才能保证训练的顺利进行，达到既定的目标。

(1) 训练方法手段的选择要有目的性

为了达到预期的目的，从实际出发，选择或创造性地运用训练方法非常重要。因此，训练方法与手段要有的放矢，要求解决什么问题，提高什么技术环节，目的性一定要明确。任何一种练习方法、一套方法、一系列的训练手段，都是解决一定任务的手段。这种方法练什么，目的是什么，目的性一定要强。

(2) 训练方法手段的选择要有针对性

篮球运动训练方法和手段的选择及运用，首先要根据本队的训练任务和内容确定。同时，注意从实战出发，抓住技术动作和战术配合的关键环节，严格要求，扎扎实实地解决。每一个训练手段方法都有它本身的特点和要求，但在各训练方法手段之间都有其内在的联系，如一般身体训练和专项身体训练之间、各种基本技术之间、技术与技术之间等。

(3) 训练方法手段的选择要有实效性

通过练习，应该能使队员在比赛中发挥应有的技术和水平，而不是把某些队员练成“训练队员”。所以，练习方法手段的选择一定要注意实效性。如果仅仅为练习而进行练习，最终只能是徒劳，浪费时间。

(4) 训练方法手段的选择要有循序渐进性

每一种训练手段方法的选择和使用都要考虑到它的循序渐进性，既不能一次提高好几个档次，但也不能让队员永远徘徊在同一水平上。可根据队员的水平选择一些比队员实际水平稍高、难度较比赛情况大些并超出队员水平的练习方法手段。

(5) 训练方法手段的选择要有趣味性

通过一些有趣的练习方法，尤其是利用一些手段，在练习中提高队员练习的积极性。实践证明，趣味性练习的一些方法手段比一些乏味练习的效果要好得多，尤其是在防守的脚步练习时，多采用趣味性练习的手段和方法，可以减少枯躁性，提高趣味性。例如，解决防守的低重心问题，单靠平时嘴上强调，讲低重心多么重要，不如采用一个比较有趣味的训练方法进行练习的效果好。实际训练中常采用球不离手的“地滚球游戏”，来练习防守的低重心。

(6) 训练方法手段的选择要有对抗性

在基本技术动作规格规范掌握的基础上要加强对抗性技术的练习，以增强队

员运用技术时的对抗能力，而且在训练手段上要给予保证，以保证对抗性练习的质量，为正式参加比赛打好基

（7）训练方法手段的选择要有竞赛性

从实战比赛中提高战斗力，是很重要的一种训练手段。从训练与比赛的关系来说，训练的目的是为了比赛，练为战，训练的任务是创造条件，改变条件，增强实力，在比赛中表现出高水平。训练不能脱离比赛，为训练而训练，只练不打，终究脱离实战。通过比赛让运动员取得实战经验，提高实战能力是十分重要的。在训练课中有目的地安排五对五的分队比赛、教学比赛、公开比赛等。

3．选择训练方法应注意的问题

（1）必须根据本队队员技战术等实际情况恰到好处地选择训练的方法手段。教练员必须善于总结，创造性地选择训练手段方法。

（2）教练员应根据本队训练的任务和内容，并结合队员的实际情况，来确定训练的方法手段。

（3）训练方法手段一旦确定后，教练员要在这一过程中，细致观察，不断思考，不断取得经验。如果经过实践证明此方法手段的效果显著，要加以补充与充实，要坚持下来。在训练效果的提高上，往往开始提高得很快，之后哪怕是再提高一点一滴，都需要巨大的智慧与艰苦训练。

（4）训练方法手段的设计与创造，特别是技术运用的训练，一定要遵循从难、从严、从实战要求出发的原则。只有从实战出发，设计和组织练习方法，设置多种复杂条件，在掌握基本技术的基础上，逐渐增加难度、强度、对抗性，使训练的条件接近战情况，才能练出过硬的技术，才能在实战中运用自如。

训练方法手段要根据训练水平的提高不断地改进。由于掌握技术的规律是开始时提高的很快，之后提高的很慢。所以，在改进训练方法手段，进一步提高训练水平时，训练方法手段的选择是非常重要的。

第三节　青少年篮球训练

一、训练任务与内容

青少年篮球运动员训练的主要任务是为我国篮球运动培养优秀的后备力量，使之成为攀登世界篮球运动高峰的生力军，同时也为开展群众篮球运动培养技术骨干。

（一）青少年篮球训练任务

（1）结合教学训练和比赛，培养学生热爱社会主义祖国和篮球事业；教育队员遵纪守法和勇猛顽强，勤学苦练，艰苦奋斗，培养敢于攀登世界篮球运动高峰的拼搏精神。

（2）全面发展队员的身体素质，提高身体各器官的功能和改善身体形态。

（3）全面地进行篮球运动技术教学与训练，在此基础上，注意培养队员的个人技术特长。

（4）培养青少年篮球运动员的战术意识。

（5）加强篮球运动的理论知识学习。

（6）支持和督促学生学好文化知识，培养智能型、全面发展的运动员。

（二）青少年篮球训练内容

青少年篮球训练的内容包括作风训练、身体训练、技术训练、战术训练、心理训练、智能训练等几方面。

1．作风训练

作风训练是对一个篮球队进行政治教育的具体方法，是保证训练任务完成的手段。作风训练主要包括篮球队的作风和在球场上的风格两个方面，它始终贯穿在整个训练和比赛。为了达到训练的目的和完成训练的任务，要认真培养青少年不怕苦、不怕累、勇猛顽强、敢拼敢打的战斗作风，使他们成为具有优秀品质、良好作风和身体训练水平较高、技术较全面的后备力量。

2．身体训练

身体训练的目的是提高机体的机能，发展运动素质。身体训练包括全面身体训练和专项身体训练两方面。

（1）全面身体训练

促使少年儿童身体发育生长，使其身体形态匀称地发展，提高身体各系统和器官的功能，全面打好身体素质基础，为专项身体训练作好准备。

（2）专项身体训练

发展篮球运动员的专项身体素质和专项运动能力。根据篮球运动的特点，发展速度、力量、灵敏、耐力、弹力和柔韧等专项素质。少年儿童篮球运动的身体训练应与技术训练有机结合，

要反映在训练比重安排上以及训练内容的安排上。只有打下扎实的全面身体

训练的基础，才有可能掌握和运用高超的篮球技术。

3．基本功训练

篮球运动基本功包括手部动作、脚步动作、腰胯动作、观察能力、篮球意识等。

（1）手部动作

手部动作的训练包括手对球的感觉，手指、手腕、手臂的合理用力及用力技巧，手对球的控制支配能力等。训练中要重点解决好投篮、运球、传接球时手腕手指的握、翻、转、抖、拨等快速动作。

（2）脚步动作

脚步动作的训练包括蹬、伸、起、停、转、碾、滑等动作，以控制身体重心的转移和平衡。训练中要重点解决好在快速移动中完成动作以及动作转换时的连贯性。

（3）腰胯动作

腰胯部位动作的训练包括腰胯、腹、背、胸等部位的弯、转、倒、侧、含、收、挺的用力技巧和用力习惯。训练中要重点解决好腰胯的弯、转时机和动作的连续性。

（4）观察能力

观察能力对于运动员战术意识的培养具有重要作用，是运动员采取合理战术行动的前提。观察能力的训练与运动员技术动作运用和熟练程度有关，技术训练水平越高其视野范围就越大。因此，必须结合技术训练进行。训练中要重点解决好扩大场上视野范围，提高观察能力和判断能力。

（5）篮球意识

篮球意识的训练与培养是青少篮球运动员基本功熟练程度及比赛经验积累的集中表现，也反映出运动员能动、自觉地适应比赛情况的能力，训练中要把意识的培养有计划地落实到每次的训练课中。

4．技术训练

篮球技术是篮球战术的基础。少年儿童篮球运动员要重视基本技术训练，建立正确技术的动力定型，从小打好技术基础。当前篮球运动技术向高难度方向发展，这就给技术训练提出了更高的要求。因此，要鼓励青少年运动员学习和掌握一些新发展的先进技术，把技术训练提高到一个新的起点。训练要在对抗条件下完成。少年篮球运动员的技术训练要向全面、实用、准确、熟练的方向发展。在全面训练的基础上，教练员应善于发现运动员的性格特点和技术特点，并使这些特点充分地发挥出来。

5．战术训练

要从培养青少年篮球运动员的战术意识和个人作战能力着手，使他们能在比赛中运用所学的技术。组织战术时要充分发挥队员身体和技术特长，调动队员的积极性和主动性，而不应该用战术框框来制约队员的行动。在战术训练中。除了不断提高运用技术的能力，还要将几个战术基础配合有机联系起来。结合战术训练，讲解战术的结构和在比赛情况下怎样组织和分配本队的力量，正确使用与灵活变换战术等方面的理论知识，在实践与理论结合中培养运动员的战术意识和实战运用能力。

6．心理训练

当前篮球运动员的心理训练已作为青少年篮球训练的一项重要内容。通过心理训练可培养青少年篮球运动员的球场意识和不畏强手、敢于对抗、作风泼辣、沉着果断、不服输的意志品质以及良好的竞技状态，使他们始终保持旺盛的斗志，使运动员在训练和比赛的条件下，逐步学会能控制和调节比赛所需要的心理状态，从而保证训练质量，在比赛中发挥出应有的水平。

篮球的心理训练分为一般心理训练、赛前心理训练和比赛中的心理训练。三者是互相衔接、有机的联系。在安排心理训练时，要结合训练课内容进行。心理训练要因人而异，注意采取个别对待原则，心理训练的方法主要有模拟训练、自我训练、集中注意力训练和放松训练等方面。

7．智能训练

智能训练是提高青少年运动员的智力，在训练中要有目的、有意识地向运动员传授篮球运动的基本知识，从而使队员逐步地理解篮球运动的规律、特点，提高比赛中的分析判断能力、技战术的运用能力，青少年篮球智能训练是通过运动员理论知识的掌握和训练中各种手段方法的运用逐步提高的。在这过程中，应根据运动员的年龄、训练年限以及接受知识的能力，确定方法，选择内容。智能训练可通过篮球理论课、技战术分析课、比赛观摩等形式进行；也可通过写训练日记、训练体会、赛前、赛后的发言、提问等多种途径开发运动员的智能。

二、青少年篮球运动员的选材

（一）选材的依据

现代篮球运动发展的总趋势是向高空、高速度、高难度、强对抗的方向发展，对空间和时间的争夺越来越激烈，技术的对抗性越来越强。因此，对青少年篮球运动员的选拔要求也越来越高。挑选少年儿童篮球运动员的主要依据有以下几点。

1．身体形态的特征

身高对于篮球运动员有着特殊的意义。目前国内外篮球运动员的身高逐年增高。所谓身体形态特征，主要指身高、体重、四肢长度以及身体各部分的比例关系等。

体型要求修长、匀称；皮下脂肪较薄；手大脚大，手指、脚趾长而细，手指能充分伸长，指间距离较大，手臂长而直、小腿直而长；臀部小；膝、踝关节细，胫腓远端较小，脚弓明显，跟腱清晰有力。

2．身体素质的特征

根据篮球运动的特点和需要，在选材中要特别注意速度和灵敏，还要观察其爆发力。要通过身体素质测验，得出原始数据。在测验过程中注意观察其感觉运动的能力，从中可以发现少年儿童运动员的运动潜力，把那些最有体育才能的少年儿童挑选出来，给予多年的、系统的、科学的训练。

根据青少年的年龄和性别的不同，身体素质测验项目可设30米跑、原地摸高、立定跳远、5米×3往返跑以及助跑摸高等，并可采用一些球感练习和游戏方法，观察其反应、灵敏、协调性以及感觉运动能力情况。

3．生理条件的特征

身体必须健康，神经系统、消化、心肺功能和感觉器官必须正常，各个关节必须灵活，视感、听觉和肌体本体感觉必须灵敏。

（1）心肺功能

心肺功能关系到能量代谢、气体运输、机体工作效率等一系列重大机能。只有良好的心肺功能，才能承受越来越大的训练负荷。在承受重大负荷时，机体有尽量像平时那样去适应新陈代谢的变化和保持内环境平衡的能力和能够达到较高的工作水平的能力。完成训练负荷后，机体内受到破坏的平衡能尽快恢复。

（2）性的成熟期

人除了实际年龄外，还有生物年龄，它标志着实际发育与成长状况，发育过早，生物年龄大于实际年龄，称为早熟；发育过晚，实际年龄大于生物年龄，称为晚熟。选材时必须考虑到生物年龄。根据篮球项目的特点，一般说，应挑选晚熟的少年儿童为好。此外，还要注意运动员的白肌纤维和红肌纤维及植物神经状况等生理因素。

（3）心理条件的特征

热爱篮球运动，有强烈的荣誉感，渴望训练，有参加比赛的愿望，有不达到目的誓不罢休的毅力，有机智、勇敢、坚定的意志品质和良好的组织纪律性，比赛时心理状况较稳定，观察、判断、随机应变能力强等。

（二）选材的方法与步骤

1．目前常用的选材方法

（1）经验选材法：依据教师和教练员在选材、教学训练和比赛中积累的经验进行。

（2）跟踪法：追溯某个名运动员的成长过程或跟踪某个少年篮球运动员的成长过程，找到选材的客观规律。

（3）科学选材法：运用科学方法，采用先进的仪器，通过客观的测定，得出数据和指标进行选材。

2．选材工作步骤

（1）分析、研究，找到一个优秀篮球运动员或一支优秀篮球队的素质结构、智能结构、心理结构、体态结构的最佳模式。

（2）提出成材的主要因素，预测这些主要因素对成材的影响和作用。提出选材的数据、指标以及预测方法。

（3）根据提出选材的数据、指标，运用那些科学方法进行检测，对检测的资料进行科学的综合、分析，做出科学的预测。

三、青少年篮球训练的特点及要求

青少年篮球训练，尤其是身体素质和技术的训练，要根据青少年生理、心理生长发育的一般特点和规律进行。如果能科学合理地将青少年运动素质训练安排到青少年“运动素质发展敏感期”和根据运动技能形成的一般规律以及青少年时期掌握技术的特点去学习技术，那么青少年篮球训练工作就有可能取得事半功倍的效果，为日后运动水平的进步提高打下坚实可靠的基础。

（一）青少年篮球训练的基本特点

青少年篮球训练除应遵循篮球运动训练的基本规律和特点外，还应考虑其自身的基本特点。

1.自然增长性特点

青少年正处于身体生长发育时期，经常参加篮球运动训练，不但能增进身体健康发育，还会全面提高身体素质和运动技术。因此，在训练中应从青少年生长发育自然增长的特点出发，遵循循序渐进的原则，全面发展，逐渐提高。

2.基础性特点

儿童、少年的训练是打基础时期，要特别重视打下扎实基本功，形成正确的技术动作定型，使动作符合解剖学和生物力学的要求，达到规范化的标准。

3.敏感性特点

青少年是身体素质全面发展的良好时期，一般男孩在17岁和女孩13岁以前（除柔韧素质外），各项身体素质均随着年龄的增长而增长。而且还会出现一个突增期，这个突增期被称作某项素质的发展敏感期。

4.适应性特点

青少年篮球训练的适应形式是指训练中球的大小、重量，篮圈的高度，篮板的大小，场地的标准，比赛的时间和上场的人数等均要适应青少年不同时期的生长发育的特点和身心发育的规律，有针对性地开展篮球训练和组织篮球比赛。

除此，还应结合青少年篮球训练课的特征，即趣味性、教育性和竞技性特征；在训练课中注重从青少年的生理、心理和篮球运动技能的形成规律出发，充分调动青少年参与篮球训练的热情，激发青少年热爱篮球运动的动机，把技能训练与人的教育融为一个整体，以篮球为手段，对青少年篮球运动员进行人生的教育和运动技能的培养，从而实现篮球运动训练的最终目的。

（二）青少年篮球训练的基本要求

青少年篮球训练应遵循青少年生长发育的基本特征和运动技能形成的基本规律，顺应青少年运动员有机体生长发育的必然趋势，充分利用有机体发育中的有利条件，在训练目标确定后，坚持长期系统、有计划的训练，在训练中应注意：

（1）要针对各种能力发展的不同阶段要采用不同的训练手段。由于篮球运动的技术相对来讲较复杂，协调性要求较高，7～14岁是发展协调能力的最佳时期。在这个年龄阶段学习，可以很快掌握技术。13～16岁是性发育期，此时期主要是把此年龄阶段前所掌握的复杂动作稳定下来，不宜大力发展新的复杂动作，应采用大量的辅助性练习来巩固原有的技术动作。16岁以后发展趋于成熟，同时运动素质在此时期内也已有很大的提高，各项指标已接近成年人水平，因此训练中可安排有一定难度的技术动作。

（2）要针对不同年龄的心理特点运用不同的训练方法。青少年时期是学习技术动作的有利时期，但由于他们缺乏广泛的动作储备和丰富的运动经验，抽象能力思维较差，因而技术训练的困难程度还是较大的，他们的观察能力往往倾向于形象思维，行为具有模仿形式的特点，他们的技术训练可以说是一种“模仿与重复反应”。因此，应把对所学动作的理解与直观形象尽可能有机地联系在一起，多采用完整练习法，练习的方法由易到难，逐步提高练习难度，尽量使动作简单。到青少年后期，抽象思维能力已获发展，也有了一定的运动经验，对讲解的理解能力已有所提高，再逐渐增加分解动作的练习比重，逐步用竞赛法来改进技术。由于此阶段性发育的影响，在某些技术动作的掌握上会出现某些不协调的现象。因此，对女孩应多采用鼓励，降低技术要求等方法稳定他们的情绪，增强心理稳定性。而男孩，此时往往对自己的力量估计过高，具有行为不稳定、容易激动的特点，这就要根据不同神经类型的运动员给予启发和引导。

（3）要使技术训练既成为掌握技术动作的过程，又成为打基础的过程。在技术训练初期的教学中，要以建立正确的技术概念和正确的技术规格为主，并建立正确的动力定型。

（4）随着年龄的增长和技术的逐步掌握，要注意技术训练的全面性，包括左手右手的同步发展，并将所学习的技术尽可能地与相应的运动素质发展的敏感期相结合，把技术训练和身体训练有机地结合起来。

（5）为了使训练取得良好效果，要注意循序渐进，掌握适宜的运动负荷，并在训练中采用多种练习方法，完成一个任务，发展一种能力，努力提高运动员的学习兴趣，力争取得最佳训练效果。

思考题：

1. 篮球教学的基本教学方法有哪些?

2. 简述篮球技术教学的步骤和顺序。
3. 简述篮球战术教学的步骤和顺序。
4. 如何编写篮球教案?
5. 篮球训练课的类型有哪些?
6. 在篮球训练中应如何选择训练手段与方法?
7. 篮球训练计划包括哪些内容?
8. 简述青少年篮球训练的特点及要求。

实践作业题:

根据你校篮球代表队的基本情况，请制定一份学校篮球代表队学期阶段训练计划。

第六章 篮球竞赛与裁判工作

第一节 篮球竞赛的组织与编排

内容提要：本节主要阐述了篮球竞赛组织工作的作用、步骤与方法；较详尽地介绍了当前篮球比赛常用的竞赛制度、竞赛的编排方法、名次评定的具体方法等。

篮球竞赛是篮球运动的基本形式，是社会及校园健康文化生活的重要内容，是推动篮球普及、促进篮球运动水平提高和发展的有效方法。通过篮球竞赛，有助于参与者相互学习、交流经验、增进友谊、促进团结，也是检查和改进教学、训练工作。篮球竞赛的组织与编排工作，是篮球竞赛的重要组成部分，也是体育院校篮球教学基本技能培养的内容。因此，掌握篮球竞赛的组织与编排方法对发展学生技能

一、篮球竞赛的组织工作

根据举办篮球运动竞赛的目的和任务，竞赛可分为综合性运动会中的篮球比赛，如奥林匹克运动会、全国运动会的篮球比赛；单项协会主办的篮球比赛，如世锦赛、洲级锦标赛；国内的CBA职业联赛以及各种俱乐部比赛、杯赛、选拔赛、邀请赛、表演赛和友谊赛等多种类型。

除了上述比赛之外，还有专门的残疾人轮椅篮球比赛、少年儿童的小篮球比赛、三对三的篮球比赛、投篮和扣篮比赛等属于篮球比赛的拓展项目。无论组织何种比赛都要认真做好竞赛的组织工作。竞赛的组织工作，是决定竞赛能否顺利进行的关键。竞赛组织工作，一般可分为3个阶段。

（一）比赛前的准备工作

1．建立竞赛筹备组织

竞赛活动首先要建立筹备组织（组织委员会或竞赛委员会），它对竞赛的全

过程起着组织、管理作用。赛前的主要职责是，负责确定比赛的组织方案、竞赛规程、设立具体的工作机构以及制订比赛工作计划等。

其组织机构设立可根据比赛规模的大小而定。通常基层或一般规模的比赛，可简化机构、精减工作人员，如图6-1-1所示。全国性比赛的组织机构的设立如图6-1-2所示。

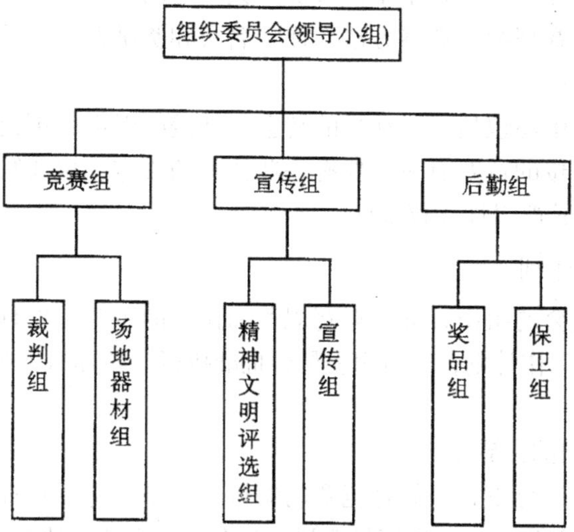

图6-1-1 基层竞赛组织机构

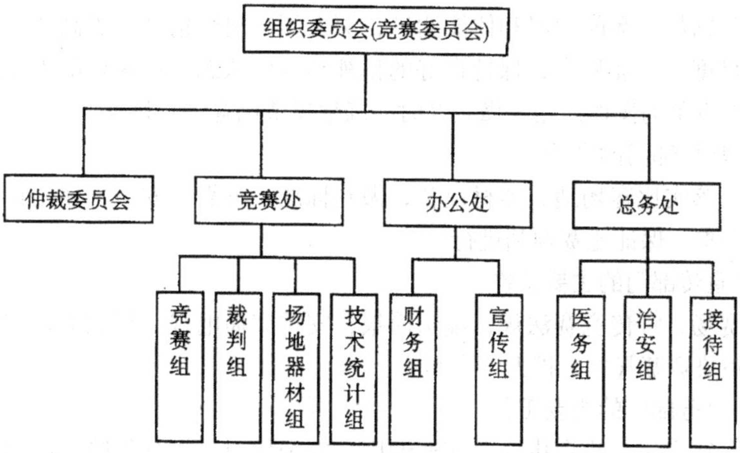

图6-1-2 全国性竞赛组织机构

2．制定竞赛规程

竞赛规程是比赛的指导性文件，使竞赛工作进行的依据。竞赛规程要提前发给有关单位，以便各个单位做好比赛前准备工作。

竞赛规程主要包括下列内容：竞赛名称、竞赛的目的任务、主办单位、竞赛日期和地点、参加单位、各个单位参加人数、运动员参加资格、报名及报到日期，参赛办法、竞赛规则、竞赛方法、评定名次和奖励办法、抽签日期和地点、注意事项。

国内职业联赛中还包括对运动员的转会、外援的引进、更换及上场时间和人次的规定。基层单位的竞赛有时需要有一些特殊的规定，也要写入规程。规程一经审定，就应保证其严肃性和权威性。

3．制定工作计划

根据组织委员会的组织方案，竞赛规程和比赛的主要工作日程计划，由各个工作部门拟定具体工作计划，经组织委员会批准执行。各部门主要工作内容如下所述。

（1）竞赛部门的主要工作

对运动员资格进行审查，做好竞赛的编排，安排好竞赛日程、时间、场地，编印比赛秩序册，召集领队、教练员会议，公布比赛成绩，仲裁比赛争议。

（2）裁判部门的主要工作

做好裁判员的赛前学习和体能测试，深入领会规则精神，提高认识，端正态度，统一尺度，加强配合，保持良好的精神和身体状态。记录台的工作人员要熟悉各种器材设备的操作使用，做到及时准确地反映比赛进行情况。

（3）场地部门的主要工作

检查、落实比赛场地、器材设备，做到标准、可靠、安全，使用正常，能够符合比赛要求，保证比赛顺利进行。

（4）宣传部门的主要工作

布置赛场，宣传竞赛法规，编辑简报，安排广播电视、报刊的报道，组织新闻发布，渲染竞赛气氛，扩大竞赛影响。

（5）总务部门的主要工作

做好食宿安排、物资供应、交通调度、安全保卫、医务保障、门票订购等后勤服务工作，掌握收支、控制标准、执行预算，做好财务管理工作。

期间的工作可分为比赛活动的管理和非比赛活动的管理。

（二）比赛期间的工作

竞赛期间的工作是竞赛组织的中心工作，从比赛开幕到闭幕，所有工作都要在大会组委会的领导下进行。比赛期间的工作主要如下。

（1）加强参赛人员的思想教育，严格纪律，加强团结，赛出风格，赛出水平。

（2）组织裁判员及时赛后小结，改进裁判工作，提高裁判水平。

（3）及时送交技术统计材料，做好比赛成绩的登记；经常对比赛场地、设备、器材进行检查。

（4）遇有特殊情况，需要更改比赛场地、日期和时间，应由负责部门及时通知各队。

（5）深入各运动队和裁判组，听取对生活、交通等方面的意见，以便及时改进。

（6）医务组应深入比赛场地，及时处理所发生的伤害事故，并做好卫生监督工作。

（7）治保组应注意住宿及比赛场所的治安工作，保证比赛的顺利进行。

（8）经常与各队取得联系，定期召开领队或其它会议，及时处理有关问题。

（三）比赛的结束工作

赛后的工作包括以下几个方面。

（1）编制和印发总的比赛成绩表、某些单项技术评比名次和其他一些获奖名单。

（2）对比赛技术资料进行处理和归档。

（3）对比赛器材设备的整理。

（4）办理参赛队伍的离会手续。

（5）对竞赛的收支进行财务决算。

（6）进行竞赛工作总结。

二、篮球竞赛制度

篮球竞赛制度是根据篮球项目的特点和要求，规范篮球竞赛性质、等级、周期，使之有计划、有目的地组织和保证比赛顺利进行的一种方法体系。现广泛实施的有赛会制和赛季制两种。

（一）赛会制

赛会制是让参加比赛的球队集中在一个地方，用若干天的时间，连续进行比赛，决出相应名次的一种竞赛方式。

1．赛会制的特点

赛会制运用范围广泛，其特点是比赛队伍集中，比赛地点固定，比赛期短，竞赛费用低及比赛场次连续，比赛强度大，调整、恢复时间短，易产生疲劳。赛会制为地区乃至国家带来巨大的社会效益和经济效益。

2．对组织工作的要求

（1）赛会制比赛期短，赛程紧密，赛间可能出现的问题比较集中，因此各个方面工作要具体、细致、协调一致；要有很强的时间观念，保证比赛顺利进行。

（2）赛会制比赛规模比较大，组织工作纷繁复杂，要仔细制定好全面地组织方案，规划好各个部门工作，明确职责，及时准确解决问题。

（3）赛会制的比赛需要承办单位具有一定的基础设施条件，特别是承办大规模、高水平、国际性的篮球比赛，要进行大量的基础建设投入，事先进行大规模、高水平的篮球比赛，从而适应比赛的要求。

（4）承办赛会制比赛要有市场经济意识，要以经营的思想来做好竞赛组织工作，既要讲社会效益又要讲经济效益。

（二）赛季制

赛季制是指在赛季较长时间内，每个参赛队与其他对手分别在主、客场进行若干场比赛（最终按总积分排名）的一种竞赛方式。

1．赛季制的特点

赛季制最明显的一个特点就是采用主、客场的形式进行比赛。比赛期长，比赛的场次较多，一般约4～6个月，通常是跨年度的。由于比赛队伍经常往返于主客场，要有雄厚的经济实力，因而赛季制比赛应用的范围较小，一般只是在一个国家内高水平的比赛中运用，如美国的NBA比赛、中国篮球协会举办的CBA职业联赛。

2．对组织工作的要求

（1）赛季制比赛时间跨度长，场地分散，各赛地比赛场次相对较少。因此，组织机构更应相当精干，做到机动性程序化操作。

（2）由于主场比赛，观众对主队的支持程度提高，无形中加大了主场的管理难度。因此，要营造公平竞争的良好环境气氛，要加强对主场工作人员、运动员的职业道德教育和对观众的宣传教育，提高观赏比赛的文化氛围。

（3）主客场比赛形式，是一种市场经营，因而比赛应该属于经营者的一项业务，组织工作应当成为经营者的一项任务，从而促使篮球竞赛真正走进市场。

三、篮球竞赛方法

篮球竞赛所采用的比赛方法，有淘汰法、循环法和混合法3种。选择和确定比赛制度时，应根据举办比赛的目的、任务，比赛的期限，参加队数的多少而定。

（一）淘汰制

淘汰制分为单淘汰和双淘汰两种。单淘汰法是指在比赛中失败一次即失去继续参加比赛的资格，连续获胜的球队继续参加比赛，直到最后决出冠亚军队为止。双淘汰制是指在失败一次后，仍可与另一失败的队进行比赛，再次失败即失去比赛资格，获胜的球队继续参加比赛，直到最后决出冠亚军队为止的一种方法

淘汰法一般在参加比赛的队数多、经费不足、比赛时间短的情况下采用，可节省时间，但除第一名以外不能合理地确定其余各队的名次，比赛场次有限，比赛机会较少，胜负有一定的偶然性，目前在篮球比赛中单独采用淘汰制方法已很少。

（二）循环制

循环制是使参加比赛的队，在整个竞赛中或在同一组的竞赛中，都能够相遇比赛，最后根据各队在比赛中的胜负场数，按一定的计分规定排列名次的一种办法。所有参赛队都能相遇比赛一场的为单循环，所有参赛队都能相遇比赛两场的为双循环，所有参赛队都能相遇比赛两场以上的为多循环。在参赛队数较多而竞赛时间有限的情况下，往往把参赛队分成若干小组，分别进行单循环，这就是从单循环衍生出来的分组循环。

1．单循环制的编排方法

（1）比赛场数和轮数的计算

掌握比赛轮数和场数，便于做到心中有数，更好地安排比赛工作。

① 比赛场数的计算：比赛场数＝N（N-1）/2　即队数（队数-1）/2＝比赛场数。例如，12个队参加比赛，比赛场数是：12（12-1）/2＝66场

② 比赛轮数的计算：如果参加的队数是偶数，则比赛轮数是，队数-1。例

如，12支队参加比赛，比赛的论数是12-1＝11

如果参加比赛的队数是奇数，则比赛的轮数就等于队数。双循环比赛的总场数和总轮数比单循环增加一倍。

（2）比赛轮次表的编排

在编排中，参赛的队数无论是单数还是双数，均按双数编排。如果是单数，加一个“0”号使之成为双数，碰到“0”的队轮空一次。编排时，把参赛的队平均分为两半，前一半号数由1号起由上而下地写在左边，后一半号数自上而下地写在右边，然后用横线把相对号数连接起来，就是第一轮的比赛队。从第二轮起，可有多种方法进行，现逐一介绍如下：

①常规轮转法：具体方法是，它以固定左上角的号码不动，从第二轮起，其余的号码按逆时针方向移位。以此类推，逐一排出随后轮次的比赛，如表6-1-3所示，为7个队参赛的比赛轮次表。

传统的编排方法都是固定左上角的号码再轮转，如果比赛队数是单数，其中N号的队，从第四轮起都将和前一轮轮空的队比赛，参赛队越多，则N数越大，以劳待逸的比例也越大。显然，这种方法存在一定的缺陷，如表6-1-1中的“6”号，。为解决这一问题，可将原来第一轮次中的“0”号移到右边最下角的位置，然后，固定“0”号不动，其他号码依次逆时针方向轮转移位，组成一种新的循环比赛轮次表，以避免这种劳逸不均的情况，如表6-1-2所示。

表6-1-1　常规轮转法编排的轮次表（7个队参赛）

第一轮	第二轮	第三轮	第四轮	第五轮	第六轮	第七轮
1-0 2-7 3-6 4-5	1-7 0-6 2-5 3-4	1-6 7-5 0-4 2-3	1-5 6-4 7-3 0-2	1-4 5-3 6-2 7-0	1-3 4-2 5-0 6-7	1-2 3-0 4-7 5-6

表6-1-2　固定右下角轮转编排的轮次表　（7个队参赛）

第一轮	第二轮	第三轮	第四轮	第五轮	第六轮	第七轮
1-7 2-6 3-5 4-0	7-6 1-5 2-4 3-0	6-5 7-4 1-3 2-0	5-4 6-3 7-2 1-0	4-3 5-2 6-1 7-0	3-2 4-1 5-7 6-0	2-1 3-7 4-6 5-0

注：将“□”放在右下角；固定　“□”，从第二轮起其他号码逆时针方向轮转。

②贝格尔编排法

贝格尔编排法是国际球类比赛常用的一种编排方法。其优点是参赛队较多且是单数队时，可避免第二轮的轮空队从第四轮起每场都与前一轮的轮空队比赛的不合理现象。

采用“贝格尔”编排法进行轮转，从第二轮开始，将第一轮右上角的编号(“0”或最大的一个代号数)移到左角上，第三轮又移到右角上，以此类推。即单数轮次时“0”或最大的一个代号在右上角，双数轮次时则在左上角。如表6-1-3所示：

表6-1-3　采用贝格尔编排法的轮次表（7个队参赛）

第一轮	第二轮	第三轮	第四轮	第五轮	第六轮	第七轮
1-0	0-5	2-0	0-6	3-0	0-7	4-0
2-7	6-4	3-1	7-5	4-2	1-6	5-3
3-6	7-3	4-7	1-4	5-1	2-5	6-2
4-5	1-2	5-6	2-3	6-7	3-4	7-1

注：从第二轮起，每轮始终将右下侧角的数，上提先摆后转。

轮转时，根据参赛队数的不同，“1”朝逆时针方向移动时，应按规定的间隔数移动，“0”或最大　代号数应先于“1”移动位置。

间隔移动的方法是：4个队以下间隔移动数为0；5或6个队为1；7或8个队为2；9或10个队为3；11或12个队为4；以此类推。

无论比赛队是单数还是双数，最后一轮时，必定是“0”或最大的一个代号在右上角，“1”在右下角。

③ 抽签：轮次表编排后，各队进行抽签，并把各个队名按抽到的号码填到轮次表里。

④编排比赛日程表：轮次表填好后，根据比赛的日期、时间、场地等排出比赛日程表，编入比赛秩序册，印发给各队。

2．双循环制的编排方法

双循环的编排方法与上述单循环相同，只是要排出第一循环和第二循环轮次表。在编排出第二循环时，视比赛规程是否规定重新抽签，如需则按重新抽签的序号填入第二循环轮次表。

3．分组循环的编排方法

分组循环是把参加比赛的队分为若干个小组，各个小组先进行单循环比赛，排出各个小组的名次后，再进行第二阶段的比赛。一般在参加比赛的队数多，而竞赛时间有限时采用。

（1）第二阶段的比赛可采用的竞赛方法

①仍用单循环比赛方法，各小组第一名编在一组再进行比赛，决出第一名至第4名；各小组的第2名编在一组再进行比赛，决出第5至第8名；各小组的第3名编在一组进行比赛，决出第9名至第12名。依次进行。

②可将第一阶段比赛中各组的前2名编在一组再进行比赛，决定第1至第8名。将各小组的第3、第4名编在一组再进行比赛，决定第9名至第16名。

③因时间短，可将第1阶段各小组的第1、第2名编在一组进行比赛，决出前八名的名次，其他各队不再参加第2阶段的比赛。

④如果第1阶段的预赛是分两个组进行单循环比赛，第二阶段可把小组的前两名编在一组争夺第1名至第4名，把小组的第3、4名编在一组争夺第5至8名，其余类推。

（2）分组循环比赛的抽签方法：

①确定种子队。种子队的队数一般等于分组的组数。如果分4组进行比赛，应有四个种子队。为了做到更合理，也可以多选出几个种子队，但必须是组数的倍数。例如，分为4个组进行比赛，可确定八个种子队，并按下列方法编成小组（表6-1-7）。

1	2	3	4
|	|	|	|
8	7	6	5

第1号种子队与第8号编为一组，第2号种子队与第7号种子队编为一组，依此类推。

②抽签方法：种子队先抽签，确定各种子队的组别；然后其他各队再抽签确定组别，如16队分为4个小组，除4个种子队外，其他12个队抽签确定组别，然后再抽签确定各队在各组的位置。

如无法确定种子队，可采取“蛇形”排列分组，即按上届名次进行分组。例如16支队分成4个组时，其排列方法如表6-1-4所示。

表6-1-4　16个队的“蛇形”排列分组方法

第一组	第二组	第三组	第四组
1	2	3	4
8	7	6	5
9	10	11	12
16	15	14	13

4．计分方法和名次排列

篮球比赛的名次确定，是以积分多少来计算，即胜一场得2分，负一场得1分，弃权得0分。积分多者名次列前。如在比赛结束时若干队积分相等，则按下列办法排列名次：

（1）如两队积分相等，则仅以这几个积分相等队之间的比赛成绩排列名次。

（2）如两个以上的队积分相等，则以这几个积分相等队之间的比赛成绩排列名次；如仍相等，则按他们之间比赛时的得失分率（总得分/总失分）排列名次；如仍相等，则按他们在全组内所有比赛的得失分率排列名次。

（三）混合制

在一次竞赛过程采用上述两种制度而进行比赛就是混合制。混合制是把比赛分为两个阶段，前一阶段采用分组淘汰法，后一阶段采用循环法，或者相反。

还有一种情况，在一个竞赛过程中，将赛会制和赛季制结合起来实施，通常是竞赛前期采用集中在一起进行比赛，竞赛后期采用主、客场的形式进行比赛。我国目前举办的全国男子篮球联赛（简称NBL）实行的就是这种混合制。

思考题：

1. 组织基层篮球比赛应设立哪些工作机构？他们具体负责的工作有哪些？
2. 简述单循环的编排方法。
3. 我国CBA职业联赛与我国大学生CUBA篮球比赛在赛制上有何区别？这两种比赛的意义何在？

实践作业题：

1. 制定一份有15个队参加的篮球竞赛规程，采用混合法进行比赛，并要求在一周内结束。
2. 如果你负责组织17个队参加的篮球比赛，你会采用哪些竞赛方法？并做出具体的编排。

第二节　篮球比赛的指挥工作

内容提要：本节着重阐述了篮球比赛指导工作的程序与方法，针对篮球比赛的特点对赛前准备、临场指导、赛后总结等阶段的指导工作进行了分析。

篮球比赛的指挥工作是篮球竞赛的一个组成部分。篮球比赛的胜负，取决于参赛双方运动员的思想作风、体能条件以及技术、战术、心理素质和智力水平等方面的较量，与教练员的指挥能力息息相关。篮球比赛不仅是对教练员平时训练水平的检验，使运动员的身体、技术、战术水平在比赛中得到全面的展示，同时也是教练员临场指挥能力、智慧和经验的集中体现。教练员能否根据双方的实际情况，充分调动全队的积极性，灵活运用战略、战术进行正确的指挥，组织并调配好全队力量，扬长避短，制约对方，对争取比赛胜利具有重要作用。

掌握篮球比赛指挥工作的方法，明确临场指挥的策略，是篮球教学内容之一，也是培养学生篮球基本技能的重要途径。篮球比赛的指挥工作包括：赛前的准备、临场指挥和赛后总结3个方面。

一、赛前准备工作

赛前准备工作是比赛指挥工作的重要组成部分，是取得比赛胜利的前提，对比赛胜负起着重要的作用。赛前准备包括以下几个方面工作。

（一）了解对方情况

赛前做好对方的信息收集工作，充分了解对方情况对正确地制订比赛方案至关重要，有利于本队在比赛中为做到“用己所长，攻彼之短；抑彼之长，避己所短”创造条件，发挥本队优势，达到取胜的目的。

了解的方法：可通过直接或间接的方式进行，即直接观察对方的训练和比赛或通过球探、临场技术统计和录像等有效手段和途径了解对手。

了解的内容：主要了解对方的队员身体条件、心理素质、技术特长、首发阵容、后备力量的调配等情况。重点掌握对方战术的基本打法，主要得分手及攻击点、技术特点、中锋的攻防能力，教练员的个性特征等。

（二）做好思想、技术、战术准备

赛前要全面、客观地分析本队的情况，特别是对运动员的身体状况、技术特点、心理状态、竞技状态、对比赛的认知度等方面均要做到心中有数。临赛前运动员大部分心理活动都是围绕着比赛的胜负这个核心产生的。教练员要及时掌握队员因比赛客观条件变化而产生的思想和心理状态，教育运动员正确对待比赛、正确对待胜负，并就了解的情况进行针对性的指导，帮助运动员调整好心理状态，树立信心，做好充分的思想准备和技术、战术方面的准备，以适宜的竞技状态投入比赛。

（三）制订比赛方案

比赛方案是比赛所要采用的策略及具体的战术实施方法，体现了教练员对比赛的攻防战略指导思想、具体的攻防措施、应变措施等。因此，要根据了解到的双方信息资料，做客观地、认真地分析研究，从中找出彼此的优缺点，群策群力，倾听各方面的意见，制订出周密的比赛方案。比赛方案应包括以下几方面内容。

1．确定攻防战略指导思想

从实际出发确定每场比赛的攻防战略指导思想，突出以我为主、扬长避短。因此，在比赛中要以计谋制约对手的优势，有效进攻对手的弱点。例如，本队身高占优势，进攻与防守转换速度较慢，则要重视掌握节奏，迫使对方打阵地攻防，确立以变制胜，以内为主，强攻内线战略指导思想；反之对方身高处于优势，特别是中锋队员身材高大，篮下防守严密，攻防转换速度慢，则应确立以快取胜，内外结合、以外为主的进攻战略指导思想。

防守方面要根据双方实际情况来定。应坚持积极防御，加强防守的主动性、提高防守的攻击性和破坏性。例如，对方身高占优势，可首先考虑采用扩大防守的战略，迫使对方在更大的范围内展开争夺，加快对方进攻速度，充分利用场地，力求把主战场放在自己的后场和中场，最大限度减少自己篮下的威胁，弥补本队身材矮小的弱点，发扬自己的优势，使强弱关系向有利于本方转化。

2．阵容组织与攻防战术

阵容组织与攻防战术方案的制订，是在确立攻防战略指导思想的基础上，对双方情况的了解和分析后根据本场比赛的实际情况，而做出的阵容的配备、调换和具体攻防战术的布署。

（1）阵容组织

在了解对方的情况和确定的战略指导思想后，提出首发阵容，对替补队员做好分工与布置。

（2）提出具体攻防战术方法

根据收集到的知己知彼的信息，遵循以我为主、扬长避短的原则，针对比赛中出现的，彼强我弱，或我强彼弱，或实力相当，或遭遇战的情况，提出具体的攻防战术方法，确定各位置队员的职责。攻防战术方法中应明确对手的优势是什么、弱点在哪里，本队是采用联防还是人盯人防守，对手会采用什么防守方法，本队采取什么方法进攻，由谁来担任主攻，怎么攻等。另外，对如何组织抢前后场的篮板球、快攻发动与接应采用的方法以及推进和攻击方法等，都需要合理安排，制订出详细的计划。

（3）准备应急的方案

赛前要做好克服各种困难的准备，做好开局不利或攻防战术失灵时的应变方案。应变方案的措施应简单实效，任务明确具体，力求出“奇”兵，出奇制胜，力争最短时间内改变不利局势，特别要准备结局不利时的几种应对方案，以便及时调整与应急，争取最后的胜利。

（四）召开准备会，布置比赛方案

准备会的主要目的是统一思想、明确具体打法、提出全队要求、布置作战方案，力求打出水平，争取最终比赛胜利。因此，准备会要充分发扬民主，积极听取队员意见，以求决策正确。

准备会的方式一般有两种：一是由上而下，先由教练提出比赛方案，全队讨论，进行补充修改；另一种是由下而上，先由队员分析讨论，提出比赛方案，最后教练进行归纳，确定比赛方案。准备会也可以在球场召开，边演示、边讲解。召开准备会时，最好能把上一场比赛的总结会与下一场比赛准备会结合起来召开，而且充分考虑对手情况、队员分析问题的能力和时间等条件因素，采用不同的方式。

赛前准备会时间不宜过长，要简明扼要重点突出，使队员明确战略指导思想与比赛方案，清楚地了解具体打法与应变谋略以及各自在本场比赛中的攻守任务与职责；要充分调动队员的积极性，增强队员信心，使队员保持适宜兴奋的情绪状态去准备比赛。

二、临场比赛的指挥工作

临场比赛的指挥工作是从教练员带队进入比赛场地开始，直到比赛结束带队离开比赛场地。在这期间教练员的工作包括安排指导赛前准备活动、掌握临场比赛的基本规律、根据比赛的变化正确实施临场指挥的措施与方法，充分发挥教练员的智慧与应变能力，去争取比赛胜利。

（一）赛前准备活动

赛前准备活动充分与否，直接影响到比赛的开局，甚至整场比赛的结果。重视和研究赛前准备活动是打好比赛开局，争取比赛主动权的重要环节。教练员必须认真选择赛前准备活动的内容、方法，“热身”要多和球结合起来，增加趣味性和表演性，让队员既镇静，又精神振奋，使队员的身体和心理都较适宜进入比赛状态。准备活动要全队统一和个人活动相结合进行。

在组织准备活动的同时，如果与对手是遭遇战时，教练员还要注意观察对方的基本情况，为比赛开始前的部署调整做好准备。

（二）临场指导工作

1. 比赛中不同阶段的基本分析

现代篮球比赛对抗激烈，场上情况错综复杂、瞬息多变，但也有其规律可循，表现为比赛具有阶段性的特征，教练员应根据各阶段的不同情况，掌握比赛进程，争取比赛胜利。

（1）开局阶段

开局阶段也是教练员检验预定方案的时机。一般是指比赛开始后第1节3～5分钟左右的时间。教练员在此时间阶段的临场指挥过程中，主要注意比赛是否按预想的形势发展。它一般会出现3种情况：一种情况是，比赛完全按照预想的情况进行，开局很顺利，比分处于领先状况；另一种情况是，比赛没有按照预想的方按进行，局面不利，比分处于落后；第三种情况是，比赛按照预想的方案进行，但比分处于交织状态。对于上述3种情况，教练员必须善于认真细致地观察、分析、判断比赛场上所发生的每一细微变化，找出原因，及时果断地采取措施。因此，教练员要及时抓住各种有利的时机，争取主动，对于不利的变化，要及时利用暂停、换人来控制比赛，伺机反击，扭转被动局势。

（2）实力较量阶段

实力较量阶段一般是指比赛第1节后7～8分钟到第4节前7～8分钟的时间。此段时间较长，比赛中情况变化较大，双方优势强弱也初见分晓。要根据场上具体情况及时调整、修改作战计划，使之更加符合比赛的发展变化。该阶段比赛往往会出现这样几种局面：

①比分领先

在进攻与防守相对比较顺利时，队员的技术发挥正常，场上情绪高昂。这种情况，要注意继续保持优势，扩大战果，防止放松现象、降低进攻速度、随意处理球、防守不积极等。教练员要及时采取措施，教育队员防止思想麻痹，要做好对手反攻的思想准备。

②比分相持

经过一段比赛后，双方彼此对对方的情况都有的一定的了解，但均无十分突出的优势，比分交替上升，处于僵持拉锯状态。在这种情况下，教练员一定要沉着、冷静、仔细地分析对方的优缺点，抓住对方的薄弱环节，及时组织力量，改变打法，力争打出高潮，发挥优势争取主动。

③比分落后

由于某种原因，比赛可能处于不利情况，此时教练员切忌气馁、失去信心或埋怨队员和裁判，应及时找出原因和解决问题地办法，果断地组织力量调整阵容，或改变战术打法，争取在最短时间内改变落后局面。

（3）决战阶段

比赛第4节的最后5～6分钟的时间为最终决战阶段。在比赛即将结束时，是决定比赛胜负的关键时刻，比赛中情况最复杂。变化最频繁，双方争夺最激烈经常在最后1、2分钟，甚至在秒钟的时间里决定胜负。因此，决战阶段的临场指挥教练员要预先做好充分的准备，制订几种对策，根据临场的时间、比分和控制球的情况灵活运用。

①离全场比赛结束还有30秒，比分相同，我方控制球时，普通的打法是为最后一次投篮控制球，在剩下2～3秒时间再投篮，不给对方留下反击时间。

②离全场比赛结束还有1分钟，比分相同，对方控制球时，应采用全场紧逼或区域夹击防守打乱对方的进攻，造成对方失误、违例或投篮不中，积极抢篮板球，争取一次进攻机会，投中得分，战胜对手。

③离全场比赛结束还有1分钟，本方落后2～3分，对方控制球时，要严密防守，迫使对方失误或违例或投篮不中，积极抢断球或篮板球，使我方控制球，力争投3分球或篮下强攻，既投中又加罚球，战胜对方。

④离全场比赛结束还有10~20秒时，对方领先1分球并控制球时，应果断地采取紧逼防守，不惜犯规要积极进行强断球，或直接采用犯规战术，力争创造一次进攻机会，投中得分，战胜对手。

许多决战阶段的处理方法都是从实践中创造出来的。此外，教练员一般都保留一次暂停机会以备关键时使用，并大胆启用适用的替补队员，否则，再好的方法也不能实现。

2．临场指挥的措施与方法

教练员的临场指挥主要是通过暂停、换人和中间休息时间等措施来进行的；

也可利用手势、喊话和“暗号”等方法进行指挥；有时还可以把意图告诉场上队长和核心队员，让他们利用罚篮或其他时间转达教练员的想法。在运用时，关键是一要及时，二要合理。

（1）合理运用暂停

暂停教练员指挥比赛的重要手段，也是教练员斗智的一种形式。在势均力敌的比赛中，一次成功的暂停，往往会使比赛发生戏剧性变化，显示出教练员高度的指挥才能和用兵艺术。

在比赛中每节比赛暂停的次数是有限的。运用暂停的原则是把暂停用到关键时刻，而且在比赛的最好时刻应保留一次暂停机会。比赛处于不利的情况时，双方出现连续的高潮时，需要调整或布置新的战术时，教练员应立即请求暂停。但是，要十分珍惜暂停机会，把暂停用到关键时刻。有经验的教练员是在最后几秒钟决定胜利的关键时刻，还保留一次暂停，以决胜负。但是，在比赛开局不久就出现很不利的局面时则应该当机立断，请求暂停。

暂停时，主教练员可先让运动员坐到板凳上，稍微休息。如有助理教练和教练组，可先征求他们的意见，然后再与运动员讲话。讲话要简练，语言要生动，态度要坚决，重点要突出，要抓住主要问题。当主教练讲话时，其他人员不要插话，以免队员混淆视听。应尽可能运用技术统计数据分析问题，运用战术沙盘演示战例，以便于队员理解。教练员应留些时间，让运动员发表意见，或让队员们自己交流一下各自的看法，使队员间思想能更加统一，部署更加明确。

在下列情况使用暂停：

①与预定比赛方案不符合，队员不适应对方战术打法。

②场上队员思想不统一、行动不协调。

③对方连续得分、士气高涨，本队处于被动局面时。

④队员精神过分紧张，在攻守中连续发生错误时。

⑤对方作了新的部署，本队不适应时。

⑥本队进攻、防守多次失败，士气不振，出现低潮情况时。

⑦比分接近，双方相持中发现对方薄弱环节，需要主动改变打法时。

⑧队员十分疲劳，影响攻守速度又无法换人时。

⑨在第四节结束前最后几秒钟，本方落后2～3分时，为了布置固定配合时。

（2）掌握好换人的时机

换人也是教练员实施指挥比赛的重要手段之一。在篮球比赛中，能否发挥全队的力量，是衡量教练员组织工作的水平。比赛之前的准备，教练员都想尽量发挥自己队员的特点，但一旦投入到激烈、紧张、高对抗的比赛中，队员的体力会下降，特点可能会受到对手制约。因此，为了适应临场的变化，教练员必须适时组织力量，才能保证本队优势发挥。教练员预先要有充分准备，适当换人。

第一种是有计划地换人。目前，在漫长的联赛和激烈的大型比赛中，最为典型的就是为了保持更高的胜率和体力，教练员有计划地换人。这样做，教练员可以把全体队员都用到比赛中，不分主力和替补队员。因此，组织得好，对全队比赛成绩、对保持主力队员体力、对提高替补队员积极性和减小主力队员替补队员之间得技术水平的差距，无疑都是非常有利的。

第二种是主动换人。一般情况是为了改变战术，应付特殊情况去完成特殊任务而主动换人。

第三种是被迫换人。一般性情况是在队员紧张失常，或队员在场上担负不起自己的职责，或防不住对手，或抢篮板球不积极等的情况下被迫换人。

第四种是随机换人。这是教练员根据临场发生的情况和需要解决的问题所采取的一项措施。一般运用在下列情况时。

①主力队员犯规较多，为了保存实力。

②队员在比赛中技术发挥不正常，或体力不好时。

③为了保留暂停机会或暂停已用完，利用换人传达教练员的意图时。

④为了改变战术打法，解决进攻或防守中的问题，而需要调换有特长的队员上场时。

⑤为了有目的地锻炼年轻队员增加比赛经验时。

(3)换人时应注意的几个问题

①一般情况下教练员在换人时应提前告诉替换队员，让替换队员有心理和身体准备，让他注意观察他所要替换的队员在进攻和防守中的问题，以免重犯被替换队员所犯的错误。

②教练员在临时突然需要换人时，应向替换队员交代清楚目的、任务，以使替补队员上场后知道如何行动。

(4)赛中休息时的指挥

赛中休息时间是教练员实施临场指挥的有利时机。每节比赛结束，都有简短的休息时间，特别是第1、2节结束后，距离第3节比赛尚有一段时间，此时临场指挥者除应让队员在身心两方面得到充分休息、调整。其主要工作内容如下。

①教练组先集中，交换意见，统一认识，运动员休息、冷静思考。

②总结本节或前2节比赛中的优点与不足，肯定成绩，提出问题，分析原因。

针对场上情况，布置后面的比赛，确定上场人员，明确攻防技战术作战方案。

此时总结和部署力求简明、扼要、坚定，给队员传达出教练员必胜信念，去感染和激发队员的信心。

三、比赛后的总结工作

比赛后的总结是一项很重要的工作。总结的目的是检查比赛任务完成情况，及时总结经验教训，制订切实可行的改进措施，更好指导今后的训练和比赛。

（一）总结的方法

总结的方法有每场比赛后的总结和整个联赛结束后的总结。

1．每场比赛后的总结

总结的目的是为了打好下一场比赛。由于每场比赛的胜负，运动员的技术发挥如何，都会引起队员和球队的思想波动和情绪的变化。在一般情况下，召开总结会最好是在比赛后的第2天进行，并结合第2天比赛队的准备会进行，最好不要在比赛的当天或拖很长时间之后去总结。如果比赛中的问题得不到及时解决，必将影响下一场比赛。

2．整个联赛结束后的总结

主要是通过对比赛成绩和各项技术指标的分析研究，检查本赛季比赛任务完成情况。从每个队员和全队的战斗作风、身体能力、技术和心理训练水平及应变能力等方面，肯定成绩，总结经验，找出存在的问题和弱点，为今后的训练和比赛提供指导依据。

总结会的形式有个人总结和全队总结。个人总结由队员本人完成，全队总结由教练员完成。全队总结在个人总结的基础上，对全队的主要问题，教练员和队员一起进行分析研究，最后由教练员写出整个联赛的书面总结。

（二）总结的内容

无论是每场比赛后的总结，还是整个联赛后的总结，都应包括以下几个方面的内容。

（1）比赛前的准备情况怎样，目的是否达到，任务是否完成。

（2）比赛的指导思想是否正确，比赛计划是否合理。

（3）队员的思想状态、精神面貌、心理情绪是否稳定。

（4）各项技术、战术指标与赛队的分析对比。

（5）教练员临场指挥如何，包括暂停、换人等战术运用情况。

（6）胜负的主要因素分析和经验教训。

（7）对存在的主要问题，采取什么办法解决。

思考题：

1. 简述篮球比赛指挥工作的重要性。
2. 赛前收集双方信息的方法有哪些?
3. 教练员应如何进行赛前准备?
4. 教练员进行临场指挥的措施有哪些?
5. 教练员在暂停时应注意什么问题?
6. 教练员在换人时应注意什么问题?

第三节　篮球裁判技能培养

内容提要：本节介绍了篮球竞赛规则的职业内容篮球裁判员的执裁技巧和记录台的工作方法，并针对体育院校学生篮球裁判技能的培养，介绍了篮球裁判教学的组织与方法。

篮球裁判工作是篮球运动竞赛的重要组成部分。裁判员是一场比赛的主持者，他应依据篮球规则和裁判法的要求依“法”有“序”地对运动员在比赛中表现出来的行为和动作，做出正确的判罚与处理，对参赛双方在比赛中的一切举止和活动进行及时的管理，使比赛得以顺利流畅地进行并最终评定胜负。一个优秀的篮球裁判员不仅要具备良好的身体素质、思想道德品质以及稳定的心理素质和团队协作精神，还要精通篮球规则，全面与深入地掌握和贯彻比赛本身的精神，并须正确与熟练地掌握和运用篮球裁判方法与技巧。因此，学习与掌握篮球竞赛规则与裁判方法与技巧是十分重要和必须的。

一、篮球竞赛主要规则简介

篮球规则是篮球竞赛的法，是所有参加篮球竞赛活动的人员必须遵守的比赛规定、技术标准和行为规范。篮球规则，作为篮球竞赛的法，具有一定的稳定性和连续性。但这种稳定性与连续性是相对的，随着篮球运动的发展，篮球规则也在相应地修改与变化，以便及时反映和适应篮球运动发展的客观需求，并通过规则的不断修改与完善，推动与促进篮球运动的普及和提高。

篮球规则具有严格的时限，通常每隔4年修改一次。

（一）比赛通则及一般规定

（1）比赛时间：比赛由4节组成，每节10分钟，每一决胜期的时间为5分钟。

（2）比赛的开始与结束：在第1节时，由主裁判员在中圈执行跳球开始比赛；当主裁判员抛出的球被跳球队员合法拍击时为比赛开始；其后所有的各节比赛均由拥有掷球入界权的队在记录台对面边线中点处外掷球入界开始比赛，当掷出的球被场上队员合法触及时为该节比赛开始。第3节比赛开始前，双方球队应交换比赛场地。 在1节或决胜期的比赛时，当结束比赛时间的计时钟信号响时， 为比赛结束。

（3）交替拥有：是指当场上发生了一次跳球情况时，由比赛双方依次轮流拥有控制球权，在界外掷球入界开始比赛，而不是以跳球的方式来使球成活球的一种方法。

（4）暂停：在第一半时每队可准予2次暂停；在第二半时内可准予3次暂停，每一决胜期可准予1次暂停。未用过的暂停不得遗留给下一个半时或决胜期。每次暂停为1分钟。

在比赛第4节的最后2分钟内，获得后场掷界外球权的队请求暂停后，由该队在记录台对面，该队的前场掷界外球重新开始比赛。

（5）替换：在比赛中只有替补队员有权请求替换，他应到记录台前做出替换手势要求替换，并及时做好比赛的准备。

（二）常见的违例与处理方法

违例是违犯规则的行为。其罚则是：由对方队在发生违例的最近地点界线外掷球入界重新开始比赛。

1．队员出界与球出界

当队员的身体的任何部分接触界线上以及界线上方或界线外的除队员以外的地面或任何物体时，即是队员出界。

当球触及了在界外的队员或任何其他人员、界线上和界线上方或界线外的地面或任何物体、篮板支架、篮板背面或比赛场地上的任何物体，即是球出界。在球出界，最后触及球及被球触及的队员是使球出界的队员。如果球出界是球触及了在界线上或界外的队员或被他所触及，是该队员使球出界。

2．掷球入界违例

掷球入界时，发生下列情况可判为掷球入界队员违例。

（1）可处理球时，在5秒钟内未使球进入场内。

（2）可处理球时，在指定的地点横向移动超出正常的一步或向左右方向移动。

（3）球离手前或离手时身体触及场内地面。

（4）掷出的球碰到篮板背面、支柱、天花板或卡在篮圈支颈上，或直接中篮。

（5）掷出的球，在球未触及场上队员前，又首先触及球；

（6）球未触及场内队员又直接出界。

3．非法运球（也称两次运球）

当在场上已获得控制活球的队员将球掷、拍、滚或运在地面上，在球触及另一队员之前再次触及球为运球开始。当队员双手同时触及球或允许球在一手或双手中停留时为运球结束。第1次运球结束后，不得再次运球。下列情况不算运球：连续投篮；运球前或后时漏接球，即接球不稳；利用连续挑拍动作试图获得球；用拍击的方式试图获得球。

4．带球走

当队员在场上持着一个活球，其一脚或双脚超出规则的限制向任何方向非法移动时，即是带球走。判断带球走的关键是确定和观察持球队员的中枢脚。

（1）中枢脚的确立

① 原地或移动中停步接球时，双脚同时着地，可以用任何一脚做中枢脚，当他一脚抬起的一刹那，另一脚就成为中枢脚。

② 在移动中停步接球时，如一脚正接触地面，则该脚就成为中枢脚；如一脚着地，也可跳起此脚并双脚同时着地停步，此时哪一只脚都不能单独成为中枢脚；如需运球，必须在球离手后，两脚任一脚才能离地。

（2）中枢脚已确立

① 开始运球时，在球离手前中枢脚不得抬起；队员抬起中枢脚可做传球或投篮，但在球出手之前任一脚不得落回地面。

② 当一名队员持球跌倒在地面或躺或坐在地面上获得控制球是合法的，如果持球滑动、滚动或试图站起来则是违例。

5．违反时间规则

（1）3秒违例

当某队在前场控制活球并且比赛计时钟正在运行时，该队的队员不得停留在对方的限制区内超过持续的3秒钟。否则，可判该队员违例。

（2）被严密防守时的5秒违例

一名队员在场上正持着活球，被对方队员严密防守（距离在1米内）时必须在5秒钟内传球、投篮或运球。否则，可判该队员违例

（3）8秒钟违例

当一名进攻队员在他的后场获得控制活球时，他的队必须在8秒钟内使球进入他的前场。否则，可判该队违例。

（4）24秒违例

当一名进攻队员在场上获得控制活球时，他的队必须在24秒钟内试图投篮；在24秒钟装置的信号发出前，球必须离开投篮队员的手；球离手后，必须触及篮圈或进入球篮。否则，可判该队违例。

当裁判员在前场宣判了防守队的犯规或违例（拳击球或脚踢球），如果掷球入界在其前场执行，24秒计时钟应按照下述原则复位。

① 当比赛被停止时，如果24秒计时钟显示为14秒或者更多，24秒计时钟不应复位，而是从被停止的时间处连续计算。

② 当比赛被停止时，如果24秒计时钟显示为13秒或者更少，24秒计时钟应复位到14秒。

然而，根据裁判员的判断，如果对方将被置于不利，24秒计时钟应从停止的时间处连续计算。

6．球回后场

首先明确两个概念：（1）中线属于后场；（2）当进攻队员持球或运球双脚和球均已进入前场，则表示该队员在前场控制球。

在比赛中，判断球回后场，必须下述3个条件均成立：

（1）进攻队的队员在前场控制球。

（2）该队队员使球回到后场。

（3）该队队员首先在后场触及球。

当出现上述情况，可判为进攻队球回后场违例。

7．干扰球

在比赛中，违反下列规定应视为干扰球违例。

（1）投篮时，当球在下落，并完全在篮圈水平面上时，任一队员都不能触及球；但在球触及篮圈后或明显不会触及篮圈时除外。

（2）当投篮或罚球的球触及篮圈时或当球触及篮圈后弹起或在篮圈上时，任一队员都不得触及球篮或篮板。

（3）不得从下方伸手穿过球篮并触及球

8．罚球违例

（1）当发生下列情况时为罚球队员违例

① 可处理球后，球离手时间超过5秒。

② 球中篮或触及篮圈前，脚触及罚球线或限制区地面。

③ 球未中篮并且未触及篮圈。

③ 做罚球的假动作。

（2）当发生下列情况为非罚球队员违例

① 干扰罚球队员的罚球。

② 罚球队员的球未离手前进入限制区。

9．脚踢球与拳击球

故意用脚踢球或用腿的任何部位拦阻球以及用拳击球都是违例，球偶然地触及或碰及脚或腿不算违例。

（三）常见的犯规与处理方法

犯规是对规则的违犯，含有与对方队员的非法身体接触或违犯体育道德的举止。每一次犯规都应被登记，记入记录表并判给相应的罚则。如某队员累计侵人犯规或技术犯规已达5次，则必须在30秒钟内被替换出场。在一节中某队全队累计犯规已达4次，随后发生的对未做投篮动作的队员的侵人犯规，应判给2次罚球，代替掷球入界；如果随后是控制球队的队员发生了侵人犯规，则判给对方队在就近地点掷球入界。

1．侵人犯规

侵人犯规是指队员与对方队员发生的身体接触的犯规。无论球是活球或死球。在比赛中，队员不得通过伸展他的手、臂、肘、肩膝或脚来拉、阻挡、推、撞、绊、阻止对方队员行进以及不应将其身体弯曲成“反常的”姿势（超出他的圆柱体），也不应放纵任何粗野或猛烈的动作。否则，可判为侵人犯规。

一旦发生了侵人犯规，应按下列罚则处理。

（1）给犯规队员登记一次侵人犯规。

（2）如果是对未做投篮动作的队员发生犯规，应由非犯规的队在靠近犯规的地点掷球入界，重新开始比赛。

（3）如果是对正在做投篮动作的队员发生犯规，投球中篮，应计得分并判给1次追加的罚球；如果投篮未中，应按投篮区域，判给2次或3次罚球。

2．双方犯规

双方犯规是指两名互为对方的队员大约同时相互发生侵人犯规的情况。当裁判员宣判了双方犯规，应按下列罚则处理。

（1）给每一犯规队员登记一次侵人犯规，不判给罚球。如某队已控制了球或拥有球权，则判由该队掷球入界；如果双方都未控制球也没有球权，一次跳球情况发生。

（2）如果在大约同时投篮有效或最后一次或仅有一次的罚球得分，应将球判给非得分队从端线掷球入界。

3．违反体育道德的犯规

根据裁判员的判断，一名队员不是在规则的精神和意图的范围内合法地试图去直接抢球，发生的接触犯规是违反体育道德的犯规。

当发生了违反体育道德的犯规，应按下列罚则处理。

（1）给犯规队员登记一次违反体育道德的犯规。

（2）判给被犯规的队员2次罚球以及随后由该队在记录台对面的中线延长部分掷球入界。

（3）如果是对正在做投篮动作的队员发生的犯规，如中篮应计得分并加判给1次罚球；如投篮未中，应视投篮区域判给2次或3次罚球。

4．技术犯规

技术犯规是包含（但不限于）行为性质的队员非接触性犯规。当发生了一次技术犯规，应按下列罚则处理。

（1）登记一次技术犯规，并作为全队犯规计数，判给对方队员1次罚球，以及随后在记录台对面的中线延长部分掷球入界。

（2）如是教练员、助理教练员或替补队员或随队人员的技术犯规，均登记为教练。

（3）一次技术犯规，但不作为全队犯规之一计数。

（4）在赛前和其他休息时间内发生的技术犯规，登记一次技术犯规，判给2次罚球，并作为全队犯规计数；如是教练员、助理教练员或随队人员技术犯规，则不计入全队犯规之中。罚球完毕后，比赛按原有的程序进行。

5．取消比赛资格的犯规

队员、替补队员、教练员、助理教练员或随队人员的任何恶劣的违反体育道德的行为都视为取消比赛资格的犯规。一名队员被登记了2次违反体育道德的犯规时；教练员由于他自身违反体育道德行为的结果而被登记了2次技术犯规时，均应被取消比赛资格，但不判给追加罚则。

当发生了取消比赛资格犯规，应按下列罚则处理。

（1）应给犯规者登记一次取消比赛资格的犯规，并要求他立即离开比赛场地，判给2次罚球以及随后由该队在记录台对面的边线外中线延长处掷球入界重新开始比赛

（2）如果是对正在做投篮动作的队员发生的犯规，中篮应计得分再判给1次罚球；投篮未中，应视投篮区域判给2次或3次罚球，随后由该队在记录台对面的中线延长处掷球入界重新开始比赛。

二、篮球裁判方法与技巧简介

一场篮球比赛的圆满结束，是裁判员集体合作的成果，既要求裁判员临场执法做到“公正、准确、积极、稳定”，还需要临场裁判员之间的默契配合，以及他们与记录台工作人员之间的沟通和协作。

篮球裁判方法与技巧，它强调执裁每一场比赛的一致性，体现了在执行规则的方法和技巧之中的统一性和规范性要求，以便不同国家或地区、不同语言、不同水平的裁判员能在一起工作，并且具有良好的共识、默契与合作，达到协调一致地完成比赛工作，保证比赛的执裁质量。

（一） 两人裁判制的工作方法与技巧

两人裁判制根据临场工作的任务和分工，通常为一名主裁判员和一名副裁判员。

·主裁判员：是主要负责组织和领导该场比赛的裁判员。他的职责和权力除了按规则进行比赛外，负责检查和批准比赛中使用的所有器材；在比赛第1节开始时执行跳球和其他各节开始时的掷球入界；有权判定某队弃权；在比赛时间结束时或任何他认为有必要的时候，仔细审查记录表；负责比赛时间结束的认可和在

记录表上签字，最后终止裁判员对比赛的管理和联系。

·副裁判员：他的职责和权力除了按规则进行比赛外，并协助主裁判员组织和领导该场比赛。

在比赛中，每一裁判员有权在他的职责范围内做出宣判，但无权不顾或质问另一裁判员做出的宣判。

1. 比赛程序与方法

（1）比赛前的准备

裁判员应对每一场比赛做好包括身体和心理的良好准备。两人应提前1小时到达比赛场地，并与技术代表会晤，共同开好准备会。在赛前认真就比赛中裁判员之间的配合、特殊情况、双方运动队特点等各个方面进行分析与商讨，做好充分的准备。认真做好赛前的热身练习，以防止身体受伤，同时也有利于振奋精神，以便更快，更好地进入比赛状态。

（2）比赛前的工作程序

两裁判员应在比赛开始前20分钟到达比赛场地，并开始行使裁判员的权力。挑选和确定比赛用球；督促双方教练员向记录台递交队员名单、号码；站在记录台前面监督和管理球队的赛前练习。

赛前10分钟，裁判员应检查记录员已填好的记录表，督促教练员到记录台前核实队员的姓名、号码，指明开始上场的5名队员并在记录表上签字。

赛前6分钟时，双方球队停止练球并回到球队席内，由记录台宣告员依次介绍双方球队的队员、教练员和临场裁判员。然后，主裁判员鸣哨并做出手势宣告“离比赛还有3分钟”。

赛前1分钟30秒时，主裁判员鸣哨指令所有运动员停止热身练习，并回到球队席区域，准备比赛。入场前，主裁判员应主动与副裁判员握手，并相互祝愿合作成功。

随后，主裁判员持球进场到记录台的对面，面对记录台，待双方上场队员入场，以握手的方式确认双方球队的场上队长；然后在中圈准备执行跳球开始比赛。

2. 裁判员的移动与占位

在临场中，根据裁判员所处的位置，通常把两裁判员称为追踪裁判和前导裁判。

（1）追踪裁判是指位于进攻方向球或队员后面负责观察比赛的裁判员。比赛中当球在推进时，追踪裁判应位于球的左后方位置，离球3～5米。

前导裁判是指位于比赛进攻方向球前面负责观察比赛的裁判员。当他到达进攻队前场端线后，应在其左侧的3分投篮线和其右侧的限制区边缘之间的位置，并根据球的转移正常地移动。

（2）在第1节比赛开始中圈跳球时，副裁判员应在记录台一侧边线中点处的位置，面向场内做好球被拍击后移向比赛前方的准备；当球被拍向左（或右）侧时，他都应迅速向球的同一方向移动，跑至比赛的前面并继续移动至端线，建立他作为前导裁判的位置。

执行抛球的主裁判员应留在中圈内的位置上观察比赛。当比赛离开了中场区域，他应沿边线或越过场地朝向记录台方向移动，占据追踪裁判位置，如图6-3-1、图6-3-2所示。

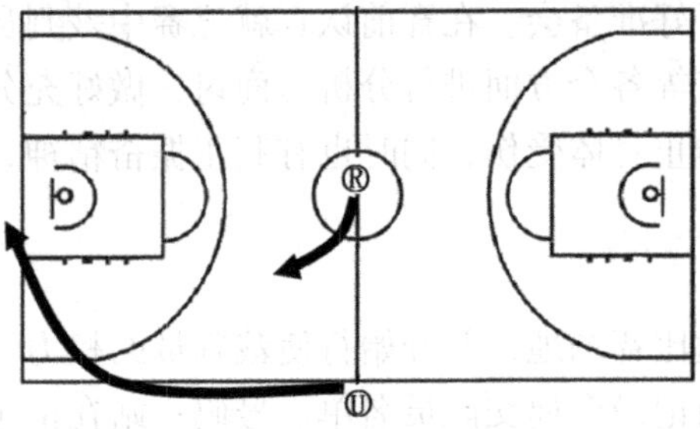

图6-3-1

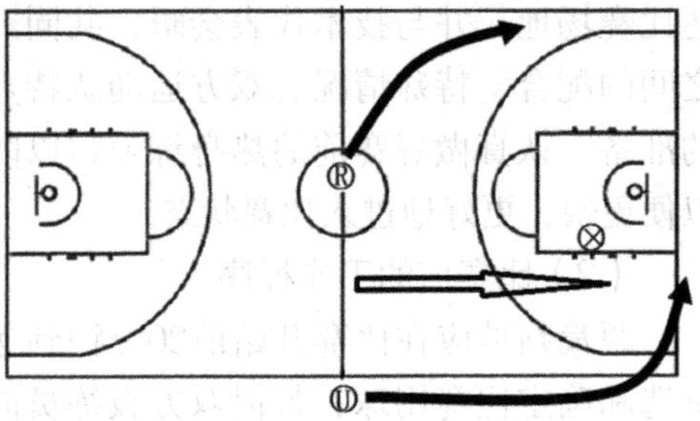

图6-3-2

（3）每当控制球权发生改变和出现一个新的比赛方向时，两裁判员的位置也必须调整，即追踪裁判变成新的前导裁判，前导裁判变成新的追踪裁判。其分工与职责也随之发生改变。

3．**裁判员的占位与职责**

现代篮球比赛的执裁要求，两裁判员在临场中应互相合作，并力求获得尽可能好的位置，以便达到更好地观察比赛的目的。为了便于相互理解与配合，通常把前场划分成1～6个长方形的区域（图6-3-3），根据球在各区域所处的位置，进行定位与观察。

图6-3-3

（1）追踪裁判的占位与职责

当球在①②③⑥区的3分投篮区时，他主要负责该区域球和球周围的比赛情况，尤其要观察队员的运球、投篮和传球以及防守他的队员，有无违例或犯规。当球进入④区或⑥区2分投篮区域时，此时，他的职责是重点负责观察其他无球区域双方队员的行动及3

秒违例等情况。同时，他负责管理他左侧的边线和中线，并负责观察和处理3分试投、投中得分、球回后场以及24秒违例和每节比赛结束等情况。

当球推进到⑤区时，他必须插进到罚球线延长线附近移动，以便更好地寻找攻、守队员之间的空间，负责观察有球一侧高策应区内的队员。

（2）前导裁判的占位与职责

当球进入④区或⑥区2分投篮区域时，前导裁判则负责该区域球与球周围的比赛情况；当球在其他区域时（除⑤区外），此时，他的职责是重点负责观察无球区域双方队员的行动及3秒违例等情况。

当球进入⑤区时，前导裁判重点负责观察有球一侧低策应区内的队员。当进攻队员在③区或④区3分线外做投篮时，前导裁判应及时做出3分试投手势，协助追踪裁判观察队员的投篮情况。

4．其他情况下的分工与配合

（1）全场紧逼防守时的分工与合作

当场上出现全场紧逼防守时，打乱了正常的区域分工，给裁判员的执法工作造成困难。因而要求两裁判员必须更大的专心和合作。

全场紧逼防守时，两个裁判员的距离不宜拉得太远，以免发生中场无人管理的现象。如果有3名或更多的防守队员在对方的后场时，前导裁判不要急于跑向前面端线，应与球保持相应的距离，以便协助同伴观察比赛。

一旦球进入前场，前导裁判则要快速地移向端线的正常位置。在紧逼防守中，如只有一名防守队员在对方的后场内，前导裁判必须注视靠近他半场内的所有队员；追踪裁判应根据需要尽量靠近比赛，仔细地观察可能发生的违例和犯规。

（2）投篮时的分工与合作

队员投篮时，追踪裁判负责观察球的飞行；如果球中篮，他应决定是否有效并及时做出相应的中篮得分手势。相反，前导裁判应重点观察离开球的情况。

当宣判犯规时，投球中篮，应由宣判犯规的裁判员（前导裁判或追踪裁判）决定中篮是否得分。

当队员在3分投篮区准备投篮时，应由追踪裁判做出3分试投手势。当进攻队员在④区试图作3分投篮时，前导裁判有责任协助追踪裁判。

当场上出现干扰球时，原则上应由追踪裁判对该情况作出判断和最终判罚。

（3）宣判犯规和罚球时的分工与合作

当一名裁判员宣判犯规后，应由该裁判员向记录台报告。另一裁判员不要急于去捡球，应站在原地或移动到一个能观察到所有队员的位置上，“监控”场上队员的行动。并协助宣判犯规的裁判员记住犯规队员与被犯规队员的号码，是否需要罚球和投篮的球是否中篮，直到场上处于正常情况时再去拿球。

一般情况下，当裁判员宣判了犯规向记录台报告后，他应回到他原来的位置，两裁判员不需交换位置。只有当球进入前场后，前导裁判宣判了犯规，当他向记录台报告后，两裁判员应交换位置。

当宣判的罚则，需执行罚球时，此时由位于前导裁判位置的裁判员执行罚球。他应持球进入罚球区，用手势清楚地表明罚球的次数，将球反弹给罚球队员，再站到左侧端线与限制区的交界处的位置。此时，追踪裁判应站到罚球线左侧延长线3分线外的位置，做出罚球次数的手势。

当宣判后的罚则出现了“一罚一掷”或“两罚一掷”时，前导裁判负责执行1次或2次罚球，追踪裁判则应站在记录台对面边线中点处，做好执行掷界外球的准备。

（4）暂停与替换时的分工与合作

① 当记录台发出某队请求暂停的信号时，一般应由靠近记录台的裁判员，或正在向记录台宣判的裁判员宣判完毕后，鸣哨并做出暂停手势，然后清楚地指出哪一队暂停的手势。然后，两名裁判员应按暂停后重新比赛的方向分别站在两半场罚球圈的位置上，面向球队席监管场上情况。如该次暂停是请求暂停的队的最后一次暂停时，负责暂停的裁判员应通知该队教练员。

暂停时间到，应按接下来的罚则执行或由先前已获控制球权的队掷球入界重新开始比赛。

② 当记录台发出某队请求替换的信号时，由靠近记录台的裁判员，或由正在向记录台宣判的裁判员宣告完毕后，鸣哨以示确认准予替换，并做出替换手势。然后招呼替补队员进场，之后用目光或“竖起大拇指”的手势与另一裁判员联系，尽快地重新开始比赛。

无论是暂停或替换，两裁判员都应记住：如暂停或替换后是罚球，则应记住罚球队员的号码与罚球次数；如暂停或替换后是掷界外球，则应记住掷界外球的队和地点。

5．篮球裁判员的执裁技巧

（1）裁判员应熟悉自己的责任区，除共管区之外，两位裁判员应尽力避免都注视球和球周围的比赛的现象。

（2）当一名裁判员主要负责无球区时，他要观察远离球的比赛，要始终依据“监控”原则把所有队员都置于两裁判员的视野之间。

（3）当两位裁判员对同一起违例或犯规几乎同时鸣哨时，他们应立即建立目光联系；在通常情况下，应由最靠近违例或犯规地点的裁判员负责宣判。如果很难区分出离哪位裁判员最近，就看比赛朝哪位裁判员的方向进行。此时，应由该裁判员对此违例或犯规负责宣判。

（4）如因宣判了犯规，两裁判员必须交换场上位置时，应多采取“就近落位”的原则，以有利于比赛的尽快、流畅进行。

（5）在球出界的情况下，只在他的同伴向你寻求协助时才给予帮助，此应在赛前准备会上，确定联系方法。

（6）在快速反击时，特别是以多打少的情况下，应由最靠近比赛的裁判员来判定是否鸣哨宣判犯规，应避免从10米以外，甚至更远的地方做出宣判。

（7）裁判员尽早确定他在比赛中的判罚尺度，这样将有易于控制比赛。队员们将依据其尺度来调整比赛方式和自己的行为。仅在队员的动作已影响了比赛时，裁判员才鸣哨宣判犯规，附带的身体接触应该被忽略，但粗野的动作必须被判罚。

（8）当裁判员做出宣判时，他要正处于能看清比赛全貌的位置上，这就需要不停地移动，一般多采用侧身跑和横滑步，尽力在攻、守队员之间保持尽可能好的视角，并寻找攻、守队员之间的空间。在所有一对一的情况下，他不但要寻找两队员之间的空间，而且还要特别注意防守队员的动作。

（9）如因为某些行为而确需警告队员或教练员时，裁判员应尽可能地不要中断比赛，如果必须中断，那么就一定要判其技术犯规。

（10）裁判员与自己的同伴，也包括记录台裁判人员，要像一个整体，要尽力做好合作。在球进入比赛状态前，执行裁判应与同伴和记录台裁判人员建立目光联系，以防止新情况的出现。

6．篮球裁判员的宣判程序与手势

（1）违例的宣判程序与手势

每当发生违例时，负责宣判的裁判员应：

① 鸣哨并同时做出违例手势，以停止比赛计时钟。

② 然后，清楚地做出违例类型的手势。

③ 接着指出比赛的方向和掷球入界的地点，然后移向下一个裁判位置。

注：在所有的情况下，因发生违例判给的获得球权的队掷球入界时，需由裁判员递交球。

（2）犯规的宣判程序与手势

每当发生一起犯规时，负责该区域比赛的裁判员应：

① 鸣哨，同时单手握拳向上伸直手臂，以停止比赛计时钟，另一手直臂向前伸出，掌心向下，清楚地指明犯规队员是谁（如是控制球队犯规，则应立即做出控制球队犯规的手势：即单手握拳直臂指向犯规队球篮）。

② 然后移向记录台，选择一个使记录员能看清楚和裁判员身前无障碍的位置，离记录台大约6~8米。

③ 用手势向记录员清楚地报告犯规队员的号码和犯规的类型。

④ 指出犯规的罚则，即罚球的次数或随后的比赛的方向，再移向下一个裁判位置。

⑤ 如是控制球队犯规，则再次向记录台做出控制球队犯规的手势。

注：如发生犯规时，投球中篮，在向记录台宣告时，必须首先做出该得分有效或取消的手势。

（二）篮球比赛记录台的工作方法

记录台工作是篮球竞赛中的一个十分重要的环节，是篮球裁判工作的一个组成部分。

1．记录台人员的组成与座序

按照篮球规则的规定，为了使记录台人员在比赛中能更好地协同配合，对记录台人员的组成与座序做了如下要求（图6-3-4）。

24秒钟 计时员	计时员	技术 代表	记录员	助理 记录员

图6-3-4　国际性比赛记录台工作人员座次图

在比赛中，技术代表的主要职责是监督记录台人员的工作，并协助主裁判员和副裁判员使比赛顺利进行。

根据我国的具体情况，记录台人员的组成和座序通常按下列方式安排（图6-3-5）。

24秒钟 计时员	计时员	技术 代表	记录员	助理 记录员	宣告员	电子 计分员

图6-3-5　国内竞赛记录台工作人员座次图

2．记录台的工作方法与职责

（1）技术代表

技术代表通常是由赛会的组织者指派，在比赛中负责监督记录台人员的工作，并协助主裁判员和副裁判员使比赛顺利进行。

（2）宣告员（广播员）

按照规则的规定，记录台不设宣告员。但根据我国篮球比赛的传统和实际，设宣告员1名，承担着记录台其他人员的部分职责。

① 赛前：按时主持比赛入场仪式，如介绍双方球队的运动员、教练员和担任本场比赛的裁判员；通知双方球队准备入场等，使比赛准时开始。

② 赛中：及时、准确地通知临场裁判员某队请求暂停、换人；某队员已达5次犯规；某队一节比赛已达4次犯规；远投3分；准确地执行暂停时间的计时；及时鸣哨并宣告暂停时间到等。

③ 必要时按赛会要求介绍运动员、规则知识及对观众进行有关宣传教育。

④ 通常情况下，他应是记录台人员与技术代表和裁判员之间联系的纽带。

（3）计时员

① 计量比赛时间、暂停和比赛的休息时间。

② 保证每节比赛结束信号自动发出。

③ 第3节比赛开始前至少3分钟时通知球队和裁判员。

（4）24秒计时员

① 每当一队在场获得控制球时开动或重新开动24秒计时钟。

② 按规则要求停止和复位24秒计时钟。

③ 在任一节中，当某队在场上获得控制活球时，比赛计时钟的剩余时间少于24秒钟时，则停止并关机。

（5）记录员与助理记录员

① 赛前记录表的填写

赛前至少20分钟时，记录员应在记录表上登记好两队的队名（比赛队队名列前的为主队即“A”队，队名列后的队为客队即“B”队）；填写比赛的名称、序号、地点、日期和时间、两裁判员和副裁判员的姓名；登记双方队员的姓名、号码及教练员和助理教练员的姓名。

赛前开始前10分钟，请双方教练员分别确认各自的队员名单，提供比赛开始时首先上场的5名队员和场上队长的名单，场上队长在其姓名后面记入“CAP”来表示。随后，要求教练员在记录表上签字。首发的队员应在 “上场队员”栏内画一小“ ×”。为使上、下半时的记录一目了然，上半时（第1节和第2节）可用红色笔记录。赛前填写的部分和下半时（第3节和第4节）以及决胜期用蓝色笔记录。

② 比赛期间的记录

·替换：当替补队员第1次上场比赛时，应在记录表上该队员号码一侧的“上场队员”栏内画一小“ ×”。

·暂停：某队请求了要登记的暂停，记录员应在球队名下方适当的空格内登记一个大的“× ”；在每一节或决胜期结束时，对没有用过的空格要用两条平行的横线划掉。

·犯规：出现犯规时，应在犯规队员的空格内按以下符号登记：“P”表示侵人犯规；“T”表示队员的技术犯规；“U”表示违反体育道德的犯规；“D”表示取消比赛资格的犯规；因教练员自身原因被判违反体育道德的犯规用“C”来表示；出现教练员因任何其他原因被判的技术犯规用“B”来表示；如有包含罚球的任何犯规，应该犯规符号旁加上罚球次数（1、2、或3）来表示，如P2。在每一节的结束时，记录员应在已用过的和那些还未被用过的方格之间画一粗线，以隔开；在比赛全部结束后，用一粗线将剩余的空格全部划掉。

·全队犯规：每当一名队员发生一起犯规，记录员应使用一个大的“X”依次在指定的1、2、3、4的空格内标示，对该犯规队员的球队记录犯规累计次数（只记录4次）。

·累积分的记录：对球队有效的得分，记录员在该队累积分内按累计的分数上要画一“/”线。对有效的罚球得分要在其累积分上画一涂实的圆圈“●”。然后，在新的总得分数同侧（新的/或●的旁边）的空格内登记该投篮或罚球得分的队员号码。队员投篮得3分，要画一圆圈套住该队员的号码。如队员无意地将球投入本队球篮的得分应作为对方队的队长得分来登记。每一节比赛结束时，应分别画一粗线圆圈“○”套在每一球队的最后得分数上，并在最后得分的分数下面以及最后得分的队员号码下面画一粗横线。在每一节和任一决胜期开始时，记录员应从得分中断处继续按顺序记录累积得分。

③ 比赛结束后的工作

比赛结束后，记录员应及时做好以下工作：在每队最终得分数和最后得分的队员号码下面画两条粗横线，并用一条斜线将每队剩余的累积分划掉。在每一节和任一决胜期结束后，记录员应在记录表下端的适当区间内登记该节比赛的比分。然后，在记录表上记入最后的比分和获胜队的队名。计时员、24秒钟计时员和记录员都应依次在记录表上签字，然后由副裁判员签字，最后主裁判员检查记录表并签字。

助理记录员主要是协助记录员进行工作并操纵记录板；当记录表与记录板之间有任何差异不能被解决则以记录表为准。

三、3人裁判制简介

随着现代篮球运动竞赛的发展，为了提高临场裁判员判罚的准性，避免更多的判罚失误，目前在各国职业联赛和国际大赛都普遍采用3人裁判法。3人裁判法更加明确裁判员的责任和区域，能更好地实施“监控”，更加准确和轻松地进行执法，使比赛更加流畅、顺利。

（一）基本概念

3人裁判法按场上分工分别为前导裁判（L）、中央裁判（C）和追踪裁判（T）。按临场任务分为主裁判员、第一助理（副）裁判员（U1）和第二助理（副）裁判员（U2）。

（二）基本分工和职责

1. 基本的场地覆盖范围

如图6-3-6所示。

图6-3-6　3人制裁判分工位置图

2. 跳球时的站位与职责

当一节或决胜期比赛开始，由主裁判在中圈面向记录台负责跳球；第一副裁判（U1）在记录台的右侧球队席区域靠近中线的边线处，负责抛球不当，宣判重新跳球，在球被合法拍击时，做出开动计时钟的手势；第二副裁判

（U2）斜对第一副裁判（U1），并在球队席区域靠近中线的边线处相齐位置，主要负责观察其他非跳球队员。

跳球后，当比赛向主裁判员的右方移动，U2成为前导裁判，U1成为中央裁判，主裁判移向追踪裁判的位置。

跳球后，当比赛向主裁判员的左方移动，U1成为前导裁判，U2成为中央裁判，主裁判仍然移向追踪裁判的位置。

3．球在前场时的分工与职责

（1）当球在某裁判的区域内时，他负责球周围的比赛。

（2）当球在另一名裁判区域内，他应该负责本区域内的无球队员。

（3）当球在共管区内，或共管区出现违例或犯规时，前导裁判和追踪裁判都有权宣判（图6-3-6所示，即最深的黑色三角梯形区域为共管区）。

（三）基本原则

（1）通常在3人执裁中，裁判员之间必须始终保持一个相互比例的类似宽阔三角形位置，面向场内监控所有队员。

（2）正常攻守转换时，3位裁判员的换位原则是：追踪→前导，中央→中央，前导→追踪。（图6-3-7）

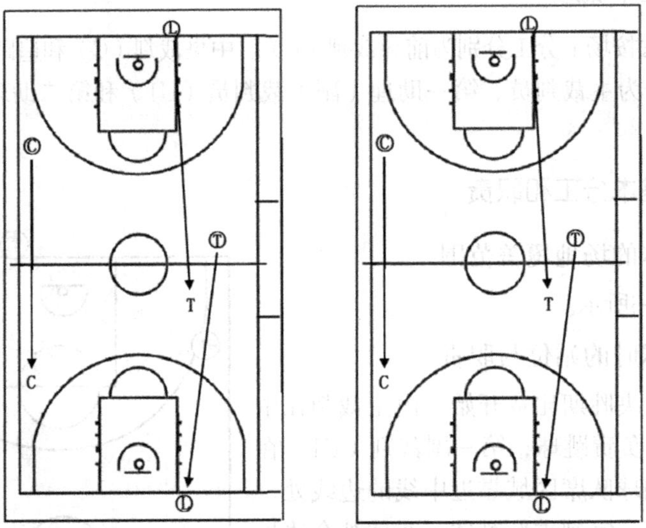

图6-3-7 裁判员的移动换位

（3）宣判犯规的裁判向记录台报告犯规后，他必须移动到记录台的对侧：当宣判犯规后需执行罚球他必须面向记录台，并一定成为中央裁判。

（4）没有宣判但需要换位的裁判应观察队员同时慢慢的移向新的位置，另一名裁判员应该选择合适的位置监控所有队员。

（5）掷前场端线球时，前导裁判应位于篮板与球之间；掷后场端线球时，追踪裁判应位于边线与队员之间。

（6）每名裁判负责各自就近的界线，追踪还要负责中线。

（7）每位裁判要始终知道球的位置、其他裁判员的位置和队员们的位置。

（8）3人裁判制更加强调团队精神，强调分工。

（9）凡未在3人执裁中未提及的内容，均按《篮球裁判员手册》中两人执裁的相关规定执行。

二、篮球裁判技能培养的方法

篮球裁判技能培养是体育院校篮球课程学生专项能力培养的一项重要内容，是篮球课教学的组成部分。目前篮球裁判员无论在我国，还是在世界其他国家均属业余性质（美国NBA除外）。我国优秀篮球裁判员大多数是经过体育院校篮球课裁判教学的初级教育逐步成长起来的。

篮球裁判技能的培养具有较强的实践性。要求练习者不仅需要认真学习和研究篮球规则，掌握裁判工作方法与技巧的理论知识，并且还必须重视和加强基础训练，掌握裁判员的基本功，并且在临场实践中不断地锻炼和提高，才能成为一名高水平的篮球裁判员。所以说，篮球裁判员的培养、业务水平的提高过程是一个长期实践的循序渐进的过程。

（一）篮球裁判员的基本技能及其训练

1. 手　势

手势是篮球裁判员的临场工作语言。手势能直观、简练、鲜明地表达比赛中所发生的一切问题，是裁判员临场执法的重要工具，也是裁判员之间、裁判员和教练员与运动员之间、裁判员与记录台之间的联络信号和纽带，是裁判员的基本功之一。

（1）手势的要求

手势必须符合规则的规定和要求，不得随意创造和改变动作。临场宣判时，应以手势为主，手势与口语相结合，并与比赛中所出现的客观情况相吻合。临场裁判员的手势，必须做到清楚、准确、果断、美观、大方。

（2）练习方法

①按照裁判员手势图的要求逐个练习；掌握其动作规格和要领，做到熟练、准确。

②自己对着镜子练习手势，边练习边纠正。

③在别人的帮助和纠正下练习手势，帮助者喊出某种手势，练习者快速做出。

④结合鸣哨和宣判犯规或违例程序综合练习手势。

④在临场实践中提高运用手势的能力和节奏。

2．鸣　哨

口哨是裁判员临场执裁的重要工具。哨音是裁判员执裁比赛的主要信号。因此，选择一个合适的口哨，对保证比赛任务的顺利完成具有积极的作用。

（1）鸣哨的方法

①含哨要正，即要把口哨含在上下嘴唇的正中央。否则，既不好吹，也不好看。

②含哨要紧，除上下嘴唇紧紧贴住，还要用上下牙齿咬住口哨。

③鸣哨时，先吸足气和憋足气，然后再突然快速吐气。

（2）鸣哨的要求

①哨音要短促有力、洪亮，只鸣单声哨。

②一般犯规情况下，哨音稍长些、重些；当吹违例时，哨音短些、轻些。

（3）应注意的问题

①跳球时，执行抛球的裁判员口哨不要含在口中，以防受伤。

②在比赛进行的时候，口哨要始终含在嘴里，以免急需鸣哨时，影响及时宣判。

③鸣哨后，到记录台附近进行宣判犯规时，应把口哨吐掉，切勿含着口哨宣判。

3．抛　球

在篮球比赛中，当以跳球的形式开始比赛时，裁判员都要抛球，抛球太低或抛球不正，容易造成跳球队员违例或导致跳球队员的侵人犯规。因此，裁判员掌握准确的抛球方法是十分必要的。

（1）抛球的要领

两脚前后开立与肩同宽，以肩为轴由下向上摆臂，全身协调用力，将球垂直抛起。抛球既可用单手也可用双手进行。

（2）抛球的要求

①高：高度一般在3.40米左右，并能达到跳球队员跳起触及的最高点。

②直：抛出的球不得向前后左右偏离，并使球在两个跳球队员之间垂直下落。

（3）练习方法

①可在篮圈下将球抛起穿过篮圈再落入篮圈。

②可在篮板前将球垂直抛到3.05米以上的高度再落回原处。

③可在地上划一圆圈，将球置于圆圈上方后，将球垂直抛起，再使球落在圈内。

4．默计时间

（1）默计内容

3秒、5秒、8秒。

（2）默计要求

①默记时间要准确，既不能太快，又不能太慢。

②临场中，默计与挥臂手势计算相结合，使运动员和教练员都能看清，增加宣判的说服力。

③在默计的同时，有时需参看24秒计时器的运行。

（3）练习方法

默记时用秒表测试，找到感觉，并在球场上模拟练习。

5．移　动

移动是裁判员为了改变场上位置、方向、速度以获取一个最佳观察位置所采用的各种脚步动作的通称。它是篮球裁判员临场执裁工作的基础。移动的目的是为了寻找一个最佳观察的角度，扩大观察视野，监控所有的队员，减少临场中的错、漏、反判。现代篮球比赛的一大特点，就是高速度、攻守转换快，要求裁判员除了必须具备良好的体能外，还应掌握裁判的移动技巧和原则，在场上随时保持有目的不断移动，以适应当今篮球比赛的需要。

（1）移动方法与要求

裁判员常用的移动方法主要有起动、快跑、侧身跑、变速跑、变向跑、转身、交叉步、滑步等。还应根据篮球比赛的特点掌握裁判员的移动技巧及要求。

（2）移动的技巧及要求

① 要随着比赛中球的转移、人的跑动而不停地移动。

②要根据裁判法的分工移动。

③要在边线和端线附近移动，必要时可深入比赛场内。

④要根据比赛队战术有目的地移动，克服盲目移动。

⑤根据同伴的移动而移动，或根据同伴的需要而移动。

⑥移动时，要快慢结合，要横向和纵向移动相结合。

⑦在比赛进行中，裁判员移动必须面对场内“监控”场上队员，随时要知道同伴的位置，并进行目光联系。

（二）篮球裁判技能的组织教法

篮球裁判技能教学是一项特殊的运动技能的形成过程。它是由一个多要素构成的多变量的动态系统，它是以培养学生篮球裁判理论与实践能力为目标，各要素之间相互关联、相互依赖、相互作用；通过理论与实践两个系统中若干要素的分解和循序渐进的教学手段以及各要素间的不断反馈、调整、强化，从而达到预期的教学效果。

因此，必须根据篮球裁判教学的特点，在教学过程中把篮球裁判理论知识的学习和临场实践结合起来，重视基本功的训练，在此基础上要求学生尽可能多的参加临场实践，不断强化、不断总结、不断提高执裁技巧。

1．教法建议

（1）在进行规则讲授时，应先给学生讲清楚违例和犯规的概念以及处理原则，然后再通过观看比赛中的实际战例，引导、启发学生思维，从而加深他们对理论概念的正确理解，进而使他们逐步从感性认识到理性认识，从抽象的逻辑思维过渡到具体的形象思维。

（2）在进行执裁技巧讲授时，应采用课堂讲解与临场观摩相结合方法进行。在课堂用图示或观看录像讲解2名或3名裁判员在临场中的分工及移动路线以及发生各种违例、犯规时的手势和宣判程序。

（3）有目的、有重点地进行讨论，以使学生进一步熟悉、理解教师讲授的理论知识，并加深记忆。教师要根据重点章节提出讨论题目，并由学生准备发言提纲。课上先由学生发言，阐述自己的观点，然后其他学生对发言者的观点进行讨论与分析，最后再由教师进行归纳总结。

（4）通过教师的临场示范，或观看国内、外比赛中的典型战例，要求学生用眼看、用耳听、用脑想、用手做、用口说等实践活动，从而调动学主观能动性，启发学生的思维，增加学生理论知识的深度和广度，培养的观察力、判断力及反应能力，进而提高他们的裁判技能。

（5）在篮球技、战术教学与训练课中，教师应适时地通过对技术的讲解和战术配合的分析、规则和执裁技巧的实践演练，使学生较全面地理解规则并掌握执裁技巧。

（6）要求学生认真执法每一场的比赛，赛前要认真准备，赛后要组织讲评，对临场中出现的问题进行总结，逐渐提高执裁水平。

（7）把课内教学与课外实践相结合，组织学生多观摩重大篮球比赛，并且要认真观看高水平裁判员的执裁，琢磨临场中处理问题的方法和执裁技巧，不断提高自身的理论水平和执裁技巧。

2．教学步骤

（1）篮球裁判教学的内容安排，一般可先进行篮球规则和裁判方法与技巧的理论知识教学，再组织篮球裁判基本功教学，然后结合教学比赛进行临场裁判工作实习，在此基础上组织学生参加篮球竞赛裁判工作。

（2）篮球裁判理论知识教学，可采取课堂讲授方式，结合图片或相关录像进行讲解，然后组织学生进行讨论、分析。

（3）篮球裁判的实践教学，可先进行原地的基本功练习，如裁判手势、默记时间、抛球等，再结合鸣哨与宣判程序进行综合练习，接着可在行进间练习，结合分工、移动路线练习占位和宣判以及两裁判之间的基本配合等。然后，组织不同形式的教学比赛，有目的、有重点地进行临场执裁技巧的实习和培养。

3．不同阶段裁判员的培养方法

（1）初级阶段

在此阶段学生一般是在班级的教学比赛中担任裁判工作，教师应着重要求他们在场上执法时严肃、认真、公正、勤跑、敢判。在有条件的情况下，还应充分利用多媒体等现代化教学工具及手段，使学生全面细致地学习竞赛规则和裁判法理论，并组织学生观看篮球比赛的录像资料，让他们学习优秀裁判员临场工作时的手势、移动、配合等技巧。

（2）巩固阶段

在此阶段学生一般是在校内比赛中担任裁判工作，教师应重点要求他们注意跑动的路线、判罚的位置、观察的角度的合理性和技巧性，力争看清、判准、罚对；对于校内外的各种级别的篮球比赛，如校篮球联赛、教学比赛和友谊赛等，教师都应带领学生，既完成好记录台的工作，又完成好临场裁判工作，只有这样才能迅速、全面地提高学生裁判实践能力。

(3) 提高阶段

在此阶段学生一般是在校内或校外的篮球比赛中担任裁判工作，应进一步要求他们提高判罚的准确性和艺术性，并控制好整个比赛场面。此阶段应有计划地多组织学生参加校外的篮球裁判工作，这样不但培养和提高了学生的篮球裁判能力，而且也使他们接触社会，扩大视野，增加社会经验，在实践过程中加强裁判员处理特殊问题能力的培养。主要内容包括以下几方面。

① 处理临场突发事件的能力

在处理和解决突发性事故时临场裁判员应具有敢于对比赛负责和敢于承担责任的思想；要根据规则的精神掌握临场情况，抓住要害，快速处理，果断解决，干净，彻底，不遗留问题。

② 抓准比赛关键时刻的犯规和违例

要有敢于斗争、敢于胜利、敢担风险的思想准备；要有沉着冷静的心理状态、稳定的情绪、自信；越是在比赛的关键时刻，临场裁判员越要积极地移动，选好位置，找好角度，看清判准罚对，搞好分工与配合。

③ 临场管理的能力

要提高对临场管理重要性的认识，增加和深化临场管理的意识；认真学习和研究规则，运用规则精神进行管理；以身作则，严格要求自己；注意临场管理的策略和方法；坚持严格判罚与管理教育相结合。

研讨题：

1. 如何判断持球队员的“带球走”违例？
2. 哪些情况下不算两次运球？
3. 如何界定一个正常的防守位置？
4. 如何宣判带球撞人？其依据是什么？

思考题：

1. 简述篮球裁判员宣判违例和侵人犯规的程序。
2. 绘图说明两人制裁判裁判员在半场区域的分工与配合。

3. 篮球裁判员的基本技能应包括哪些内容？如何进行自我训练？

实践作业题：

1. 采用各种练习方方式，熟练掌握裁判员的基本手势及宣判程序。
2. 参加临场裁判实践工作5~10场，并做好赛后总结。

第七章　篮球科研工作

内容提要：本章着重阐述了当前篮球科学研究工作的内容、特点；介绍了我国篮球科学研究工作的现状；较系统地介绍了篮球科学研究工作的基本程序与方法、科研论文的撰写方法等。

篮球科研工作是体育科学研究中的一部分，是推动篮球运动发展的重要手段。目的是为篮球实践服务篮球运动的发展提供科学依据和理论指导，揭示篮球运动教学与训练的理论与方法问题，研究解决问题的方法与途径，从而提高篮球运动教学与训练的科学性，促进篮球运动水平的提高，使篮球运动更好地为增强人民体质和社会主义精神文明建设服务。

掌握篮球科研工作的基本方法是体育院校本科篮球教学内容之一，也是篮球专业的学生完成本科学业必须掌握的一门基本专业技能。

第一节 篮球科研工作的内容与特点

一、篮球科研工作的基本内容

随着现代科学技术的发展，篮球运动科学研究在其发展中不断地吸收其他科学领域的知识和方法，使篮球运动科学研究的范围越来越宽，探讨的问题越来越深入，研究的内容也越来越广泛，根据篮球运动的规律和特点要从长期研究着眼，短期需要解决的问题着手，二者兼顾。

（一）篮球科研工作的分类

1．基础理论类研究

是以认识和探索篮球运动的自然规律和有关原理、原则为主要目的，属于理论性的研究。

2．应用类研究

依据篮球运动的基本规律和有关原理、原则，研究篮球运动教学、训练和竞赛中的关键问题，并从理论的高度，提出解决的办法。

3．开发类研究

将研究成果应用到篮球运动的教学训练和组织竞赛等方面，并将应用研究再扩大，发展到各个运动项目的教学训练和组织竞赛中去。

（二）篮球科研工作的主要内容

1．篮球运动发展史

（1）篮球运动的演变历程。

（2）篮球技术、战术的演变与发展历程。

（3）对篮球自身理论的成熟与完善方面的研究。

2．篮球技术．战术的运用

（1）对篮球技战术的发展、运用与创新的研究。

（2）篮球战术的发展、运用与创新。

3．篮球运动的理论

（1）对我国篮球运动发展的战略与规划研究。

（2）对篮球运动教学理论的研究。

（3）对篮球训练理论的研究。

（4）对篮球运动员选材、育才、成才规律的研究。

（5）对篮球科学研究理论与方法的研究。

4．篮球规则的理论

（1）对篮球规则、裁判法的研究。

（2）对不同等级裁判员培养、选拔和使用的研究。

5．篮球与相关学科的理论运用

（1）心理学在篮球学科中的运用研究。

（2）社会学在篮球学科中的运用研究。

（3）自然学科（生理、生化、生力等学科）在篮球学科中的运用研究。

（4）管理学在球队管理中的运用研究。

6．发展理论的研究

（1）对篮球职业化、产业化的研究。

（2）对篮球市场开发、营销的研究。

二、篮球科研工作的特点

随着现代篮球运动的发展，世界篮球科学研究活动日趋活跃，特别是现代科学的发展创造、产生的许多相关学科知识、方法和技术手段，为篮球运动的科学研究提供了科学的认识论和方法论，开拓了篮球运动科学研究的思维，加大了篮球运动科学研究的深度和广度，提高了篮球运动科学研究的实效性、科学性，促进了当今篮球运动的快速发展。

篮球运动科学研究与其他体育项目科学研究一样具有许多共同的规律。但由于篮球运动本身的特殊性，使篮球领域的科学研究活动具有自身的特点。综观我国篮球科研的发展状况，其特点主要表现在以下几方面。

（一） 研究对象和领域的广泛性

（1）研究的对象：涉及到儿童至老年的各个年龄段、不同篮球水平的参与者；不同性别的参与者；不同类别的学生、教师，不同级别的运动员、教练员、裁判员，不同职能的管理人员、经营人员；以及学校篮球、竞技篮球、群众篮球、职业篮球、篮球市场等多种研究对象。

（2）研究的层面：既有指导性的理论体系、领导体制和发展战略等的宏观研究，又有操作性的生化反应、力学分析和技术运用等应用研究；既有对国家队等高层次篮球队的研究，又有对少儿篮球以及篮球后备力量的研究。

（3）研究的范围：篮球科研包括了篮球运动理论体系与史学研究；篮球技术、战术、身体、心理训练的理论和实践研究；篮球竞赛的指挥、分析和调控研究；篮球教学训练的生理、生化和运动生物力学的应用研究；篮球运动员营养、医疗和疲劳恢复的研究；篮球裁判员的培养和篮球规则与技战术关系的研究；篮球运动的管理、体制、赛制和发展策略研究；篮球运动科学研究状况的研究等方面。

（二）研究内容的实效性

篮球运动科学研究为篮球运动发展服务的功能，决定了篮球运动科学研究的内容和问题必须来自与运动实践。篮球运动丰富的技术动作、战术设置，独特的运动形式以及相关学科知识的发展和交融，为篮球运动科学研提供了大量的研究素材。同时，篮球运动科学研究的结果只有经篮球实践的检验，才能成为科学研究成果。可见，科研内容来自篮球实践又服务于篮球实践，这是互动统一的，也是推动篮球运动科学研究不断发展的原动力。就已有的成果来看，篮球运动科学研究内容的实践性、实效性特点突出。不少选题都紧紧围绕篮球教学、训练和比赛实践等问题进行研究。

（三） 研究过程的动态性和研究结果的创新性

动态性规律是篮球运动的基本规律之一。就运动本身而言，其内在的攻守对抗矛盾是推动篮球运动持续发展的内源性动力；外部的环境变化则是篮球运动创新提高的外源性动力。规则的修订、赛制的调整、体制的转变、相关学科知识的发展和现代科学技术的创新，都对篮球运动的持续动态发展、不断创新提高起到了积极的引导和促进作用。

篮球运动科学研究也秉承了篮球运动的动态特点。篮球运动科学研究一般时间长、跨度大。从提出科学假想、搜集资料、进行预实验、科研实验到结果分析、科学论证、得出结果，其过程就是一个动态发展的过程。随着相关学科知识和科学技术的发展，越来越多的新理论、新方法、新手段、新科技成果运用于科研之中，使篮球运动科学研究的方法、成果也不断创新发展。因此，研究中一成不变的方法、思想，没有新意的命题、思维，都无法保证研究的科学性和创新性，并会影响到研究结果的实效性。

（四） 研究理论和方法的综合性

随着现代篮球向科学化、社会化及职业化道路迈进，职业篮球带来的商业化、产业化气息促进了当今篮球运动在观念、理论的更新，技术与战术的创新，形成了篮球运动的新特征，特别是现代科学技术的发展和科学知识的创新，为篮球运动科学研究提供了丰富的理论依据和研究方法，开阔了篮球科学研究的思路。

因此，为了全面地探索篮球运动的未知因素，揭示篮球运动的规律，篮球科研必然将涉及到自然科学、人文社会学、哲学等方面的综合研究。它所涉及到的相关学科主要有生理学、心理学、生物力学、生物化学、解剖学、运动医学、运动训练学、人体测量、体育社会学、体育比较学、经济学教育学、体育统计学、人类学以及控制论、系统论、信息论等多种学科理论。

此外，现代科学技术的成果也逐渐被大量采用，如幻灯投影技术、摄影摄像技术、各种精密仪器的使用、电脑软件的开发以及各种针对性研制器材的应用等。借助这些相关学科知识的交叉作用和现代科学技术的新成果，综合运用各种研究方法，当今篮球科研可以从不同角度探讨篮球运动的诸多问题，从而拓宽篮球科研领域，加大研究深度，增强研究的科学性、实效性和针对性。

第二节 我国篮球科研工作的现状

一、运用多学科知识、现代化手段展开综合交叉研究

现代科学发展的总趋势是各学科部门之间和学科之间相互交叉、相互渗透，既高度分化又紧密交融。随着当前社会科学、自然科学的快速发展，这一交叉与综合的发展趋势，对篮球运动科学研究工作带来很大的影响，现代科学方法论和一系列新兴学科在篮球运动中的应用，也大大加速了篮球运动科学研究的多学科交叉进程。篮球运动的多学科综合研究，使科学研究与篮球实践密切结合，研究成果为篮球实践服务，教学、训练、竞赛与科学成果相结合，已成为发展的必然趋势。

现代篮球科研更重视运用运动生物力学、运动生理学、运动心理学、体育管理学等多学科知识和现代化的手段、设备对篮球教学、训练、竞赛实践进行深入、具体、有针对性的研究。

二、转型期的职业篮球体系研究已成为研究热点

1995年10月，中国篮球协会以全国男篮甲级联赛为突破口，以职业化、产业化为方向，颁布了《中国篮协运动员转队转会条例》和《俱乐部暂行管理条例》，揭开了我国篮球职业化改革的序幕。作为我国篮球活动中的全新组织形式，有关职业篮球的法规条例、管理体制、经营机制、经营方式、训练制度、竞赛制度、教练员、裁判员、运动员、经纪人的培养与管理等方面的研究也随着改革进程的推进逐渐展开，成为我国篮球科研的热点。

三、学校篮球运动是研究的重点

学校篮球是我国篮球运动的重要成分，也是我国体育教育工作的重点内容。研究学校篮球发展的条件、环境、现状和对策等，对我国篮球整体水平的提高和

可持续发展以及学校体育教学改革的深化等具有重要的现实意义。

目前从事篮球科研活动的人员大部分是各级各类学校的体育教师、篮球专项教师和篮球方向的研究生，他们或受研究环境、现有条件的影响，为了保证研究操作的可行性，或从他们本身的兴趣和工作任务出发，都倾向于选择学校篮球作为研究内容。

学校篮球中，以“发展高校篮球，培养篮球人才”为宗旨，以CUBA为代表的大学生篮球联赛是我国篮球的又一全新竞赛制度，它对于我国篮球训练体制的改革、后备人才培养机制的完善、篮球运动水平的提高起着重要作用。围绕大学篮球联赛展开全面而深入的研究，探讨大学联赛的发展对策，已成为我国篮球科学研究活动的重要内容。有关大学生篮球联赛的基础性研究工作已展开，并取得了一些可喜的研究成果。

四、重视篮球基本理论体系的建设，进行可持续发展的研究

现代篮球运动实践要求有先进的篮球运动理论对篮球运动实践的不同领域、不同层次、不同方面进行科学指导。基于理论对实践的重要指导和借鉴作用，探讨篮球运动众多方面的原理与规律，摸索篮球运动可持续发展的对策与环境因素，完善与丰富我国的篮球理论体系，一直是广大篮球科研者坚持不懈的工作重心。这为我国篮球运动理论体系的形成和完善、为篮球运动的进一步现代化、科学化做出了积极的贡献。

五、开发篮球教学、训练和比赛的现代化设备研究

电子技术和电子计算机的广泛应用，将在篮球领域中充分显示现代科技的重要性。这些技术和成果的运用，将促使篮球运动的教学、训练和竞赛朝着自动化、电脑化、遥控化、轻便化、模拟化的方向发展，促进篮球科研从定性描述到定量研究的科学发展。开发现代化设备已成为篮球科研的重要方面，并已取得的一些研究成果。例如，“掌上电脑及配套软件在篮球比赛临场技术统计中的应用”研究、“PC—BBS篮球技术统计系统及其应用”和“利用计算机进行篮、排、足球运动负荷测试方法的研究”等一系列成果。

在篮球科研工作者科学、务实、严谨的努力下，我国篮球科研取得了相当可观的成果，但由于我国体育科研起步较晚，目前从事篮球科学研究的主力军仍

然是篮球教学或体育教学的教师以及较少数的篮球教练员。他们一方面缺少丰富的篮球实践经验，另一方面受本身知识结构的限制，缺乏相关的学科理论知识，而往往只停留在大量的感性认识上。因此，研究者在课题的选择上只能根据现有的条件、能力，寻找一些较容易人手的、局部的、单一的课题进行研究，而宏观的、综合的课题研究柜少，并且缺少先进科学仪器设备，科研方法单一。这些因素直接影响着我国篮球科学研究整体水平的提高和发展。

第三节 篮球科研工作的基本程序

科学研究活动是人类认识世界和能动地改造世界的过程。在整个过程中必须按照一定的程序完成各项工作。一般来说，科学研究工作的基本程序大体上包括问题提出、建立假设、验证假设以及导出结论4个环节。篮球运动的科学研究也应按照这一程序进行。研究过程的每一环节、完成的具体工作和采用的方法如图7-3-1所示。

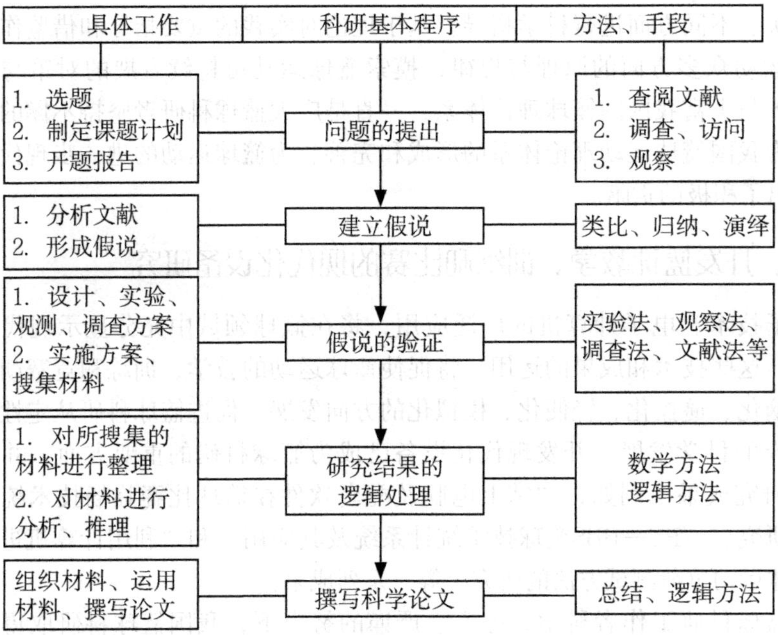

图7-3-1 科研工作的基本程序具体工作和方法示意图

一、选择研究课题

选题是进行科学研究的第一步。它直接影响研究能否完成和是否有价值。因此，必须认真地对待选题工作。

（一） 如何选题

篮球运动教学、训练、比赛为科学研究提供了丰富的课题，只要在实践活动中认真观察、善于思索就能找到值得研究的课题。例如，在比赛中常发现一些运动员平时投篮很准，但在剧烈的比赛中，罚球常不中，尤其是在决定胜负的关键时刻，常因罚球不中而输球。究竟是什么原因影响到运动员罚球命中率呢?这就是问题，并可根据发现的这一问题，引伸研究篮球运动员比赛过程中心理变化问题以及进一步研究如何提高篮球运动员的心理素质问题、篮球运动员心理训练等系列问题。这样，研究题目就出来了。

其次，可通过文献发现问题。一是发现文献中已经提出但尚未解决的问题；二是从文献内容中发现观点不正确或论据不充分，而在产生的疑问中寻找研究课题。

第三，从篮球运动的发展趋势与改革中发现问题，如篮球职业化、篮球市场、篮球赛制改革、我国篮球运动发展战略与规划等问题。应善于从篮球运动新动态、新信息、新的国际性大赛等实践中经过分析提出研究课题。

（二） 选择研究课题的基本要求

（1）联系工作实践，选择实际需要、有意义、有价值的课题。

（2）选题时既要考虑研究对象、方法、时间、经费以及仪器设备等客观条件，又要考虑自己的知识、能力、经验等主观条件的可行性。

（3）选题要大处着眼，小处着手。选择一些范围较小、比较具体的问题，这样容易完成研究任务，而且容易深入地进行研究。

（4）确定研究题目名称时，措辞要确切，要让人一目了然地了解你所研究的任务和范围。一般来说，一个科研题目应该反映出研究对象、施加因素和效应3个因素之间的关系。

（三）对研究课题的论证：开题报告

研究课题选定之后，即可提出初步课题设想，在阅读与本课题有关的文献资料，掌握有关文献的基础上使课题系统化。首先，要确定研究目标，明确研究的目的任务以及为完成研究任务而要解决的具体问题，也即研究的主要内容；其次，要确定研究对象的范围及研究方法，确定研究方法时，应具体考虑研究对象的抽样方法、研究指标的确定以及搜集和整理材料的方法。

在上述任务完成后，即可进行课题论证（即开题报告），并对课题的研究价值及可行性进行论证，邀请该领域的专家、学者参加，听取他们的意见与建议。

开题报告包括以下内容：

（1）选题依据，包括问题的提出，研究的目的、意义，国内外有关问题的研究状况，已取得的成果及未解决的问题，以及本课题的研究任务。

（2）该选题研究的主要内容与预期结果。

（3）为达到研究目标所设计的研究方法，包括研究对象及抽样方法、研究指标以及搜集、整理材料的方法。

（4）研究的技术关键与难点。

（5）研究的实施步骤与日程。

（6）经费预算。

（四）制定研究计划

研究计划是指对研究工作从内容、时间、方法、步骤做出的总体安排，以便科研工作有条不紊地进行。经过周密思考制定的研究计划是进行研究工作的依据。篮球科学研究计划一般包括课题设计和研究工作计划两大部分。

1．课题（或论文）设计

一般包括如下。

（1）课题名称。

（2）课题执行人或负责人。

（3）选题依据。

（4）内容包括研究的目的、意义，国内外对此问题研究状况。

（5）研究对象的范围和研究的任务。

（6）研究方法包括具体方法，如实验方案、临场统计的指标等。

（7）数据与事实资料的处理，包括统计学处理和逻辑处理方法。

（8）研究的主要内容和预期结果。

（9）技术关键与仪器设备、经费预算。

以上设计内容要用简练的文字表达，尤其是选题依据应说明为什么要选择这一课题。

2．制定研究工作计划

研究工作计划的制定是研究工作重要步骤，是保证研究设计方案具体落实的日程计划。研究计划一般分为准备阶段、搜集资料阶段、整理分析资料阶段和撰写论文阶段。计划中应具体制定出各阶段的起止日期和措施。

二、建立假设与验证假设

假设是人们借助已有的知识和事实，通过推测、论证而得出的科学预期结果，即对所研究的问题做出的假设答案。

（一）建立假设的步骤与方法

假设是发现新事物、新关系、形成新理论的桥梁。一个假设从酝酿到形成一般要经过3个步骤。

1．搜集与研究课题有关的文献资料与事实

文献资料是人们实践经验的总结，是他人研究成果的体现，是对同类课题的本质解释，具有参考作用。因此，文献资料和事实可作为推测性猜想的依据，使建立的假设具有客观性和针对性。

2．对研究的问题做出初步的假设性推测

运用科学的方法论与科学理论为指导，对上述新事实、新关系产生的原因及发展规律进行大胆、合理地提出假设。

3．对初步假设进行逻辑论证

运用科学方法对初步假定进行逻辑推理，从而形成完整的科学假说。建立假说通常采用类比、归纳和演绎推理的逻辑方法。

（1）类比法：根据两个（或两类）事物间存在的共同点，用已知的事物去推测未知事物的方法称类比推理法，它是理论思维的一种逻辑推理形式。

运用类比推理时应注意：第一，只有在共同属性与推理属性的联系具有必然性时才能运用；第二，用以比较的对象具有可比性。

（2）归纳法：这是一种由特殊到一般的推理方法。运用归纳法可以把大量经验材料经过分析整理，提高到理性认识阶段，把若干特殊的理性认识变为一般的理性认识。例如，《对影响篮球运动员技术水平发挥的主要素质研究》这个研究课题建立假说时运用归纳推理：篮球比赛要求运动员跑得快，跑得快需要有强有力的蹬地；篮球比赛要求运动员跳得高，弹跳力需要强有力的爆发力；篮球技术的准确性与手指手腕力量密切相关；篮球比赛激烈的对抗需要运动员强壮有力。通过一系列个别事实的归纳，可提出“力量是篮球运动员必不可少的重要素质”这一假说。

（3）演绎推理：这是一种由一般到特殊的推理方法。推理的客观基础是一般与个别的关系，即一般寓于个别中、个别含有一般。推理的主要形式是三段式，即由大前提、小前提和结论所组成。公式表示为：

大前提：所有的M都是P

小前提：所有的S都是M

结论：所以，所有的S都是P

大前提是已知的一般原则，小前提是已知的个别事实与大前提中有关，结论是从一般的已知原则推出的对个别事实做出的新判断。例如，以“力量是篮球运动员必不可少的重要素质”进行演绎推理：

大前提：发展运动员的力量素质能提高弹跳力

小前提：篮球运动员是运动员

结论：发展篮球运动员的力量素质可以提高弹跳力

在假设建立的过程中，类比、归纳、演绎经常密切交错。在科研工作中，应注意结合运用这些方法来建立假设。

2．验证假设

假说只是一种猜测，它正确与否必须经过检验。检验的标准是实践，即科学事实。通过严格的科学实验、观测、调查等方法获取科学事实来验证假说，只有通过实践证明是正确的，假说才能成为科学理论。

三、资料的搜集与整理

资料与事实是研究的依据，因为研究问题的假设必须用丰富、确凿的资料和事实去论证它，否则该问题的研究只能停留在假设阶段。因此，搜集资料与事实是科学研究活动最重要的一个环节。

资料一般指文献与情报资料，是他人对某一事物研究的结果。而事实则要通过自己亲身实践活动才能得到。因此，资料和事实的搜集一般要通过阅读文献资料和亲自实验、观察统计、调查访问等科学方法来搜集。科研过程中所搜集的原始材料量大而零乱，只有经过科学的加工整理分析，才能为验证假设并形成科学理论提供有效、可靠的依据。

对于从文献资料中获取的材料主要采用逻辑方法进行加工整理。而从实验、观察统计、测量、调查中获得的数据及有关材料，经过核实检验数据后采用统计学方法进行加工处理。而后，运用各类处理后的材料对假设进行判断与检验，假设被验证后则可提出结论，揭示规律。

研究材料的整理是一个去伪存真、去粗取精、由表及里的理性加工过程，通过科学的抽象才能揭示事物运动的本质，才能完成科学研究任务。

四、撰写科研论文

科研论文是表达科研新成果的文章。它是研究者完成研究工作的质量和成绩的标志。研究工作者通过撰写论文把研究结果用文字记录下来成为永久性文献。撰写论文是科研工作中不可缺少的组成部分。

（一）科研论文的格式与结构

不同学科的论文题材结构也不尽一样，但是一般自然科学论文，大体由以下几部分组成。

1．论文题目

应能准确表达论文的内容及研究的范围，文字要简洁、精练。如果题目过长，可分为主标题与副标题两部分来处理。

2．摘　要

即内容提要。把论文中最重要的东西摘录出来。对摘要的要求是短、精、全，行文要简短扼要，通常以二三百字为宜。

3．前言（或选题依据．引言．问题的提出）

这部分是论文的序言。首先，叙述为什么研究这个课题，这个课题的意义以及要解决什么问题；其次，要阐明所研究问题的背景，前人做了哪些工作，尚有哪些问题未解决，以及进行研究的具体任务。

4．研究对象及研究方法

要明确研究对象、范围，详细、完整地说明进行研究所采用的方法。采用实验方法要有实验方案，包括理论依据、操作步骤、分组方法、施加因素及检查实验效应的指标等；采用观察统计、调查访问要说明对象、时间、内容及具体方法。

5．结果与分析

这部分是论文的主体，占论文的绝大篇幅。它在论文中占有极其重要的地位，因为它是表达作者研究成果的部分。这部分要撰写实验、观测、调查的结果，并运用基础理论与专业理论对研究结果进行分析、论证。

6．结　论

结论是整个研究的结晶，是论文的精髓。它把研究结果上升为理论。写结论时要措辞严谨、严密，文字简练具体，不得用“大概”“可能”之类的词。结论应恰如其分，同时要与论文题目、研究内容互相吻合。

7．参考文献

应按顺序列出论文中所参考或引用的文献资料，应标以序号、作者、书名（期刊名）、出版页码和年代。

（二）撰写论文的程序和应注意的问题

1．撰写论文的程序

（1）在撰写论文前首先要确定论点、选择材料

学术论文的论点是作者对课题研究所获得的新见解。一篇论文水平的高低，在很大程度上取决于论点是否有意义，是否有突破、有创新，而论点是由许多原始材料通过加工、整理、概括出来的。所以，选择材料时要选择真实、典型和新颖的材料，力求做到观点新、材料新、论证新。

（2）写作前的构思

构思是思维过程，就是在通盘考虑的基础上，为研究成果寻找一种恰当的表达方式。一篇论文主体部分的层次排列，首先是事物内部的本质联系，其次是作者所强调的内容，再次是读者所要认识的规律。

（3）拟写作提纲

拟好提纲，可以组织好文章的结构，使作者始终能抓住自己的思路。列提纲时，一般由大到小，由粗到细，一层层思考拟定。首先把论文大架子搭好，再考虑每一部分的内部层次，然后再列要点和事例，并在提纲各部分注下所需要的材料（索引号）以备行文时采用。

准备好材料，拟定好提纲后即可按论文格式进行撰写。

2．撰写论文应注意事项

（1）主题要明确，结构要严谨，层次要清楚，文理要通顺，文字表达要准确

简练，论据要充分。

（2）要有科学态度，对实验、测试、观察、统计、调查获得的材料、结果的分析与使用都应实事求是。

（3）研究所得数据，尽可能用图表表示。

（4）题目与研究内容、结论要相吻合。

思考题：

1. 简述篮球科研的特点。
2. 试述我国篮球科研的现状。
3. 如何撰写毕业论文？

实践作业题：

试写一份篮球论文的开题报告并进行交流。

附 录

附一：××学院第十四届运动会篮球竞赛规程

一、目的任务：……

二、主办单位：××学院体育运动委员会

三、承办单位：××学院体育系

四、参赛单位：（以系为单位，男、女各一个队）中文系、数学系、经济管理系，服装系、外语系、电子科学系、计算机科学系、建筑与土系、化学系、艺术教育系（每队男女运动员各12人，领队各1人，教练各1人）。

五、比赛日期：

2006年5月20日～5月30日

六、竞赛办法：

1. 比赛执行中国篮协最新审定的《篮球规则》。

2. 各代表队的比赛服装需统一，上衣前后号码清楚。

3. 比赛分二个阶段；第一阶段分组单循环比赛，各小组前二名进入第二阶段比赛，第二阶段采用交叉淘汰制。

七、报名办法：

参赛者须是我校全日制在校在册学生。运动员必须经校医务室检查适宜参加比赛者方可报名。于2006年4月30日前报体育系办公室××老师（联系电话：××）。

八、名次录取及奖励办法：

1. 各组别均取前六名给予奖励。

2. 各组别前六名分别按9、7、5、3、2、1记分，再将名次分分别乘以3，按计入各代表团的团体总分。

3. 比赛中不足6个代表队的组别按实际参赛队减一录取。

九、其他事项：

1. 本着贯彻全民健身精神，加强精神文明建设的，参赛队应认真组队训练及参加比赛。

2. 如无故不参加比赛，将取消本单位参加“优秀组织奖、“体育道德风尚奖”的评选资格。

十、规程不尽之处由组委会解释，未尽事宜另行通知。

附二：中国男子篮球职业联赛CBA 2008～2009年赛季竞赛办法

第一阶段（常规赛），参赛的15支队分为南区（8支队），北区（7支队）。采用本区进行主、客场四循环和在另一区进行主客场、双循环的方法，按各支队伍的胜率排出 15支队常规赛名次和各区名次。

第二阶段（决赛），第一阶段分区的1～4名进行主、客场交叉淘汰赛（图1）。1/4 决赛和半决赛采用5战3胜，冠、亚军决赛采用7战4胜的方法。

第二阶段决赛的胜队为联赛第1名，负队为第2名。1/4决赛和半决赛的负队不再进行比赛，按常规赛名次排出3～8名，9～15名队的名次按常规赛的名次排列。

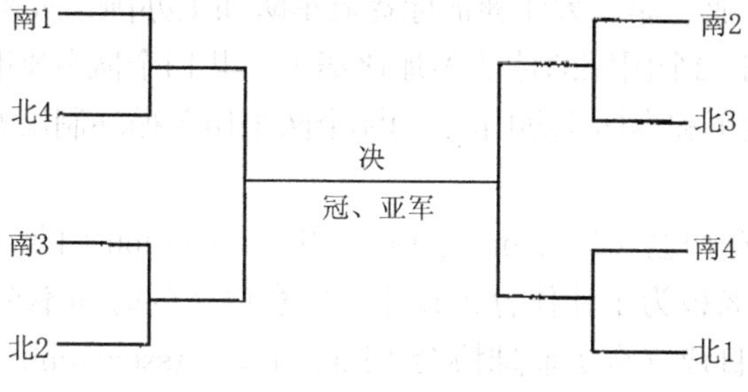

图1　主、客场交叉淘汰赛

附三：篮球赛事简介

一、奥运会篮球比赛

1904年第3届奥运会在美国圣路易斯举行，美国组织了两支篮球队进行了表演比赛，从而拉开了篮球进军奥运会的序幕，到了1936年第11届奥运会男子篮球被列为正式比赛项目，女子篮球在1976年第21届才登上奥运会的舞台。

奥运会篮球竞赛制度：奥运会篮球比赛采用赛会制，一般分预赛、复赛和决赛3个阶段。预赛通常采用分组循环的方式，复赛和决赛多采用交叉的方法决定名次。参赛队一般为上届奥运会的前3名，主办国和各大洲的冠军队以及预选赛的第12名，因此能参加奥运会的队都被公认为是世界强队。历届奥运会上参赛队最多的是第14届，共有23支队伍。为了限制参赛队和提高比赛水平，从第21届开始，决定男子12个队参赛，女子6个队参赛。1988年第24届奥运会女子增至8个队。1992年第25届奥运会，允许职业篮球运动员参赛，从而谱写了美国职业篮球选手参加奥运会和世界锦标赛的新篇章。

奥运会篮球比赛的参赛办法：历届奥运会篮球比赛的参加办法都有所不同，到1980年的第22届奥运会时，规定为12个国家参加，产生这12个国家的办法是：上届奥运会前3名；欧洲预选赛和美洲预选赛的前3名；亚洲、非洲和大洋洲各1名。每4年举办一次，设男子比赛和女子比赛。

二、世界篮球锦标赛

它是由国际篮球联合会主办的世界性重大比赛。男子从1950年开始，女子从1953年开始，男、女比赛分别举行。一般是4年一届，历届世界男篮锦标赛的参加办法不完全相同，到1978年第8届时，参加办法是：上届奥运会前3名，上届锦标赛前3名，欧、美、亚、非、大洋洲锦标赛冠军队和主办国，被邀请国（按规程规定，主办国可邀请1~2个国家的球队参加比赛），共14个队分3组进行预赛，各取前2名，加上上届冠军和本届主办国队，共8个队采用单循环制决赛。

三、NBA

NBA为国家篮球协会（National Basketball Association）的简称，起初由11家冰球馆和体育馆的老板为了让体育馆在冰球比赛以外的时间不至于闲置而共同发起，于1946年6月6日成立全美篮球协会（Basketball Association of America），即BAA，到1949年兼并了当时的另外一个联盟（NBL）后改名为NBA。

NBA机构组织与分布：NBA的主体现由31个职业篮球俱乐部组成，下属还有一个娱乐公司、一个资产公司、一个电视新闻媒体公司和WNBA联盟。

·NBA的赛制：NBA分季前赛、常规赛和季后赛3个阶段。季前赛是各支球队在常规赛开始前的热身赛。常规赛从当年的11月到翌年4月上旬结束。30支球队依地理位置分成东西两大联盟、6个小赛区。同一小赛区的球队相互之间比赛4场即2个主客场；不同小赛区但在同一联盟的球队相遇3～4次；与另一联盟的每支球队比赛2场。常规赛每队共赛82场。最后根据常规赛各队的比赛成绩，排出东西两联盟前8名进入季后赛。季后赛首轮按1对8、2对7、3对6、4对5进行5战3胜制的淘汰赛，胜者进入下一轮，最后再采用7战4胜制进行联盟的半决赛、决赛和东西部的总决赛（主客场将按照常规赛的胜率来决定）。

·NBA全明星赛：NBA全明星赛始于1951年3月2日，每年举行一次。该项比赛是每年由观众投票选举出全美最优秀的24名职业篮球运动员（东部联盟、西部联盟各12名），组成东部队和西部队进行对抗。NBA全明星赛比赛时双方球员轮流上场，以充分表现当选的每个球员的球技，对胜负要求不大。因此，该项赛事自开办以来就吸引了世界广大的球迷。

·NBA的选秀制度：为了保证比赛的精彩激烈和可看性，在每年的总决赛之后，NBA都会在6月下旬举行一年一次的"新人选秀"大会，使得NBA的各支球队的实力水平相差不太悬殊。参加"选秀"的新人一般是全美各大学的学生，他们通常是NCAA全美大学生篮球联赛上的佼佼者。NBA根据他们在大学期间（或高中阶段）的比赛表现打分排名，然后按照NBA本年度常规赛中的胜率排名，从成绩最差的球队开始，依次挑选球员，每队每一轮只能选一个新人，通常选秀进行2～3轮。

四、中国男子篮球职业联赛

中国男子篮球职业联赛（以下简称CBA）。1995年2月5日在原国家体育委员会球类司篮球处的领导下，以全国男子篮球甲A联赛为基础，揭开了中国篮球职业化、商业化改革的序幕，专门成立了中国篮协竞赛领导小组，并提出了"立法先行"的口号，制定了一系列的管理制度，引导联赛的各项工作向职业化方向转换，使中国篮球的改革沿着法制化、社会化、产业化方向健康发展。世界著名的体育赛事推广公司——国际管理集团成为CBA联赛第一个合作伙伴，1995～1996赛季成为第1次被商业冠名的篮球联赛。1997年11月24日国家体育总局篮球运动管理中心挂牌成立，它是中国篮球管理体制的一项重大改革，形成了在原国家体委宏观指导下，以篮管中心为核心，以篮球协会为组织网络的新的管理体制，实现篮球项目管理的集约化、系统化。本赛季，四川熊猫队引进了CBA联赛的第一位外籍主教练。浙江中欣队聘请了CBA甲A历史上第一位外籍球员，并在北京举办了第1届CBA全明星赛。

1999～2000赛季，成立了3个新的委员会，即联赛管理委员会、联赛纪律委员会和联赛仲裁委员会，加大对联赛的管理力度。本赛季，上海东方队引进了中国台北选手郑志龙，开创了两岸队员转会交流的先河。

2001～2002赛季，在国际管理集团退出甲A联赛后，中国篮协勇敢接受挑战，成功地组织了一个由自己招商，自己包装、推广的赛季。从此，CBA甲A联赛迈出了依靠自己的力量办联赛的第一步。该赛季，迎来了我国台湾的第一支球队—新浪狮队，这在我国体育史上有着突破性的意义。

2002~2003赛季，首次实行国内球员摘牌制，香港飞龙正式亮相CBA甲A联赛，参赛队从原来的12支扩至14支。第10个赛季，即2004~2005赛季，是CBA甲A联赛改革力度最大的一个赛季。因为这个赛季是一个过渡性的赛季、一个承前启后的赛季，中国篮协对联赛的结构、赛制及推广进行了一系列的调整和改革，首次取消升降级，首次把参赛队分成南北两个大区，并决出南北两大赛区冠军。

2005年实行“北极星”计划，CBA开始了真正职业化的脚步。主要特点：一是成立CBA联赛委员会（由俱乐部参与民主决策的新型管理模式）；二是继续完善以南北分区、增加场次和突出以对抗为特点的新型竞赛模式；三是建立了以集体化、专业化为运营特点的商务开发模式；四是强化篮球文化建设，提升中国篮球的品质和形象；五是开始实施《中国职业篮球俱乐部准入标准》，促进了俱乐部提高自身实力。

2006年赛季专门成立联赛办公室主要负责联赛的竞赛、组织及管理工作。目前联赛的规模和管理、运作等方面都在力求与国际接轨，不断完善。

CBA的赛制：按俱乐部所在主场行政区域分成南北两个赛区，每赛区7~8支队伍。联赛分常规赛、分区决赛和总决赛3个阶段。常规赛从当年10月底或11月初开始到翌年3月初结束，采取一周三赛的赛制，每支球队和本赛区的球队打两个主客场循环赛，与另外一个赛区的球队打一个主客场循环赛，每支球队在常规赛共赛38场。分区决赛在3月中旬进行。南北赛区的小组前4名采用同组1对4、2对3进行3战2胜的交叉赛，分别决出南北区冠亚军及第3、第4名。总决赛在3月底到4月中旬进行。南北赛区的前4名将捉对厮杀。半决赛和决赛都采取5战3胜的方法决出总冠军。

五、美国大学生篮球赛

全美大学生体育协会（NCAA）成立于1906年，它所承办的篮球联赛简称为NCAA。NCAA比赛的历史可以追溯到篮球运动的起源时期，篮球活动一经问世，就在校园中推广，并开始了校际间的交流比赛。1939年，举办了有5支球队参加的正式的大学生联赛。NCAA规模庞大，分甲、乙、丙3个等级，甲级联赛有293支队伍，乙级联赛有185支队伍，丙级联赛有291支队伍。每校只能派一个代表队参赛，实行升降级，每个队的人数限定为15人。比赛方法是将全美分为33个互相独立的赛区，第1轮采取主客场制，决出64支球队，然后再进行分组淘汰，最后决出冠军。每年的决赛在3月举行，NBA照例停赛以示尊重。

六、中国大学生篮球赛

中国大学生篮球联赛（CUBA）是中国体育史上第一个面向高校、面向社会，以“发展高校篮球，培养篮球人才”为目标，采取社会化、产业化运作模式的大学生专项运动联赛。1996年开始酝酿，1997年建章立制，1998年正式推行，历经10年8届的发展，已成为国内篮坛三大赛事之一。CUBA和其他联赛的最大区别是，专业队退役运动员不可参赛，并且培养学生裁判员。

联赛从每年9月份开始，至翌年6月结束，分预选赛、分区赛和全国决赛3个阶段。预选赛男、女冠军队直接晋级分区赛。分区赛按照地域关系共分东南、西南、东北、西北4个赛区。分区赛保持64支参赛队的规模，每赛区有16支参赛队（男女各8支）。各赛区男、女组比赛均采用先分组循环后交叉淘汰的形式，决出赛区冠军。各分区男女组冠亚军晋级全国决赛（八强赛）。

全国决赛，女子八强赛首先采取赛会制，通过单场淘汰决出两支进入总决赛的队伍，总决赛采取主客场制。如赛会承办单位进入总决赛，则第二场决赛移师客队，否则第2场比赛主场权由进入总决赛的双方队伍抽签决定。男子八强赛，每一轮次均采取主客场两回合制，直至决出总冠军。

七、中国大学生男子篮球超级联赛

中国大学生男子篮球超级联赛简称大超联赛，被称为中国篮坛“新生代”，是中国大学生体育协会和中国篮球协会共同开发的一块试验田，也是继中国大学生篮球联赛、CUBA联赛之后国内出现的又一项重要的大学生高水平篮球联赛，从2006~2007赛季开始，获得大超联赛冠军的队将代表中国大学生组队参加世界大学生篮球比赛。目前全国共有16支高校队参加，联赛由两个阶段组成，第一阶段分南北两个赛区进行比赛，然后进行第二阶段交叉决赛。

附四：我国篮球裁判员各级别标准

我国《裁判员技术等级制度》规定：篮球裁判员技术等级分为三级、二级、一级、国家级、国家A级，以及荣誉级，分别由县、市、省体育局负责考核审准，国家级以上由国家体育总局有关部门考核审准；而国际级和国际荣誉级篮球裁判员则需经国际篮球联合会考核批准。

对篮球裁判的爱好者来说，都把提高自身水平，为篮球运动贡献自己的力量并进而获得更高级别的裁判称号作为自己的理想和奋斗目标，现将篮球裁判员各级别的标准逐一介绍。

一、三级裁判员的标准

应了解最新《篮球规则》和《篮球裁判员手册》中的主要内容，能够担任区、县级的篮球裁判工作，具备一定的组织、管理能力，懂得基本的篮球竞赛编排方法。

二、二级裁判员的标准

应初步掌握最新《篮球规则》和《篮球裁判员手册》中的主要内容，能较准确地将《篮球规则》和《篮球裁判员手册》中的精神运用到临场工作中去，具备在市、区、县级或相当于市、区、县级篮球比赛中胜任正、副裁判长职务的能力。

三、一级裁判员的标准

必须熟练掌握最新《篮球规则》和《篮球裁判员手册》中的主要内容，具备一定的裁判理论水平和临场经验，具有培训二级以下裁判员的能力，在省、市、自治区或相当于省级的篮球比赛中能胜任正、副裁判长工作。报考者必须是获得二级裁判员称号两年以上、38周岁以下的人员。

四、国家级裁判员的标准

必须熟练掌握最新《篮球规则》和《篮球裁判员手册》中的全部内容，具备较高的裁判理论水平和临场经验，能胜任全国比赛的裁判工作。报考条件为：获一级裁判员称号两年以上、有良好的职业道德和较高的业务水平；男子在36周岁以下，女子在35周岁以下；参加全国正式比赛临场裁判工作两次以上；形体、仪表、气质良好；另外，对于条件优秀且年龄在25周岁下者，在同等条件下优先晋级。考试科目为：临场执裁、理论（包括篮球竞赛的有关法规、规则、裁判员手册、篮球技战术和英语等）、篮球技能和体能。

五、 国家A级裁判员的标准

中国篮协（国家篮球运动管理中心）根据国家级裁判员的业务水平、体能、年龄以及日常表现等综合因素评定出的优秀者，每年评出25～35名。

六、国际级裁判员的标准

必须是优秀的国家A级裁判员，有良好的职业道德和较高的裁判业务水平；年龄在38周岁以下，形体、仪表、气质较好；能运用英语独立执行临场工作；有较好的篮球技能和较高的篮球技、战术理论水平。

七、荣誉级裁判员的标准

必须是模范遵守各项规定、思想作风正派、具有良好的职业道德和业务水平，并为篮球事业的发展做出过较大贡献的国际级、国家A级、国家级或有特殊贡献的一级裁判员。

附五：××学院本科毕业论文（摘要）

开题报告

题　目：在全民健身运动中推广3人制篮球赛的前景分析

学生姓名：××

指导教师：××

题目	在全民健身运动中推广3人制篮球赛的前景分析
（含文献综述、选题依据、研究内容、研究方法及措施等） **文献综述：** 据有关文献资料介绍： （1）3人制篮球赛起始于美国的街头篮球活动，在欧美地区极为流行。它的赛场设在繁华的大街上或公园里，在有强烈计划节奏的音乐伴奏下进行的。 （2）我国的3人制篮球赛是在1995年1月，《全民健身计划纲要》颁布以后才开展起来的。同年，在广州举办了“羊城晚报杯”3人制篮球比赛；1996年，北京地区举办了“丽都啤酒杯”3人制篮球比赛；1998年，在广州再次举行了“百事可乐杯”3人制篮球赛，创下了参赛队伍1030支的全国之最。在此期间，其他大中城市，如上海、深圳、西安、成都、武汉等地，3人制篮球赛均有发展。 （3）并出现了由国际级裁判员执法的3人制篮球赛，使3人制篮球赛这种非正规的体育项目经历了时间、地域等形式的考验，体现出了其自身的开展价值。 **选题依据：** 随着社会生产力的提高、科技的不断发展，越来越多的人从事繁重脑力劳动，人们的精神严重疲劳。健康被人们提上生活日程。为了满足人们对健康的需求，1995年国家颁布的《全民健身计划纲要》，在一定程度上推动了全民健身运动的发展。在全民健身运动的浪潮中，3人制篮球赛以健身、娱乐、休闲的运动形式出现，深受我国广大人民的喜爱，它的开展和推广必将推动我国全民健身运动的发展和国民素质的提高。 **研究内容：** （1）3人制篮球赛的主要功能。 （2）3人制篮球赛的特点（与5人制篮球赛的比较）。 （3）3人制篮球赛对全民健身活动的影响与作用。 **研究方法：** 文献资料法、 综合比较分析法、 统计法、 逻辑推理法、	

主要措施：

（1）在校图书馆和互联网上查阅、收集大量资料。

（2）对200年~2005年成都市“阿迪达斯”3人制篮球赛等情况进行详细了解、收集相关材料、数据统计。

（3）运用研究方法对相关材料进行整理、分析、研究得出结论。

预期结果：

通过对3人制篮球赛有关材料的整理、分析和研究，得出3人制篮球赛符合新的健身运动发展趋势和够满足社会的需要。解决目前体育健身的一些问题，掀起全民健身的高潮。国家《全民健身纲要》的颁布，使3人篮球赛作为全民健身中的一项好的运动形式得到更好推广，这不仅能调动全民健身的积极性，带动其他健身运动的发展，而且对推动整个国民素质的提高和促进我国全民健身运动的发展起到积极作用。

阶段进度计划：

（1）准备阶段：　2005年7～9月。

（2）研究方法具体实施阶段：2005年10月。

（3）整理分析资料阶段：2005年11月～12月。

（4）撰写论文阶段：　2005年12月～2006年1月完成论文初稿。

2006年2月～3月论文修改，定稿。

参考文献：

[1] …………

[2] …………

[3] …………

[4] …………

[5] …………

开题时间：2006年2月1日

推荐书目

1.《现代篮球高级教程》

孙民治主编。该书是国内当今最著名学者、专家的智慧之作，以唯物主义观点，揭示了篮球运动的真谛，是高层次篮球专门人才的必读之作。人民体育出版社，2004年出版。

2.《球类运动——篮球》

王家宏主编。该书是为中学教师全面掌握篮球基本知识，提高教学和训练水平而撰写，有很好地针对性。高等教育出版社，2005年出版。

3.《篮球运动教学训练试题解答》

孙民治主编。该书针对篮球教学训练的六大部分内容，采用多种题型，帮助教师和学生分析、理解篮球的教学与训练。人民体育出版社，2001年出版。

4.《现代篮球教学方法》

练碧贞主编。该书着重对篮球技术、战术教学的重点难点和教学步骤与方法、常见错误与纠正方法进行了较为详细的介绍，重点突出教学因素，对篮球教学具有积极的参考价值。北京体育大学出版社，2006年版。

5.《篮球运动研究必读》

叶国雄、陈树华主编。该书是主要供篮球研究生参考的专业用书，分概论、技术、战术、教学、训练和科研六大篇，各篇又逐层深入地组织了若干专题和内容。人民体育出版社，1998年出版。

6.《篮球计划制订与范例》

贾志强著。该书介绍了篮球运动训练计划制定的理论基础，提供了篮球训练的各种计划范例，对从事篮球训练的教练员、体育教师和不同水平篮球运动员及篮球爱好者制订训练计划具有积极的参考指导作用。

7.《篮球裁判晋级必读》

该书囊括了最新《篮球规则（2008年）》《篮球裁判员手册（2人执裁；3人执裁）（2008年）》和《篮球裁判员专业英语》等多方面内容，并收录了国际篮联对篮球规则和裁判方法的最新解释，以及近年来中国篮协举办的全国篮球甲A、甲级联赛裁判员培训班的主要内容和精神，有近800个经典战例。全书内容翔实、易读易懂、观点准确、精简实用。该书由北京体育出版社2010年出版。

参考文献

1．孙民治．球类运动——篮球（第三版）．北京：高等教育出版，2001
2．孙民治．现代篮球高级教程．北京：人民体育出版社，2004
3．王家宏．球类运动——篮球．北京：高等教育出版社，2005
4．中国体育单项丛书．中国篮球运动史.武汉：武汉出版社，1991
5、体育学院普修通用教材社.篮球运动教程.北京：人民体育出版社，2001
6．郭永波.篮球运动教程.北京：北京体育大学出版社，2005
7．叶国雄等．篮球运动研究必读．北京：人民体育出版社，1998
8．高鹗等、现代篮球训练理论与实践．北京：人民体育出版社，1988
9．杨桦、祝莉主编．现代篮球战术．成都：电子科技大学出版社，1997
10．白金申．篮球实践荟萃．北京：人民体育出版社，1995
11、孙民治．篮球运动教学训练试题解答．北京：人民体育出版社，2001
12．练碧贞、现代篮球教学方法． 北京：北京体育大学出版社，2006
13．黄汉升．体育教学训练理论与方法．北京：高等教育出版社，2003
14．郭玉佩著．篮球裁判600问．北京：人民体育出版社，1996
15．中国篮球协会审定．篮球竞赛规则．北京：光明日报出版社，2004
16．中国篮球协会审定．篮球裁判员手册．北京：光明日报出版社，2004
17．程国庆．运动生物力学．北京：人民体育出版社，1980
18．体育学院通用教材．运动生物力学．北京：人民体育出版社，1990

图例说明

队 员： ○

6号进攻队员： ⑥

6号防守队员： ❻

教练员或教师： ⊗

跑动路线： 

传球路线： 

运球路线： 

投篮： 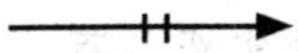

掩护： 

夹击： 

障碍物：